Filosofía y Cristianismo

PENSAMIENTO INTEGRAL E INTEGRADOR

Filosofía y Cristianismo

**PENSAMIENTO INTEGRAL
E INTEGRADOR**

editorial clie

COLECCIÓN PENSAMIENTO CRISTIANO

ALFONSO ROPERO

EDITORIAL CLIE
M.C.E. Horeb, E.R. n.º 2.910 SE-A
Ferrocarril, 8
08232 VILADECAVALLS (Barcelona) ESPAÑA
E-mail: libros@clie.es
Internet: http:// www.clie.es

FILOSOFÍA Y CRISTIANISMO
Pensamiento integral e integrador

Colección: PENSAMIENTO CRISTIANO VOL.02

© 1979 por Alfonso Ropero

Ninguna parte de este libro puede reproducirse sin el permiso escrito de los editores, a excepción de breves citas.

Depósito Legal: B-34896-2007
ISBN: 978-84-8267-506-0

Impreso en USA / *Printed in USA*

REL051000
FILOSOFÍA
Filosofía cristiana
Referencia: 224631

INDICE

PRÓLOGO — 9

I PARTE
FE Y RAZÓN

I. FE Y RAZÓN, CRISTIANISMO Y FILOSOFÍA EN RELACIÓN — 17
1. Fe es certeza esperanzada, convicción de verdad — 17
2. Autonomía, caída y salto — 19
3. Corazón restaurado recupera la razón — 24
4. Filosofía y teología con la Biblia por medio — 28
5. Donde la fe y la razón se besaron — 30
6. Sinrazón y violencia de la mentira — 32
7. Filosofía, teología y la tarea de vivir — 41
8. Filosofía como quehacer o como dogma — 47
9. ¿Refutación de la filosofía desde la filosofía? — 50
10. Progreso en la verdad — 58

II. CRISTIANISMO Y FILOSOFÍA, UN MALENTENDIDO — 63
1. El caso de Cristo — 64
    1.1. *Encuentro con los griegos* — 64
    1.2. *Encuentro con los gobernantes* — 66
    1.3. *Encuentro con Satanás* — 67
    1.4. *Encuentro con sacerdotes y escribas* — 68
    1.5. *Encuentro con los adversarios* — 70
2. El caso de Pablo — 73
    2.1. *Encuentro con los atenienses* — 73
    2.2. *Encuentro con las vanas filosofías* — 77
3. Carácter y naturaleza de la filosofía en relación a la fe — 79
    3.1. *Lugar de origen.* — 81
    3.2. *El puesto de la razón* — 83
4. Filosofía y antifilosofía en el cristianismo — 84
5. Jerusalén y Atenas, Alejandría y Antioquía, Wittenberg y Ginebra — 93

III. PECULIARIDADES DE LA FILOSOFÍA ESPAÑOLA   103
1. Filosofía de una tierra propia   103
2. Papel de la religión en la filosofía española   109
3. Síntesis e integración   115
4. El imperio de la persona   119
5. Economía, pobreza y consumo   124
    5.1. *Mitología del pobre*   127
    5.2. *Del estadio zoológico al económico*   128
    5.3. *Malestar o bienestar, esa es la cuestión*   134
6. Pasión de España   137

IV. EMERGENCIA DE LA VIDA EN EL PENSAMIENTO   143
1. Un magisterio de más y otro de menos   144
    1.1. *Una puesta al día*   145
    1.2. *El Kierkegaard perdido*   150
2. La vida, realidad radical   150
3. Anatomía de la via humana   151
    3.1. *Naufragio y circunstancia*   152
    3.2. *Quehacer y creencia*   153
    3.3. *Perdición y orientación*   155
    3.4. *Atención y proyecto*   157
4. Fundamentalidad del vivir   160
5. Dios radicado en la vida   165
6. Ser lo que hay que ser, ¿qué es?   171
    6.1. *Adán en el centro del Paraíso*   173
    6.2. *Adán al encuentro de su ser*   175
7. Ser para la gloria   180

V. DIOS Y SU DOLOR   189
1. Omniprensencia del dolor   189
2. El dilema de Epicuro   191
3. De la apatía a la simpatía   194
4. De la omnipotencia a la impotencia   201
    4.1. *Los límites de Dios*   205
    4.2. *Religiosidad madura e inmadura*   208
5. El dolor que justifica y lo que justifica al dolor   209
6. No hay Dios en el dolor   211
7. El poder de la debilidad de Dios   212

II PARTE
RAZÓN DE LA FE

VI. ¿ES NECESARIO DEFENDER LA FE? — 219
1. Apologética integrativa y ecuménica — 219
2. No al pensamiento polémico — 222
3. Una teología cordial — 227
4. Eclipse de la apologética — 230
5. Tradición fideística — 233
6. Apologética no es igual a predicación — 236
7. Apologética cara a los cristianos — 242
8. Apologética en el Nuevo Testamento — 249
9. Apologética en la historia — 252

VII. MUNDO HUMANO, MUNDO DIVINO — 265
1. Un mundo revelacional — 265
2. Autonomía e independencia — 273
3. Revelación: general y especial — 277
4. A la verdad por la humildad — 282
5. Subjetividad y sociedad del ser — 288
6. Verdad como verdad en perspectiva — 297

VIII. LA DIALÉCTICA DE LA PERSONALIDAD — 307
1. En busca de un terreno común — 307
   1.1. El hombre, excesivo por excelencia — 311
   1.2. Fe es acceso a la verdad por la razón — 313
   1.3. Dios como Circunstancia — 314
2. La lógica de la fe — 319
3. Defensa de la razón en la vida — 325
4. El milagro de la personalidad — 334
5. La dialéctica del corazón — 338
6. Razón y obediencia — 343
7. Experiencia de Dios — 348

IX. FRONTERAS DE LA FILOSOFÍA Y LA TEOLOGÍA 353
1. Notas finales sobre filosofía 353
    1.1. Hacia un conocimiento integrador 355
    1.2. Salvación es racionalidad integral 358
2. Modelos de pensamiento hebreo y griego 362
    2.1. Observación histórica 365
3. Más allá de la esclavitud y de la enemistad fe/filosofía 367
4. Filosofía "cristiana" 370
    4.1. Filosofía escolástica 373
    4.2. Metafilosofía cristiana 374
    4.3. Orientación y repertorio 377

ÍNDICE DE TEXTOS BÍBLICOS 381
GLOSARIO DE NOMBRES 387

BIBLIOGRAFÍA 401
1. Bibliografía general 401
2. Bibliografía especial 434
3. Bibliografía de pensadores españoles 435

PRÓLOGO

> *"La religión no trabaja con la razón, trabaja con el sentimiento, con la fe, con eso que aquí en Buenos Aires llaman con esa hermosa palabra que ustedes tienen: pálpito. Cuando se trabaja con el sentimiento y con la fe no se hace con evidencias racionales. Por eso en manera alguna la religión puede sustituir a la filosofía. Pero entonces, la religión ¿no sirve, no significa nada? Yo no hago tal afirmación. La religión tiene una función y desempeña un papel que resulta necesario en la vida."*
>
> **Manuel García Morente**

Cuando Alfonso Ropero me pidió unas páginas con las que encabezar el presente libro me sentí gratamente sorprendido. Sorprendido porque, si bien he intentado manejarme durante toda mi vida por la senda del diálogo, jamás me he caracterizado por ser una persona especialmente religiosa.

Gratamente porque, conociendo la profundidad del trabajo de Alfonso tan bien como he llegado a conocerla con el tiempo, la petición suponía —a través de uno de esos inexplicables efectos dominó que la existencia nos proporciona— una revalorización de mi propia obra. Poco imaginaba entonces, cuando accedía gustoso a la petición de un amigo que no paraba de enviarme sobres y más sobres repletos de folios que esta labor se acabaría convirtiendo en mucho más que un asunto de placer. Es una auténtica responsabilidad.

Mi propia vocación y ocupación filosófica, por así decirlo, han sido durante la mayor parte del tiempo que he tardado en madurar estas páginas, precisamente, lo que más me ha alejado del estudio de un libro que, como el que ahora nos propone Alfonso, es básicamente filosófico. ¿Y qué? —se me dirá— tanto mejor para usted... ¿donde está el problema? Mi respuesta a la aparente, sólo aparente, paradoja se encuentra precisamente en la tremenda distancia, no sólo personal, sino profesional, que existe entre el hombre religioso y el hombre filosófico. Ambos no son ni pueden ser lo mismo y, por tanto, no pueden abordar las mismas cuestiones del mismo modo. Lo que pretendo decir, más allá de cualquier juego de palabras aparente, es que el hombre religioso puede ser médico, camionero, albañil, ingeniero, sacerdote o pastor y una cosa nunca estará reñida con la otra. Entretanto, el filosófico, hace de la propia filosofía su credo personal. Este defecto de forma llega a ser tan acusado que incluso aquellos pensadores que creen profundamente en Dios, ponen su fe en una divinidad muy diferente a la que el mero sentimiento religioso despierta: en un Creador que de tanto racionalizarlo se transforma en arena de playa para escurrírsele de entre los dedos. Muy probablemente esa sea una de las más sobresalientes ideas delineadas en el libro que usted tiene entre las manos, aunque no la principal.

En mi caso —discúlpenme si trato excesivamente de mi propia experiencia so pretexto de que es la única estrictamente personal que conozco— ese afán racionalizador se transforma en una especie de insensibilidad ante lo divino que sólo parece despertar cuando me enfrento a las obras de lo humano. En otras palabras: me resulta más sencillo religarme —dicho en términos de Zubiri— a una sinfonía de Mozart, a un bosquejo de Ribero, que a aquella experiencia de lo extraterreno que muy acertadamente describió Freud como *sentimiento oceánico*. Ahora bien, una vez detectadas las dificultades, cabe siempre preguntarse cómo introducir un libro, a medio camino entre filosofías y creencias, especialmente dirigido a un público ligado al cristianismo militante sin que por ello debamos perder de vista el debido rigor filosófico que la cuestión requiere.

La respuesta, creo, está también en unas páginas de Alfonso que son, como no podía ser de otro modo, excelente catalizador en el que ambas energías, la racional y la sentimental, concurren sin estorbarse y dejándose hablar entre sí con soltura. De hecho, no debemos dejarnos engañar por la extraordinaria densidad del andamio sobre el que se construyen los diferentes capítulos del libro ya que, a fin de cuentas, es sólo gracias a él que la coexistencia pacífica de fe y razón es virtualmente posible sin que chirríen unos engranajes que ya tienen bastante siglos. Está claro, no obstante, que sólo un pastor estudioso de la teología cristiana protestante —sin entrar en matices de culto ideológico que a mi parecer son cosa más de forma que de fondo— podía tener la osadía de reincidir en este peliagudo tema y salir indemne del intento.

PRÓLOGO

Este punto de vista resulta lógico si tenemos en cuenta que, pese a lo costoso que para ellos es reconocer una evidencia de primera magnitud, los teólogos católicos en general deben más a la filosofía misma que a la propia teología. Así, han caído en el trágico error de la demostración de lo virtualmente indemostrable. A Dios —y lo intuyo como hombre hecho entre razones— no se le puede demostrar porque ningún argumento alcanza más allá de lo meramente racional. Lo Divino se siente. En lo Divino se cree o mejor, recordando una gráfica sentencia que Theodor Adorno dedicó a la verdad, en Dios *se está o no se está*. Esto también lo saben *esos* teólogos empeñados en la prueba que, sabiéndose en el fracaso, se transforman en aquellos cuervos del refrán que se revuelven contra la filosofía para sacarle los ojos.

Ludwig Wittgenstein señalaba que lo que comúnmente denominamos *sentido de la vida* es algo ajeno a la lógica del mundo. En la realidad fáctica nos encontramos con hechos descarnados y, por tanto, sometibles al juicio racional: se puede preguntar sobre ellos a sabiendas de que puede ser encontrada una respuesta lógica que dé razón de los mismos. Eso, dicho en pocas palabras, es lo que pretende y consigue la ciencia; nunca menos y, por supuesto, tampoco más. El resto de nuestra experiencia, lo emocional, es precisamente aquello que no puede explicarse con razones..., pero es justamente ahí donde comienza lo que consideramos vida. Cómo se vive, y por qué así cada uno y no de cualquier otro modo, empieza a formar parte de eso incomunicable que termina gestándose en experiencia mística. Tanto es así que todo ser humano que, abiertamente, manifiesta haber encontrado un sentido para la vida es al mismo tiempo incapaz de comunicar a los demás claramente qué sentido es ese. Y es un hecho que Dios hace sentido de muchas vidas, pero no de otras, de tal suerte que, a la par, sea irremediablemente ineficaz encontrar una respuesta al por qué.

¿Significa eso, acaso, que Dios no exista? En absoluto. Significa, tan solo, que Dios no forma parte del mundo, que no es un hecho descarnado, medible y cuantificable de la realidad. Por ello no puede estar sometido a ciencia ni a explicación: implica, en suma, que Dios es uno de los posibles sucesos místicos a los que el hombre se enfrenta. El problema de la existencia de lo divino no se resuelve preguntando qué, cómo, cuándo o dónde, sino, simplemente, creyendo o no creyendo. Buscar un problema filosófico allí donde no existe otra cosa que una decisión existencial es proceder de modo patético y absurdo. Unamuno, que lo supo ver con meridiana claridad, escribió sobre el *sentir* trágico de la vida, pero no sobre la *razón* trágica de la existencia.

Sumirse en esta concepción es empezar a comprender el hecho religioso más allá de teorizaciones banales sobre el mismo. Tal vez por eso, Alfonso Ropero, desde la primera línea, se empeña en dejar claro que el sentido de este libro no pasa por establecer teorías o explicaciones para un fenómeno místico que debe sobreentenderse desde el comienzo. Su intención, muy acorde con el decurso de la gran cantidad de conversaciones que hemos mantenido desde que nos conocemos y que, por cierto, nos han ayudado a asentarnos sobre un punto medio en el que nos ha sido posible entendernos, es más bien la de establecer vías para el diálogo, cauces que desborden la presa de intolerancia que teología y filosofía han levantado entre sí. La decisión de creer en Dios, o la contraria, no pueden convertirse alegremente en barricadas, porque todo atrincheramiento ideológico degenera en fanatismo.

En una expresión verdaderamente gráfica nuestro autor señala que, tras siglos de batalla, la relación entre teólogos y filósofos ha venido a transformarse en indiferencia. De otro modo: la solución vital al problema de la Fe no ha venido a congraciar dos posiciones innecesariamente enfrentadas sino, más bien, a establecer un nuevo motivo para una divergencia que ya no se expresa en forma de beligerancia, sino a través de la mutua omisión. Lo que personalmente no he podido dejar de preguntarme hasta la fecha es si las relaciones silenciosas que Fe y Razón mantienen hoy día en la mente, y en el proceder de muchos intelectuales de ambos bandos, no será más bien otra forma de combate. La solidificación de unos viejos magmas que antaño estallaron en violentas erupciones: *usted, señor mío, vaya a lo suyo que a mí me importa un bledo.*

Sin embargo, este silencio que implica paz artificial, no es más que otro profundo error. A fin de cuentas, pese a que los medios y los fines no puedan ser los mismos, es evidente que filósofos y teólogos se deben mucho mutuamente. Teología y Filosofía han progresado más de lo que realmente se suele admitir gracias a su largo enfrentamiento. Más todavía: la falta de coincidencia en el medio que ambas deben utilizar no excluye, de facto, que sus fines sean mucho más coincidentes de lo que pudiera parecer en un principio. Así, se ha establecido entre ambas unas curiosa relación antisimétrica de suerte que, dicho con toda brutalidad, la Razón es la Fe de aquel que no conoce a Dios en su interior, y viceversa. Debemos

PRÓLOGO

adoptar posiciones creativas, y no silenciosas, ante una revelación como ésta. Cierto es que, y esta es la línea a través de la que Alfonso Ropero quiere guiarnos, tanta tozudez nunca lleva a buen puerto. Lo que importa en este caso no es tanto la Fe que cada uno profesa como el profesarla bien, esto es, aceptando no sólo las consecuencias del sentido que nuestras vidas hayan podido adquirir, sino también el hecho de que hay otros sentidos y vidas que no tienen por qué ser el nuestro. ¿Es que la tolerancia consiste en alguna otra cosa?... Me temo que no.

Francisco Pérez Fernández
Universidad Complutense de Madrid

I
PARTE
Fe y razón

I

FE Y RAZÓN, FILOSOFÍA Y CRISTIANISMO

1. Fe es certeza esperanzada, convicción de verdad

La verdad es una, sólo una y nada más que una. La verdad nos alcanza por distintos cauces y la descubrimos siguiendo métodos múltiples. El cristiano cree que la verdad se ha manifestado de un modo sublime en la persona de Jesucristo, en su mensaje y carácter de Verbo, Acción y Razón de Dios, fundamento y razón de ser del mundo. Arraigada es la convicción cristiana que confiesa que toda verdad es verdad de Dios[1]. El cristiano, lejos de temer o rehuir la verdad, se abre a su luz, se alegra en ella. "Porque nada podemos hacer contra la verdad, sino sólo a favor de la verdad" (*2ª Corintios 13:8*).

La voluntad de verdad es un ingrediente esencial de la persona humana en cuanto tal; según Zubiri es voluntad de fundamentalidad, o sea, voluntad de descubrir el fundamento expreso de mi vida, esto es, de mi Yo[2]. La inteligencia nos *descubre* el fundamento, la fe se lo *apropia*. La fe, pues, es un momento de la inteligencia humana que busca fundamentarse como persona en la verdad. Por consiguiente la fe no puede rehuir el reclamo de la inteligencia que constitutivamente le lleva a no estar contenta sino en la apropiación de la verdad en cuanto verdad cognoscible y racional. El

---

[1]. "Toda la verdad es una. La ideas y concepciones cristianas deben reclamar la ciudadanía en le reino universal de la verdad" (E.Y. Mullins, *Manual de evidencias cristianas*, p. 8. CLIE, Terrassa 1987).

[2]. Xavier Zubiri, *El hombre y Dios*, p. 286. Alianza Editorial Madrid 198.

problema es que hay muchos objetos de fe que no son propios de la misma, en cuanto fallan en su aspecto de verdad y, por tanto, de fundamentación. Como estos múltiples objetos de reclaman adhesión personal haciéndose pasar por verdaderos, a saber, ídolos e ideologías de diversa facturación y consistencia, la inteligencia de la fe, o la fe de la inteligencia, se ve comprometida y obligada por su voluntad irrenunciable de fundamentalidad a esclarecer, diferenciar, husmear el error y, finalmente, desterrar los imágenes idolátricas, los falsos objetos de fe, la mentira, en suma; que falsifican la vida humana. En su pasión por la verdad el cristianismo ha contribuido a desacralizar el mundo, a desenmascarar ilusiones. Ha dicho y confesado que el mundo es creación *ex nihilo* de Dios. De un plumazo ha despojado a los bosques de sus duendes y a las peñas de su magia. El mundo no tiene alma sino Espíritu, Espíritu creador que lo sustenta más allá, por arriba y por bajo de la dualidad de lo inmanente y de lo trascendente. No hay *animación* divina del mundo, sino acto creador por el que el mundo se independiza de su creador y es objeto de la labor humana. En un sentido el mundo es ateo. Dios no se ha puesto en el medio, a la vista de sus criaturas. Por eso cuando Jean Danielou dice que hay ateos en el mundo, pero el mundo es divino[3], hay que responderle que el mundo oculta, no desvela por sí mismo el fundamento de su existencia. Dios no ha *impuesto* su presencia en el mundo. Su manera de estar en el mundo es su ausencia, tanto más dolorosa cuanto menos percibida. "Dios ha renunciado a su derecho natural de imponer su presencia divina en el mundo.[4]" Maurice Blondel llega a utilizar una metáfora muy expresiva en su radicalidad: Dios al crear se suicida[5]. El que interroga al mundo no descubre a Dios sino su propia soledad. Las

---

3. Jean Danielou, *Oración y política*, p. 139. Pomaire, Barcelona 1966. En honor a la verdad hay que decir que el autor no está hablando de pruebas de Dios, sino de consagración temporal en el mundo. La cita completa dice: "El mundo no es ateo. Hay ateos en el mundo, pero el mundo es divino. Los ateos son un accidente. Este mundo, en su misma substancia, es de Dios y es de nosotros y espera que nosotros le demos cumplimiento, plenitud." Lo cual es perfectamente correcto.

4. Javier Montserrat, *Nuestra fe*, p. 32. BAC, Madrid 1974.

5. Maurice Blondel, *Exigencias filosóficas del cristianismo*, p. 137. Herder, Barcelona 1966.

CAPÍTULO I. Fe y razón. Filosofía y cristianismo

respuestas que recibe son el eco de su propia voz. Todas las filosofías ateas y de la muerte de Dios encuentran su fundamento y se hallan justificadas en el mundo.

Pero a la vez el mundo es "divino" en su origen y en su orientación. Porque su estar ahí ha sido causado por la Palabra de Dios. Sin embargo, ésto no lo confiesa el mundo, pertenece al conocimiento de la revelación que la fe cristiana adscribe a Dios, misterio del mundo. "*Por la fe entendemos* que el universo fue preparado por la palabra de Dios" (*Hebreos 11:3*). Nada del mundo indica que Dios sea necesario para el mundo. La *necesariedad* de Dios es lo que llevó a los hombres al ateísmo, una vez que descubrieron las leyes naturales que rigen el universo. Los científicos trabajan por principio como si Dios no existiese. La hipótesis Dios les es innecesaria. La fe cristiana no tiene por qué asustarse. Antes bien, le da la bienvenida. Ella confiesa que Dios es conocido sólo porque él se revela. *Dios viene de Dios*[6]. El mundo se convierte en *revelable* de Dios sólo cuando por la revelación sabemos que ha salido de sus manos y a Él vuelve. Es el Principio de la Revelación como primacía y prioridad. La frase "Dios es necesario" es una frase mezquina. No es digna de Dios. Dios es más que necesario. Podemos adelantar que Dios se revela como el fundamento y el poder del ser. El que decide entre el ser y el no ser, fallando a favor del ser. El hombre únicamente puede mirar a Dios como al poder que le libera de sí mismo, que le otorga la fe y que pone fin a su historia de pecado.

2. Autonomía, caída y salto

La cruz de la razón, el arrecife donde se estrella, aparece cuando se ve conducida más allá de sí misma, a lo que Tillich llama su "fondo y abismo", al hecho de que el "ser es y el no ser no es", al hecho original de que hay algo y no nada. La vida del ser humano es una vida acorralada, perseguida por el enemigo muerte a cada instante. Considerado desde la razón del

---

6. Eberhard Jüngel, *Dios como misterio del mundo*, Introducción § 2. Sígueme, Salamanca 1984.

mundo el hombre es un ser para la muerte. Un ser finito consciente de que ha de morir irremediablemente. Esta es su suprema congoja. La tristeza que empaña su alegría. Vive conmocionado por el no ser. No ser necesario tampoco. Sacado de la nada vuelve a la nada. El polvo al polvo. Caído en el abismo el ser toca fondo. No hay esperanza sin desesperación. El que toma conciencia del carácter abismal de su ser, descubre en el momento el fondo del ser, el Dios que se revela como el fundamento y el poder de ser, el que conquista al no ser. "Devorada ha sido la muerte en victoria. ¿Dónde está, oh muerte, tu victoria? ¿Dónde, oh sepulcro, tu aguijón?" (1ª *Corintios 15:54-55*).

La fe cristiana posibilita y legitima teológicamente la autonomía del mundo. El mundo vive sin Dios y en cuanto mundo ha de ser entendido como lo que se puede vivir como mundo sin Dios. Dios mismo nos obliga a ese conocimiento. El mundo emancipado de Dios carece de Dios, y quizás por eso mismo está más cerca de Dios que el mundo no emancipado. Estas afirmaciones tienen que ser entendidas soteriológicamente, orientadas a la cruz y al orden de la salvación. Consideraremos estos puntos en otro apartado.

La revelación cristiana es final y crítica con respecto a otras revelaciones. A ello responde su carácter de *exclusividad*. La pseudoreligión, los "dioses ajenos", se bañan en los ríos, se meten en las piedras, habitan en los árboles, pululan en los templos, se aparecen en los sueños y amenazan, en base a su omnipresencia física, a todo el que se atreva a desafiarlos. Como no son, exigen la nulidad de sus adoradores, les niegan la libertad y autonomía que ellos mismos no conocen. Reclaman obediencia ciega, creer sin preguntar, aceptar sin comprender, examinar sin libertad. Semejantes dioses son la proyección de la angustia y de las esperanzas temerosas de los individuos que aún no han aprendido a tomar posesión del mundo y distanciarse de sus creaciones. Reflejan una existencia sin libertad. Es el triunfo del no ser, de la muerte y del pecado. "¿Por qué han de decir las naciones: dónde está ahora su Dios? Nuestro Dios está en los cielos; Él hace lo que le place. Los ídolos de ellos son plata y oro, obra de manos de hombre. Tienen boca, y no hablan; tienen ojos y no ven; tienen oídos, y no oyen... Se volverán como ellos, los que los hacen, y todos los que en ellos confían. Los cielos son los cielos del SEÑOR; pero la tierra la ha dado a los hijos de los hombres" (*Salmo 115:2-8, 16*).

CAPÍTULO I. Fe y razón. Filosofía y cristianismo

Cuando la fe en Dios es impuesta por la evidencia "natural" de la creación la duda es el mal absoluto, como mal moral y no sólo intelectual. La fe deja de entenderse como confianza en la palabra de perdón y renovación del ser, para entenderse como asentimiento a un credo, idea, o una imagen de Dios. Giovanni Papini cuenta cómo el monje Serapión se acusa delante de Dios y de los ángeles de haber abierto la puerta a la duda, la gran traición, el sacrilegio de la desconfianza, la ignominia de la debilidad[7]. Pero la duda, aunque revista un carácter de incredulidad culpable, es a la vez buen síntoma de la salud de la fe, de aprehensión de la verdad. Se duda lo que se cree, y de lo que se tiene mal creído. "Fe sin duda, es fe muerta", decía Unamuno. Dudar es un humanísimo acto cristiano; Jesús enseñó a poner en duda la interpretación tradicional de la ley, para así abrir un espacio a la nueva verdad del evangelio. Dudar es un virtuosísimo acto de prudencia. Si el fanático dudara, la verdad y la razón habrían conseguido una gran victoria. Si quien duda dudara de su propia duda no estaríamos muy lejos de encontrarnos en la creencia, porque "dudar de la propia duda es el único modo de empezar a creer en algo" (Antonio Machado). Hay un sano escepticismo en la duda que significa "mirar con cuidado a todos lados, estar atento a toda realidad circundante, hacerse cargo de las cosas, y entonces seguir adelante.[8]" Para Hegel el escepticismo es la experiencia efectivamente real de lo que es la libertad de pensamiento. Para san Agustín "La duda es la libertad misma." "Dudar es escoger entre la multiplicidad de nuestras creencias espontáneas, las que son firmes y fijas y firmes y merecen, pues, ser afirmadas.[9]" "El que quiera instruirse debe primeramente saber dudar, pues la duda del espíritu conduce a la manifestación de la verdad" (Aristóteles)

La fe está siempre atenta a la verdad, el suyo es un *sistema abierto*, o lo que es lo mismo, una creencia que se va abriendo camino hacia el conocimiento nunca aprehendido del todo. Dios se revela en la vida, no

---

7. Giovanni Papini, *Juicio Universal*, p. 36. Plaza & Janés, Barcelona 1981.

8. Julián Marías, *La devolución de España*, p. 248. Espasa Calpe, Madrid 1978.

9. Jean Lacroix, *El sentido del diálogo*, p. 110. Fontanella, Barcelona 1968, 3ª ed.

en fórmulas que le aprisionen. Y si bien la verdad es revelada por Dios en su Palabra, también es cierto que la posesión humana de esa verdad revelada nunca es perfecta, definitiva, total. El pecado, la soberbia teológica, es la reducción de la revelación infinita de la vida a filosofía religiosa finita. Lo global metido en la camisa de fuerza de los particular, según es aprehendido por el entendimiento individual. El protestantismo, fiel a la revelación bíblica, ha puesto mucho empeño en no tener nada que ver con imágenes de mármol o escayola representativas de Dios o del reino celestial. Pero éstas no son las únicas que existen, también hay imágenes verbales, representaciones teológicas de Dios tan idolátricas como las primeras[10]. La duda y el escepticismo bien entendidos tienen como función esencial combatir la seguridad con que la conciencia religiosa se aferra a sus *conceptos* de Dios como si fuesen Dios mismo. El verdadero creyente depura sin cesar su *representación* de Dios, se deja corregir siguiendo el criterio establecido, que consiste en dejar a Dios ser Dios. "Lo que prueba a Dios es la duda que no deja que nos detengamos en ninguna creencia definida" (Lacroix). El Dios que viene de Dios no teme a las preguntas. Estimula el debate, busca razones. Desconcierta al confiado. El sano tiene que ver su enfermedad, el seguro su perdición, su condición de extraviado, si han de recibir la revelación como revelación de Dios. La fe cristiana obliga a hacerse preguntas, a filosofar como creyente, incluso después de haber recibido la revelación. "A quién asemejaréis a Dios, o con qué semejanza le compararéis? El artífice funde el ídolo, el orfebre lo recubre de oro y el platero le hace cadenas de plata. El que es muy pobre para tal ofrenda escoge un árbol que no se pudra; se busca un hábil artífice para erigir un ídolo que no se tambalee. ¿No lo sabéis?¿No habéis oído? ¿No os lo han anunciado desde el principio? ¿No lo habéis entendido desde la fundación de la tierra? El es el que está sentado sobre la fundación de la tierra. ¿A quién, pues, me haréis semejante para que yo sea su igual —dice el Santo... Presentad vuestra causa —dice el SEÑOR. Exponed vuestros

---

10. "Por eso es injusto e irracional representar a Dios, que no puede ser nada abstracto, en expresiones abstractas como *être supéme*, la más alta esencia de quien nada más puede ser dicho. Un dios semejante es un producto del entendimiento, carece de vida, es muerto" (Hegel, *Introduccióna la historia de la filosofía*, p. 54. Sarpe, Madrid 1983).

CAPÍTULO I. Fe y razón. Filosofía y cristianismo

argumentos —dice el Rey de Jacob" (*Isaías 40:18-26; 41:21*). "En el fervor de su fe el cristiano ama la verdad en la que cree; le da vueltas y más vueltas en su espíritu; la abraza buscando en la medida de lo posible, razones para este pensamiento y este amor. Se dice que el amado vive en el amante en la medida en que permanece en el conocimiento de éste" (Tomás de Aquino[11]).

Cuando Fernando Savater dice que la fe impide la indagación personal, la experimentación, la crítica racional de las convicciones establecidas, el debate público por medio del cual cada participante puede obtener sus propias conclusiones[12], no está siendo justo con la fe bíblica o, simplemente, está pensando en otros tipos de fe que, a pesar de llevar adjuntas el nombre de cristianas, se encuentran bajo el extrañamiento de la palabra de Cristo cuando dice: Apartaos de mí, no os conozco (*Mateo 25:41*). En el siglo I, en sus orígenes, y en el siglo XVI, en su repristinación original, la fe cristiana fue posible gracias a la libertad y coraje que los individuos se tomaron en examinar por sí mismos el contenido de la fe y hacerlo suyo[13]. El cristiano que surge renovado de la Reforma profundiza su verdad como verdad conquistada por sí y para sí contra la autoridad exterior de la Iglesia o de la tradición cuyos resortes consisten en disolver al individuo espiritual en lo colectivo. A la luz de la fe evangélica tan importante y necesario son la subjetividad y certidumbre del individuo como la objetividad de la doctrina o contenido de la fe. Marca el paso del principio de la obediencia al principio de la libertad. El creyente ya no se encuentra ante la imponente e indiscutible

---

11. Citado por Didier E. Proton, *Qué ha dicho verdaderamente santo Tomás de Aquino*, p. 26. Doncel, Madrid 1971.

12. Fernando Savater, *Diccionario filosófico*, p. 95. Planeta, Barcelona 1995. "Al disponer el filósofo cristiano de los datos de la revelación le es posible analizar con más cuidado estos mismos hechos sin excederse ya en sus pretendidas conclusiones... La filosofía auténtica no exige, al plantear la radicalidad del problema filosófico, la eliminación previa de las convicciones religiosas, ni las científicas, o las sociales.... El hombre filósofo en su situación inicial no puede con fundamento formular, desde el campo filosófico, una condena o una aprobación estrictamente filosófica de las puras convicciones sociales y religiosas" (José Mª Rubert y Candau, *La realidad de la filosofía*, tomo II, pp. 216-217. CSIC, Madrid 1970).

13. Cf., Alfonso Ropero, "El rico legado del libre examen", *Historia, fe y Dios*. CLIE, Terrassa 1995

autoridad jerárquica de la Iglesia, que exige acatamiento a sus dogmas, sino ante el libro cuya autoridad última descansa en Dios y no en los hombres, es decir, la Biblia, la cual debe ser interpretada por cada cual en la libertad de su espíritu y conforme a la regla de su fe. La verdad deja de ser algo que se impone desde fuera para ser aceptada desde dentro. "Este hecho de que la Biblia misma se haya convertido en la base de la Iglesia cristiana, es de la mayor importancia; cada cual debe adoctrinarse por sí mismo en ella, cada cual debe reglar por ella su conciencia.[14]" El resultado inmediato será una mayor libertad intelectual. Una fe consciente de sí misma. "Ya no se puede denigrar más a la filosofía; porque la religión, al menos nuestra iglesia protestante, reivindica a la razón para sí al decir que la religión tiene que resultar de la propia convicción; en consecuencia, no se basa en la mera autoridad" (Hegel[15]).

3. Corazón restaurado recupera la razón

El creyente ensancha su experiencia reflexionándosela. Cree como sabio (*sapiente*) y no como *insipiens* (insensato). No tiene nada que regatear a la razón. El filósofo y el cristiano son almas gemelas. Han entendido que el misterio de la vida consiste en no prestar fidelidad a nada menos que a la verdad. No se inclinan ante los ídolos pues no hay verdad en ellos. Ambos son personas esforzadas y radicales. "No es que la filosofía «deba» ser radical, sino que consiste en serlo, en ir a las raíces y sin ello desaparece su carácter filosófico: es el precio que cuesta la simplificación de la realidad.[16]" Llevan en su rostro las marcas del temor y del temblor. Conscientes de su torpeza temen quebrar el frágil espejo de la verdad. La suya no es una ocupación narcisista con sus propias ideas reflejadas en el

---

14. G.W.F. Hegel, *Lecciones sobre la filosofía de la historia universal,* "Tercer período: La Edad Moderna", p. 661. Alianza Editorial, Madrid 1980.

15. Hegel, *Introducción a la historia de la filosofía,* p. 123.

16. Julián Marías, *Nuevos ensayos de filosofía,* p. 93. Revista de Occidente, Madrid 1968, 2ª ed.

CAPÍTULO I. Fe y razón. Filosofía y cristianismo

fondo de su mente. Son buceadores dispuestos a arrancar hasta el último secreto del misterio del fondo de ser. Forma parte de un llamamiento supremo. Es el ingrediente ineludible de la vida humana. "Estamos condenados por Dios a ser filósofos" (Hegel). "El hombre es metafísica, la metafísica es una cosa ineludible" (Ortega). La fe como confianza en el carácter racional de la realidad es un momento de respiro, una oportunidad para recobrar fuerzas antes de la siguiente escalada. La fe, en este sentido, es común a todos los hombres. Es el don divino más extendido. Sin fe es imposible vivir. Pero hay muchas clases de fe, incluso en el mismo reducto religioso. Fe histórica y fe salvífica, fe divina y fe demoniaca. Por eso está escrito que "no de todos es la fe." "Examinaos a vosotros mismos si estáis en la fe" (*2ª Corintios 13:5*). El examen aquí requerido precisa de la inteligencia. La razón es su instrumento.

Cristiano y filósofo, cuando auténticos, y en principio, comparten una misma actitud, han sido tocados por el fuego de la verdad. "La filosofía se ocupa con lo verdadero, expresado más precisamente: con Dios; ella es un perenne servicio a Dios.[17]" La razón, tanto si se la considera como facultad de la mente o como estructura de la realidad, por sí sola es neutral respecto a la verdad, como vara de *zahorí* puede detectar una corriente de agua subterránea pero no producirla, ni negarla. Su cometido es servir al individuo que la posee. La razón se da en la existencia de una persona, es ontológica, personal, subjetiva, tiene vida, y está sometida a las personalísimos conveniencias e inconveniencias de la misma. La enfermedad de la razón es la locura razonante, la infatuación de la inteligencia a que se referían los antiguos, y que el cristianismo considera pecado, no sólo en el ámbito moral, sino gnoseológico. También en el ámbito de la razón se precisa la virtud de la humildad, el ejercicio de la modestia. La vida de la razón es ética, tiene su ética.

El filósofo y el teólogo son tanto más auténticos cuánto más dispuestos a hacerse colegiales una y otra vez. "El filósofo, en mi concepto es, ante todo, el hombre que está siempre dispuesto, cualquiera que sea su edad, a

---

17. Hegel, *Introducción a la historia de la filosofía*, p. 102: "Tiene con la religión un *único* contenido; por tanto, solamente la forma de ambas son distintas... La necesidad de la filosofía y de la religión es una y la misma: desentrañar lo que es verdadero" (p. 126).

volver a ser estudiante" (Henri Bergson). La presunción teologizante y la soberbia filosofal hacen delirar a la razón. Les falta la modestia por la cual la razón reconoce sus límites. El buen cristiano, como el buen filósofo, están llamados por igual a ser buenos pastores de sus pensamientos[18], a no dejar que la pasión controle la inteligencia. a no prestar atención a fábulas insensatas (*1ª Timoteo 4:7*). La parte de atención y gravedad que dedique a la especulación física, a la histórica o a la psicológica, expresará su medio y su disposición, o el espíritu de su tiempo. Si la persona en quien la razón vive y es ordenada a expresar la estructura de la realidad es honrada dejará hablar a las cosas como son.

La revelación cristiana como el Dios que viene de Dios en la palabra de gracia por medio de la cual se pronuncia el perdón de los pecados y la liberación del hombre de sí mismo —de sus pecados contra la vida, razón incluida— no anula sino que salva a la razón y, desde ese momento, se puede hablar de *razón salvada*. Lo que el hombre es, y todo lo que es, lo es en la decisión de la fe. En la decisión de la fe aparece ante Dios como el hombre que Dios ha pensado al ponerle en existencia como un "enfrente" de Él, y tal como le ha querido. El pecado es el camino de la negación, de no querer ser aquello a lo que se está llamado a ser desde el principio del ser. Para la comprensión cristiana el hombre viene de Dios y a Dios va por medio del Dios-Hombre, Jesucristo. Jesucristo en cuanto hombre es el espejo en el que el hombre tiene que ver reflejada su imagen, su ser verdadero. En su Hijo, Dios se nos revela como el secreto de nuestra existencia. "Creer quiere decir que la Palabra de Dios, que Jesucristo, es para mí lo que ni yo mismo soy ni puedo darme: mi verdad, mi bondad, mi justicia, mi felicidad; y dejar que la Palabra de Dios sea mi Dios, mi creador y conservador, mi Señor y Salvador.[19]" El destino del hombre se realiza donde tiene lugar un cambio, a saber, "en Cristo". La fe consiste en reconocer que aquí, en el Dios-hombre, el hombre descubre su ser auténtico, que es tanto como decir que su ser real no tiene su origen en el

---

18. "La tarea del filósofo consiste en ser buen pastor de sus pensamientos" (George Santayana, *Diálogos en el limbo*, p. 105. Losada, Buenos Aires 1960).

19. Karl Barth, *Ensayos teológicos*, p. 109. Herder, Barcelona 1978.

CAPÍTULO I. Fe y razón. Filosofía y cristianismo

mundo de los fenómenos y que no encuentra allí su plenitud. El hombre viene de Dios y va a Dios. Lo miraremos con más detalle en otro lugar.

La fe con que la palabra de salvación es acogida no destruye la estructura racional de la mente que se abre al don de nuevo ser en Cristo. Al contrario, la fe cura la razón de la herida abierta por el pecado. Da lugar a una razón salvada en cuanto instalada en una vida que ha vencido la determinación al pecado y a la negación. La razón comienza a desarrollar sus facultades sin tener que habérselas con intrusos que la arrastran donde no quiere, que la falsean. La razón, como todo lo vivo, no es un instrumento mecánico, sino una manera de ser, y en cuanto tal, amenazada por el no ser. La razón es una *función* de la vida, y siempre expresará la calidad de la vida que la hace funcionar. El pensamiento es siempre biográfico, revela la persona que lo produce. Por consiguiente, la fe y la teología nunca deberían atacar la razón como tal, de la misma manera que no deberían atacar al mundo y al hombre como tales. Lo contrario de la fe no es la razón, sino el pecado, la malformación del ser por el no ser, la incredulidad, la angustia del abismo que no acaba de llegar al fondo.

En términos teológicos se afirma que la gracia no destruye sino que perfecciona la naturaleza al redimirla. O lo que es lo mismo, la fe cristiana no se presenta a sí misma "como una creación superpuesta a la naturaleza, sino como una elevación, una asunción, una transfiguración, una gracia que emplea las facultades normales, las fortifica sin destruirlas, se apoya sobre fundamentos racionales y perfecciona sin suprimir.[20]" El perdón de pecados expresa con claridad que lo que Dios anula es la orientación negativa de la existencia, las faltas de la persona contra la vida, pero no la vida de la persona misma, que es invitada a amar a Dios con toda su alma, mente, cuerpo, corazón, espíritu y con todas sus fuerzas renovadas por el Espíritu.

La conciencia cristiana que es consciente de su alto llamamiento se resiente al ver que los mismos que aseguran y predican que la gracia puede hacer mejor a la persona moralmente, salvarla de su pecado y ponerla en el camino de la vida eterna, se niegan a admitir que la revelación

---

20. Maurice Blondel, *Exigencias filosóficas del cristianismo*, p. 24. Herder, Barcelona 1966.

pueda hacer de una filosofía otra filosofía mejor[21]. Mentes cerradas en sí mismas no entienden la afanosa búsqueda del hombre como búsqueda de la revelación. Que ésta no se opone a la revelación sino que la requiere, "ya que la revelación significa la reintegración de la razón.[22]"

4. Filosofía y teología con la Biblia por medio

¿No es ya suficientemente intrincada la teología como para que le sumemos los quebraderos de cabeza aún mayores de la filosofía?[23] ¡Vaya unas ganas de complicarse la vida! Así sería si la vida ya no estuviera suficientemente complicada incluso antes de la aparición de la filosofía. El escándalo no llegó con la sabiduría, sino con la desobediencia rebelde. El ignorante puede ser instruido, el sabio rectificar —eso va con su carácter—, pero el rebelde tiene difícil medicina. "El que corrige al escarnecedor, atrae sobre sí deshonra, y el que reprende al impío recibe insultos. Da instrucción al sabio y será aún más sabio, enseña al justo, y aumentará su saber" (*Proverbios 9:7,9*).

Durante mucho tiempo se consideró la religión y la filosofía como dos reinos incompatibles, en constante declaración de guerra. Donde uno empieza acaba el otro. Sócrates murió por negar los dioses, por llevar su filosofía a la religión. Giordano Bruno murió abrasado vivo por la Inquisición romana al afirmar de Dios una idea diferente, tras un proceso que duró siete años. Los sacerdotes siempre consideraron peligrosa la filosofía; superflua, según los más benignos. Los filósofos se acostumbraron a mirar la religión como un asunto de fe, o de superstición, según el humor de cada cual. Hoy las hostilidades pertenecen al campo de la indiferencia.

---

21. Etienne Gilson, *Elementos de filosofía cristiana*, p. 26. Rialp, Madrid 1981, 3ª ed.

22. Paul Tillich, *Teología sistemática*, I, p. 127. Sígueme, Salamanca 1982, 3ª ed.

23. "¿Por qué «sumar» filosofía a teología? Al simple cristiano que quiere comprender su fe, ¿se le ha de exigir la pesada carga especulativa de llevar ese trabajo y colocar como base de él ese tembladeral donde las filosofías aparecen y desaparecen sin dar nunca, por lo visto, un decisivo paso adelante?" (Juan Luis Segundo, *¿Qué mundo? ¿Qué hombre? ¿Qué Dios?*, p. 15. Sal Terrae, Santander 1993).

CAPÍTULO I. Fe y razón. Filosofía y cristianismo

Dejando a un lado determinaciones históricas que han condicionado las relaciones entre la filosofía y la religión, hay que decir que el cristianismo es consciente de su origen de nacimiento no en el pensamiento de alguna mente filosófica, sino en el acontecimiento histórico de la persona de Jesús de Nazaret como revelación suprema y definitiva de Dios. El cristianismo vive su verdad en un todo conjunto de fe, como un don, como un regalo en el que las obras y sabiduría humanas no han contribuido para nada, sino todo lo contrario, estorbado hasta el momento de la revelación individual en la conversión del alma que se abre como respuesta. Pero la fe que es don de Dios vive encarnada en el creyente, es fe de una persona, se realiza como actividad humana, como forma de vida, en el contexto de otras formas de vida y de creencias. El *contenido* fe se expresa en el lenguaje humano, se comunica y se transmite en el idioma de los pueblos, tiene que traducirse al habla del tiempo y del espacio en muchos modos y maneras. El lenguaje es la filosofía primera en la que nos insertamos desde la infancia por el hecho de pertenecer a una comunidad humana. "Cada lengua lleva implícita, mejor, encarnada en sí, una concepción de la vida universal, y con ella un sentimiento —se siente con palabras—, un consentimiento, una filosofía y una religión.[24]" Para saber si la traducción es verdadera y no falsa, si comunica y no oculta, es preciso que la fe desarrolle la inteligencia, que haga comprobaciones, que reflexione sobre el *origen* en que la fe nació. Como toda ocupación humana, el creyente siempre corre el riesgo de vivir su fe mecánicamente. La liturgia, que en un principio fue celebración gozosa de un credo y de una experiencia compartidas, se transmuta por la inercia del movimiento en gesto y repetición medrosa de unas fórmulas incapaces de entusiasmar. No hay otro modo de rehacer la fe que regresando a la fuente original, y no podemos regresar a la misma sin una filosofía de la traducción y del horizonte desde el que se regresa y se pregunta por los comienzos. Desde el punto de vista subjetivo o psicológico, la fe es asentimiento a un mensaje transmitido por la tradición de una Iglesia, sea en el ministerio de la Palabra

---

24. Miguel de Unamuno, citado por Julián Marías, *Los españoles*, vol. 2, p. 127. Revista de Occidente, Madrid 1972.

o en la lectura de una versión de la Biblia refrendada por la Iglesia, en el que uno súbitamente descubre a Dios y queda descubierto por él. Pero la fe considerada objetivamente, tal como se manifestó en la persona de Jesucristo, y que nos alcanza envuelta en una tradición particular, tiene que reconquistarse en su momento original, asistir de nuevo a su nacimiento para que siga siendo condición de vida. Nada hay más exigente, filosóficamente hablando, que ir abriéndose paso entre la maleza de las tradiciones para llegar al claro donde la luz brilla con iluminación propia.

Que la fe tenga que entenderse a sí misma como operada por Dios es algo que queda fuera de dudas. La cuestión es ver si lo que el cristiano confiesa haber recibido de Dios lo posee por medio de un saber demostrable acerca de Jesús, o si más bien es una aseveración subjetiva-caprichosa, y que, por tanto, tan buena es una como otra[25]. La acción del Espíritu Santo que suscita la fe en el oyente del anuncio evangélico no es un hecho mágico, va acompañado de la comprensión y el conocimiento. Comprender el fundamento por el que se realiza la fe es parte constitutiva del mensaje cristiano. "Sepa, pues, con certeza toda la casa de Israel" (*Hechos 2:36*). "La grandeza formal del cristianismo consiste precisamente en que no renuncia a la razón; de lo contrario sería algo irracional, vacío o envidioso, no algo que se comunica en el espíritu y bajo la forma más elevada, en el interior del espíritu mismo.[26]"

5. Donde la fe y la razón se besaron

El que la fe o la religión hayan sido objeto de críticas por parte de la filosofía no es razón suficiente para echarla fuera de la ciudad santa. También la religión ha abusado de sus prerrogativas e insultado a la filosofía de un

---

25. Wolfhart Pannenberg, *Cuestiones fundamentales de teología sistemática*, cap. 4: "Entendimiento y fe". Sígueme, Salamanca 1976.

26. G.W.F. Hegel, *El concepcto de religión*, p. 78. FCE, México 1981. *Lecciones sobre filosofía de la religión*, Alianza Editorial, Madrid.

CAPÍTULO I. Fe y razón. Filosofía y cristianismo

modo estúpido. Abelardo en su día estuvo al tanto del ataque de los filósofos, pero la conclusión que sacó no fue soltarles los perros del anatema, ni un más educado espérese usted a creer y entonces todo lo verá claro, sino acudir a su encuentro con las mismas armas de la razón y la lógica por ellos utilizadas.

El temor y el recelo cristianos originados por el modo de empleo de la razón en cuestiones de fe tiene su origen en la independencia y autonomía de la razón, que se les quisiera negar. La razón no está ligada a un credo. Se alista bajo todas las banderas y bajo ninguna. Sólo se atiene a lo verdadero. Lo mismo puede contribuir a favor que en contra de la fe. Esta ambivalencia es lo que perturba al hombre de fe indubitable. La fe acata, la razón discute; la fe confía, la razón duda. Pero la fe también duda, discute, argumenta, queda desolada... Quisiera no hacerlo, sin embargo lo hace. Cree pero solicita ayuda contra su incredulidad. La razón duda, pero cree, confía en la luz al final del túnel de reflexiones y silogismos. La filosofía es la creencia en la racionalidad última de lo que existe. La razón acepta lo suficiente, lo probable, y aunque lleve muy lejos su crítica, siempre encuentra una razón para creer, en la moral, en el sentimiento, en la libertad. Luego no solamente la razón, sino la fe también discurre y es relativamente autónoma. No presta asentimiento a cualquier credo. "No creáis a todo espíritu", exhorta Juan a sus lectores (*1ª Juan 4:1*). La fe puede ser muy incrédula. "No os engañen vuestros profetas que están enmedio de vosotros, ni vuestros adivinos, ni escuchéis los sueños que sueñan" (*Jeremías 29:8*). Luego la fe y la razón son primas hermanas en cuanto actitudes del espíritu libre y liberado. Caminan juntas todo el tiempo. El espíritu sano no puede renunciar a la autonomía del pensamiento, o corre el riesgo de caer en la hipocresía. La fe necesita el coraje de la razón, el coraje de conocer la verdad como un servicio a Dios. Desde el momento que el pensamiento bíblico enseña a concebir a Dios en términos morales, ya no es posible acercarse a él mediante el sacrificio de la razón. El culto verdadero es un culto racional, auténtico (*Romanos 12:1*). Por consiguiente, "la filosofía es ella misma, de hecho, culto divino" (Hegel). Lo propio del pensamiento cristiano es que el espíritu reciba un contenido, que entre en una relación verdadera con Dios, de modo que la fe no sea fe en la fe sentida, sino en aquél que fundamenta la fe y la hace posible.

En la fe está implicada la persona toda, mente, sentimiento y voluntad. Sin pasión no hay fe, advertía Kierkegaard. Hay que introducir la existencia en el movimiento de la fe. El individuo queda transformado por completo por el don de la fe. La razón, que comparte el gobierno del alma humana con el sentimiento y la voluntad, queda sanada por la fe. Desde ese momento la persona entiende a Dios como el futuro de la verdad. Los creyentes contemplan desde la cima de la elevación divina todos los caminos abiertos por los filósofos hacia la verdad.

Es creencia cristiana que el ser humano, desde la cabeza a los pies, ha quedado gravemente dañado por el pecado. Está poseído por mil verdades y por mil mentiras. Ni aún con cadenas puede dominar su voluntad ni controlar sus sentimientos de modo que no se haga daño. La fe es la palabra que viene de la otra orilla, que cruza el mar en dirección a los sepulcros, y devuelve el juicio al que lo ha perdido, le viste y le confía una misión en medio del mundo (*Marcos 5*). La fe, al sanar las heridas del pecado, "pone de nuevo al hombre en condiciones de desarrollar, de modo genuino, su conocimiento profundo —metafísico— del ser de las cosas.[27]"

6. Sinrazón y violencia de la mentira

La oposición a la fe no viene exclusivamente de la razón, sino de todo el complejo anímico de la persona que, en términos bíblicos, no quiere someterse a Dios ni tampoco puede. Ortega y Gasset, en una de sus geniales salidas, decía que no es evidente que el hombre sea un ser racional, de hecho, según John Baillie, la razón no es tanto lo que encontramos en las personas cuanto lo que deseamos para ellos. "Ser razonable será siempre imposible" (Nietzsche). La razón no es un mecanismo operativo *per se*, sino un ideal regulador al que se aspira. Podríamos decir que la razón no puede identificarse con un *estado* del hombre sino como una *manera de estar* y resolver ciertos problemas. Según Hegel el ser humano es esencialmente razón, entendiendo esta proposición como *posibilidad* para

---

27. Luis Clavell, *El nombre propio de Dios*, p. 53. EUNSA, Pamplona 1980.

ser razón, como aptitud que en muchos nunca se desarrolla, o actúa contrariamente a ella. "La razón aparece así no como una dote que el hombre posee, sino, viceversa, un compromiso que el hombre tiene consigo. La razón lejos de ser un don que se posee, es una obligación que se tiene, muy difícil de cumplir como todo propósito utópico. Porque la razón es, en efecto, una admirable utopía y nada más.[28]" La razón no es un propiedad que se posee junto y frente al resto de elementos de la psiquis humana, es un proyecto de libertad que como tal indica la posibilidad de frustrarse. El ser humano no es inequívoca e ineludiblemente racional. Es un ser ambiguo, esforzado equilibrista de la cuerda floja entre lo racional e irracional, siendo ambas cosas a la vez. Desde un punto de vista lógico no es *necesario* que sea racional, como tampoco es necesario que sea orador, aunque sepa expresarse y comunicarse con sus congéneres. De hecho, una larga porción de la humanidad ha vivido satisfactoriamente de lo irracional y todavía lo hace, juzgada por los parámetros de la cultura occidental. "La racionalidad no es una facultad, sino un método", escribe Jesús Mosterín. Aplicar ese método presupone ciertas facultades, pero ninguna facultad garantiza que se aplique el método racional. Es preciso reconocer que la inteligencia más aguda es profundamente compatible con la más crasa irracionalidad[29].

Como específica facultad de un ser atravesado por pulsiones emotivas y volitivas en un determinado contexto histórico social la razón humana se halla incapacitada de alcanzar el conocimiento salvífico de la fe por sí sola. Si la doctrina cristiana fuese un mero comunicado de ideas y creencias, la razón no encontraría demasiadas dificultades para llegar a su centro por vía del entendimiento, pero resulta que la verdad cristiana es una visión global de la vida que involucra comprometedoramente a la persona toda. Y eso es lo que muchos intelectuales no quieren saber: el compromiso con la verdad. La fe cristiana escandaliza por su exigencia de respuesta como medio de acceso a su aprehensión. Mientras que ante la filosofía uno puede adoptar la actitud de espectador, la verdad cristiana supone la

---

28. José Ortega y Gasset, *La idea de principio en Leibniz*, p. 387. Alianza Editorial, Madrid 1979.

29. Jesús Mosterín, *Racionalidad y acción humana*, p. 17. Alianza Ed., Madrid 1978.

necesidad de actuar, tener fe, para ser conocida como tal. Esa fe respuesta de la personalidad toda, tiene un *contenido* que no es dado por la razón humana sino por la revelación divina. Ese contenido se hace presente a la razón desde el mismo momento que uno es introducido a ella; pero ese contenido no es la causa de la fe, sino su motivo y su enunciado racional. La *causa* de la fe es el Espíritu divino dando testimonio al espíritu humano del contenido de la fe. El Espíritu convence despertando a uno mismo la conciencia de pecado como enemistad con Dios y *principio de discordia* en el ser humano. El rechazo de la fe es la resistencia que ese principio de discordia opone al *principio de reconciliación* del que testimonia el Espíritu.

La fe es *testimonio* del contenido de la revelación, pero no su razón. La fe habla de la certeza de un individuo, pero no la justifica racionalmente. La razón no es conciencia de fe sino de verdad. Ella no puede creer ni dejar de creer. Su cometido es otro. Lo suyo no es confiar sino someter a examen lo que se le presenta como objeto de conocimiento. Afirma o niega, pero creer no está en su mano. Como principio e instrumento de análisis y discusión la razón tiene que contar con los datos aportados por la revelación, con el contenido de la fe, pero vistos a la luz del puro pensamiento.

El primado de la razón es un primado de discusión. Primado que se vuelve contra sí mismo al someter a examen los propios principios que la sustentan y así evitar el peligro del dogmatismo. Es decir, la imposición de una verdad sin garantías de verificación. La razón es crítica porque tiene que vérselas con muchas fantasías de la mente. Es domadora de caballos salvajes, tiene que vérselas con el error y la extravagancia. Es su "ventaja negativa" (Kant). La de evitar que nos den gato por liebre. La razón es una manera de estar y actuar, pero no es la única. Cuando sale a flote lo hace desde el fondo de la vida humana, y lleva con ella restos de las profundidades. Se halla recorrida por fuerzas irresistibles que siempre acompañan al yo que razona. Es difícil aislar la razón del temperamento, de la imaginación, del ingenio, de la voluntad, del espíritu del tiempo. Cuando quiere impresionar se presenta con solemnidad y grave decoro, "nadie creería fácilmente en la sospecha de que se entregue

CAPÍTULO I. Fe y razón. Filosofía y cristianismo

a un juego frívolo con fantasías en lugar de conceptos, con palabras en vez de cosas.[30]"

La vida misma funciona como razón. La razón es la vida misma en cuanto capaz de dar cuenta de sí misma y de su circunstancia. Decía Ortega que la razón es tan solo una breve isla flotando en el inmenso océano de la vitalidad primaria[31]. La razón es el órgano vital con que el ser humano ordena su caos primordial, su tener que vivir entre las cosas, su estar arrojado en el torbellino de la existencia, en medio del mundo. La razón es el esfuerzo supremo por poner orden en el desbarajuste de la vida. La razón siempre pertenece a un sujeto, hablada de una determinada manera de ser. Hay tantas razones como individuos. Unas medrosas, otras atrevidas; unas crédulas, otras incrédulas. Se entiende que hablamos de la razón como se da en la existencia individual, la razón concreta, particular, la *razón existenciada*.

Según el temple de cada cual la razón funcionará como afán de saber o como afán de interés. Cuando esto último se produce surge la voluntad de no verdad, la mentira como verdad adulterada. Aunque la razón es racional, el ser humano en la que se da y encarna, por el que es expresada y determinada, no es sólo razón. Es eso y mucho más. Hay en él tanta sinrazón pasional como para obstruir el foco de luz más potente. Lo que se opone a la razón no es la sinrazón, sino el propio razonador. "La ira de Dios se revela desde el cielo contra toda impiedad e injusticia de los hombres, que con injusticia restringen la verdad" (*Romanos 1:18*). La restricción de la verdad es un fenómeno humano generalizado. No es filosófica ni religiosa, pues puede ser ambas cosas a la vez y ninguna. La no-verdad es el pecado radical (Kierkegaard) y afecta a todas las facultades e intereses del hombre. No es algo que está *fuera* de la verdad, sino en polémica, en hostilidad contra la verdad, como Esaú y Jacob, peleándose

---

30. E. Kant, *Crítica de la razón pura*, "Metodología trascendental", vol. II, p. 322. Losada, Buenos Aires 1960.

31. J. Ortega y Gasset, *El tema de nuestro tiempo*, p. 67. Revista de Occidente, Madrid (1923) 1976, 18ª ed.

en el vientre de la misma madre. "Entre otros inconvenientes de la naturaleza se encuentra este, a saber: la tiniebla del alma, y no sólo la necesidad de errar, sino el amor a los errores" (Séneca, *De Ira*, II,9).

Nietzsche, que habla desde la "óptica de la vida", escribe su *Ocaso de los ídolos* para decir a los filósofos ilustrados y su retórica sobre el amor a la verdad, que no es cierto que el hombre tenga una "voluntad de verdad", que la busque sinceramente, que la ame y la quiera "por derecho". Al contrario, el ser humano quiere autoengañarse, teme a la auténtica verdad. El problema de la verdad pone a prueba al pensador, religioso o filósofo: le lleva a encararse con su constitución individual débil o fuerte para responder al reto de vivir la vida tal como es (López Castellón).

La razón existenciada pertenece al equipamiento intelectual de la persona, uno entre mil. Cada persona, todo individuo, es un fenómeno determinado por mil avatares, náufrago en un mundo de oposiciones radicales; desde el punto de vista del pensamiento cristiano se encuentra bajo el signo de pecado, no como elemento moral-inmoral, sino como enemistad radical, es decir, enemistad radicada en la existencia que todo lo determina con su peculiar modo de ser. La criatura ha llegado a aborrecer a su Creador; el perro muerde la mano que le alimenta. La hostilidad pertenece al ser humano en todas sus dimensiones y se extiende a todos los campos. No hay nada más que echar una ojeada a la historia, cualquier historia, hasta la sagrada —y más aquí— para contemplar siempre y en todas partes el triste espectáculo de una criatura que se revuelve contra todos y contra todo. Extraño en su propio mundo. El ser humano no vive en el paraíso primordial, donde Dios y la naturaleza se daban de consuno, sino arrojado en el infierno de los otros y de sí mismo.

Vivir, sólo el hecho de vivir, exige muchos esfuerzos por parte del hombre. El instinto de conservación juega un papel principal en su empeño por vivir pese a cualquier situación. Los seres vivos se aferran a la vida con uñas y dientes. Construyen defensas en torno a sí, como empalizadas alrededor de sus aldeas y murallas que protejan sus ciudades. Una de esas defensas de primer orden es la fe religiosa. La necesita para moverse entre la hostilidad ambiente y la inherente. El ser humano es un prolífico fabricante de dioses. La fe filosófica juega aquí un papel tan importante como la fe religiosa. Para el cristianismo la fe, cualquier tipo de fe, que no

CAPÍTULO I. Fe y razón. Filosofía y cristianismo

se deja reconciliar con la revelación es idolátrica, sigue en hostilidad, no ha encontrado el camino de retorno a la unidad original, el camino de vuelta al Padre. Su orientación es estar desorientada. Bajo el signo de pecado-hostilidad no se puede arribar a la verdad de Dios. "Cuando esos idólatras adoran algo, lo matan y lo disecan" (Nietzsche). "Conociendo a Dios, no le han tributado el honor que merecía, ni le han dado las gracias debidas. Al contrario, han dejado correr su pensamiento tras cosas sin valor, y su necio corazón se ha llenado de oscuridad. Alardeando de sabios son tan insensatos, que han llegado a cambiar la grandeza del Dios que nunca muere por imágenes de hombres mortales, y aun de pájaros, de cuadrúpedos y de reptiles" (*Romanos 1:21-23* Bl). El ser humano es un fabricante de ídolos, un clasificador de momias, un sepulturero que desentierra los huesos destinados a la veneración, un detector de espíritus a los que ofrecer sus servicios y de los que valerse a su vez. Es digno de ser tenido en cuenta que el cristianismo es la única religión que se ha atrevido a articular una teología como ciencia de Dios, y al mismo tiempo ha tenido el coraje y el valor de decir que el ser humano es capaz de alienarse de Dios, de hacer del mal y del engaño de su divinidad[32].

Al haberse alejado del Dios vivo se han extraviado en medio del laberinto de los ídolos de la mente. La "muerte de Dios" ha repercutido negativamente en la vida de la filosofía. Sin fe es imposible mantener el movimiento filosófico. Era a Dios a quien buscaba la filosofía en la verdad. "La filosofía se ocupa con lo verdadero, expresado más precisamente: con Dios" (Hegel). Dios era su acicate, su aguijón. La hostilidad radical de la existencia se sentía interpelada por la existencia de la verdad fundamental. Caído Dios en medio de la refriega filosófica los profesionales de la filosofía se dedican a contar las bajas, a pulir el monumento a los caídos. Hoy filosofía quiere decir historia de la filosofía, o lo que es lo mismo, cadáver de la misma[33]. Si se ha llegado

---

32. A.M. Fairbairn, *The Philosophy of the Christian Religion*, p. 103. Hodder and Stoughton, Londres 1902.

33. "La filosofía que hoy se hace, salvo honradas excepciones, no pasa de ser una contínua y tangencial referencia histórica. Más que hacer filosofía lo que se está haciendo es vivir de la historia, en los más de los casos sin tener una mínima preparación histórica" (Laureano Robles, *La filosofía en la Edad Media*, I, p. 8. Ed. Rubio Esteban, Valencia 1983).

al final de Dios se ha llegado también al final de la filosofía. La historia no tiene sentido si no tiene futuro. La justificación de la filosofía ha saltado por los aires hecha añicos. Los posmodernos han llegado a la conclusión que después de ellos no hay nada. Es como si la filosofía se hubiera metido en un callejón último y sin salida[34]. El cristiano no se sorprende demasiado de este *harikari* moderno de la filosofía. Su esquela de defunción estaba escrita una vez que se dejó de creer en Dios y se puso todo bajo sospecha. De conocimiento del Ser que fundamenta y posibilita el ser la filosofía había de pasar, inexorablemente, a historia de lo que han dicho los filósofos, o recapitulación de lo que la ciencia deja abierto a la especulación. La filosofía se alimenta, entonces, de las migajas que caen de la mesa de su señor. Del corazón de la fe cristiana surge la protesta contra esta improcedente manera de hacer filosofía, y le insta a ser lo que tiene que ser: estudio de la verdad de la realidad de las cosas. En palabras de Tomás de Aquino: "El estudio de la filosofía no está para saber qué hayan opinado los hombres, sino la verdad de las cosas." Porque pensar filosóficamente es cosa distinta de reflexionar sobre los pensamientos de los filósofos de antaño y de los sabios de hoy. "Es más bien tender a colocarse sin intermediarios frente a las *realidades vivas* para atenerse a aprehenderlas en una aprehensión directa" (Edouard Le Roy).

Al mismo tiempo la historia de la filosofía es ella misma filosofía; la filosofía actual es el resultado de todo lo precedente, de todo el pasado. En este sentido la filosofía emerge de la historia de la filosofía. Filosofía e historia de la filosofía son una misma cosa. Pero a condición de que lo pasado no se mire como lo muerto. "La posesión de conocimientos simplemente históricos es como la posesión legal de cosas que no me sirven para nada. Si una época trata todo históricamente, entonces se ocupa solamente de un mundo que ya no existe, divaga por las casas de los difuntos. No se puede tener ningún interés en lo muerto, en lo pasado abstracto; esto tiene interés solamente para la erudición, para la vanidad. La historia de la filosofía es el desarrollo de la razón pensante; ella es lo divino en el hombre. Las ideas que tenemos ante nosotros en la historia

---

34. Bruno Latour, *Nunca hemos sido modernos*, p. 97. Debate, Madrid 1993.

CAPÍTULO I. Fe y razón. Filosofía y cristianismo

de la filosofía son algo actual; son determinaciones de nuestro propio espíritu.³⁵" El pasado de la filosofía gravita sobre el filósofo. "No puede contentarse con contemplar la avenida de los sistemas filosóficos mirándolos desde fuera como un turista los monumentos urbanos. Ha menester verlos desde dentro y esto sólo es posible si parte de la necesidad que los ha engendrado. Por eso busca sumergirse en el origen de la filosofía a fin de volver desde allí al presente deslizándose por la intimidad arcana y subterránea vía de la evolución filosófica³⁶."

La filosofía comienza por una afirmación (Balmes). El pensamiento es esencialmente afirmativo. Duda para afirmar con más seguridad. Afirma que la duda contribuye a su afán de certeza. La razón pensante no se contenta con nada menos que la verdad. Zoológicamente habría, pues, que clasificar al hombre, más que como cárnivoro, como *verdávoro*, según el original decir de Ortega. "La vida sin verdad no es vivible. La verdad es una necesidad constitutiva del hombre.³⁷" Por lo mismo, necesita claridad, seguridad, afirmación.

La enfermedad de la verdad es la negación, el desistir de saber, no saber a qué atenerse, en qué afirmarse. De semejante mal padecen muchos de nuestros semejantes. El pensamiento verdadero es esencialmente afirmativo. Dios es la suprema afirmación. Afirmar a Dios es afirmar que el discurso tiene un sentido (Eric Weil). Dios viene a constituir como un *clima* en que el pensamiento vive y se mueve. Tal es el auténtico *espíritu* filosófico, al decir de Lacroix. Quien afirma piensa en Dios. Quien niega a Dios niega la posibilidad de afirmar. Se cierra a la verdad. Es creencia antigua que los hombres "buenos" no se equivocan. Cuando afirman siempre dicen la verdad, pero mienten cuando niegan. En la negación está el error, lo negativo,

---

35. Hegel, *Introducción a la historia de la filosofía*, pp. 60-72.

36. Ortega y Gasset, *Obras completas*, vol. p. 407. Revista de Occidente, Madrid 1952, 3ª ed.

37. Ortega y Gasset, *Prólogo para alemanes*, p. 49. Revista de Occidente, Madrid 1974.

cuando no es un peldaño que nos lleva a otro superior[38]. Por eso el mensaje evangélico niega primero para afirmar después. Pronuncia, en nombre de Dios, un rotundo no a las obras humanas, que son obras del pecado, para decir a continuación un no menos rotundo sí al que es de la fe. El arrepentimiento cristiano tiene sentido en orden a la renovación, a la afirmación del arrepentido en la promesa del perdón. Al desaparecer Dios del horizonte del pensamiento moderno la filosofía entra en crisis y ya no sabe qué afirmar. "Sin la creencia no hay guía emanada de la fuente del ser del hombre; lo que hay es caída en lo reflexionado, pensado y representado, en doctrinas, y después, como consecuencia, en la violencia, el caos y la ruina.[39]"

Hasta la segunda guerra mundial era común que la filosofía se ocupara de Dios. Desde sus remotos orígenes hasta hace poco menos de medio siglo la filosofía coincidía en considerar a Dios su preocupación más constante y más elevada, que elevaba a la vez el nivel de su reflexión y el alcance de sus respuestas. "Dios, la libertad y la inmortalidad del alma son las tareas a cuya solución deben encaminarse como a un supremo y único fin todos los recursos de la metafísica" (Kant). Pero en torno a los años cuarenta la situación cambió considerablemente. La filosofía, el pensamiento, prefiere callarse, abstenerse sobre la cuestión Dios. "Cuando se deja atrás el terreno de la revelación divina no tenemos un asidero lógico como no sea el agnosticismo.[40]" Paralelamente la filosofía pierde interés y sentido, excepto en la desesperadas filosofías de corte existencialista. Al fallar el soporte divino la filosofía se disuelve en lenguaje, lógica, ciencia, trato con las cosas y con los objetos, no con la persona y el destino, que se niegan; recaída en el paganismo.

---

38. Según Hegel ninguna filosofía ha sido refutada; y, sin embargo, todas se refutan. Pero lo que ha sido refutado no es el principio, lo afirmativo, sino solamente algo en el principio que no expresaba lo último, lo absoluto, es decir lo negativo del principio. Descubrir lo negativo en los principios adula la vanidad, pero el hecho de encontrar lo afirmativo corresponde al amor que se introduce en el objeto y lo justifica. Esto es mucho más difícil que refutar. Exige una cierta calidad moral. Reconocer los defectos es fácil; pero encontrar lo bueno, esto exige un estudio más profundo, una madurez mayor.

39. Karl Jaspers, *Origen y meta de la historia*, II, c, p. 277. Altaya, Barcelona 1994.

40. James Orr, *Concepción cristiana de Dios y del mundo*, p. 65. CLIE, Terrasa 1992 (original 1887).

CAPÍTULO I. Fe y razón. Filosofía y cristianismo

7. Filosofía, teología y la tarea de vivir

Según Paul Tillich, los teólogos analizan con más profundidad la existencia humana que la mayoría de las filosofías debido a que utilizan tanto los materiales de la fe como de la cultura. El mensaje cristiano proporciona las respuestas a las preguntas que se hallan implícitas en la existencia humana. Las respuestas son dichas a la existencia humana desde más allá de ella[41]. A ello obedece el método de correlación, que estudiaremos en otro capítulo. Mientras que el filósofo se mete entre los enigmas del mundo, pero en su pretensión de ciencia racional es incapaz de ir más allá de los fenómenos observables y manipulables de este mundo; el cristiano, cuya vida es siempre una vida desde el más allá como futuro (Bultmann), es decir, el acto de fe determinado en el encuentro con Dios que arranca al hombre de sus ídolos, le perdona los pecados y le pone en una nueva situación, se mete además con los enigmas del mundo iluminados por la Palabra de Dios. "Disponemos de una sabiduría para los formados en la fe; una sabiduría que no pertenece a este mundo ni a los poderes perecederos que gobiernan este mundo; una sabiduría divina, misteriosa, escondida, destinada por Dios, desde antes de todos los tiempos, a constituir nuestra gloria" (*1ª Corintios 2:6-7 BI*). Si la filosofía quiere comprender todo, incluso la religión (Lachelier), la crítica filosófica y la revelación cristiana pueden y deben ayudarse con vistas al desentrañamiento del problema supremo del destino de cada cual. Vivir es no tener más remedio que razonar con la inexorable circunstancia (Ortega), que es siempre un haz de posibilidades y de dificultades. Tanto el teólogo como el filósofo existen. Están condicionados por su situación sociológica e histórica y su equipamiento psicológico y mental. Como todo ser humano viven sujetos al poder de una *preocupación última*, el destino, la orientación que determina su ser o no ser, sea o no sea plenamente consciente de tal poder, lo admita o no lo admita para sí y para los demás. "Todo filósofo creador es un teólogo latente (a veces incluso un teólogo

---

41. Paul Tillich, *Teología sistemática*, vol. I, pp. 90-91.

declarado). Es un teólogo en la medida en que su situación existencial y su preocupación última modelan su visión filosófica.⁴²"

La vida, el hecho de existir, hermana a todos los hombres, y ese es el motivo de que todos los conocimientos que el hombre adquiere se correlacionen y obedezcan a preocupaciones similares, que, pese a su variedad, obedecen a la misma necesidad de tener que vérselas con la vida, eligiendo y dejando de elegir lo que en cada instante nos compromete a ser o dejar de ser lo que estamos llamados a ser. La unidad y la universalidad de las diversas filosofías obedece a la autoconciencia del espíritu humano que se desarrolla en sí mismo según su propia *necesidad*: ser lo que tiene que ser.

Nadie es responsable de existir, de estar constituido de uno u otro modo, de encontrarse en estas circunstancias, en este medio ambiente. No es la consecuencia de una intención que le sea propia, de una voluntad, de una finalidad. Con su nacimiento no se ha tratado de encaminar su ser hacia un fin cualquiera. Ha sido el hombre quien ha inventado la idea de fin, pues en la realidad no hay finalidad alguna... Somos necesarios, un fragmento de la fatalidad. Así hablaba Nietzsche⁴³. El cristiano admite, y puntualiza a la vez, lo aquí afirmado. Nadie es responsable de existir, no ha pedido nacer. La vida es un don, le ha sido dada. El donante es Dios, y el fin también. Si la finalidad ha sido inventada por el hombre, la verdad es que es un invento antiguo. El hombre es un animal de finalidades. El hombre es el que para vivir necesita saber a qué atenerse. La filosofía representa el esfuerzo supremo de hombre por introducir fin y sentido en su existencia. Nadie es responsable de existir, pero en cuanto existe existe como proyecto, se proyecta sobre las cosas, y en todo momento puede realizar uno u otro. Tiene que elegir entre el sentido y el sinsentido. De un modo extremado alguien ha dicho que lo único que cuenta en filosofía es decidir a favor o en contra del suicidio.

Cuando el hombre piensa lo primero que se pregunta es ¿qué es esto que yo soy en mi mundo, en mi circunstancia? ¿Qué pinto yo aquí? Filosofa

---

42. Paul Tillich, *Teología sistemática*, I, p. 42.

43. *El ocaso de los ídolos*, "Los cuatro grandes errores", § 8.

CAPÍTULO I. Fe y razón. Filosofía y cristianismo

para orientarse en medio de la maraña de conceptos y cosas que le distraen y reclaman su atención en contradictoria sucesión. Todo pensamiento interrogante, todo filosofar es un ejercicio de orientación. Esto supone que la situación humana consiste en una radical desorientación. "No que el hombre, dentro de su vida, se encuentre desorientado parcialmente en este o el otro orden, en sus negocios o en su caminar por un paisaje, o en la política. El que se desorienta en el campo busca un plano o la brújula, o pregunta a un transeúnte y esto le basta para orientarse. Pero nuestra definición presupone una desorientación total, radical; es decir, no que al hombre le acontezca desorientarse, perderse en su vida sino que, por lo visto, la situación del hombre, la vida, es desorientación, es estar perdido —y por eso— existe la Metafísica.[44]" Para salvarse el ser humano desarrolla la inteligencia que tiene de sí mismo y de todo lo que le rodea. En cuanto sujeto que está ahí, se entiende siempre a sí mismo en su vivir ahí conviviendo con cosas y seres que él no ha llamado, pero que le llaman a él a tomar partido. Filosofar es una forma eminente de desarrollar el pensamiento humano originario sobre la vida y el sentido y el sinsentido de la misma[45]. "Por eso es correcta esta proposición: en cada filosofía se ejerce ineludiblemente, no temáticamente, teología, ya que ningún hombre tiene en su mano, lo sepa reflejamente o no, querer o no querer ser perseguido por la gracia que revela a Dios.[46]" Es decir, por el sentido que orienta la radical e insalvable situación perdida de la vida humana.

Tanto la filosofía como la teología pretenden dar respuesta a las preguntas básicas del ser humano. Lo que ocurre es que en teología esa respuesta viene dada previamente en la revelación, sin por ello perder de vista lo que tengan que decirle la ciencia, la filosofía y el resto de las disciplinas humanas. Sin embargo, su análisis y reflexión están determinadas por el contenido de la revelación. La filosofía campea más a sus aires, es

---

44. José Ortega y Gasset, *Unas lecciones de metafísica*, p. 26. Alianza Editorial, Madrid 1981.

45. Bernhard Welte, *Filosofía de la religión*, cap. I. Herder, Barcelona 1982.

46. Karl Rahner, *Escritos de teología*, vol. VI, "Filosofía y teología", p. 98. Taurus, Madrid 1969.

dueña de su destino; en principio no se ve restringida a la perspectiva religiosa en su búsqueda y respuesta[47]. Lo suyo es el pensamiento libre. La teología, aunque también busca respuestas a preguntas básicamente iguales, sólo está interesada en una gama de posibles respuestas, a saber, la religiosa. Por consiguiente, mientras los teólogos pretenden que la respuesta correcta a la pregunta filosófica tiene que encontrarse en la revelación, y tal como ésta es comprendida por la fe, los filósofos no se ven restringidos a la perspectiva religiosa en sus pesquisas intelectuales[48].

La filosofía piensa por sí misma desde su propia fuerza intelectual. "El filosofar acontece por la fuerza de la mismidad libre concedida al hombre, y desarrolla esa libertad de la mismidad: de pensar y ver por sí mismo frente a todo. Por tanto, en el filosofar el hombre se libera de tesis y opiniones meramente externas, a través del propio pensar. El pensamiento filosófico es una forma singular de libertad humana.[49]" La libertad filosófica es el ámbito o marco ideal donde la revelación puede ser recibida en toda su radicalidad como nueva experiencia de ser mediante la fe. Donde no hay autonomía ni libertad de pensamiento no hay posibilidad de fe, pues entonces el pensamiento queda cautivo en un acto supremo de injusticia. "El hombre tiene religión sólo porque piensa" (Hegel). La filosofía, como la teología, no quiere saber nada de coartadas que impidan el acceso a la realidad. El cristianismo no tiene nada que perder sino mucho que ganar cuando la filosofía se entiende a sí misma como una actividad crítica, esclarecedora, diferenciadora y dispuesta a desterrar ídolos para ganar en conocimiento real de las cosas[50]. "Deber es de la filosofía el disipar los engaños producidos por la mala inteligencia, aunque para ello sea preciso destruir las más queridas y encantadoras ilusiones" (Kant).

---

47. David A. Pailin, *El carácter antropológico de la teología*, p. 45. Sígueme, Salamanca 1995.

48. Por otra parte, "algunos teólogos son demasiado ingenuos y están dispuestos a adherirse al pensamiento de última moda. La comprensión teísta pierde credibilidad cuando cambia con cualquier alternativa pasajera en el modo de pensar. Por tanto, los teólogos no deberían tener excesiva prisa en adoptar formas nuevas de pensamiento, ni estar demasiado dispuestos a ignorarlas" (D.A. Pailin, *op. cit.*, p. 308).

49. Bernhard Welte, *op.cit.*, p. 14.

50. Javier Sádaba, *Lecciones de filosofía de la religión*, p. 32. Mondadori, Madrid 1989.

CAPÍTULO I. Fe y razón. Filosofía y cristianismo

La fe cristiana es por esencia iconoclasta y también se corre su aventura, se toma sus libertades críticas en el campo de las verdades sacrosantas e inamovibles. La fe zarandea las falsas seguridades y persigue la realidad y la verdad de cada cual sin concesiones al prestigio o la autoridad. No hay santuarios libres de la mirada escrutadora de la fe. Ningún vaca sagrada, ni aunque sea becerro de oro puro, engatusa la fidelidad de la fe para con la verdad de la revelación. La fe da pasos de gigante, mueve montañas. Es un principio activo excitado por el sí de Dios a su existencia. Vive la vida como afirmación, se le han perdonado los pecados, se le ha abierto un mundo nuevo. No se resigna a aceptar el mal en el mundo. No puede dejar que le engañen con llamamientos de falsa humildad a la resignación. El mal es mal, no mera ilusión. Pero la fe no excluye la duda, como tampoco la valentía el miedo. La fe dada se debate y agoniza en su ejercicio existencial, momento a momento. La fe está tentada de incredulidad en cada instante, es constitutiva a su existir encarnado en un sujeto; es el pecado radical, la resistencia que la opacidad del mundo ofrece a la revelación del amor de Dios. La fe no tiene más remedio que superarla racionalmente. La fe y el desarrollo de la comprensión de la misma renuevan sin cesar el movimiento filosofante por el que verifica su paso de la incredulidad a la fe. Aprende a hablar filosóficamente para entenderse a sí misma, para llegar a ser más ella misma. La superación de los conflictos de la fe se salvan no mediante un recurso, una huida al absurdo o la irracionalidad, sino mediante la prestación de nuestra razón a la lógica de la fe. No es la fe, sino el mensaje, el *Logos*, la Palabra, la Razón que viene de Dios, el que sustenta la fe. De otro modo la fe sería monólogo, relación clausa con uno mismo. La experiencia de la fe no es la *fuente* de la que procede el contenido del predicado cristiano, sino el *medio* a través del cual es recibido existencialmente, gracias al *testimonio* del Espíritu.

La fe y la razón se encuentran juntas delante de idéntico enigma del universo y de la vida. Ambas pretenden resolverlo a su manera. La "superioridad" del conocimiento filosófico radica en su universalidad, que al ser racional está abierto a una demostración lógica, mientras que la fe depende de una experiencia concreta de Dios y su revelación imposible de transmitir por silogismos o ecuaciones matemáticas. Al verdadero teólogo no le está permitido adoptar el papel de espectador. Tiene que comprometerse existencialmente, mediante la decisión de la fe, con el mensaje de la Palabra que se le anuncia en el Evangelio para entrar en el *círculo hermenéutico*. La verdad tiene que ser participada para que manifieste su verdad, su *razón ontológica*. El hombre de fe es un *testigo* de la fe —vive y muere por ella—, pero nunca una *prueba* del contenido de la fe. Con su experiencia testifica del objeto que la ha suscitado, pero no puede transmitirla, ni hacerla operativa en los demás. Indica el camino que cada cual tiene que recorrer si ha de ser encontrado por la fe. "La fe pertenece al testimonio del espíritu. El contenido puede, sin duda, haber llegado, haberse percibido, haberse dado del exterior; pero el espíritu tiene que dar testimonio de él.[51]" Esta es la determinación fundamental del cristianismo, que el hombre es iluminado por el Espíritu Santo en su mismo espíritu. "Y estaba escuchando cierta mujer llamada Lidia; y el Señor abrió su corazón para que recibiera lo que Pablo decía" (*Hechos 16:14*). Como gráficamente enseña Hegel, el espíritu viviente del hombre es fósforo, la excitable, la inflamable materia que se puede encender desde el exterior y desde el interior. Desde el exterior sucede esto, por ejemplo, en tanto que se enseña el contenido de la fe, en tanto que el sentimiento, la representación, son así estimulados, o en tanto que la persona acepta el contenido de la doctrina en base a la autoridad de la Biblia. Desde el interior, por el contrario, se relaciona con el Espíritu, se inflama en sí, pues ahora el contenido está dentro de él, se ha convertido en su identidad más intrínseca. Ya no sólo contempla la Palabra y la venera, sino que la come y la digiere para ser más suya y ser él más sí mismo. La esencia del ser humano, su espíritu, su ser real, es el fósforo que hace posible la fe, el encuentro con la revelación que le revela su ser más íntimo.

El tránsito de la existencia natural del individuo a su esencia espiritual es subjetivo. "La subjetividad es la verdad" (Kierkegaard). "La subjetividad es el error, y sin embargo, es también la verdad" (Lacroix)[52]. Mediante la objetividad quiero conservar mi racionalidad y mi verdad, romper el cerco de mí mismo como determinación indeterminada —imaginación y

---

51. Hegel, *Introducción a la historia de la filosofía*, p. 109.

52. Jean Lacroix, *Historia y misterio*, p. 137. Ed. Fontanella, Barcelona 1963.

CAPÍTULO I. Fe y razón. Filosofía y cristianismo

capricho—, y conquistar la determinación que determina la realidad —la verdad de las cosas—. Con un mismo giro cognoscitivo la subjetividad reclama sus derechos como la determinación que todo lo determina en relación al yo, al espíritu, pues es el ser que no se agota en lo objetivo, en la existencia; el ser que es ansia de ser, nostalgia de lo infinito. El conocimiento es subjetividad de arriba abajo, de pies a cabeza, es el elemento de la vida de un hombre, que, precisamente por serlo, llega en principio a aprehender la más estricta objetividad[53].

La *razón subjetiva* pertenece a la estructura racional de la mente, mientras la *razón objetiva* pertenece a la estructura racional de la realidad que la mente puede aprehender y según la cual puede modelar la realidad[54]. La razón del filósofo aprehende la razón de la naturaleza. La razón del cristiano aprehende la razón de la vida enraizada en el fondo del ser mismo. La razón subjetiva está siempre actualizada en un yo individual referido a sus circunstancias, que aprehende y modela. La revelación siempre es acontecimiento subjetivo y acontecimiento objetivo en estricta interdependencia. Alguien se siente embargado por el mensaje de la Palabra, le preocupa su condición pecadora —"Al oír esto, compungidos de corazón, dijeron: ¿Qué haremos?" (*Hechos 2:37*)—éste es el lado subjetivo del acontecimiento. Algo ocurre a través de lo cual el misterio de la Palabra embarga a alguien —el anuncio de la Palabra: "Sepa, pues, con certeza toda la casa de Israel, que a este Jesús a quien vosotros crucificasteis, Dios le ha hecho Señor y Cristo (*v. 36*)—; éste es el lado objetivo del acontecimiento, el *contenido* cuyo testimonio de Espíritu a espíritu da fe.

8. Filosofía como quehacer o como dogma

El prejuicio de la fe contra la filosofía surge a raíz de un malentendido, de la ignorancia de su origen y función. La filosofía es la manera espontánea con que el hombre racional se enfrenta a la experiencia y el misterio de su

---

53. José Ortega y Gasset, *Kant, Hegel y Dilthey*, pp. 63-64. Revista de Occidente, Madrid 1972, 4ª ed.

54. Paul Tillich, op. cit., p. 107.

vida. No es una "vana disquisición", como vulgarmente se cree, sino un modo de entenderse con el flujo y reflujo de las cosas que experimenta y que le acontecen. La filosofía reconoce que todo ser humano está obligado a averiguar, porque la racionalidad le es obligatoria[55]. Es la vida misma la que solicita respuestas. Filosofar es una pregunta esperanzada al misterio del mundo, no sólo como algo que también es posible, sino como algo que no se puede omitir y de lo que no se puede prescindir. El sentido de la filosofía está en sí misma, porque es un elemento insoslayable del hombre y de la existencia.[56] La filosofía es la tarea de los seres humanos en la vida. Procede de la experiencia vivida. Se desenvuelve en su trato con las cosas. Su carácter es empírico e histórico. No está fijado de una vez para siempre. Lo suyo es avanzar. Le conviene la imagen de un camino interminable y siempre en obras. Avanza retrocediendo sobre sí misma en vertical.

El conflicto de la fe con la razón se dio cuando el filósofo mimetizó la actitud de su contrincante: el dogmatizante. Entonces se creyó con derecho a tener respuestas para todo, para lo real y lo posible. Nada se escapaba de su explicación, en virtud de un principios simples. "Así construía un sistema, de hermosa arquitectura acaso, pero necesariamente frágil. Venía luego otro filósofo quien, con otros principios, labraba un nuevo edificio sobre las ruinas del primero. Concebida de esta suerte, la filosofía corre el riesgo de tener siempre que volver a empezar; muchos pensarán que es un mero entretenimiento del ingenio, una especie de juego, y que la ciencia sola es un trabajo serio.[57]"

Mientras tanto, Ortega y Gasset presentaba la misma denuncia. La filosofía, en su arrogancia, se había vuelto utópica. Cada sistema pretendía valer para todos los tiempos y para todos los hombres. Había que curarla a base transfusiones de sangre histórica y así restaurarle la visión en perspectiva. "La doctrina del punto de vista exige que dentro del sistema

---

55. José Porfirio Miranda, *La revolución de la razón*, p. 15. Sígueme, Salamanca 1991.

56. Josef Pieper, *Defensa de la filosofía*. Herder, Barcelona 1970.

57. M. García Morente, *La filosofía de H. Bergson*, pp. 13-14. Espasa-Calpe, 1972.

CAPÍTULO I. Fe y razón. Filosofía y cristianismo

vaya articulada la perspectiva vital de que ha emanado, permitiendo así su articulación con otros sistemas futuros o exóticos.[58]" En esta operación va aparejada la verdad de que el pensar filosófico no termina nunca, jamás puede darse por concluido. Nunca llega definitivamente al fin, ni acaba su tema. "Este carácter inconcluso del pensamiento filosófico se muestra en que se recorren caminos filosóficos siempre nuevos. Y también en que antiguos caminos filosóficos, p.ej., los pensamientos de los filósofos griegos, renuevan incesantemente su interés. Los pensamientos filosóficos reales nunca están superados, pero tampoco llegan nunca a estar concluidos.[59]"
La unidad de la filosofía ya no será la de una cosa hecha, como la de un sistema metafísico; será la unidad de una continuidad, de una curva abierta que cada pensador prolongará tomándola en el punto en que otros la dejaron. La filosofía así concebida no exige ya que el filósofo tenga genio, sino capacidad de trabajo y de *conversión*, llamada por Bergson, *intuición*: esfuerzo muy difícil y muy penoso, por medio del cual se rompe con las ideas preconcebidas y con los hábitos intelectuales para colocarse simpáticamente en el interior de la realidad. Por eso dijimos que el filósofo debe estar dispuesto en cualquier momento de su carrera a volver a ser estudiante[60]. La vida del pensamiento es una perpetua *conversión* a la verdad, un movimiento continuo, que lo mismo retrocede que avanza, un volver a empezar.

Entendida así la filosofía, o el quehacer filosófico, la fe no tiene nada que objetar. Lo que prohíbe la revelación es la sacralización de una determinada filosofía o sistema. En cuanto le ayuden a comprender el misterio de la vida al que la revelación se dirige esclarecedoramente, todas las disciplinas del saber humano le son útiles y todas prescindibles a la vez. La relación entre la fe cristiana y la filosofía es dialéctica, de vinculación en un polo, de oposición en otro. Dicho de otro modo, en el Evangelio se da una continuidad con la filosofía a la vez que un discontinuidad. No se trata de descalificar la investigación y los descubrimientos filosóficos, sino

---

58. José Ortega y Gasset, *Obras completas*, vol. III, p. 201

59. B. Welte, *op.cit.*, p. 22.

60. M. García Morente, *op. cit.*, p. 14-15.

de mostrarles su insuficiencia. La fe, como la filosofía, busca en un incesante movimiento por el que se siente arrastrada a la verdad que ya le ha sido revelada. No es la fe la que elige la verdad, sino la verdad la que elige la fe. La verdad se da primero, y luego viene la fe y la razón de esa fe. "Siempre preparados para presentar defensa ante todo el que os demande razón de la esperanza que hay en vosotros" (*1ª Pedro 3:15*).

9. ¿Refutación de la filosofía desde la filosofía?

Así como hay escépticos en materia de religión los hay en filosofía, al fin y al cabo ambos campos no se hallan tan distantes entre sí. Es más, creo que son como las grandes fallas de la corteza terrestre montándose a menudo una sobre otra. Y de igual manera que la pluralidad de religiones, imposible de reducir a un común denominador válido para todas, lleva al escepticismo religioso, la existencia de múltiples y nunca finales sistemas filosóficos contradictorios conduce al escepticismo filosófico. "El escéptico puede permanecer seguro en su escepticismo retando a cualquier filósofo a que le mencione una sola proposición que no haya sido contradicha o denegada por algún otro filósofo[61]"

La variedad de opiniones, la discrepancia intelectual, la historia de errores que parece el devenir filosófico, fundamenta el rechazo de los que piensan que la filosofía es una manera estúpida de perder el tiempo. Una forma de gimnasia verbal para mentes inquisitivas y quisquillosas sin ninguna referencia al orden de la realidad práctica. Una hartura masoquista, en definitiva, ya que hasta los propios filósofos se han encargado de hacer ver que el desarrollo de la filosofía, aparte de la suya propia, es un cúmulo de insensateces y opiniones arbitrarias, conforme a modas e intereses de sociedad. La filosofía se les asemeja a un carnaval, un desfile contradictorio de sistemas, cada uno de ellos destinado a destruir y arruinar el anterior.

---

61. Richard J. Bernstein, *Praxis y acción. Enfoques contemporáneos de la actividad humana*, p. 18. Alianza Editorial, Madrid, 1979.

CAPÍTULO I. Fe y razón. Filosofía y cristianismo

Entonces, se piensa, mejor mantenerse alejado de la filosofía. Así se justifica el desprecio de la filosofía y se considera un acto de economía y cordura no malgastar el tiempo en el circo de las ideas. Cuando los sabios no se ponen de acuerdo, razona el sentido común, bien poco vale la ciencia que dicen poseer.

Sócrates fue el primero que, desde la filosofía, se valió de la *discordia de opiniones* para rebatir la falsa sabiduría de los filósofos de la naturaleza y de los sofistas[62]. Descartes comenzaba su célebre *Discurso del método*, haciendo un breve recuento de su trayectoria intelectual que le llevó a la "duda metódica", al descubrir que en todas las ramas del saber, especialmente la filosófica, a pesar de haber sido cultivada por los más excelentes espíritus que han existido, "sin embargo, no hay todavía en ella cosa alguna de la que no se dispute, y por consiguiente, que no sea dudosa... y considerando cuántas opiniones diversas, sostenidas por gentes doctas, puede haber acerca de una misma materia, sin que pueda existir nunca más de una que sea verdadera, reputaba casi como falso todo lo que no pasase de ser verosímil.[63]" Así, pues, para aprender lo que hay que saber de filosofía lo primero que hay que saber es el no saber de los filósofos anteriores a una filosofía dada.

Kant escribe su *Crítica de la razón pura*[64] con la intención de poner término final a las discusiones sin fin de la metafísica, y que dará lugar a nuevas discusiones y problemas que han llegado hasta nuestros días. El miedo al error lleva a Kant no al saber, sino al saber si se sabe. No le importa saber, sino no errar. Como interpretará Ortega, la actitud específica del pensamiento moderno es la defensiva intelectual, la precaución como método. Es filosofía crítica, negativa, sistema de principios propuestos para evitar abusos más bien que establecer nuevos usos positivos[65].

---

62. Cf. Miguel García-Baró, *La verdad y el tiempo*, cap. I. Sígueme, Salamanca 1993.

63. R. Descartes, *Discurso del método*, p. 49. Ediciones Orbis, Madrid, 1983.

64. I. Kant, *Crítica de la razón pura*, "Prefacio de la primera edición".

65. J. Ortega y Gasset, *Kant*, p. 23.

Otro gran innovador-impugnador del pensamiento filosófico contemporáneo, Schopenhauer, afirmaba en la misma vena cartesiana, aunque con un deje de desprecio y rencor, que hasta el arribamiento de su filosofía, las más de ellas habían sido insuficientes, e imbéciles las que le ignoraban: "Debido a la vieja e irreconciliable guerra que han sostenido, siempre y en todas partes, la incapacidad y la imbecilidad contra el espíritu y la inteligencia —legiones enteras contra algunos individuos—, aquel que aporta una cosa de valor ha de mantener una penosa lucha contra la ignorancia, la brutalidad, el mal gusto, los intereses privados y la envidia, todos en digna alianza, de la que Chamfort ha dicho: «Al examinar la liga de los tontos contra los hombres de talento, se creería ver una conjuración de criados para derrocar los amos». En mi caso, había además un enemigo poco común. Un gran número de aquellos a quienes habría incumbido el deber de guiar el juicio del público en mi especialidad, estaba colocado y pagado para propagar, alabar y exaltar hasta el cielo la maquina hegeliana, la peor de todas las invenciones.[66]"

Así, pues, el adversario de la filosofía tiene municiones de sobra en la misma filosofía, para reducirla a polvo y ceniza. Pero bueno es, antes de convertirnos en demoledores, ver y consultar lo que se puede salvar. Hegel, el gran denostado por Schopenhauer, pero monumental gigante del pensamiento, más acorde a su temperamento reconciliador y su método dialéctico: tesis-antítesis-síntesis, admitió de buena gana el aspecto caótico y contradictorio del saber filosófico que puede llevar a los pusilánimes a catalogarlo de galimatías sin sentido. Hegel está al tanto de la situación: desde cierta perspectiva la historia de la filosofía enseña la nulidad de ésta como ciencia en el orden del conocimiento verdadero. "Ante el espectáculo de tan múltiples opiniones, de tan numerosos y diversos sistemas filosóficos, se siente uno arrastrado por la confusión, sin encontrar un punto firme de apoyo para sustraerse a ella. Vemos cómo, en torno a las grandes materias por las que se ve solicitado el hombre y cuyo conocimiento trata de suministrar la filosofía, los más grandes espíritus yerran, puesto que han

---

66. Arthur Schopenhauer, *Fragmentos sobre la historia de la filosofía*, p. 171. Sarpe, Madrid, 1984.
"Gigante él mismo, un gigante hecho de arrugas y con ácido en las venas, se contenta peleando con los otros tres gigantes y les arroja cordilleras de insultos", así describe Ortega a Schopenhauer (*Prólogo para alemanes*, p. 48).

CAPÍTULO I. Fe y razón. Filosofía y cristianismo

sido refutados o contradichos por otros... Y este hecho, que no cabe negar, justifica e incluso obliga, al parecer, a aplicar las palabras de Cristo a las filosofías, diciendo: «Deja que los muertos entierren a sus muertos, y sígueme.» Según esto, la historia de la filosofía no sería otra cosa que un campo de batalla cubierto de cadáveres, un reino no ya solamente de individuos muertos, físicamente caducos, sino también de sistemas refutados, espiritualmente liquidados, cada uno de los cuales mata y entierra al que le precede...

"Se da, es verdad, el caso de que aparezca, a veces, una nueva filosofía afirmando que las demás no valen nada; y, en el fondo, toda filosofía surge con la pretensión, no sólo de refutar a las que la preceden, sino también de corregir sus faltas y de haber descubierto, por fin, la verdad. Pero la experiencia anterior indica más bien que a estas filosofías le son aplicables otras palabras del Evangelio, las que el apóstol Pedro dice a Safira, mujer de Ananías: «Los pies de quienes han de sacarte de aquí están ya a la puerta.» La filosofía que ha de refutar y desplazar a la tuya no tardará en presentarse, lo mismo que les ha ocurrido a las otras.

"Por muy distintas que sean las filosofías, todas ellas tienen algo en común: el ser filosofía. Por tanto, quien estudie o profese una filosofía, siempre y cuando lo sea verdaderamente, profesará la Filosofía.

"Lo que esencialmente interesa es llegar a ver con mayor claridad y de un modo más profundo qué es lo que realmente significa esta diversidad de los sistemas filosóficos. El conocimiento filosófico de lo que es la verdad y la filosofía nos ayuda a enfocar esta diversidad, en cuanto tal, en un sentido completamente distinto que el que entraña la antítesis abstracta entre la verdad y el error. El esclarecimiento de esto nos dará la clave para comprender el significado de toda la historia de la filosofía. Es menester que comprendamos que esta variedad entre las muchas filosofías no sólo no perjudica a la filosofía misma —a la posibilidad de la filosofía—, sino que, por el contrario, es y ha sido siempre algo sencillamente necesario para la existencia de la propia ciencia filosófica, algo esencial a ella.[67]"

---

[67]. G.W.F. Hegel, *Lecciones de historia de la filosofía*, Vol. I, pp. 21-25. FCE, México, 1977. "Hegel y Comte fueron los primeros en salvar el pasado que los siglos anteriores habían estigmatizado con el carácter de puro error... No pensamos, no necesitamos pensar que nuestra filosofía sea la definitiva, sino que la sumergimos como cualquiera otra en el flujo histórico de lo corruptible" (Ortega y Gasset, *Obras completas*, vol. VI, p. 417).

FILOSOFÍA Y CRISTIANISMO

Además de esta bien trabada lógica, y desde un punto de vista cristiano sobre la providencia, Hegel argumentaba que la historia de la filosofía como desarrollo de la razón pensante ha sucedido racionalmente. Hablar en serio de la providencia es creer que ésta rige los acontecimientos de la naturaleza y del espíritu, de tal manera que lo que ha sucedido en filosofía ha sucedido por el pensamiento de la providencia. Cada filosofía debía de haber aparecido en su tiempo, como apareció; toda filosofía ha aparecido así en el tiempo conveniente, ninguna podía haber saltado sobre su propio tiempo, sino que todas las filosofías han comprendido conceptualmente el espíritu de su época. La refutación filosófica de la filosofía mediante la filosofía sólo ha afectado al modo concreto, a la forma, de la idea en el tiempo y en el espacio. Toda filosofía es filosofía de su tiempo, es un eslabón en la cadena entera de la evolución espiritual. En la sucesión de las filosofías no tiene lugar ninguna arbitrariedad; el orden en que surgen está determinado por la necesidad, o sea, la providencia. El mismo fenómeno se observa en teología como veremos después.

También en España el pensamiento se vio obligado a hacer frente a la discordia de opiniones filosóficas. Con menos elocuencia que Hegel pero no con menos claridad y buen sentido sentido catalán, Jaime Balmes aportó algunas ideas significativas:

> a) Mal comprende la filosofía quien la mira como un conjunto de vanas cavilaciones sobre objetos poco importantes: el hombre, el universo, Dios, son, sin duda, objetos de alta importancia; y tales son los objetos de la filosofía: todo lo que existe y puede existir, no es objeto de escasa importancia; y todo lo que existe y puede existir, es objeto de la filosofía (§366).
>
> b) Se ha abusado mucho de la filosofía, ciertamente; pero, ¿de qué no se abusa? No hay absurdo que algún filósofo no haya dicho: es verdad; pero, ¿condenaréis las leyes, porque se han cometido crímenes en nombre de la administración de justicia? (§ 368).
>
> c) La filosofía es la razón examinando: la diferencia está en el más y en el menos, en la extensión y en la forma; pero el fondo

CAPÍTULO I. Fe y razón. Filosofía y cristianismo

es el mismo: donde hay examen, sea cual fuere su especie, allí hay filosofía (§ 372).

d) El estudio de la filosofía y de su historia engendra en el alma una convicción profunda de la escasez de nuestro saber: por manera que el resultado especulativo de este trabajo es un conocimiento *científico* de nuestra *ignorancia.*(§ 384).

e) ¿Despreciaremos por esto la filosofía? No, ciertamente: basta que conozcamos su insuficiencia. El desprecio de la filosofía es una especie de insulto a la razón. ¿Y sabéis en qué suele parar ese insulto? En apoteosis: la víctima se convierte en ídolo, y el agresor, en su gran sacerdote (§ 385).

f) Guardémonos de la exageración: esos arrebatos de abatimiento son inspiraciones del orgullo, las dificultades que se encuentran en la investigación de la verdad, deben producirnos la convicción de nuestra flaqueza, mas no irritación ni despecho (§ 386).[68]"

La verdad no es percibida de inmediato sin haber reflexionado previamente sobre ella. Nadie puede conocer la verdad sino mediante la reflexión, el trabajo serio, el estudio, la preparación ética adecuada. El sabio verdadero sabe que no sabe y eso le salva. En filosofía auténtica se ha de ser auténticamente humilde. "Pero la humildad, actitud religiosa, es un alto esfuerzo de universal receptividad, de total comprensión.[69]" Tampoco en filosofía es posible el orgullo desdeñoso que tiene de sí un concepto más alto del que debe tener. Hombres como Sócrates lo percibieron con nitidez. Hablaba de la "filosofía de ignorancia"; "incertidumbre objetiva" la denominaba Kierkergaard. La verdad como sistema total y manejable por el hombre se encuentra únicamente en la realidad para Dios mismo. La totalidad no existe como unidad sino como integridad en curso de desarrollo. Las fallidas tentativas de construir sistemas

---

68. Jaime Balmes, *Filosofía elemental*, "Historia de la filosofía", LXIII. Editorial Araluce, Barcelona, 1943. Reeditado por BAC, Madrid.

69. Leonardo Coimbra, *La alegría, el dolor y la gracia*, p. 241. Espasa-Calpe, Madrid 1921.

filosóficos que representaran toda la realidad, pusieron de manifiesto los límites de la mente humana, la finitud que le impide aprehender el todo[70]. La filosofía es filosofar, interrogación filosófica con vistas a integrar toda verdad espacio-temporal en un sistema de unidad superior. La verdad es perspectiva que crece con el tiempo.

Cuando una determinada filosofía toma la parte por el todo, el camino por la meta, el eslabón por la cadena, la perspectiva parcial por la global, peca de buscar lo absoluto en un solo orden de categorías, de limitar la experiencia presente a la experiencia posible. La diversidad de filosofías no tiene nada de escandaloso. La noción misma de filosofía es la que implica la multiplicidad de perspectivas y su perpetua confrontación en pro de la unidad final en integración. El solo hecho de que pueden afrontarse postula su común referencia a la unidad del espíritu humano y a la identidad del ser: todas las filosofías son como expresiones y correcciones de la filosofía. Decir que la filosofía es *reflexión* viene a ser idénticamente lo mismo que decir que es *conversión*, puesto que nos muestra que el verdadero universo es el universo moral de las conciencias y la verdadera realidad es la de las significaciones. La filosofía no es el simple desarrollo de un discurso lógico, es una edificación y una transformación de la persona. Está siempre por hacer[71]. La historia de la filosofía, como actividad humana en progreso hacia la verdad, es una lucha titánica por acercarse mediante la sola fuerza intelectual a la realidad inconmensurable y enigmática de la existencia y del ser espiritual. "La historia de la filosofía nos hace asistir al esfuerzo renovado sin cesar de una reflexión que trabaja por atenuar dificultades, por resolver contradicciones, por mesurar con un acercamiento progresivo una realidad inconmensurable con nuestro pensamiento.[72]"

---

70. "Apenas se daba por concluso un sistema, cuando ya la investigación científica rompía sus fronteras y las rebasaba en todas direcciones. Sólo quedaban los principios generales, siempre discutidos, puesto en duda, cambiados, pero nunca destruidos, resplandecientes a través de los siglos, reinterpretados por cada generación, inagotables, jamás anticuados o envejecidos. Tales principios constituyen el objeto de la filosofía" (Paul Tillich, op. *cit.*, p. 35).

71. Jean Lacroix, *El sentido del diálogo*, p. 141. Fontanella, Barcelona 1968, 3ª ed.

72. Henri Bergson, *El pensamiento y lo moviente*, p. 231. Espasa-Calpe, Madrid 1976.

CAPÍTULO I. Fe y razón. Filosofía y cristianismo

La continua crisis de la filosofía corre paralela de su perenne justificación, en cuanto acto del espíritu que se interroga sin fin y con honestidad por la verdad de lo que rodea y le constituye como conciencia de las cosas.

Por otra parte, y para concluir este apartado, es bueno que nos demos cuenta que la filosofía participa de la misma suerte de todas las disciplinas del hombre, es hija de su tiempo, en un sentido muy propio, y es deudora de las cosmologías vigentes. A una determinada visión científica del mundo, corresponde otra filosófica. Hoy la filosofía —como la teología— ha perdido su carácter absolutista, porque las ciencias, sus mentoras, lo han hecho. El nuevo clima científico ha dejado atrás sistemas cerrados y conclusos, propios del paradigma matemático y físico. El paradigma biológico, como más tarde el físico-cuántico, han llamado la atención sobre el concepto organicista y paradójico del mundo, en el que se incluyen aspectos de la realidad que antes fueron olvidados, o se ignoraban. "La concepción biológica se percata de algo que las anteriores habían pasado por alto: que ningún concepto del mundo, incluyendo el organicista, es la última verdad, la postrera realidad; todos son una perspectiva o un aspecto, con limitaciones muy humanas que provienen de la servidumbre natural y cultural del hombre.[73]" Desde el comienzo de la filosofía moderna, con Descartes hasta Hume, el esquema de pensamiento obedeció al método o paradigma matemático de las ciencias físicas, siendo Spinoza su más eximio representante. Sin embargo, a partir de Kant se entra en una nueva fase, donde el modelo o nuevo paradigma intelectual corresponde a la ciencia biológica, con su concentración en lo orgánico. Surgen las filosofías vitalistas e historicistas, muy en consonancia con la paleontología. Ortega y Gasset en España es un gran deudor de la biología[74]. El término fijo *substancia* da paso al término dinámico y evolucionista *organismo*. El cambio de marcha, pues, es notable, a remolque de las ciencias o de la nueva visión cosmológica que se va imponiendo. Nietzsche lo advirtió con agudeza. La forma lógica del pensamiento deja de ser matemática para convertirse en

---

73. L. von Bertalanffy, *Robots, hombres y mentes*, p. 154. Guadarrama, Madrid 1974.

74. Cf. Manuel Benavides Lucas, *De la ameba al monstruo propicio. Raíces naturalistas del pensamiento de Ortega y Gasset*. Ed. Univ. Autónoma, Madrid 1988.

dialéctica. Lo analítico deja lugar a lo sintético. Ya no interesan los sistemas clausos en oposición irreductible unos a otros, sino la progresiva síntesis de opuestos. Pues la esencia del organismo, de la vida, es el desarrollo y el "equilibrio dinámico de funciones mantenidas a través de una progresiva diferenciación de elementos dentro del todo.[75]"

10. Progreso en la verdad

La teología cristiana tiene su parte en ese carácter de sistemas en conflicto, de doctrinas en colisión, que han protagonizado más de una triste historia en nombre de la verdad y del amor a la verdad de Dios, por querer cerrar en una etapa lo que pertenecía a la siguiente. El ideal de una Iglesia unida, la nueva humanidad bajo la misma nueva verdad de la Palabra, se ha probado imposible por las disputas doctrinales que dividen, desorientan y escinden la Iglesia. Algunos consideran la teología y el desarrollo de la misma un monumento descomunal a la locura humana, una aberración monstruoso del espíritu humano, un duende o íncubo en el progreso intelectual y moral de la humanidad. Frente a esta visión pesimista y exagerada de la labor teológica, tenemos que decir algo semejante a lo dicho referente a las discordias filosóficas. La teología es una ciencia del espíritu que, fundamentándose en la revelación, progresa en base a pequeños incrementos del saber en medio de constantes equivocaciones, caminos falsos, conclusiones precipitadas, que contribuyen, a modo de ensayo y eliminación del error, a una lenta adicción de verdad tras verdad en un movimiento continuo hacia el conocer como somos conocidos. "Porque ahora vemos por un espejo, veladamente, pero entonces veremos cara a cara; ahora conozco en parte, pero entonces conoceré plenamente como he sido conocido" (*1ª Corintios 13:12*). Lo que importa es tomar conciencia de la *provisionalidad* de nuestros resultados de modo que no ceguemos los conductos que llevan a un mayor y mejor esclarecimiento de la verdad. Las dificultades del camino no son

---

75. John Macmurray, *El yo como agente*, p. 33. Barral Editores, Barcelona 1974.

CAPÍTULO I. Fe y razón. Filosofía y cristianismo

excusa para borrar el camino o impedir el caminar, sino ocasión de ejercer la responsabilidad cristiana de pensar con madurez y honestidad. No hay que silenciar a Pablo, o a los Pablos de la Iglesia, cuya reflexión aporta datos difíciles de entender en un primer momento, pero cuya orientación es ser fieles a la sabiduría que les fue dada. El peligro no viene de la razón, sino de la sinrazón. La ignorancia, la ausencia de pensamiento es lo que penaliza el progreso de la verdad. "Considerar la paciencia de nuestro Señor como salvación, tal como os escribió también nuestro amado hermano Pablo, según la sabiduría que le fue dada. Asimismo en todas sus cartas habla en ellas de esto; en las cuales hay algunas cosas difíciles de entender, que los ignorantes e inestables tuercen —como también tuercen el resto de las Escrituras— para su propia perdición" (*2ª Pedro 3:15-16*). Como hizo notar James Orr, la historia de la teología deja traslucir una lógica divina en la que se avanza de lo más simple a lo más complejo. El *desmenuzamiento* de la teología corresponde al carácter histórico y progresivo —providencial—, en evolución ascendente, de la apropiación de la verdad total revelada de una vez por todas en las Escrituras. "El resultado es que, en vez de una confusión inextricable en la historia, vemos la creación de un organismo; en vez de fatuidad y error, la evolución gradual y la reivindicación de un sistema de verdad.[76]"

El aspecto positivo de los debates teológicos, considerados como dolores de parto que alumbran nuevos aspectos de la verdad, consiste en estar alerta frente al peligro de los que se quedan anclados en el pasado, en base a una fidelidad humana camuflada de guardián de la verdad, cuando en realidad se trata de incapacidad y falta de voluntad para estar atentos a la voz del Espíritu que, en cada nueva situación, habla desde la Palabra para reorientar la experiencia cristiana siempre amenazada de desviarse por caminos adyacentes o detención del paso. Todos debemos convertirnos sin cesar, penetrando más adentro en el espíritu cristiano. Se engaña quien cree que la teología ya no tiene nada más qué decir una vez que Dios nos ha dado su Palabra, su revelación definitiva y eficaz. La revelación

---

76. James Orr, *El progreso del dogma*, p. 44. CLIE, Terrassa 1988.

es viva y no un "depósito" muerto del que disponer a discreción. La revelación como contenido de la fe es respuesta y tarea. No nos exime de pensar ni nos evita la tarea de seguir buscando a Dios desde Dios mismo. La fe siempre está en camino. Es voraz. Quiere más. Sólo entonces es fe viva que hace vivir. "La fe no es contagiosa si no permanece siempre fresca y viva, compasiva con la incredulidad, comprensiva con las dudas, inagotable en sus aspiraciones.[77]"

En ninguna otra área del pensamiento es más peligroso creer que hemos llegado finalmente a la expresión correcta, la definición absoluta y última del contenido de la revelación de Dios. Porque aquí interviene no solamente el alcance de la experiencia, siempre abierta al futuro, sino también el misterio inabarcable de la plenitud de Dios en cuanto es dado a conocer a la humanidad en su devenir histórico. La pregunta no es si conocemos la Escritura, sino si conocemos al Señor de la Escritura, que es bien distinto. Repasemos, si no, la confrontación de Jesús con los rabinos de su época.

La comprensión de la fe jamás termina en su visión final, es una progresión en niveles cada vez más profundos de la verdad divina. La idea de que uno ha entendido un pasaje bíblico exhaustiva y completamente, que ha sacado todo lo que Dios intentaba decir en él, equivale a negar que es Palabra de Dios y que está inspirada por él. La inspiración es una cualidad permanente en virtud de la cual el Espíritu Santo, como autor primario, está siempre detrás de la Palabra, dispuesto a conducir la experiencia humana de fe a la luz de Dios. "Todo libro humano es finito en contenido. Puede ser estudiado, leído, aprendido de memoria, hasta que un día llega a ser dominado y no se le necesita más. Pero la Escritura es la Palabra de Dios y cuanto más la sondeamos más se ensanchan sus dimensiones divinas y se imponen ellas mismas.[78]" Sólo Dios abarca todo el alcance de su revelación. Ninguna generación toma la medida de la totalidad de la Palabra; ésta sigue siendo nueva para cada generación, y sólo descubre su plenitud en la reflexión y experiencia creyentes siempre

---

77. M. Blondel, *op. cit.*, p. 59.

78. Han Urs von Balthasar, en *Palabra y misterio*, p. 36. Sal Terrae, Santander 1971.

CAPÍTULO I. Fe y razón. Filosofía y cristianismo

originales, tomadas de las fuentes. Por tanto, la interpretación del mensaje es inacabable dentro de la historia; no puede encerrarse definitivamente dentro de una forma cultural, histórica o dogmática. Creer en Dios significa creer en la verdad, o lo que es lo mismo, sentirse embargado por aquél que nos lleva en cada instante a abandonar nuestras pequeñas mentiras sobre nosotros mismos e instalarnos en la verdad que es nueva cada mañana.

II

CRISTIANISMO Y FILOSOFÍA, UN MALENTENDIDO

En el Nuevo Testamento sólo hay dos pasajes que se refieren de manera directa al tema de la filosofía. Por su carácter general y no técnico, deciden sumariamente contra la filosofía, entendida como conocimiento obsoleto para la fe, no en lo que tiene de pensamiento riguroso, sino especulativo. No obstante estas dos referencias únicas y exclusivas en todo el Nuevo Testamento han servido para que muchos, en nombre de una fe particular, se hallan armado de resortes de ataque y defensa *contra la* filosofía, como si se tratase de la suma y compendio de los males que aquejan la vida y pensamiento cristianos. Es evidente que estamos ante un malentendido. Un malentendido que ha crispado el pensamiento evangélico y lo ha dejado improductivo en muchas áreas y esferas de la amplia gama de la cultura secular, en la que tiene que desarrollarse y hacerse oír. Como ocurre siempre en estos casos, lo grave de los errores doctrinales no es lo que tienen de dañino para la actividad intelectual o académica, sino para el *modus vivendi,* la manera de vivir cristiana cara a uno mismo y cara a los demás. El error se desliza entre los pliegues de la vida y da lugar a prácticas aberrantes. La verdad lleva al enraizamiento, porque toda verdad es verdad radical; el error nos desarraiga y nos falsea.

Los textos en cuestión son Hechos 17:16-34, en especial el versículo 18; y Colosenses 2:1-15, centrado en el versículo 8. Antes de pasar siquiera a hacer un somero análisis de estos pasajes sería conveniente situarnos en la mentalidad bíblica respecto a cuáles son los verdaderos enemigos de la fe, sobre los que no hay duda ni confusión.

FILOSOFÍA Y CRISTIANISMO

1. El caso de Cristo

El Verbo, la Luz de los hombres, el Iluminador que "alumbra a todos los hombres" (*Jn. 1:9*), vino a los suyos, "pero los suyos no le recibieron" (v. 11). ¿Quienes fueron los suyos que no le recibieron? Pedro, hablando como compatriota y contemporáneo de Cristo, según la carne, nos dice "éste entregado por el determinado consejo y anticipado conocimiento de Dios, *prendisteis* y matasteis por manos de inicuos, crucificándole... Mas *vosotros* negasteis al Santo y al Justo, y pedisteis que se os diese un homicida, y matasteis al Autor de la vida... Mas ahora hermanos, sé que por ignorancia lo habéis hecho, como también *vuestros gobernantes*" (*Hch. 2:23, 3:14-15 y 17*). Es decir, el Mesías de Israel, Jesús de Nazareth, fue rechazado por su propio pueblo, gobernantes y gobernados por igual. Todos, cada cual a su manera, se opuso a la manifestación de Dios, pese a que su gloria resplandeció en palabras tan extraordinarias jamás pronunciadas por hombre alguno; en enseñanza con autoridad propia, sin necesidad del respaldo de academias o escuelas oficialmente establecidas; en milagros y portentos como ningún otro fue capaz de imitar; en expulsión de demonios y confrontación con los tentadores que, desde todos los ángulos, buscaban error o desliz en los labios del Maestro con los cuales enredarle en sus propias declaraciones.

1.1. Encuentro con los griegos

Jesucristo no fue Sócrates, aunque muchos cristianos se sintieron atraídos por Sócrates; ni Jerusalén era Atenas, aunque judíos como Filón se interesaron por Atenas; toda la vida de Jesús transcurrió en medio de las ciudades de Palestina, con pocas salidas allende sus fronteras. Trató a centuriones romanos pero nunca conversó con filósofos griegos. La única referencia que tenemos a éstos en relación con Jesús es bastante vaga como para adivinar el contenido y resultado del encuentro de Jesús con los griegos, que, por otra parte, no sabemos si eran filósofos o no. Por el contrario sabemos que eran creyentes, prosélitos judíos, o más exactamente, "temerosos de Dios" (vid. *Hch. 13:43*), pues "habían subido a adorar en la fiesta" de Pascua en Jerusalén (*Jn. 12:20*). Obedeciendo al instinto habitual en su raza tenían curiosidad por ver a Jesús, conocer por

CAPÍTULO II. Cristianismo y filosofía, un malentendido

ellos mismos, aprovechar su peregrinación para informarse respecto al nuevo rabino galileo. Como Pitágoras y Platón antes de ellos, amaban viajar, conocer, aquilatar sus experiencias con su juicio sobre la realidad de las cosas y de los hombres. No sabemos si Andrés y Felipe, ambos discípulos de Jesús, fueron los encargados de hacer las presentaciones, en todo caso se lo hicieron saber; una cosa parece cierta, ellos estaban presentes en el discurso de Jesús al que los griegos dieron lugar:

"Ha llegado la hora para que el Hijo del Hombre sea glorificado" (v. 23).

Esta es una frase introductoria solemne utilizada por Jesús en tres ocasiones memorables. Una, la presente; dos, durante la última cena (Jn. 13:31) y tres, al comienzo de su llamada oración intercesora o sacerdotal (Jn. 17:1). La glorificación para Cristo significaba la entrega de su vida en sacrificio cruento, de acuerdo a su dicho: "El que ama su vida, la perderá, y el que aborrece su vida en este mundo, para vida eterna la guardará" (Jn. 12:25).

El que los griegos estuvieran presentes durante este último discurso público de Jesús añade relevancia a todo lo que en él se dice. Jesús está afirmando que la muerte es la condición de una vida más plena. Esto era muy familiar a la mentalidad griega, no tanto así a la hebrea más acostumbrada a la consideración de la historia presente como el tiempo decisivo del trato del hombre con Dios, con sus promesas y recompensas terrenales. Pero en el mensaje de Jesús hay algo inconcebible para los griegos: el sacrificio voluntario por amor al otro. El amor a uno mismo lo conocían bien, lo habían enseñado sus filósofos. Pero Cristo está diciendo que por encima del amor de sí está el amor al prójimo, que centrarse en uno mismo es pecado, porque todo egoísmo es un infierno, un callejón sin salida.

La paradoja es contundente y magnífica a la vez: el que ama su *vida*, (gr. *psuché*) su vida en este mundo, física, "animal", con sus apetitos y placeres, la perderá, el que pierda esta vida ganará la *vida eterna* (gr. *zoe*), energía vitalizante del reino de Dios, posesión completa de uno mismo en la vida de Dios. La vida se pierde cuando se quiere conservar y se salva cuando se hace entrega de ella. Y Jesús va a ser en breve el máximo ejemplo de esta verdad. "Aparte de este sacrificio voluntario Jesús nada podía hacer por estos griegos. ¿Entendieron esto ellos? ¿Se dieron cuenta que un Mesías *terrenal*, por famoso que fuera (¡piénsese en la alabanza que recibió al entrar triunfalmente!) de nada les serviría? ¿Entendieron totalmente que sólo por medio de su expiación sustitutiva él, como Mesías *espiritual* podría salvarlos?[1]"

Dejando a un lado este breve disgresión y recuperando el hilo central de nuestro argumento, la aparición en escena de estos curiosos griegos que quieren conocer a Jesús alude a las futuras relaciones del Evangelio con los griegos. Los llamados Padres de la Iglesia, dados a alegorizar, vieron en esta anécdota un anuncio simbólico de la futura conversión de los gentiles. Sea de esta o de otra manera, el encuentro con los griegos estaba preñado de ricas posibilidades para la fe cristiana. No hubo enfrentamiento sino anuncio, promesa, esperanza. "Y yo, si fuere levantado de la tierra, *a todos* (judíos y gentiles) atraeré a mí mismo" (v. 32).

1.2. Encuentro con los gobernantes

Por el contrario sí hubo enfrentamiento con los nada filosóficos gobernantes de la nación israelita desde el principio. Herodes teme por su reinado con el anuncio del nacimiento de un descendiente de la estirpe de David y moviliza todos los recursos que están en su poder, que eran muchos, para suprimir la temida competencia. Cuando al final Jesús se ve confrontado por este poder político directamente, rechaza el diálogo, "nada le respondió" (*Lc. 23:9*), en cuanto no se daban las mínimas condiciones para la escucha, ni la más pequeña apertura al entendimiento. Con su silencio Jesús acababa de firmar su sentencia de muerte y dolor. "Entonces Herodes con sus soldados le menospreció y escarneció" (v. *11*).

Gobernantes, autoridades civiles y religiosas, con poder para dar y quitar la vida, se opusieron a Jesús con mayor o menor intensidad y grado de culpabilidad. Con el correr del tiempo, al adquirir el mensaje cristiano prestigio y poder, gobernantes y reinos enteros lo aceptarán como un aliado imprescindible para sus propósitos. Sin embargo el poder político, llámese cristiano o como desee, no quiere tener nada que ver con la debilidad evangélica. No la puede soportar.

---

1. William Hendriksen, *El Evangelio según San Juan*. SLC, Grand Rapids 1981.

CAPÍTULO II. Cristianismo y filosofía, un malentendido

Los gobernantes, pues, por razones equivocadas de jurisdicción, se enfrentan al Evangelio, no importa que el reino de éste pertenezca a otro mundo, o que sea un intra-reino personal. "El reino de Dios está entre vosotros" (*Lc. 17:21*), o dentro de vosotros.

Aunque peque de simplista, conviene señalar que el primer y último enemigo de Cristo no fue la filosofía sino el *poder*, o el temor, según se vea, de los "gobernantes", a quienes el apóstol Pedro atribuye *ignorancia*, que, a su modo, es uno de los mayores males que azotan a la humanidad.

1.3. Encuentro con Satanás

En segundo lugar cronológico, en la historia de Jesús, hallamos su enfrentamiento con el diablo. Antecede a su ministerio público. Fue un encuentro decisivo. Las tentaciones de Jesús en el desierto han sido tema de muchos estudios y análisis, enfocados desde varios ángulos, cada cual aportando su verdad relativa, resaltando diversos aspectos de la rica y compleja personalidad y misión del Hijo de Dios.

Lo que a nosotros nos interesa es observar que el peligro de la fe reside en tergiversar, en tentar a Dios no desde fuera, sino desde dentro, aduciendo para ello razones espirituales que ocultan el deseo de no dejar a Dios ser Dios, sino que sea lo que tiene que ser en relación y servicio a la criatura. Un Dios al servicio servil del hombre no es un Dios, sino un diablo; o lo que es lo mismo, el *poder* que no sirve, sino manda ser servido sin contemplaciones. La utilización de la fe en favor propio es una de las grandes tentaciones que tuvo que superar el Mesías y anticipa las luchas de sus seguidores contra ese mismo poder. Esta es la mala "filosofía" que ha arruinado y sigue arruinando los mismos cimientos del cristianismo. El Inquisidor general de la obra de Dostoyevski, reprocha a Jesús el no haber tomado el poder que se le ofrecía en el desierto y haber realizado así todo lo que los hombres buscan sobre la tierra: un dueño ante quien inclinarse, un guardián de su conciencia. Recurriendo a la docilidad de los débiles, que son la gran masa de la humanidad, el inquisidor justifica su obra represiva, basada en el *misterio de la autoridad*, como un acto de humanísima caridad, que *corrige* la obra de Cristo, del mismo modo, hoy, dirigentes cristianos llevados por un falso paternalismo se oponen al examen riguroso y al ejercicio de la libertad, y a esto le llaman *prudencia y precaución* ante las especulaciones ociosas y filosofías mundanas. "Nosotros —hablan los inquisidores de todas las épocas—, nos hemos hecho cargo del pecado de las faltas del mundo, *para su felicidad* nos levantamos.[2]"

En la tentaciones de Jesús en el desierto también resalta el carácter religioso de lo demoníaco, que para sus propios intereses recurre a la Biblia como haría el más devoto de los creyentes. La oposición a la revelación de Dios no está en la filosofía ni en cualquier otro tipo de pensamiento, sino en el afán de tergiversar todo lo que se oye en beneficio propio, baja capa de servicio a los más débiles e ignorantes. Eso es lo demoníaco en el hombre, creyente y no creyente por igual.

1.4. Encuentro con sacerdotes y escribas

Los sacerdotes son los guardianes de la tradición. Representan el elemento conservador. En los fariseos hallaron buenos aliados respecto a la observancia puntual de la Ley, explicitada en multitud de abultadas tradiciones. Por fuerza la tradición tiene que ocupar mucho bulto, es el elemento visible de la memoria pasada. La tradición no es ágil ni innovadora, ni lo pretende; quiere ser fiel guardiana de la herencia de los tiempos. El problema está cuando esa herencia aumenta de tal modo que amenaza la movilidad, la propia vida de los herederos, que está llamada a servir y no a entorpecer.

Es lo que había llegado a ocurrir en Judea. Todo estaba regulado y dominado por la carga de la tradición. La vida y el espíritu carecían de espacios para manifestarse libremente. El amor y la misericordia se relegaban a unos preceptos más entre la larga lista de mandamientos y observancias, con el triste resultado de anular aquello mismo que pretendían conservar: La Palabra dada por Dios a sus padres. Es la denuncia escueta de Jesucristo: "Así habéis invalidado el mandamiento de Dios por vuestra tradición" (*Mt. 15:6*). Así ocurre siempre que nuestros principios y estatutos de última hora, que pretenden mejorar las disposiciones bíblicas, no se hallan sometidos al escrutinio constante de la Revelación de Dios.

---

2. Fedor Dostoyevski, *Los hermanos Karamozov*, V, 5.

CAPÍTULO II. Cristianismo y filosofía, un malentendido

Bien observó Ortega y Gasset que las grandes civilizaciones no mueren por escasez sino por abundancia, y para ello se fundamentó en las investigaciones históricas de Huizinga sobre la Edad Media, como también se puede observar en la gran civilización india. La riqueza acumulada en instituciones, pensamiento, leyes, tiende a no ser manejable, atenta contra la fluidez natural de la vida y acaba por asfixiarla. Algo parecido a una arteroesclerosis cultural, donde los canales de comunicación se endurecen y cortan el paso a la vida. Cuando la tradición no es entendida dinámicamente crea buenos funcionarios, pero mal adaptados a lo más dinámico de la vida.

La tradición en sí no es mala, en última instancia todo es tradición. Nosotros somos tradición, nuestra memoria y la memoria de nuestro pueblo. Jesús mismo era consciente de ser parte de una tradición. Cuando se levantó contra la tradición sacerdotal lo hizo en nombre de la tradición profética: "Bien profetizó de vosotros Isaías, cuando dijo..." (v. 7).

La tradición es la forma esencial que la memoria de las gentes y de los pueblos adquiere con el transcurrir de sus vidas y es transmitida de generación en generación. Existe, en primer lugar, la tradición apostólica, que llegaría a convertirse en las Escrituras divinamente garantizadas del Nuevo Testamento. "Así que, hermanos, estad firmes y retened la doctrina (lit. tradicion) que habéis aprendido, sea por palabra, o por carta nuestra" (2ª Ts. 2:5. Cf. 3:6; 1ª Ts. 4:1ss.; 1ª Co. 11:2; donde aparece el término gr. *paralambano*, utilizado por Marcos para referirse a "muchas cosas tomadas para guardar", 7:4). No podemos eludir la tradición, ni siquiera cuando nos levantamos contra ella. "Con el paso del tiempo he quedado grandemente sorprendido por la prevalencia de la tradición en iglesias y movimientos religiosos que se creían a sí mismos libres de su influencia", confiesa el profesor F.F. Bruce, que durante toda su vida militó en una rama evangélica antitradicionalista por principio.

Jesús no va enfrentarse a la tradición de los ancianos en nombre propio. "Mi doctrina —dice— no es mía, sino de aquel que me envió" (Jn. 7:16). "Yo no he hablado por mi propia cuenta; el Padre que me envió, él me dio mandamiento de lo que he de decir, y de lo que he de hablar" (Jn. 12:49. Ni siquiera el Espíritu Santo hablará por "propia cuenta", Jn. 16:13).

El peligro, pues, reside en ese hablar por propia cuenta con pretensiones de infalibilidad, sea esa propia cuenta la tradición, la interpretación particular del texto bíblico o la filosofía que reduce la revelación al contenido de la razón. Pero, en sí, el peligro no está en la filosofía misma, sino en la actitud de obediencia o desobediencia a la Palabra de Dios. Obediencia que, por otra parte, exige cuidado, precisión académica, diríamos: "Procura con diligencia presentarte a Dios aprobado, como obrero que no tiene de qué avergonzarse, que *maneja con precisión* la palabra de verdad" (*2ª Ti. 2:15, Biblia de las Américas*).

Muchos temen el daño que pueda ocasionar el escrutinio filosófico de las razones, bases y fundamentos de la fe, sin reparar en el daño peor ocasionado por "fábulas" y "palabrería", de muchos ignorantes que quieren ser "doctores de la ley, sin entender ni lo que hablan ni lo que afirman" (*1ª Ti. 1:3-7*).

Hasta la misma lectura de la Palabra de Dios puede convertirse en objeto de condenación cuando uno no observa las leyes a las que Dios ha sometido el acto del entendimiento humano: "Casi en todas sus epístolas [Pablo], hablando en ellas de estas cosas; entre las cuales hay algunas difíciles de entender, las cuales *los indoctos e inconstantes* tuercen, como también las otras Escrituras, para su propia perdición" (*2ª Pd. 3:16*). Aquí el escritor bíblico manifiesta una mayor preocupación por los males derivados de la incultura y de la mediocridad que por los relacionados con el pensamiento riguroso y exigente de claridad. Tanto en filosofía como en fe lo que prima es el afán insobornable de autenticidad y realidad.

1.5. Encuentro con los adversarios

En su llamado discurso apocalíptico (*Mt. 24; Mr. 13; Lc. 21*), Jesús advierte a sus seguidores de la oposición y persecución a las que se verán sometidos y les anima con estas palabras: "Yo os daré palabra y sabiduría, la cual no podrán resistir ni contradecir todos los que se opongan" (*Lc. 21:15*).

Jesús está hablando desde su propia experiencia. Adversarios se encontró siempre, incluso en el seno de su propia familia. Acusaciones no le faltaron, pero no hubo quien argumentara racional y consecuentemente hasta el final sus quejas o detracciones. Uno tras otro callaba ante la

CAPÍTULO II. Cristianismo y filosofía, un malentendido

sabiduría de las respuestas del rabí de Nazareth, pero no por eso cejaban en su empeño opositor. ¿No sabía Jesús expresarse a sí mismo, defender su causa conforme a los requirimientos de los planteamientos hebreos? Naturalmente que sabía, pero el problema no era de entendimiento sino de voluntad, de no querer comprender.

Tristeza y reproche traslucen estas palabras de Jesús: "Y no *queréis* venir a mí para que tengáis vida" (*Jn. 5:40*). La explicación que Jesús ofrece a esta resistencia voluntaria es la falta de amor: "Yo os conozco, que no tenéis amor de Dios en vosotros" (v. *42*). "Después de todo, los amantes son quienes alcanzan prolongados periodos de reciprocidad, no sólo en cuanto a los sentimientos, sino también en cuanto a las ideas.[3]" Este es un asunto muy importante que no tenemos ahora tiempo de desarrollar en su amplitud, pero para nuestros propósito basta con retener en la mente el siguiente axioma: sólo el que ama conoce, el que quiere, comprende.

"El que *quiera hacer* la voluntad de Dios, *conocerá* si la *doctrina es de Dios*" (*Jn. 7:17*). Los factores emocionales van inseparablemene unidos a los elementos intelectuales. Quien se opone a la fe puede hacerlo en base a argumentos racionales, históricos, científicos o filosóficos, pero no por el hecho de su racionalidad, historicidad, y cientificidad intrínseca, sino por la *actitud* no creyente que subyace en la argumentación y su manera de llevarla; de otro modo habría que concluir que la fe es una gran mentira, o, en el mejor de los casos, una fantasía, una ilusión más allá de la verdad y de la mentira. "El criterio de la verdad no es otro que el modo como se proyecta en mi corazón; es mi corazón quien tiene que decirme si yo juzgo y conozco certeramente, si lo que tengo por verdad es realmente la verdad. La doctrina ha de confirmarse única y exclusivamente por el estado de mi corazón, por la obra de arrepentimiento, de la conversión y la alegría del espíritu en Dios. La verdad del Evangelio, *la verdad de la doctrina cristiana, sólo existe en la verdadera actitud que ante ella se adopta*.[4]"

---

3. Ben-Ami Scharfstein *Los filósofos y sus vidas. Para una historia psicológica de la Filosofía.* Ed. Cátedra, Madrid, 1980.

4. G.W.F. Hegel, *Lecciones sobre la historia de la filosofía*, "La Reforma", vol. III, p, 197. FCE, México 1977.

FILOSOFÍA Y CRISTIANISMO

Filósofos han venido a la fe y filósofos se han retirado de ella, pero lo mismo se puede decir de personas iletradas. Analfabetos se acercaron a la fe, y analfabetos se alejaron de ella. Un día estuvieron en la creencia y otro se marcharon. ¿Cuál es la diferencia? La *voluntad*, la voluntad ganada por y para la fe, o la voluntad como principio de resistencia a la persuasión divina, no importa el grado de cultivo intelectual o falta de él. Prejuicios irracionales, sentimientos ocultos, condicionamientos sociales, pesan más en el rechazo de la fe que la debilidad de los argumentos de ésta, como todo buen predicador del Evangelio sabe por experiencia. La batalla no se libra en la mente únicamente, sino en la totalidad del complejo entramado de la personalidad humana. No es la filosofía como tal que se opone al Evangelio, sino el hombre "muerto en delitos y pecados" (*Ef. 2:1*), quien echará mano de lo que más tenga a su alcance para escabullir su responsabilidad de responder positivamente al llamamiento divino.

Empleando una analogía bíblica diremos que la filosofía es como la Ley, en sí buena y justa, pero el pecado toma ocasión de ella para sus propósitos antagónicos a Dios. El problema, pues, no está en la filosofía, como tampoco en la incultura, sino en el pecado que toma ocasión de toda circunstancia para el engaño, y así perpetuar la mentira de aquel que es padre de ella. "¿Por qué no *entendéis* mi lenguaje?¿Porque no podéis escuchar mi palabra? Vosotros sois de vuestro padre el diablo, y los *deseos* de vuestro padre queréis hacer... No hay verdad en él. Cuando habla mentira, de suyo habla; porque es mentiroso, y padre de mentira" (*Jn. 8:43-44*).

Así pues, en el caso de Jesús la filosofía no representó ningún obstáculo a su ministerio y persona, otros elementos siempre presentes en la vida humana fueron los que se opusieron e intentaron frustrar los planes de Dios en el ministerio de Cristo. En definitiva, no se precisa ser filósofo para oponerse a la fe cristiana, basta con ser humano, con no haber nacido de nuevo, con vivir de espaldas a la realidad divina. Luego nadie se engañe con palabrería "espiritual" respecto a la malicia de la filosofía, pues, como trataremos de probar, la filosofía es imprescindible a la fe que busca entendimiento y hacerse entender.

CAPÍTULO II. Cristianismo y filosofía, un malentendido

2. El caso de Pablo

Era de esperar que quien estaba llamado a convertirse en apóstol de los gentiles hubiera de verse confrontado y confrontar a la vez el pensamiento del mundo helénico. Y lo hizo sin timidez ni alardes de sabiduría, sin salidas de tono ni compromisos irreales. Pablo escogió el camino de la identificación con quienes pensaba conquistar para su Señor. "A griegos y a no griegos, a sabios y a no sabios soy deudor" (*Ro. 1:14*). A cultos e incultos se ve en necesidad de llevarles el Evangelio. Es entonces cuando Pablo, y con él el pensamiento cristiano, se enfrenta por vez primera al pensamiento griego, y lo hace donde sólo era posible hacerlo con propiedad: en Atenas, emporio de la cultura y filosofía helénica, aunque por aquel entonces si bien no había perdido su prestigio filosófico sí se veía huérfana de filósofos prestigiosos[5].

2.1. Encuentro con los atenienses

Algunos filósofos de los epicúreos y de los estoicos[6] disputaron con Pablo (*Hch.17:18*), lo cual no es poco, ya que la arrogancia de muchos les lleva a no oír siquiera. Incluso le invitaron a su centro de discusión y corte suprema de asuntos sociales y criminales, el Areópago. Hasta entonces Pablo había discutido en "la sinagoga con los judíos piadosos, y

---

5. *Paul at Athens*, CORNELIUS VAN TIL, Presbyterian and Reformed, Phillipsburg, s/f.
The Areopagus Address, NED B. STONEHOUSE, Londres, 1949.
Paul on the Areopagus, Studies in the Acts of the Apostles, MARTIN DIBELIUS, Londres, 1956.
The Areopagus Speech and Natural Revelation, B. GÄRTNER, Uppsala, 1955.

6. Epicúreos y estoicos representaban dos corrientes de pensamiento más que dos escuelas filosóficas propiamente tales. Los primeros presentaban al placer (*hedoné*) como el fin principal de la existencia y la tranquilidad (*ataraxia*), la liberación de la pena y de las pasiones como los placeres más apreciables de la vida. Los segundos, en cambio, hacían consistir el ideal en vivir según la naturaleza, cuya expresión más pura era la razón (*logos*), principio que, junto con otros elementos, formaba el universo. "La concepción estoica de la divinidad como alma del mundo era totalmente panteísta, y su filosofía no menos materialista que la de los epicúreos; el Dios-alma y el alma individual consistían en materia refinada. En la práctica, los estoicos ponían grandísimo énfasis en la supremacía de lo racional sobre las facultades emotivas del hombre y miraban con toda naturalidad que una persona se quitase la vida cuando la existencia se le hacía insoportable. Si, por una parte, el distintivo del estoicismo era su preocupación y su hondo sentido moral, esta cualidad venía asociada a un espíritu de orgullo totalmente ajeno al espíritu del cristianismo." F. F. Bruce, *The Acts of the Apostles*, p. 332. Londres, 1951.

en la plaza cada día con los que concurrían" (v. *17*). Luego fue un acto de gentileza por parte de los filósofos estoicos y epicúreos invitarle a exponer su doctrina de manera oficial.

Atenas debía respirar una atmósfera de expectación intelectual seductiva cuya influencia afectaba por igual a propios y extraños, "porque todos los atenienses y los extranjeros residentes allí, en ninguna otra cosa se interesaban sino en decir o en oír algo nuevo" (v. *21*). Cicerón se había referido a Atenas como *"omnium doctrinarum inventrix"* (la cuna de todas las nuevas doctrinas).

En Antioquía de Pisidia, y en el marco de sinagoga judía, a Pablo le había sido relativamente fácil presentar el Evangelio a sus oyentes, bien instruidos en la lectura del Antiguo Testamento, telón de fondo de las imágenes y símbolos cristianos. Pablo recurre una y otra vez a la Escritura y a la historia que todos conocen. Su mensaje sólo exige de los judíos piadosos que crean en la obra nueva y definitiva realizada por el Dios de Abraham en la persona de Jesús de Nazaret, hijo de David (*Hech. 13:24*). En relación al judaísmo había más continuidad que ruptura. Pero en Atenas Pablo se enfrenta a un auditorio realmente distinto. En el discurso de Pablo a los atenienses no aparece ni se menciona la historia bíblica, ni se citan las Escrituras. No tiene nada de extraño, es la lógica dialéctica de la comunicación. A los atenienses la referencia al Dios de Abraham llevando a cabo una obra de redención en la tierra de Palestina no les hubiese dicho nada. Por ello Pablo recurre al sentimiento religioso que ellos pueden entender, la experiencia de fe, aunque vaga, en un Dios creador y ordenador del mundo. De este modo, arrancando de la experiencia de religiosidad que cabe suponer en sus oyentes, se esfuerza por hacerles asequible el Evangelio que predica. Pablo no traiciona ni rehuye el fundamento escritural en ropaje hebreo de su mensaje cristiano, lo único que hace es presentar la experiencia de su fe en Cristo de modo relevante a la situación en curso; apela al carácter religioso de los atenienses, tal como él lo había observado, y se refiere a ideas, nociones y hasta citas de autores como Pausanias y Filóstrato, bien conocidos por los allí presentes, como un medio legítimo de correlacionar su experiencia de fe cristiana con la experiencia de fe religiosa de los atenienses. Cuando termina su presentación introductoria del Evangelio —la *preparación* que le lleva al

CAPÍTULO II. Cristianismo y filosofía, un malentendido

tema central— el apóstol presenta sin retoques ni ambigüedades lo esencial del mensaje cristiano: Jesús ha resucitado y ha sido constituido por Dios juez de vivos y muertos. La reacción general fue negativa. Por muy amantes que los atenienses fuesen de lo novedoso, el mensaje cristiano resultó ser demasiado novedoso para su gusto, especialmente el tema de la resurrección de los muertos. No se dio ni el más mínimo gesto de comprensión. Hasta la novedad y la originalidad tienen sus límites. Bien dice el refrán español, "dime de qué presumes y te diré de qué careces". Se trata del triste destino del ser humano, siempre engañandose a sí mismo. No todo el que se dice liberal es liberal, y menos cuando se enfrenta a costumbres y modos de pensar radicalmente distintos y opuestos a los suyos.

Para ciertos lectores de este episodio parece que la historia de Pablo en el Areópago termina en los versículos 32-33, donde se refiere que unos que se burlaron del discurso de Pablo y otros consideraron que carecía de interés, con el resultado que Pablo tuvo que salir de "en medio de ellos", certificando así, en la opinión de algunos exégetas, la condenación evangélica de la sabiduría humana. Parece como si la experiencia de Pablo en Atenas hubiera sido un fracaso misionero y una decepción personal, que llevara a Pablo a endurecerse contra la filosofía. Pero lo cierto es que la historia continúa y concluye en el versículo siguiente: "Mas algunos creyeron, juntándose con él; entre los cuales estaba Dionisio el areopagita, una mujer llamada Dámaris, y otros con ellos." Quizá no gran cosa, pero no demasiado diferente a la respuesta obtenida en otros lugares que, por otra parte, se veía agravada por castigos físicos e insultos verbales. En Atenas al menos fue respetada la integridad física del apóstol. No toda la filosofía quedó condenada a ser incapaz de entender el mensaje cristiano, como no *todo* el mundo es condenado porque sólo unos *pocos* responden al llamamiento divino. La puerta es estrecha y el camino angosto para sabios e ignorantes por igual. De los únicos que sabemos que tienen mayor dificultad para entrar en el reino de los cielos es de los ricos (Mt. 19:23; Lc. 1:53; 6:24).

Repasemos un poco de nuevo el discurso de Pablo en Atenas. Vemos que no predicó el Evangelio directa e inmediatamente. Primero dio un rodeo expresando su impresión de la ciudad y de su culto religioso; luego recurrió a la filosofía griega a modo de introducción y sincera muestra de interés por la experiencia religiosa e intelectual de sus oyentes a quienes buscaba iluminar con la plena luz del Evangelio. Como bien nota el profesor E.C. Dewick, tenemos aquí una aprobación tácita del uso de la cultura griega como un vehículo apropiado para recomendar el Evangelio a los oyentes[7]. Pablo demuestra, además, que ante oyentes que viven en mundos culturales y religiosos distintos, es preciso conectar con ellos mediante aquello que ya exista en su experiencia (correlación, contextualización), y no empeñarse en una presentación estereotipada a base de textos e historias que no significan nada para los candidatos a recibir la novedad del mensaje evangélico. Este es siempre uno y el mismo en todos los tiempos y en todas la culturas, pero no así su presentación, el modo de hacerlo creíble, que varía en virtud de la diferencia de tiempo, lugar y cultura.

Dionisio, convertido en aquella memorable ocasión, era un miembro del tribunal aristocrático del Areópago, acostumbrado sin duda a la dialéctica de las ideas y al enfrentamiento de las doctrinas. Y creyó, creyó en el mensaje evangélico. Su filosofía, al parecer, no fue un obstáculo mayor para su salvación; no más que lo es la codicia para el codicioso, o la buena opinión de sí mismo para el ciudadano ejemplar. Según la tradición, Dionisio llegó a ser un eminente instructor, primer obispo de Atenas y mártir bajo Domiciano. Si a veces el ministerio de toda la vida de un hombre bien vale la pena por una sola conversión extraordinaria, entonces éste fue un caso de ellos.

A nivel de ilustración, señalar que Clemente de Alejandría se inspiró grandemente en este discurso de Pablo en el Areópago para su labor y método de enseñanza cristiana. Erudito inigualable, el conocimiento de Clemente de las religiones no cristianas era extraordinario, y sólo en los *Strommata* se han hallado más de dos mil alusiones a doctrinas y a autores paganos. No fue sino hasta los tiempos modernos que algunos autores evangélicos comenzaron a considerar negativamente todo el episodio paulino con los atenienses. Es irónico que evangélicos conservadores, de filiación reformada, en este punto se den la mano con su más denostados

---

[7]. E.C. Dewick, *The Gospel and other Faiths*. Canterbury Press, Londres, 1948.

CAPÍTULO II. Cristianismo y filosofía, un malentendido

enemigos: la escuela barthiana, que ve en el discurso de Pablo en el areópago un argumento más a su favor en depreciación de los elementos positivos de las creencias helénicas en particular y filosóficas en general.

2.2. Encuentro con vanas filosofías

De la actividad misionera de Pablo pasamos al contenido de sus cartas. La primera y única vez que Pablo se refiere a la "filosofía" es en la espístola que dirige a los colosenses (2:1-15), concretamente en el versículo 8: "Mirad que nadie os engañe por medio de filosofías y huecas sutilezas, según las tradiciones de los hombres, conforme a los rudimentos del mundo, y no según Cristo."

Lo primero que tenemos que precisar es el tipo de filosofía que Pablo tiene en mente y sobre la que está advirtiendo. Lo segundo es en base a qué debe estar alerta el creyente.

Si por filosofía entendemos una manera de conocer reflexiva, seria y rigurosa, que opera conforme a cánones académicos e incluso científicos, entonces el texto de Colosenses no tiene nada en contra que decir. Nadie se considere objeto de engaño en este punto, porque lo que Pablo llama "filosofía" nosotros bien podríamos llamarlo "religión". Es un hecho reconocido por los comentaristas bíblicos. Se trata de advertir el contexto histórico de la época. "En el mundo helenista, las comunidades religiosas ofrecían su doctrina como filosofía... El movimiento de Colosas se presentaba, pues, como filosofía, aunque no hay que olvidar a este respecto su aura religiosa, como ocurría por ejemplo en los pitagóricos y en el platonismo renovado.[8]" El helenismo auténtico consideraba la filosofía como una especie de culto de misterios. Lo que nos habla de la interconexion existente entre la filosofía y la teologia. De ello hablaremos después. Hendriksen también apunta este carácter religioso de la filosofía colosense y viceversa, el carácter filosófico de la religión. Cita la *Guerra de los Judíos* de Josefo, donde se dice que los fariseos, los saduceos y los esenios forman tres escuelas de filosofía dentro del judaísmo (II, viii, 2). El filósofo judío Filón hablaba de la religión hebrea como "la filosofía según Moisés."

---

8. Eduard Schweizer, *La carta a los colosenses*, p. 120. Sígueme, Salamanca, 1987.

FILOSOFÍA Y CRISTIANISMO

Deslindar la filosofía de la religión en el mundo antiguo no es tan fácil como pueda parecer. Hasta el día de hoy sigue siendo un tema complicado, por cuanto mucha metafísica que sirve de soporte al pensamiento filósofico es abiertamente religiosa. La tarea de Kant y de sus seguidores más radicalmente anti-metafísicos obedece a esa preocupación de separar la filosofía de toda noción religiosa y asentarla sobre bases científicas. Si antes la filosofía estaba hermanada con la especulación teológica, a la que se consideraba la reina de la ciencias, ahora lo está con la investigación científico-matemática, expresión última de lo que se considera ciencia pura.

Volviendo a nuestro texto en Colosenses notamos que en el original el énfasis se coloca en el apecto personalista y particular de la filosofía más que en la filosofía misma. Así, la *Biblia de las Américas* traduce: "Mirad que nadie os haga cautivos por medio de *su* filosofía y vanas sutilezas". En realidad no se trata de filosofía en el sentido preciso que hoy entenderíamos por filosofía, sino de la "tradición de los hombres, conforme a los rudimentos, principios y mandamientos del mundo". Con ésto Pablo equipara la "filosofía colosense" pagana a la "tradición de los ancianos" hebreos, rechazada por Jesús en nombre de la suprema revelación de Dios. La filosofía colosense es pseudofilosofía, no tiene nada ver con la verdadera actividad filosófica.

La preocupación de Pablo no es, ni con mucho, el interés que el creyente pueda manifestar por conocer y articular su fe en profundidad, recurriendo para ello a la filosofía, es decir, a aquella manera lógica de proceder cuyos terminos han adquirido precisión con su uso y constatación con la realidad. En Cristo tiene el creyente un campo infinito del conocimiento, porque en él "están escondidos todos los tesoros de la sabiduría y de conocimiento" (v. 3). El creyente no debe ir más de allá de Cristo, de su misterio y revelación, para lograrlo, "para que nadie os engañe con palabras persuasivas" (v. 4), persuasividad que en muchas ocasiones obedece a motivos irracionales, carentes de lógica y de fundamento. Pablo desea que lo que los creyentes "han recibido del Señor" eso mantengan, arraigados y confirmados en la fe, como "han sido enseñados" (v. 7). Es la desviación de la fe lo que se tiene en cuenta y por la que se llama a contender. Esta desviación, como de sobra es sabido, se puede deber, y de hecho se ha debido, a infinitud de cosas, desde un mal uso de la misma

CAPÍTULO II. Cristianismo y filosofía, un malentendido

Escritura —herejías—; de la disciplina —cismas— o del pensamiento —especulaciones. Cuando Pablo habla de "refutar argumentos", obviamente no se está refiriendo a los filosóficos, sino a "toda altivez que se levanta contra el conocimiento de Dios, y llevando *cautivo todo pensamiento a la obediencia* de Cristo", (2ª Co. 10:5), porque es en la esfera de la voluntad y de la obediencia donde se libra la batalla crucial entre la fe y la incredulidad.

Se podría decir que, desde un punto de vista netamente bíblico, no hay ninguna razón para ese prejuicio tan arraigado en el mundo evangélico contra la filosofía. En el orden de la salvación la sabiduría es locura, como bien dice Pablo en 1ª Corintios 1, si con ella pretende el hombre redimirse a sí mismo; pero en el orden del conocimiento la filosofía/sabiduría reune todos los requisitos loables a los que se refiere Proverbios.

3. Carácter y naturaleza de la filosofía

No a todos puede convencer el argumento bíblico, toda vez que su experiencia parece decirles que los filósofos como clase son muy reacios a la fe y hasta contrarios a ella, al modo de un Nietzsche o un Sartre, por ejemplo. Aquí es donde conviene aclarar varios malentendidos, frutos de una apreciación nada global del tema. Se demuestra además que los prejuicios antifilosóficos son más de clase que de naturaleza, obedecen a la experiencia y no a la razón. El cristianismo, al elevar el hombre común a la categoría de hijo de Dios y adorador de acceso directo e inmediato a la presencia de Dios, sin necesidad de intermediarios sacerdotales ni doctorales, ha tendido a dar pie en los peores a su rencor contra los mejores y más preparados de la sociedad, recurriendo sacrílegamente a determinados textos bíblicos para justificar su malformación de carácter o educación, en lugar de aspirar a superarse desde el trampolín de la fe.

Los filósofos son hombres como los demás. Nunca han buscado el protagonismo prometeico que se les ha atribuido. Hay toda una mitología fantasiosa respecto al hombre sabio y el científico de todos los tiempos. Sin lugar a dudas el intelectual puro es un factor inquietante en la sociedad. Anda solo y siempre dando vueltas a las cosas, porque siempre se está dando vueltas a sí mismo. Como Antonio Machado en Soria, que levantó la iras del vecindario por sus paseos solitarios, sin dignarse a intervenir en las tertulias de café ni a comparecer, como todo el mundo, junto al oficiante de la misa dominical[9]. O como el físico J. Robert Oppenheimer, tan ajeno a los asuntos humanos que no leía el periódico, no tenía radio ni teléfono, nunca se molestó en votar y, sin embargo, nunca dejó de preocuparse humana y filosóficamente por los efectos de la ciencia sobre la sociedad[10].

Hay un factor psicológico y otro profesional que entran en juego a la hora de persuadir al filósofo a ser cristiano. Por naturaleza nadie es fácil de convencer cuando se trata de dar un giro radical y novedoso a su vida, un cambio tan transcendental como es la conversión evangélica. "Un poco" puede significar un mundo en este campo. *"Por poco me persuades a ser cristiano"*, le responde Agripa a Pablo para quitárselo de encima (*Hech. 26:28*). Por hábito profesional el "filósofo es por naturaleza más difícil de persuadir filosóficamente que un profano. Vive una vida intelectualmente competitiva, y pedirle que acepte argumentos sin resistencia racional es como pedirle a un jugador de ajedrez que renuncie al placer del juego y se declare mate[11]." Luego nada tiene de extraño que el filósofo proceda con más cautela e incluso reaccione con más energía contra lo que no considera un argumento verdadero. Pero que los filósofos responden a la fe cuando es plenamente entendida por ellos es tan antiguo como la historia del cristianismo, desde el ya mencionado Dionio el areopagita a C.S. Lewis en nuestros días. Piénsese en Justino Mártir, Panteno, Agustín de Hipona, y en aquellos que naciendo en el ámbito de la cristiandad desarrollaron un pensamiento filosófico poderosísimo al servicio de la fe, como Alberto Magno, Anselmo, Buenaventura, Tomás de Aquino, Lulio, Ockam, Duns Escoto, Leibniz, Berkeley, Locke, Pascal, Hegel, Blondel, Mounier, Maritain, Ricouer, la mayoría de ellos dentro de la más estricta ortodoxia.

---

9. Simón Guadalajara, *El compromiso en Antonio Machado*, p. 71. Emiliano Escolar Editor, Madrid 1984.

10. Martin Gardner, *El escarabajo sagrado*, I, p. 216. Salvat, Barcelona 1988.

11. Ben-Ami Scharfstein, *op. cit.*, p. 13.

CAPÍTULO II. Cristianismo y filosofía, un malentendido

No, el pensamiento riguroso de la filosofía no está reñido con la vida de fe y las verdades contenidas en la revelación de Dios en las Escrituras.

3.1. Lugar de origen

Si aceptamos, como es de hecho, que la filosofía nace en Grecia y allí se incuba y desarrolla, entonces estamos en situación de comprender que la filosofía no surgió *frente* a la revelación de Dios, ni en su forma hablada ni escrita; ni fue su deseo convertirse en fuente "autónoma" de revelación auténtica. Por el contrario, la filosofía obedece a motivos tan loables que no tiene nada de extraño que los creyentes de los primeros siglos le asignaran un papel semejante al de judaísmo: precursora de Cristo, allanamiento del camino hasta el advenimiento del Evangelio.

Precisamente la filosofía surge a falta de la revelación de Dios, porque no hay libro sagrado que enseñe con autoridad y porque sus viejos mitos con su craso antropomorfismo ya no convencen a nadie. Y, como según Aristóteles, "todos los hombres tienden por naturaleza al saber", es decir, a investigar, los filósofos pondrán el acto libre de rastrear la verdad por encima y más allá de las costumbres, de las tradiciones y de las apariencias. Los filósofos se encontraron con un mundo envuelto en mitos y misterios que ellos se encargaran de poner en orden y criticar, a modo de una luz que se abre paso entre el caos de las tinieblas. Estos testigos de la "revelación filosófica", frente a las supersticiones de la idolatría, darán su mártir más conspicuo en Sócrates. Los filósofos son subversivos, eternos rebeldes que hacen estallar los convencionalismos tradicionales que rigen las sociedades y las mantienen presas de la superstición.

El filósofo es atrevido por independiente, se enfrenta con sus solas fuerzas a las ideas y creencias transmitidas en el culto religioso y en los mitos y leyendas sobre los dioses. No admite imposiciones ni sobornos. "Nosotros amamos lo bello con sencillez y filosofamos sin timidez" (Pericles). Hay arrojo y esfuerzo en la investigación filosófica, que, apoyándose en lo único que tiene por cierto, la razón humana, se lanza a ver muchos países para viajando filosofar (Herodoto). Porque "es necesario que los hombres filósofos sean buenos indagadores de muchas cosas (Heráclito). La imagen del filósofo abstraído, perdido en elucubraciones mentales, andando por las nubes, indiferente a la condición humana, no corresponde en absoluto a la realidad. Puede que ande solo, pero lleva consigo todo el peso de la humanidad y de sus más angustiosos problemas. "El filósofo se ocupa de muchas cosas y, a la inversa de lo que se dice, se preocupa mucho de todo.[12]"

La filosofía no nace en competencia con la revelación sino paralela a ella y coincidente en muchos puntos, como se observa en un estudio comparado del desarrollo del pensamiento hebreo y griego. La filosofía es un logro tardío en la historia de la humanidad, nació en Grecia el siglo VI a.C., porque la tradición religiosa había dejado de ser creíble. "La filosofía nació en una época de radical incertidumbre, cuando los griegos perdieron la fe en los mitos y la seguridad de su tradición y encontraron el correspondiente sustitutivo en la razón" (Julián Marías). El hombre de entonces dejó de creer "en la fe de sus padres". Cuando esto ocurre "queda la persona suelta, con la raíz de su ser al aire, por tanto desarraigada, y no tiene más remedio que buscar con su propio esfuerzo una nueva tierra firme donde hincarse para adquirir de nuevo seguridad y cimiento. Donde esto no acaece o en la medida en que no acaece, no hay filosofía. Esta no es una diversión ni un gusto, sino una de las reacciones a que obliga el hecho irremediable de que el hombre «creyente» cae un día en la duda.[13]" La filosofía surge porque el hombre no se satisface con el estado de cosas que la enseñanza tradicional le transmite, sino que quiere llegar al conocimiento de la necesidad y la razón de todo lo que existe. El profesor José María Valverde observa que el *dato social* decisivo para la posibilidad del nacimiento de las ideas filosóficas y del pensar teórico en general es la ausencia de un clase sacerdotal depositaria de unos libros sagrados que cerraran el paso a la libre búsqueda de respuesta mediante la reflexión racional. La religión olímpica, y más la mistérica carecía de teología o códigos de sentencias y explicaciones[14]. Obligado a saber a qué atenerse más allá de la mitología y de los misterios, el filósofo puso en marcha una

---

12. Georges Politzer, *Principios elementales y fundamentales de filosofía*, p. 14. Ediciones Alba, Madrid 1987.

13. José Ortega y Gasset, *O.C.*, vol. VI, "Prólogo a *Historia de la filosofía*, de Émile Bréhier", p. 405.

14. José María Valverde, *Historia del pensamiento*, "Introducción". Editorial Planeta, Barcelona 1974.

CAPÍTULO II. Cristianismo y filosofía, un malentendido

maquinaria intelectual cuyo alcance y potencia sigue repercutiendo en nuestros días.

La filosofía es también una fe. Consiste en creer que el hombre posee una facultad —la razón— que le permite descubrir la auténtica realidad e instalarse en ella. "Esta fe inicia la peculiar tradición que es la filosofía: mezcla, pues, de lucidez y ceguera.[15]" En sí misma no está en competencia con la revelación, pues entiende perfectamente que la verdad es desvelamiento (*aletheia*), pero de ningún modo está dispuesta a aceptar *imposiciones* que la priven de su conocer libre. Luego, en su origen y propósito, la *autonomía* expresada por la filosofía es la que se cifra en el uso de la investigación racional como única guía frente al mito que quiere colocarse más allá de la razón humana, fuera del alcance de las críticas y del examen. La filosofía es indagación racional, queda dicho. Los sistemas filosóficos son el resultado más o menos afortunados de esa pesquisa intelectual. No es competencia de la fe cristiana, sino de la misma filosofía desenmascarar los nuevos mitos que dentro de ella se forman[16]. Lo que distingue a la filosofía de cualquier otro acto de conocer es que busca saber con certeza. Evita las teorías abstractas, en cuanto sueños irreales de la imaginación, y conduce la razón a lo concreto de sí misma y de su actividad, porque la filosofía, según Hegel, "huye de lo abstracto como de su gran enemigo y nos hace retornar a lo concreto.[17]"

3.2. El puesto de la razón

Cuando Moisés coloca toda profecía que dice proceder del espíritu de Dios bajo el escrutinio de la inteligencia humana está actuando filosóficamente, no para empobrecer el número de las revelaciones de

---

15. Ortega y Gasset, *Id.*, pp. 406-407.

16. Abundando un poco más en lo que ya dijimos en el cap. I respecto a las discordias de opiniones y sistemas contrapuestos en filosofía, traemos a colación una cita esclarecedora de Ortega y Gasset: "Hasta ahora, la filosofía ha sido siempre utópica. Por eso pretendía cada sistema valor para todos los tiempos y para todos los hombres. Carente de la dimensión vital, histórica, perspectivista, hacía una y otra vez vanamente su gesto definitivo" (*El tema de nuestro tiempo*, p. 103).

17. G.W.F. Hegel, *Lecciones sobre la historia de la filosofía*, vol. I, p. 29.

Dios, sino para delimitar su alcance y evitar la corrupción de éstas mediante la inflación de pseudo profecías. Así es como debemos entender la ley sobre el profetismo formulada en *Deuteronomio 18:18-22*: una puesta en guardia contra los falsos profetas. En este sentido la "revelación" puede ser, y de hecho lo es, tan exigente intelectual y racionalmente como la "filosofía". De ningún modo representa un creer sin preguntar ni hacer averiguaciones. La fe está vinculada a un acontecimiento básico y fundamental: Dios manifestado en carne en la persona de Jesucristo, en el que se cree; no se trata de un capricho ideado por algún vago sentimiento de religiosidad. La fe cristiana no teme al examen, sino que lo exige. "Amados, no creáis a todo espíritu, sino probad los espíritus para ver si son de Dios, porque muchos falsos profetas han salido al mundo" (*1ª Juan 4:1*). Advertencia que nos retrotrae a la más pura tradición profética: "No os engañen vuestros profetas que están en medio de vosotros, ni vuestros adivinos, ni escuchéis los sueños que sueñan. Porque os profetizan falsamente en mi nombre; no los he enviado —declara el Señor" (*Jerermías 29:8-9*). Hay mucha apelación racional en estas amonestaciones respecto al profetismo engañoso. Y es que "renunciar a la razón es renunciar a la religión; razón y religión caminan tomadas de la mano, toda religión irracional es falsa religión" (John Wesley). Quien actua como si Dios fuera "el asilo de la ignorancia" (según el reproche de Spinoza) no conoce para nada la fe bíblica, pues es precisamente la ignorancia la que tuerce las Escrituras para su propia perdición (*2ª Pedro 3:16*). Dios no es asilo de nada, en todo caso castillo, castillo para resguardarse y castillo desde el que defender y defenderse de las imposiciones que desde la autoridad o la tradición intentan cautivar el pensamiento. "En la religión, la mente está en estado de ánimo demasiado serio para tolerar fantasías.[18]"

4. Filosofía y antifilosofía en el cristianismo

La filosofía, como ese espíritu atrevido que sin timidez escrudiña lo que se le ofrece para creer y ser vivido, es propio del cristiano y necesario al

---
18. James Orr, *La concepción cristiana de Dios y del mundo*, p. 26. CLIE 1992.

CAPÍTULO II. Cristianismo y filosofía, un malentendido

teólogo. "Se llama teólogo al serio investigador de la Biblia. Para llegar a serlo es preciso conocer la filosofía especialmente. Alguien que la desconozca nunca será un verdadero teólogo.[19]"

Desgraciadamente hay quienes han construído toda una antifilosofía —*su* filosofía personal— de la filosofía, para impugnar su papel y su legítimo lugar dentro del pensamiento cristiano. Esta particular filosofía antifilosófica ha elaborado un complejo tramado de conceptos y principios pseudocristianos para descalificar la filosofía secular, haciéndola parecer enemiga *por naturaleza* de la fe cristiana, producto arrogante del hombre "autónomo", rebelde a la revelación divina. Espigando en el amplio y vasto campo de la historia de la filosofía se han encargado de resaltar aquellos aspectos más negativos y contrarios a la fe cristiana, presentándolos de un modo tan parcial y tergiversado que todo el curso del pensamiento humano parezca un cúmulo de insensateces arbitrarias contrarias a la soberanía de Dios. El inquisidor acaba por crear sus herejes, el exorcista sus posesos. El resultado ha sido una paralización del pensamiento cristiano en el campo evangélico, una esterilidad atrofiante de la energía cognoscitiva creyente; energía intelectiva dirigida contra sí misma, más preocupada de la supuesta desviación de la regla que de la construcción de puentes y canales de comunicación; obsesionada por la separación antes que por reconciliación, que, al cabo, es la negación misma de la fe que se dice defender. Es lamentable e irónico a la vez que quienes más se preocupan de no leer la Escritura a través de unos cristales coloreados por la filosofía sean quienes más pequen de ello. "En el curso entero de la historia de la Iglesia se ve que una religión divorciada del pensamiento riguroso y elevado ha tendido a resultar débil, árida y poco saludable; en tanto que el intelecto, privado de sus derechos dentro de la religión, ha buscado su satisfacción fuera y se ha transformado en un racionalismo secular.[20]"

Mientras Roma ha dado y continua haciendolo, grandes pensadores cristianos al mundo, el evangelicalismo se consume en irritantes pesquisas de teología detectivesca, a la caza de brujas y quema de herejes en versión

---

19. Manuel Gutierrez Marín, *Las tres columnas, bases de la fe cristiana*, p. 135. CLIE, Terrassa, 1988.

20. J. Orr., *op. cit.*, p. 30.

moderna, que puede adoptar muchas formas, pero todas ellas dañinas a la expansión y creación de un pensamiento cristiano evangélico, maduro, desafiante y vigoroso.

Axiomáticamente: una teología sin filosofía no es teología en absoluto. Podrá ser todo lo bíblica que se quiera, pero su efecto en los hombres —hacia los que la teología se dirige— no tendrá la repercusión que esa misma teología bíblica tendría de haber contado con la filosofía, bien como interlocutora, bien como herramienta de trabajo. Es lo que Gerald O'Collins advierte en el conocido teólogo evangélico-luterano Oscar Cullmann: "Las limitaciones filosóficas de Cullmann, a pesar de su gran erudición bíblica, explican que su cristología no tuviera nunca el impacto que de otra manera hubiera conseguido.[21]" La verdadera teología no es sólo exégesis del dato revelado para uso interno, sino diálogo con quienes cuestionan ese dato o lo entienden de modo diferente a la hermenéutica de la fe. La teología cristiana tiene, pues, una dimensión exterior, un dar cuenta y razón de la esperanza que hay en ella. Responde a la vez que ilumina la fe. Hegel, dentro del protestantismo, fue el primero en advertir que al reducir las doctrinas cristianas a la expresión más mínima, como si así se fuese más fiel a la simplicidad de los primeros cristianos del Nuevo Testamento, echando por la borda la filosofía y la teología racional o "natural", el protestantismo había concentrado todo el esfuerzo en la *exégesis* como interpretación de la palabra escrita y reducido la teología, y la fe cristiana con ella, a pura y simple filología. El resultado ha sido una corriente negativa a la filosofía, con el consiguiente empobrecimiento de las doctrinas fundamentales del cristianismo y el desencanto producido en aquellos que con más ardor debían defenderlas. Se sabe de un modo general que Dios *existe*, pero se rechaza conocer más de los estrictamente revelado en la letra[22]. La teología reducida a filología. Una teología que renuncia al conocimiento universal e integrador propio del objeto de su estudio: Dios como el que todo lo abarca y en el que todo halla su cumplimiento. Habrá que esperar a la mitad del siglo XX para que teólogos como Wolfhart

---

21. Gerald O'Collins, *Para interpretar a Jesús*, p. 47. Ediciones Paulinas, Madrid, 1986.

22. G.W.F. Hegel, *El concepto de religión*, introducción, sección cuarta, a).

CAPÍTULO II. Cristianismo y filosofía, un malentendido

Pannenberg hagan oír su voz de protesta contra semejantes reduccionismos, que en nombre de la fe conducen a falsas dicotomías, e innecesarios callejones sin salida. En su lugar invocan una teología viril y universal, como corresponde al Dios de la revelación que estudia la teología. Revelación *de Dios* como creador y consumador de todas las cosas. "Una teología que permanezca consciente del compromiso intelectual que entraña el uso de la palabra «Dios», se preocupará en la medida de lo posible de que toda verdad, sin dejar por tanto para último lugar los conocimientos de las ciencias extrateológicas, quede referida al Dios de la Biblia y sea desde él comprendida de una forma nueva.[23]" La teología bíblica no puede subsistir únicamente como exégesis del texto de la Escritura, porque para ser comprendida ésta le remite a acontecimientos y significados de ideas en ellas contenidas, en cuanto conceptos y categorías de una experiencia histórica pretérita, obligada a ponerse a la altura de la experiencia presente, si quiere tener algo que decir de un modo significativo. La teología sigue siendo la "reina" de la ciencias en cuanto que nadie puede aplicarse a ella sin prestar atención al resultado de la investigación en otros campos de la ciencia y del conocimiento en general. Al verdadero teólogo cristiano nada de lo que es humano le es extraño y todo lo que tiende a desentrañar el misterio de la vida es objeto de su interés. Si la fe en Dios como Dios tiene sentido lo es en el contexto de la apertura a toda la realidad de lo real. La teología necesita toda la verdad y debería saludar la verdad desde cualquier lugar que venga. Un teólogo necesita ser un hombre de visión: una persona perceptiva, dotada de una mente inquiridora, capaz de penetrar en otras mentes y capaz, sobre todo, de discernir y apreciar esas convicciones primarias que no se exponen a la demostración, pero que están detrás de todo argumento. Hay un mundo que sólo el espíritu puede penetrar; y ese mundo tiene que ser el hogar del teólogo. Las exigencias de la obra teológica requieren de parte del teólogo como persona un amor y una reverencia a la verdad por la verdad misma, así como un deseo insobornable de poseerla del modo más completo posible. Necesita conocer el espíritu de su época, la dinámica de los tiempos,

---

23. W. Pannenberg, *Cuestiones fundamentales de teología sistemática*, p. 15. Sígueme, Salamanca 1976.

y todo ello sin prejuicios ni desprecios; tiene que ser sensible a la vida y capaz de simpatizar con el pensamiento vivo. Debe estar en contacto con la vida porque la teología no es una labor de escuela ni una ciencia estacionaria, sino una labor viva en comunión con el Dios vivo y con todo el universo[24].

Aunque la teología sea una disciplina particular centrada en la Escritura, no es clausa en sí misma. Como el amor a Dios conduce al amor al prójimo, la ciencia de Dios lleva a la ciencia de los hombres. Gracias a la ciencia examina y descifra los hechos con vistas a conocer el universo; mediante la filosofía procura entenderlo en términos de significación personal, que en última instancia, es lo mismo que decir significación espiritual. De modo tal que la filosofía no es *sierva* de la teología, como durante tanto tiempo se creyó, sino compañera y aliada de estudios en el tremendo campo de la realidad humana, que la fe entiende como fundada en Dios y ordenada a él. "La teología propone la suprema interpretación de todas las cosas cuando atribuye todo, su existencia, su plan y su fin, al Dios y Padre del Señor Jesucristo, de quien todo procede y por cuyo propósito existe.[25]" Para llevar a cabo su inmensa tarea de comprensión universal desde la unidad de Dios, la teología debe contar con la filosofía. No tiene más remedio, toda vez que el teólogo cristiano tiene como primera referencia la revelación de Dios en las Escrituras, y una ingente multitud de referencias secundarias en todo lo que le rodea, en especial la filosofía, que es ciencia de realidades primeras. La misión de la filosofía es aclarar proposiciones y términos, plantear correctamente los problemas, conforme a las leyes del conocimiento. "La buena teología echa mano de todos los recursos de la ciencia y de la filosofía, de la naturaleza y de la historia, de la razón y de la verdad revelada, a fin de conocer la verdad completa, sin dejar nada fuera, pues sólo la verdad es liberadora.[26]"

---

24. William Newton Clarke, *An Outline of Christian Theology*, pp. 53-57. T & T Clark, Edimburgo 1907, 15ª ed. (hay traducción castellana. La Aurora, Bs.As.).

25. W.N. Clarke, *op. cit.*, p. 53.

26. John S. Banks, *Manual de doctrina cristiana*, p. 8. CLIE, Terrassa 1988.

CAPÍTULO II. Cristianismo y filosofía, un malentendido

"Querer aplicarse a la teología sin filosofía es querer entenderla sin entendimiento", decía Santiago Ramírez[27]. Y acertaba en pleno. Nada en la Biblia ni en la historia milita contra este principio, sino todo lo contrario. No querer reconocerlo es un obstáculo insalvable para el futuro y buena salud de las nuevas generaciones evangélicas. La crisis de fe que muchos jóvenes cristianos tienen en su encuentro con la Universidad o estudios superiores es una prueba elocuente de ello. "Los hombres siempre han intelectualizado su religión, inevitablemente, porque el hombre es incurablemente intelectual. El progreso en religión se ha producido en cada etapa por los pensadores más que por los místicos.[28]"

¿Quién nos ha enseñado a pensar en Dios "uno en *esencia* y uno en Deidad, pero en tres *Personas*"? Aunque ese frase aparece en un libro popular que lleva el título *Las profundas verdades de la Biblia*[29], lo cierto es que la Biblia no tiene, carece de categorias radicalmente filosóficas como *esencia* y *persona*, utilizadas para explicar el misterio de la Trinidad, y sin embargo se utilizan hasta por el más común de los creyentes. Lo mismo podemos decir de *la persona* de Cristo que subsiste en dos *naturalezas*, una humana otra divina; la *comunicabilidad de las naturalezas*, y otras verdades complejas que tratan de desentrañar, o al menos aclarar, el misterio de Cristo, para cuya explicación se recurre al préstamo de términos empleados por la filosofía secular. Repárese, si no en la siguiente definición patrística del misterio de Cristo, dada por Gregorio

---

27. Vicente Marrero, *Santiago Ramírez, su vida y su obra*, C.S.I.C. Madrid, 1971.
  Frente al pesimismo filosófico evangélico nos encontramos con el optimismo filosófico católico, con amplias consecuencias benéficas para la vida de misión y fe, del que es muestra Karl Rahner cuando dice: "Si la teología presupone a la filosofía desde su propia esencia como condición de posibilidad, y además como ciencia fundamental independiente, la filosofía occidental podrá en ese caso, si es que obedece y corresponde a su origen, ser embajadora, precursora de lo que Occidente tiene todavía como encargo traer al mundo —el mensaje de Jesucristo, del Logos de Dios en la carne del mundo. Y podrá también cumplir esa tarea al volverse al hombre en el mundo y en su propio suelo, a saber siendo filosofía como entendimiento que el hombre tiene de sí mismo.
  "Se trata pues de alcanzar la apuntada unidad y diversidad de filosofía y teología, y de hacerlo originalmente desde la teología", "Filosofía y teología", en *Escritos de teología*, vol. I, p. 89. Taurus, Madrid 1969.

28. T.R. Glover, *Progress in Religion*, Student Christian Movement, Londres 1923.

29. Kay H. de Friederichsen, *Las profundas verdades de la Biblia*, p. 36. Editorial Moody, Chicago s/f.

Nacianceno: "Consta Cristo de dos elementos distintos (*allon kai allon*), no de dos Personas (*allos kai allos*); dos Naturalezas que se encuentran en Uno, no en dos Hijos" (Orac 37, 2).

Todos entendemos el término *caída*, aplicado a la desobediencia y pecado de nuestros primeros padres, y hacemos amplio uso de la frase "caída de Adán y Eva", pero la Biblia no utiliza esa expresión propia de Platón para referirse a la caída de las almas —desde las regiones celestes— en la prisión de este mundo. Tampoco es muy propio del judaísmo palestinense referirse a Cristo, el *Mesías*, como el *Logos*, tal cual vemos en el mismo Evangelio canónico de Juan. Pablo, como ha demostrado Abraham Malherbe, adoptó conscientemente algunas enseñanzas helénicas, particularmente la tradición cínica, adaptada a la situación de sus lectores. Pablo no era estóico ni cínico, pero utilizó las categorías de ambos para describir la función y la naturaleza del ministerio cristiano en 1ª Tesalonicenses 2:1-12[30].

Decir, como se afirma con ligereza, siguiendo la filosofía de la teología liberal, que el pensamiento griego ha pervertido el pensamiento hebreo y por ende el cristiano, es una salida fácil, que está por demostrar. Histórica y teológicamente es falso. El cristianismo es un mensaje de salvación espiritual con implicaciones para la persona integra que carece de términos técnicos propios y, por lo mismo, se puede adaptar a todos en cuanto contribuyan a clarificar el misterio de su experiencia de fe y conocimiento divinos. En el área del lenguaje se contenta con no inventar, sino usar el idioma en curso y de éste el que mejor se adapte a sus propósitos. No tiene nada de extraordinario. El lenguaje no es un fósil petrificado, con significados inalterables, sino una realidad viva que se aclara por su uso. No por repetir literal y miméticamente las palabras de la Escritura, a modo de un rosario o mantra compuesto de frases bíblicas encadenadas, se expresa mejor e infaliblemente el contenido de la verdad bíblica. Esa es la ilusión y la trampa de las sectas, especialmente las antitrinitarias y apocalípticas, que representan la rebelión del vulgo contra las llamadas

---

[30]. Abraham J. Malherbe, *Paul and the Popular Philosphers*. Augsburg Fortress, Minneapolis 1989; *Paul and the Thessalonians: The Philosophic Tradition of Pastoral Care*. Augsburg Fortress, Minneapolis 1987.

CAPÍTULO II. Cristianismo y filosofía, un malentendido

sofisticaciones de los "doctores". Al no saber distinguir ni precisar los términos en juego, que de ningún modo entorpecen el entendimiento bíblico sino que lo clarifican, dan lugar a todo tipo de confusiones y negaciones de la fe auténticamente cristiana. Cuando los primeros misioneros cristianos dejaron Jerusalén para llevar el Evangelio hasta los últimos confines de la tierra, comprendieron sin violencia y con la espontaneidad de personas no ancladas en teorías sino en la misma corriente de la vida, que su vocación *universal* tenía que expresarse en la *capacidad de integración* de las distintas culturas desde la fe. Puesto que el helenismo constituía el clima intelectual y cultural de los pueblos entonces conocidos y éste había potenciado al máximo el lenguaje de la razón, los pensadores cristianos no creyeron que era motivo de rechazo, sino de reconciliación integradora, hacer empleo del mismo. Fue una "apuesta" arriesgada y valerosa, propio de una fe joven y segura de sí misma, de su verdad y la inteligibilidad racional de la misma. Es indudable que la filosofía supondrá siempre un motivo de conflicto dentro de la teología, pero un conflicto ineludible toda vez que el hombre que cree es al mismo tiempo el hombre que piensa. El error de los reformadores del siglo XVI fue concentrarse de tal modo en los motivos religiosos-soteriológicos del Evangelio que abandonaron la filosofía a su propia suerte y ésta no tuvo mas remedio que independizarse. Lo lamentable es que hoy se censure desde esa teología la "autonomía" de la razón a que ellos mismos dieron lugar. Si la revelación no es capaz de abarcar toda la experiencia humana es de lo más natural que ésta busque su propia iluminación y delimite su campo de juego y sus reglas. No es hora de abominar de la filosofía moderna como un conocimiento en competencia con el conocimiento de la fe sin comprender que hay mucho de culpa por parte de ésta. Es hora, como lleva siendo desde la aparición de Cristo en la tierra, de *reconciliación*.

No ha sido la filosofía, sino su rechazo, la vulgar mediocridad o el empecinado cerrarse en uno mismo, lo que ha resultado gravemente perjudicial para el correcto entendimiento de la fe cristiana, dando a entender que ésta se limita a los aspectos privados y emocionales de las oscuras regiones religiosas del ser humano. En todos los órdenes de la existencia y del conocimiento el cristianismo no tiene nada que temer de la filosofía, sino mucho que ganar, en cuanto expresión de la inquietud

FILOSOFÍA Y CRISTIANISMO

humana y gusto por conocer con certeza. Sólo aquellos cuyos prejuicios les impiden ver los vicios de su entendimiento pueden temer con toda lógica el rigor de la filosofía.

"Se nos tacha de cerebrales, porque nos tomamos el trabajo de pensar un poco antes de ponernos a escribir —decía Gerardo Diego en otro contexto, aunque homologable al nuestro— y porque sometemos nuestros ensayos a una reflexiva disciplina autocrítica. No creo que haya otro remedio, si se pretende hacer una obra de arte, algo que no sea un cohete fugaz, un embrión de melodía sin apoyo". En la censura religiosa de la filosofía puede leerse la envidia del intelecto mediocre incapaz de remontarse a las alturas del espíritu confiado en el esplendor de la verdad. Hay mucho de malicia ramplona en esa dicotomía artificial que enfrenta innecesariamente la piedad a la racionalidad. Bien dijo Petrarca en una carta a Bocaccio en los albores del Renacimiento: "La sabiduría puede producir a buen seguro tantos santos como la locura; y debemos tener cuidado en no emparejar nunca una devoción de holganza y ciega con una piedad activa e ilustrada". Los hombres de fe han sido siempre hombres de pensamiento, en la misma medida que los hombres de santidad han sido hombres de acción.

Cada cual en su campo y a cada cual su honor, sabiendo esto, que "la filosofía no pretende hacer piadosos a los hombres. Ella presupone la religión, no intenta producirla.[31]" La comunión con Dios es obra única y exclusiva de la gracia; la comunión con este mundo por medio de la inteligencia, es resultado fecundo de esa comunión con Aquel que es el fundamento de todo cuanto en el mundo existe y hacia el cual todo lo que hay tiende como su fin último.

---

31. John Caird, *An Introduction to the Philosophy of Religion*, p. 41. James Maclehose and Sons, Glasgow, 1901.

5. Jerusalén y Atenas, Alejandría y Antioquía, Wittenberg y Ginebra

En la Iglesia cristiana siempre se han dado dos posturas extremas y enfrentadas tocante a la filosofía. Conviene tenerlas presentes para no despachar a la ligera un asunto que ha ocupado durante tanto tiempo a tantas mentes sin llegar a un acuerdo definitivo. La Iglesia no es una academia; la predicación no es un ejercicio de retórica ni de filosofía o educación de tipo religioso. Es la proclamación de la verdad tal cual Dios la ha revelado. Pero la Iglesia que nace en Jerusalén, en el ambiente de una sociedad intensamente religiosa, recibe la orden de extenderse entre los gentiles, de plantar su tienda en la misma Atenas, cuna y gloria de la filosofía griega. Jerusalén también echó raíces poderosas en Antioquía. Allí nacerá una famosa escuela de catequesis cristiana, con Tertuliano como uno de sus representantes más conspicuos. Tertuliano, como retórico y jurista estudió filsofía, pero desde su conversión al cristianismo, hombre pasional y perfeccionista, combate la filosofía y sus múltiples escuelas en nombre de la fe una del evangelio. Ahí queda su inmortal pregunta: "¿Qué tiene que ver Jerusalén con Atenas?" La Iglesia, decía, no tiene nada en común con la Academia. La curiosidad intelectual es ajena a los cristianos. La investigación había quedado eliminada por el Evangelio. Acusaba a la filosofía de ser la raíz de todas las herejías y, sin embargo, es considerable su deuda al pensamiento estoico[32]. Dada la importancia de este fragmento para el estudiante de la relación fe/filosofía nos permitimos citarlo en su totalidad:

"Todo esto son doctrinas humanas y demoníacas, nacidas de la especulación de la sabiduría humana, para agradar a los oídos. Pero el Señor las llamó necedad, y eligió lo necio según el mundo para confundir a la misma filosofía. Porque la filosofía es el objeto de la sabiduría mundana, intérprete temeraria del ser y de los designios de Dios. Todas las herejías en último término tienen su origen en la filosofía. De ella proceden los

---
32. Maurice Wiles, *Evolución doctrinal de la Iglesia antigua*, p. 41. Cristiandad, Madrid 1974.

eones y no sé qué formas infinitas y la tríada humana de Valentín; es que había sido platónico.

De ella viene el Dios de Marción, cuya superioridad está en que está inactivo; es que procedía del estoicismo. Hay quien dice que el alma es mortal, y ésta es doctrina de Epicuro. En cuanto a los que niegan la resurrección de la carne, se apoyan en la enseñanza de todos los filósofos sin excepción. Los que equiparan a Dios con la materia siguen las enseñanzas de Zenón. Los que pretenden un Dios ígneo aducen a Heráclito. Las mismas cuestiones tratan los filósofos y los herejes, y sus disquisiciones andan entremezcladas: ¿de dónde viene el mal?; ¿cuál es su causa?; ¿de dónde y cómo ha surgido el hombre? Y también lo que hace poco propuso Valentín: ¿de dónde viene Dios? Está claro de la Entimesis y del Ectroma. Es el miserable Aristóteles el que les ha instruido en la dialéctica, que es el arte de construir y destruir, de convicciones mudables, de conjeturas firmes, de argumentos duros, artífice de disputas, enojosa hasta a sí misma, siempre dispuesta a reexaminarlo todo, porque jamás admite que algo esté suficientemente examinado. De ella nacen las fábulas y las genealogías interminables, las disputas estériles, las palabras que se insinúan como un escorpión... Quédese para Atenas estas sabiduría humana manipuladora y adulteradora de la verdad, por donde anda la múltiple diversidad de sectas contradictorias entre sí con sus diversas herejías. Pero, ¿qué tiene que ver Atenas con Jerusalén? ¿Qué tienen que ver los herejes y los cristianos? Nuestra escuela es la del pórtico de Salomón, que enseñó que había que buscar al Señor con simplicidad de corazón. Allá ellos los que han salido con un cristianismo estoico, platónico o dialéctico. No tenemos necesidad de curiosear, una vez que vino Jesucristo, ni hemos de investigar después del Evangelio. Creemos, y no deseamos nada más allá de la fe: porque lo primero que creemos es que no hay nada que debamos creer más allá del objeto de la fe.[33]"

En este documento tenemos expuestas las razones que la conciencia cristiana de todos los tiempos ha esgrimido contra la filosofía en cuanto

---

33. Tertuliano, *De Praescriptione*, 7, lss. José Vives, *Los padres de la Iglesia*, pp. 364-365. Herder, Barcelona 1988, 3ª ed.

CAPÍTULO II. Cristianismo y filosofía, un malentendido

camino contradictorio y especulativo del alumbramiento de la verdad. Tertuliano tenía razón en lo que afirmaba, pero no se puede decir lo mismo en lo que negaba, tal como se puede comprobar en casos semejantes de pensamiento polémico y defensivo. Sin embargo, Jerusalén también llegó a Alejandría, y allí mismo fundó una escuela, con Clemente a la cabeza. En Alejandría el tono cambia radicalmente, como corresponde a una distinta situación social y a un nuevo planteamiento de la estrategia misionera y a una perspectiva diferente del problema de la verdad. Para empezar, Clemente era oriundo de Atenas, recibió una buena educación literaria y filosófica y su conversión al cristianismo no supuso ningún reacción contra la filosofía rectamente entendida. En Alejandría encontró al maestro que deseaba en la persona del filósofo cristiano Panteno, "verdadera abeja de Sicilia, recogía el néctar de todas las flores que esmaltan los campos de los Profetas y los Apóstoles, engendrando en el alma de los oyentes una ciencia inmortal.[34]" Clemente se mueve en los círculos cultos de Alejandría y a eso se debe también su distinta valoración de la cultura filosófica, su papel y su necesidad. Conviene reparar siempre en el contexto socio-cultural de las ideas para comprender sus límites y su alcance. La génesis de las ideas no reside en los individuos considerados en sí mismos, sino en éstos en cuanto miembros de una sociedad y de un tiempo concreto. Clemente parte de la firme convicción de que la verdad es una y la misma para cristianos y paganos. El creyente no tiene por qué temer a la genuina búsqueda de la verdad. La razón de los caminos erróneos elegidos por los hombres estriba, en gran medida, en el pecado, en el tomar la parte por el todo. No es que Clemente acepte la filosofía en conjunto. La filosofía es para él una "escuela elemental" para la fe, escuela a la que no se debe volver una vez que se ha encontrado el conocimiento perfecto del Evangelio. Pero el cristianismo, insiste, no puede ser ajeno a la filosofía y a la cultura. En otro texto clásico, y en contraposición a Tertuliano, que conviene citar *in extenso*, Clemente dice:

---

34. Clemente de Alejandría, *Stromm* 1, 1, 11.

"Parece que la mayoría de los se llaman cristianos se comportan como los compañeros de Ulises: se acercan a la cultura (*logos*) como gente burda que ha de pasar no sólo junto a las sirenas, sino junto a su ritmo y su melodía. Han tenido que taponarse los oídos con ignorancia, porque saben que si llegasen a escuchar una vez las lecciones de los griegos, no serían ya capaces de volver a su casa. Pero el que sabe recoge de entre lo que oye toda flor buena para su provecho, por más que sea de los griegos —pues «del Señor es la tierra y todo lo que la llena» (Sal. 23:1; 1ª Cor. 10:26)—, no tiene por qué huir de la cultura a la manera de los animales irracionales. Al contrario, el que está bien instruido ha de aspirar a proveerse de todos los auxilios que pueda, con tal de que no se entretenga en ellos más que en lo que le sea útil: si toma esto y lo atesora, podrá volver a su casa, a la verdadera filosofía, habiendo conseguido para su alma una convicción firme, con una seguridad a la que todo habrá contribuido.

"El vulgo, como los niños que temen al coco, teme a la filosofía griega por miedo de ser extraviado por ella. Sin embargo, si la fe que tienen —ya no me atrevo a llamarla conocimiento— es tal que puede perderse con argumentos, que se pierda, pues con esto sólo ya confiesan que no tienen la verdad. Porque la verdad es invencible: las falsas opiniones son las que se pierden.

"Si decimos, como se admite universalmente, que todas las cosas necesarias y útiles para la vida nos vienen de Dios, no andaremos equivocados. En cuanto a la filosofía, ha sido dada a los griegos como su propio testamento, constituyendo un fundamento para la filosofía cristiana, aunque los que la practican de entre los griegos se hagan voluntariamente sordos a la verdad, ya porque menosprecian su expresión bárbara, ya también porque son conscientes del peligro de muerte con que las leyes civiles amenazan a los fieles. Porque, igual que en la filosofía bárbara, también en la griega «ha sido sembrada la cizaña» por aquel cuyo oficio es sembrar cizaña. Por esto nacieron entre nosotros las herejías juntamente con el auténtico trigo, y entre ellos, los que predican el ateísmo y el hedonismo de Epicuro, y todo cuanto se ha mezclado en la filosofía griega contrario a la recta razón, con fruto bastardo de la parcela que Dios había dado a los griegos.

"Cuando hablo de filosofía, no me refiero a la estoica, o a la platónica, o a la de Epicuro o a la de Aristóteles, sino que me refiero a todo lo que

CAPÍTULO II. Cristianismo y filosofía, un malentendido

cada una de estas escuelas ha dicho rectamente enseñando la justicia con actitud científica y religiosa.

"Algunos que se creen bien dotados piensan que es inútil dedicarse ya sea a la filosofía o a la dialéctica, y aun adquirir el conocimiento de la naturaleza, sino que se adhieren a la sola fe desnuda, como si creyeran que se puede empezar en seguida a recoger las uvas sin haber tenido ningún cuidado de la viña. Pero la viña representa al Señor (Jn. 15:1): no se pueden recoger sus frutos sin haber practicado la agricultura según la razón (*logos*); hay que podar, cavar, etc.

"La claridad contribuye a la transmisión de la verdad, y la dialéctica a no dejarse arrollar por las herejías que se presenten. Pero la enseñanza del Salvador es perfecta en sí mismo y no necesita de nada, pues es fuerza y sabiduría de Dios (1ª Cor. 1:24). Cuando se le añade la filosofía griega, no es para hacer más fuerte su verdad, sino para quitar las fuerzas a las asechanzas de la sofística y poder aplastar toda emboscada insidiosa contra la verdad. Con propiedad se la llama «empalizada» y «muro» de la viña. La verdad que está en la fe es necesaria como el pan para la vida, mientras que aquella instrucción propedéutica es como el condimento y el postre.[35]"

Este es uno de los textos más preciosos y varoniles de la fe cristiana, preñado de ricas posibilidades para toda persona comprometida en creer y comprender lo creído. Clemente, y tantos como él, obedece a ese instinto primario del ser humano, que es, como dijimos, siguiendo la terminología de Zubiri, animal de realidades. Firmes en la convicción de que la verdad es una, por cuanto uno es el Dios de la fe y de todo cuanto existe, no se dejarán extraviar por el pretendido encanto de las sirenas, cuya única fuerza reside en el temor que se les profesa y no en la magia de su música. Fue, sin embargo, Justino quien, a principios del siglo II, tuvo la audacia de decir que todo lo que los filósofos han dicho correctamente pertenece a los cristianos[36]. Justino es el filósofo cristiano por excelencia, reúne en su persona la erudición y las maneras necesarias para seguir un diálogo

---

35. Clemente, *Stromata*, VI. José Vives, *op. cit.*, pp. 207-210.

36. Justino, *1 Apología*, 46. José Vives, *op. cit.*, p. 75.

tranquilo y científico. Su estilo es afable y su lenguaje lleno de mesura y amabilidad. "Los antiguos apologistas y portavoces de la Iglesia nunca se habían expresado de tal manera.[37]" Diferencias de transfondo social y de carácter personal tienen mucho que decir en la polémica suscitada por el encuentro entre la fe y la filosofía, o filosofías.

En la época de la Reforma el debate y las tomas de postura representadas por Tertuliano y Clemente, reaparecen con crudeza y virulencia. Lutero no tiene ni una palabra buena para la filosofía clásica o escolástica, y Melanchton, el humanista, advierte contra los peligros de la filosofía. Calvino, sin embargo, así como Buillinger, se muestran más positivos, aunque no dejen de prevenir contra las falsas filosofías. Wittenberg contra Ginebra; Alemania contra Suiza, y en el fondo semejantes. El debate entre los hijos de la Reforma renace en nuestros días a diferentes niveles entre Karl Barth y Paul Tillich; Paul Althus y Wolfhart Pannenberg; Cornelius van Til y Richard Sproul, y los muchos seguidores de ambas escuelas. El catolicismo romano consiguió una suerte de síntesis con Tomás de Aquino, a la que siempre ha sido fiel, hasta el punto de considerarla *philosophia perennis*, lo que le ha evitado muchos disgustos y controversias infructuosas e inútiles.

El protestantismo, en razón de su origen y reivindicaciones intraeclesiales de renovación y purificación de la Iglesia, o sea, de disputa "familiar", ha primado siempre la labor exegética de Biblia, imprescindible y fundamental en sí misma, pero ha tendido a ignorar que las preocupaciones de la comunidades de creyentes no son las mismas que las de la comunidad civil, y que lo que a una es suficiente a la otra le es indiferente. Abandonada a su propia suerte la filosofía se emancipó de la teología y se revolvió contra ella. Pocos advirtieron, y siguen sin hacerlo, que la autoridad última de la Biblia pasa por la mediación del exégeta o del lector que a ella acude, o sea, que la interpretación de la Biblia depende del individuo que la explica. Estamos de lleno en el subjetivismo más extremado si no median algunas nociones previas de carácter epistemológico y hermenéutico. Aquí la

---

37. Hans von Campenhausen, *Los padres de la Iglesia*, vol. I., "Los padres griegos", p. 22. Cristiandad, Madrid 1974.

CAPÍTULO II. Cristianismo y filosofía, un malentendido

filosofía resulta auxiliar imprescindible, de otro modo se cae en la temible *infalibilidad del hombre de la calle*, al decir A.E. Baker[38]. La filosofía, al ser un conocimiento racional a través de lo que hay de común en todos los hombres, conduce a un principio comunitario de razón y espíritu que cuando se rechaza "deja el campo libre a la opinión particular, que pasa a ocupar entonces el primer plano.[39]" La teología debe ser una labor colegiada donde unas disciplinas se apoyen en otras. Esto supone rescatar el *trivium* teológico compuesto por la exégesis, la dogmática y la filosófica. El exégeta aplica su habilidad y conocimiento al texto bíblico cual sesudo arqueólogo de palabras y giros del idioma; el dogmático entra en sus labores y ordena el contenido de la enseñanza escritural en un todo orgánico y armonioso; el filósofo está pendiente de cada nuevo hallazgo y de cada desarrollo tanto dentro como fuera del campo teológico para comprender su relación con la fe, o de ésta con el mundo exterior. Sin lugar a dudas, "la Iglesia necesita tanto al teólogo exégeta y dogmático como al filosófico, y sufre cuando carece de uno de ellos. El teólogo exegético protege a la Iglesia de tergiversaciones heréticas; el teólogo filosófico protege a la Iglesia de intrusiones indebidas en la teología dogmática de principios pseudocristianos.[40]"

La teología filosófica es a la vez "teología misionera" en cuanto se abre a otras concepciones de la vida y del mundo y busca correlacionarse con ellas por la senda del diálogo. Si la Iglesia olvida esta dimensión misionera de la teología filosófica, llamada *fundamental* en el catolicismo romano, corre el grave riesgo de quedar arrinconada, como hace medio siglo advirtió Emil Brunner. "La Iglesia católica —decía— ha reconocido esto y ha desplegado grandes energías para llevar a cabo semejante empresa. La teología protestante, sin embargo, todavía consigue ignorar esta tarea, incluso desdeñar la idea misma con desprecio. Este desprecio puede resultar

---

38. Albert E. Baker, *Iniciación a la filosofía*, p. 100. Editorial Apolo, Barcelona 1938, 6ª ed.

39. G.W.F. Hegel, *El concepto de religión*, p. 95. FCE, México 1981.

40. Bernard Ramm, *Protestant Biblical Interpretation*, p. 170. Baker, Grand Rapids 1993, 21ª ed.

en su propia destrucción.⁴¹" La Iglesia protestante tiene pendiente un misión cultural, que cada vez se le hace más imposible, en el estado actual de cosas, pero sin la cual está expuesta a multitud de peligros.

Ciertamente los contenidos bíblicos proclamados al mundo y expuestos como asuntos de fe, no son verdades de razón en el sentido de no ser producto de especulación humana ni de reflexión filosófica. Tampoco están sujetos al dominio de la razón para su aceptación. Es cuestión de fe que la enseñanza cristiana no es producto de la voluntad humana, sino de la inspiración divina (*2ª Pd. 1:20*), y que es también fruto de la gracia o de la inspiración del Espíritu Santo su recepción creyente o asentimiento fiducial; sin embargo el cuerpo doctrinal que la Iglesia expone y proclama para ser creído no es contrario a la razón sino consistente con ella, es decir, en ningún caso supone contradicción o absurdo respecto a las leyes de la lógica y del conocimiento. La fe digna de aceptación no puede ser inconsistente con las intuiciones del intelecto ni con los descubrimientos de la ciencia. Así se ha mantenido siempre en la gran tradición de la teología cristiana. "Todo lo que la Escritura revela relativo a la naturaleza y atributos de Dios, se corresponde con nuestra naturaleza religiosa, satisfaciendo, elevando y santificando nuestros poderes y respondiendo a nuestras necesidades. Si los contenidos de la Biblia no se correspondieran con las verdades que Dios ha revelado en su obra externa y en la constitución de nuestra naturaleza, no podrían ser aceptados como provenientes de Dios, pues Dios no puede contradecirse a sí mismo. Nada, por tanto, puede ser más despectivo para la Biblia que afirmar que sus doctrinas son contrarias a la razón.⁴²" El fundamento teológico de esta atrevida convicción sobre la consistencia y correlación entre la fe y la razón se basa en el carácter creador de Dios, y del ser humano como portador de su imagen y semejanza. En terminología tomista: el Dios de

---

41. E. Brunner, *The Christian Doctrine of God*, p. 103. Westminster Press, Filadelfia 1949.

42. Charles Hodge, *Systematic Theology*, XVI, § 4, vol. III, p. 83. Thomas Nelson, Nueva York 1873 (hay traducción española condensada por CLIE).

CAPÍTULO II. Cristianismo y filosofía, un malentendido

la gracia es el mismo Dios de la naturaleza. Desde esta perspectiva es imposible plantear un sistema de doble verdad: verdades de fe recibidas por la autoridad de la revelación, y verdades de ciencia aceptadas por la razón. No hay dos fuentes de autoridad y razón sino una sola. Ya Hegel tuvo que señalar que no hay dos especies de razones, una divina y otra humana, que según esencia y sus modos de actividad se diferencien entre sí; la razón humana es la razón en general y lo divino en el hombre. "Las leyes del pensamiento que necesariamente rigen el espíritu humano —argumentaba Dabney—, han sido establecidas por el mismo Dios que ha dado la Biblia. Por consiguiente, si hay revelación de parte de Dios, y si las leyes del pensamiento son correctamente usadas, tiene que darse armonía perfecta entre la razón y la Escritura. La Escritura siempre se dirige a nosotros como criaturas racionales y presupone la autoridad de nuestras nativas y fundamentales leyes del pensamiento. Si algo pensamos lo debemos hacer conforme a esas leyes. Por tanto, pedirnos que violemos o ignoremos esas leyes sería, básicamente, degradarnos a la condición de animales irracionales incapaces de religión. Las afirmaciones bíblicas que nos interpelan, de ser auténticas y autorizadas revelaciones de Dios, se dirigen a nuestra razón.[43]" En definitiva, divorciar la fe y la razón no es rendir servicio alguno a Dios, sino más bien allanar el camino al escepticismo. La fe no puede menos que procurar avanzar hacia el conocimiento, esto es, hacia la compresión reflexiva y científica de su propio contenido, recurriendo a los instrumentos que están a disposición del ser humano[44].

---

43. Robert L. Dabney, *Systematic Theolgy*, p. 141. Banner of Truth, Edimburgo 1985 (original 1871).

44. James Orr, *op. cit.*, pp. 40, 41.

III

PECULIARIDADES DE LA FILOSOFÍA ESPAÑOLA

1. Filosofía de una tierra propia

Los que hemos nacido en España y nos sentimos españoles, nos ocure que amamos lo nuestro, como cada cual lo suyo. La tierra tira. Pero a veces la tierra puede ser ingrata, bueno, no la tierra, sino los que la administran y la poseen a título de exclusividad. Por eso la historia está llena de desterrados, de juanes sin tierra, exiliados de uno y otro modo por costumbres y tradiciones privadas de sentido universal. Los que siendo españoles han abrazado una fe, una razón y una doctrina cristiana entendida en libertad de otra manera a la establecida, se han visto arrinconados en su propia casa. Tolerados más bien que admitidos en pie de igualdad, sometidos siempre a la insidia de la sospecha. De modo que se ha perdido mucho en ambas direcciones. El excluido excluye a su vez a quien le excluye. Pero llega un momento de hacer las paces, de entender y comprender. Y ahora es la hora de los comienzos, de la reconciliación. Hay mucho que hacer empezando por nuestra propia casa. Y lo primero es valorar el pensamiento, nuestro pensamiento, nuestra manera de entender y articular los problemas que nos son comunes por el hecho de estar habitando un mismo suelo, compartiendo una misma circunstancia a la que llamamos España. Si no la entendemos a ella no nos entenderemos a nosotros mismos.

El pensamiento protestante-evangélico español no se ha desarrollado como tal debido a una serie de agravios coyunturales que es preciso desagraviar. Al pensamiento evangélico le sucede que ha sido durante toda su historia, en países como España y aquellos otros latinoamericanos, bajo la influencia de la Iglesia de Roma y su filosofía, hasta hace bien poco abiertamente contraria a lo protestante, a lo herético como insuficiencia moral y peligrosidad social, menospreciado y abusado en diferentes maneras. Por reacción éste ha respondido desentendiéndose de toda filosofía que identifica con una ideología religioso-política hostil, totalmente cerrada a la verdad del otro. La indiferencia y rechazo del pensador evangélico se manifiesta contra toda injusticia con que algunos cierran el camino de la comprensión de la verdad. Por esa razón, ha abandonado la filosofía española a su propia suerte (con la excepción de personajes heterodoxos semejantes a Unamuno) como si se tratase de filosofía de partido, exclusivista y cerrada; en su lugar ha ido a beber en otras fuentes que no brotan del mismo suelo, ni responden a las mismas necesidades. La tierra, donde uno aparece instalado desde el principio, con sus costumbres, cultura y talante, es un repertorio de problemas y soluciones que definen la *situación* desde la que se reflexiona. Otras tierras tienen otros problemas y otras maneras de encararlos, constituyen las diversas *situaciones* desde las que se medita y responde a las *inquietudes radicales*, aquellas en las que se nace. En el foráneo repertorio se incluyen respuestas comunes, propio de una misma humanidad en situación de dispersión, pero entendidas en versión propia y personalísima.

El pensamiento evangélico tiene que volver sus ojos sobre su patria, sobre sus hombres y sus mujeres. Tiene que aprender a verlos con ojos de amor. Tiene que ir a los suyos, aun a costa del rechazo. Cristo tiene que andar por las sendas de España como anduvo por las de Palestina, y recorre las de Inglaterra, Alemania o Japón. Y tiene que ser español con los españoles, como finlandés con los finlandeses y peruano con los peruanos. Cristo es de todos, como la Iglesia, que es su cuerpo. No tiene raza ni lengua porque tiene todas las razas y todas las lenguas. Es universal, cósmico, cabeza, origen y meta de todo lo creado. Todo lo ha creado Dios por Cristo y para Cristo (*Colosenses 1:16*). Cada cultura expresa un grado de entendimiento de la manifestación del Cristo total.

De momento es preciso prestar atención a la relación que existe entre la filosofía y el cristianismo, teniendo en cuenta la peculiar aportación de la filosofía española contemporánea. Ella, en diálogo con el pensamiento

CAPÍTULO III. Peculiaridades de la Filosofía Española

de otras latitudes, y desde una perspectiva evangélica, protestante, nos sirve como fuente de meditación teológica y de reconciliación intelectual *in sito*.

España ocupa un lugar privilegiado en la Europa actual respecto al pensamiento filosófico sobre Dios. Aquí todavía se cultiva la filosofía con rigor e interés religoso. Nuestros mejores filósofos y de mayor alcance internacional son hombres y mujeres que han reflexionado seriamente sobre la cuestión religiosa. La razón es fácil de comprender. No hay filosofía que no sea filosofía de una tierra, respuesta de unos hombres a su entorno. La filosofía extrae sus ideas de la cultura a la que pertenece. Examina la coherencia de un pensamiento y unos símbolos que son anteriores a ella. El lenguaje es la filosofía primera, sin él no es posible ningún pensamiento, y el lenguaje lo recibimos de la sociedad en la que estamos insertos. Una sociedad como la española, donde la religión hace acto de presencia en todos sus momentos públicos y privados, tiene forzosamente que incidir en la preocupación filosófica. Pese al secularismo de las instituciones del Estado y el gobierno de la vida política, la religión sigue teniendo carácter colectivo y arraigadamente sociológico. Como la tarea de los filósofos consiste en tomar conciencia de la cultura de su tiempo se explica que en España aún haya un buen número de filósofos que se ocupen de la cuestión Dios, con uno u otro signo y resultados. En sociedades más secularizadas ocurre lo mismo pero en sentido inverso. La mayoría de los filósofos se abstienen de hablar de Dios porque hace tiempo que la sociedad dejó de hablar de él. Ya no interesa a casi nadie, pero cuando interese de un modo significativo, la filosofía volverá a ocuparse de la cuestión Dios, religión, espíritu, etc.

La imagen de una filosofía radicalmente atea, positivista, enfrentada a lo religioso, o indiferente a la religión, no corresponde a una visión auténtica de la filosofía, y menos a la española. Esa imagen negativa corresponde a la evolución de la filosofía de una sociedad y de una cultura que, de momento, no es la nuestra. Porque la filosofía siempre se ha visto enriquecida por los problemas teológicos, y viceversa, es por lo que creemos que la teología evangélica española tiene que prestar atención a la filosofía española contemporánea con ánimos de relacionarse con ella y relacionarla a su vez con el rico movimiento del pensamiento bíblico tal cual siempre ha sido entendido en el protestantismo.

FILOSOFÍA Y CRISTIANISMO

Se trata de una empresa de contextualización del mensaje cristiano que nos lleve a entendernos y a hacernos entender. En la obra presente no se dibuja un mapa exacto del territorio a descubrir, es más bien el apunte de un explorador que intenta abrir nuevas rutas a pensadores que estimen continuar la aventura. Lo nuestro no es la cartografía de despacho, sino de navegación. Hemos dado unos golpes de machete aquí y allá, a otros les toca allanar el terreno.

Los teología evangélica tiene que mostrar que la fe bíblica responde a los anhelos más nobles y las intuiciones más certeras de los mejores ejemplares representantes de la inquietud y zozobra humana. Como Cristo en la encarnación se instaló en medio de la sociedad de su época, así es preciso instalarnos en el centro de nuestra cultura y, desde una vida centrada en Cristo y su Palabra, llevar todo pensamiento a la claridad de la fe. La filosofía, como la literatura, extiende el campo de nuestra visión y nuestro combate, al decir de Juan Goytisolo. La verdadera teología parte de la situación humana y del humano quehacer porque busca expandir y expandirse. De otro modo es mero hablar consigo misma, volutas en el aire. Debe preguntarse las preguntas que los pensadores contemporáneos se están haciendo y ofrecer las respuestas de la revelación honestamente razonadas.

El mundo evangélico necesita un nuevo impulso vital y una actualización de su identidad cultural. Desde todos los ámbitos hay que estimular la lectura y el libro bien escrito que responda a nuestras necesidades. Hay que invertir más y mejor en buenos autores de nuestra tierra, no corrompidos por modos y maneras de pensar de banalidad extranjerizante. No somos habitantes de Rapa Nui, con todos los respetos para ellos, convivimos con una historia milenaria de fuertes raíces cristianas y haremos bien en estar atentos a ella. La voz española, la obra de nuestros autores, decía Luis Marañón, se extiende y se comparte en las dos orillas, y su visión del mundo, levantada sobre las piedras de una historia común y antigua, "adquieren frente al modelo societario postindustrial de consumo, el valor de una muralla infranqueable. La voz, la obra y la visión del mundo que posee el escritor de habla española se miden por su capacidad de subversión y transgresión con respecto al papanatismo general con que se admite el modelo norteamericano. De ahí que a los rectores de éste les

CAPÍTULO III. Peculiaridades de la Filosofía Española

asalte la tentación del silencio para acallar esa voz crítica y rebelde.[1]" El pensamiento español del siglo XX ha alcanzado niveles comparables a los más altos —y en algunos aspectos, incomparables—; pero esto casi siempre se desconoce, se le vuelve la espalda, se finge que no existe, con los resultados que se pueden esperar. La posesión del pensamiento español por los españoles mejoraría el presente y el porvenir del cristianismo en estas tierras.

Tampoco queremos caer en el provincialismo que considera lo suyo lo mejor. Lejos de nosotros. Sólo se trata de una toma de conciencia; ser conscientes de la *situación* espacio temporal que nos moldea y nos arrastra. Nuestra sociedad y nuestra cultura es un repertorio de dificultades y de posibilidades. A pesar de lo arduo de la tarea queremos una cultura seria, española y cristiana. Seria, nacida y formada en bibliotecas; española, esto es, arraigada en el pensamiento legado por nuestros antepasados; cristiana, dispuesta a hallar en cualquier lugar y tiempo verdades que en última instancia son chispas de la luz esencial y divina de Cristo.

La tarea es inmensa para una sola persona. Otros han de entrar en la labor y perfilar sus contornos; recortar sus aristas. Tanto en la bibliografía como en las citas, abundantes por cierto, se busca mostrar la cantidad de material que hay a nuestra disposición, y que cada cual debe rastrear, conforme a su fe y su manera de mejor entender. Dialogando con otros autores es como podemos arribar a un mejor conocimiento de nosotros mismos y de nuestra fe. El buen sentido que hemos encontrado en la mayoría de sus ideas y planteamientos nos ha dado una estima de los mismos que nos hizo difícil resistir la tentación de citarles con libertad. El fin determina los medios. La meta fijada ha sido ofrecer una visión *integradora* de la fe cristiana, y el método de citas varias, sin caer en el eclecticismo, sirve para mostrarnos hasta qué punto lo hemos logrado. Citar a un autor no significa aprobar la totalidad de su pensamiento, sino aprehender y hacer propias las ideas que puedan encajar sin violencia en la totalidad de una concepción cristiana de la realidad, que considera que todos los puntos de vista, cuando auténticos, conducen a la inteligencia

---
1. Luis Marañón, *Cultura española y América hispana*, p. 45. Espasa-Calpe, Madrid 1984.

del ser humano y del Dios que lo hace posible. Dios es el principio y el fin, el Alfa y la Omega. Entre esos dos puntos el ser humano tiene su espacio de conocimiento, de saber y ser sabido. Los rayos de la razón alcanzan a todos por doquier. Cada cual, en el lugar donde se encuentra, es un punto de vista vital, una muy necesaria perspectiva, que contribuye al esclarecimiento final de la verdad. En este sentido, el conocimiento humano manifiesta un *aspecto revelacional* y, por tanto, un valor a tenerse en cuenta por el cristiano que se somete a la revelación de Dios en las Escrituras. Hasta la perspectiva de Satanás es importante en el orden del conocimiento. Su pecado, al decir de Ortega y Gasset, fue uno de falsa perspectiva. Justo porque vemos errores y males en el mundo de los hombres, podemos decir que el mundo tiene un sentido *revelacional*, a saber, la realidad del pecado, del que son testigos inequívocos. Cuando la razón humana, por boca de uno de sus representantes, digamos Rousseau, niega el pecado original y en su lugar señala como fuente de corrupción a la sociedad incubadora del individuo, está *revelando* el rol inadecuado de la inteligencia humana para comprender por sus propias luces la realidad compleja que niega. Al mismo tiempo, y positivamente, *revela* el carácter orgánico —social— del pecado, que trasciende unidades individuales y que se asienta en un todo anterior al individuo, sin que podamos desentrañar su cabal misterio, el cual, como dice Calvino, se encuentra oculto en el conocimiento de Dios; porque el pecado no se originó con el hombre, ni siquiera con el primer hombre. El pecado original es el elemento que recorre todas las eras y permea todas las culturas en las que los individuos ven la luz. Por consiguiente, hasta el escéptico puede ofrecer un servicio al entendimiento creyente de la revelación de Dios en las Escrituras, señalando aquellas partes y relaciones negligidas por la inercia de la tradición. El pensamiento cristiano es un proceso dialéctico que, acumulativamente, se enriquece a sí mismo a través de las edades como resultado de una confrontación fructífera con todo tipo de ideas y opiniones. La esencia del pensamiento cristiano es la vinculación del pensamiento cristiano en un estadio particular de su desarrollo con los fragmentos de la verdad y del conocimiento derivados de otras fuentes. El pensamiento cristiano es el proceso por medio del cual la apariencia inicial de desarmonía o contradicción con otra concepción de la vida es superada y vencida.

CAPÍTULO III. Peculiaridades de la Filosofía Española

Entonces la nueva verdad es interpretada en términos de una construcción cuya estructura se expande en una síntesis cristiana. El proceso es a la vez crítico y constructivo. Hay oposición, pero también integración. Fue así en relación a la matriz hebrea, y lo sigue siendo en relación a la gentil. El pensamiento cristiano se inspira y se sostiene en la convicción básica de que la verdad puede venir de muchas fuentes, pero que en principio toda verdad pertenece a Dios[2]. Toda verdad está referida a Dios en razón de su origen. "Ningún deber es más imperativo para el maestro cristiano que el mostrar que, en vez de ser el cristianismo simplemente una teoría más entre el resto, es realmente la verdad más alta, que es la síntesis y cumplimiento de todas las demás. En él se hallan unidas orgánicamente las porciones divididas de la verdad, fenómeno que no se da en ninguna otra parte, en cuanto completa el cuerpo de la verdad por medio de los descubrimientos peculiares al mismo.[3]" La revelación bíblica asume todas las variedades de la verdad y, de ningún modo, las suplanta, sino muestra en qué forma cada una de ellas tiene su interpretación y realización en la verdad objetiva e integradora de la fe.

2. Papel de la religión en la filosofía española

¿Qué es España?, ¿quiénes los españoles? Es un atrevimiento insinuar una respuesta clara y definitiva, como quedó demostrado en la agria polémica mantenida por dos de nuestros grandes historiadores contemporáneos: Claudio Sánchez Albornoz y Américo Castro. En el mejor de los casos puede ocurrirnos lo que a Angel Ganivet y su *Idearium español*, dedicado a aclarar el enigma patrio, pero que resultó en un gigantesco pensarse a sí mismo desde España. "Por eso, los problemas estudiados tienen una delatora dimensión íntima, una deformación personal que les quita rigor. En vez de ver España desde fuera, delimitando sus

---

2. V. Langmead Casserley, *The Retreat from Christiniaty in the Modern World*, p. 162. Longmans, Londres 1953, 2ª ed.

3. James Orr, *Concepción cristiana...*, p. 18.

éxitos y fracasos, avistándola sin implicarse humanamente en el tema, el escritor se encarnó en ella. El libro se ajustaría más a la verdad, llamándose *Idearium de Angel Ganivet*.[4]" No obstante, y pese a las discrepancias de carácter erudito y personal, tanto Castro como Albornoz coinciden en señalar un hecho vital e indiscutible: la invasión árabe de la Península dará lugar a una reacción de carácter guerrero y religioso que determinará el ser y la historia de los españoles. Con la Reconquista comienza España su singladura "divinal", y a sus gentes se les identifica más por sus creencias religiosas que por su ideario político, hasta el punto que un cambio o abandono de las mismas ponía en peligro la españolidad de los mismos. El idioma español es el único donde la palabra "cristiano" sirve para individualizar a un pueblo como tal. La razón histórica reside en la toma de conciencia propia en relación y frente a otro pueblo, el islamita invasor, que se determinaba a sí mismo por su creencia. El gentilicio "español" no aparece todavía en el poema del Mio Cid. "Quienes luchaban contra los moros se llamaban a sí mismo «cristianos». Aquella gente invasora fue la que se sentía unificada y dinamizada por la creencia islámica y la que avivó el sentimiento de la propia fe de los peninsulares indígenas que se le opusieron.[5]" Dentro de la autoctonía histórica de España se da el hecho sin paralelo en Occidente de que antes que *español*, el étnico revelador de la conciencia de sí mismo del pueblo peninsular ha sido el término *cristiano*. El acierto de Américo Castro fue destacar entre los factores determinantes de la estructura de la vida española la "persistencia de una tortuosa compulsión de origen religioso", cuyo valor como instrumento de comprensión de nuestra historia es inestimable[6]. Que Albornoz coincidía

---

4. Norberto Carrasco, *Ganivet*, pp. 89-90. EPESA, Madrid 1971.

5. Guillermo Araya, *Evolución del pensamiento histórico de Américo Castro*, p. 36. Taurus, Madrid 1969.

6. Paulino Garagorri, *Introducción a Américo Castro*, p. 112. Alianza Editorial, Madrid 1984. Cf. mi breve ensayo *Santiago de Compostela y el ser de España*. Cuadernos Reforma, Madrid 1995. "No es que los españoles fuesen cristianos, sino que se entendían como tales, se afirmaban así frente a otra forma de religión, de sociedad, de cultura, de sentido de la vida. El Islam, a pesar de haber dominado en casi toda España, era a los ojos de los cristianos españoles *inaceptable*" (Julián Marías, *España inteligible. Razón histórica de las Españas*, p. 194. Alianza Editorial, Madrid 1985, 3ª ed.).

CAPÍTULO III. Peculiaridades de la Filosofía Española

en este punto, con carácter de precursor, se ve con claridad cuando dice que "en 1929, por primera vez en nuestra patria y en el mundo, atribuí ya el curso de nuestras peculiaridades históricas a la presencia del islamismo en la Península y concretamente al bárbaro choque en la piel de toro de las dos Españas, cristiana y musulmana... Sólo veinte años después, en 1948, se lanzó la afirmación de que fuimos como fuimos y éramos como somos por la conjunción en España de cristianos, moros y judíos. Cuando conocí la conversión del hasta entonces crítico literario [Américo Castro], poco frecuentador de la historia antigua y medieval de España, y nada de los problemas políticos, sociales y económicos de nuestro ayer, pero de mente aguda y clara sentí gran alegría al verle acercarse a mis opiniones y me dispuse a valorar no sólo con benevolencia sino con entusiasmo las páginas del además, muy caro amigo... Discutí y creo haber anulado la afirmación, por muchos antes aceptada, sobre la acuñación de nuestra españolía por obra de la simbiosis de las dos Españas, cristiana e islámica, y he probado que fue ésta la surgida de una simbiosis entre lo hispano premuslim y lo afro-oriental islamizado. Lo español nació no de la cópula sino de la batalla entre islamismo y cristiandad en nuestro suelo.[7]"

A partir de entonces la historia española girará en torno al eje de la creencia, con claro desplazamiento de los intereses seculares, entendidos como profanos y viles frente a los sagrados y sublimes. En el orden del conocimiento privará el creer sobre el saber[8], y en el orden político la confusión entre la vida política y la vida religiosa, fundidas en una explosiva manera de vivir a lo divino. En su aspecto negativo tenemos la intransigencia —el *pecado original* de los españoles[9]— y los atropellos a los que ha dado lugar. En el orden religioso se vive la intolerancia más absoluta y la desvirtuación de lo español entendido en el marco estrecho

---

7. Claudio Sánchez-Albornoz, *Estudios polémicos*, pp. 293, 294. Espasa-Calpe, Madrid 1979.

8. Américo Castro, *Aspectos del vivir hispánico*, p. 96. Alianza Editorial, Madrid 1987. Cf., Pedro Laín Entralgo, *A qué llamamos España*. Espasa-Calpe, Madrid 1984; Julián Marías, *España inteligible. Razón histórica de las Españas*. Alianza Editorial, Madrid 1985; Américo Castro, *La realidad histórica de España*. Editorial Porrúa, México 1962.

9. Lluís Racionero, *España en Europa*, p. 26. Planeta, Barcelona 1987.

de la religión estatal. Manuel García Morente, todavía en 1943, en su libro *Ideas para una filosofía de la historia de España*, decía sin rubor: "El sentido profundo de la historia de España es la consustancialidad de la patria con la religión. Es decir, que para los españoles no hay diferencia, no hay dualidad entre la patria y la religión... Quien dice ser español y no ser católico, no sabe lo que dice." Así se entiende el trabajo enciclopédico del joven Menéndez y Pelayo, quien en su *Historia de los heterodoxos españoles*, identifica el espíritu nacional con la más estricta ortodoxia, hasta el punto de negar la españolidad a los heterodoxos. En esta concepción sólo hay un España auténtica, la católica-romana; la otra, cuando la hay, queda marginada, denigrada con el estigma de lo antiespañol, lo antinacional. Algo bastante absurdo y ridículo, amén de calumnioso.

Ya en su versión aberrante, ya en la positiva, la religión y sus múltiples intereses ha intervenido en todas las empresas españolas, sea contando con ella o contra ella. Y lo que se dice de España se puede decir igualmente de Latinoamérica desde los días de Colón. A medida que España va asentado su conquista y su cultura en el nuevo continente los estudios filosóficos siguen una marcha paralela a la metrópoli; desde muy temprano se instituyen allí estudios generales, colegios mayores y universidades que continúan literalmente la actividad pedagógica y científica de la península. Apenas medio siglo después del descubrimiento se fundan las Universidades de Lima y de México. Durante los siglos XVI-XVIII el centro de la actividad filosófica lo ocupa la Escolástica, que representa la ortodoxia católica[10]. Desde entonces también la filosofía latinoamericana llevará la impronta de la religión católica, haciendo suya problemas y planteamientos dogmáticos. La hegemonía del catolicismo en la filosofía latinoamerica es tal que la mayor parte de los que allí escriben o hacen filosofía se inscriben en la perspectiva cristiano-católica. Frente a unos pocos representantes del neokantismo, de la fenomenología o del existencialismo, la filosofía argentina del siglo XX, por ejemplo, presenta una larga lista de cultivadores de lo que, de momento, y sin mayores precisiones, llamaremos "filosofía

---

10. Cf. Celina A. Lertora Mendoza, "En torno a los orígenes de la filosofía argentina", *Arbor* núm. 372, Madrid diciembre 1976.

CAPÍTULO III. Peculiaridades de la Filosofía Española

cristiana", ramificada en tres corrientes principales: tomismo, suarismo y agustinismo[11].

En España la filosofía se ha entendido siempre religiosamente, hasta el mismo Ortega y Gasset, que nunca se ocupó directamente de Dios, interpretó su actividad literario-filosófica como una *misión*, una misión secular cuyo propósito era *convertir* a los españoles al quehacer filosófico[12]. Sobra decir que Ortega y Gasset es el filósofo más original e importante de la lengua española. Antes de él, hombres como Julián Sanz del Río, cansados y hartos de un escolasticismo estéril y polémico, en actitud negativa y adialógica frente a la modernidad, marcharon a Alemania becados por el gobierno español es busca de una filosofía que reemplazase la unilateralidad ortodoxa fabricada por Menéndez y Pelayo. En la filosofía de Karl C.F. Krause[13], Sanz del Río creyó descubrir lo que estaba buscando e importó su pensamiento a nuestro suelo. Dos motivos determinaron su elección. Uno, la vocación libre y no dogmática de la verdad; otro la orientación ético-religiosa del krausismo propia de su condición española. Los krausistas españoles vivieron religiosamente la orientación y ética de su filosofía aun colocándose frente a la Iglesia oficial. "Nadie podrá negar al krausismo español sinceridad, austeridad, nobleza, delicadeza —escribe Azorín—; respeto y cariño merecen hombres —por no citar más que los ya desaparecidos— como aquel santo que se llamó don Fernando de Castro, como Salmerón, como González Serrano, como Revilla. Y cosa singular:

---

11. Alberto Caturelly, *La filosofía en la Argentina actual*. Ed. Sudamericana, Buenos Aires 1971.

12. En *Cartas de un joven español* (Madrid, 1991), editadas por su hija Soledad Ortega Spottorno, se aprecia un rechazo visceral de la religión de sus mayores, el catolicismo romano, desarrollado en sus días escolares sometido a la disciplina y educación de los jesuitas: "Las negras monsergas de los ignacistas", "esos payasos de la negrura". "Los jesuitas reducen la religión a hablar de los pecados..., hombres vestidos de negro dedicados tan sólo a ennegrecer la vida", "la confesión es la mayor y más vergonzosa humillación que pueden imponer..., convierten la religión en una cosa hedionda."

13. Karl Chr. Fr. Krause (1781-1832), hijo de un pastor protestante muy religioso, condujo su filosofía por los derroteros de la concepción de la ciencia como organismo y Dios como orden y armonía del universo y del mundo. Cf. R. García Mateo, "Origen filosófico del krausismo español" (*Arbor*, nº 428-429, Madrid agosto-septiembre 1981), *El pensamiento alemán y la España moderna. Panenteísmo como sistema científico según Karl C.F. Krause. Su interpretación y sus repercusiones en España* (tesis doctoral en la Universidad de Tubinga).

siendo el krausismo una importación extranjera llega a ser en España una de las manifestaciones intelectuales más castizas y españolas, más hondamente españolas que aquí se han producido. ¿Por qué? Porque al idealismo noble, generoso y poético unió las tendencias prácticas propias de nuestro temperamento intelectual.[14]" Todo un ejemplo de la capacidad española de asimilar y contextualizar de modo propio y personal ideas y formas de vida allende sus fronteras físicas, anímicas e intelectuales. Nada repugna tanto al pensamiento como enfrentarlo entre sí por prejuicios de raza, lengua o patria, como insoportable a la persona que no se le respete el peculiar carácter y temple con que su espíritu intelige y razona.

En el terreno del campo filosófico el krausismo español no representó ninguna mejora notable, sin embargo, nos viene como anillo al dedo para mostrar los motivos conocidos y subterráneos que informan el pensamiento filosófico español. Más que a Krause, escribe Luis Martínez Gómez, lo que se buscó y halló de hecho fue un substituto para el anhelo vital, hondamente religioso de estos españoles. "Quisieron, y éste fue en principio el ideal de San del Río, armonizar krausismo y religión, ciencia y fe católica. De hecho, vino a ser una forma total de vida suplantadora del catolicismo exangüe y desencarnado que se vivía entonces. La filosofía se erige de este modo, por primera vez aquí, en directora de la vida, en suprema instancia de la vida espiritual del hombre. En este sentido es la primera manifestación plena entre nosotros del espíritu secularizado de la filosofía moderna.[15]" El sentido religioso que la historia española ha ido sedimentando en la corteza psíquica de sus habitantes es uno de los elementos inseparables de la actividad filosófica española.

---

14. Azorín, *Lecturas españolas*, p. 20. Agrupación Nacional del Libro, Madrid 1974.

15. Luis Martínez Gómez, *Presentación y síntesis de historia de la filosofía española*, pp. 489, vol. 2 de J. Hirschberger, *Historia de la filosofía*. Herder, Barcelona 1979, 9ª ed. Cf. Juan López Morillas, *El krausismo español*, FCE, México 1956. Manuel Tuñón de Lara, *Medio siglo de cultura española (1885-1936)*. Tecnos, Madrid 1977, 3ª ed.; José Luis Abellán, *Fernando de Castro y el problema religioso de su tiempo*. Fundación Universitaria Española, Madrid 1976; F. Martín Buezas, *El krausismo español desde dentro. Sanz del Río. Autobiografía de intimidad*. Tecnos, Madrid 1978; Juan López Alvarez, *Federico de Castro y Fernández. Filósofo e historiador de la filosofía*. Universidad de Cádiz, 1984; Enrique Ureña, J.L. Fernández Fernández y J. Seidel, *El "Ideal de la humanidad" de Sanz del Río y su original alemán*. Universidad Pontificia Comillas, Madrid 1992.

CAPÍTULO III. Peculiaridades de la Filosofía Española

Por contra, la resistencia a la filosofía de Ortega y Gasset, como a Unamuno y a los krausistas españoles fue de índole religiosa también. De la religión oficial y ortodoxa. A Ortega se le consideró heterodoxo y peligroso por grupos integristas y tradicionales[16]. Sus discípulos católicos siempre trataron de disculpar al maestro señalando, como hace Garagorri, que la proximidad de Ortega no empañó la confesión religiosa de quienes componían en España el grupo más notorio y de mayor labor intelectual en la *escuela orteguiana*[17].

Por otra parte, sorprende que en España el marxismo tuviera tan escasa relevancia en el pensamiento español, pese a la importancia y combatividad del movimiento obrero y sindicalista. Va a ser la represión de la dictadura franquista la que indirectamente echará en los brazos de Marx a algunos jóvenes intelectuales, pero sin un arraigo social considerable, y menos todavía cuando desaparezca la dictadura que le servía de acicate[18]. Parece como si el ánimo de los españoles, conformado por su secular historia religiosa, no estuviera demasiado entusiasmado por filosofías y formas de pensamientos materialistas o de corte reductoramente terrenos.

3. Síntesis e integración

La más llamativa de las peculiaridades de la manera de filosofar en España es el afán de síntesis que manifiesta en sus expresiones más puras. Aunque la fama del español se vaya por su carácter individualista y tremendamente pasional, en el sentido de embarcarse en desmesuradas empresas quijotescas, sin genio para el sistema y la cooperación, la verdad

---

16. Precisamente lo contrario de lo que ocurría en el campo del protestantismo español, por razones fáciles de comprender: José D. Camacho, "Ortega y la idea de Dios", *Restauración*, Madrid noviembre 1968; Juan Antonio Monroy, "Dios a la vista", Id., enero 1972; "Anticlericalismo y fe en Ortega y Gasset", "La idea de Dios en Ortega y Gasset", "La idea de Dios en Ortega y Gasset", *Restauración*, enero 1972, octubre 1980, mayo 1983.

17. Paulino Garagorri, *Relecciones y disputaciones orteguianas*, p. 80. Taururs, Madrid 1965.

18. Carlos París, "Nuestra situación filosófica tras la era franquista", en *El rapto de la cultura*. Laia, Barcelona 1983.

es que el español ama la compañía, cuando ésta es buena —mas vale solo que mal acompañado, reza el dicho popular—; la moderación, la *mesura* como se decía antiguamente; la pasión por lo universal, que es visión de síntesis y esfuerzo imperial. Caben otras lecturas del ser español guiadas por mitos no siempre muy fieles al ser histórico que pretender sustantivar; sea como fuere, no se olvide incluir entre ellas las notas aquí apuntadas. "El interés por Jovellanos es, a mi juicio muy revelador —escribe Helio Carpintero— Se convierte hoy en encarnación y símbolo del hondo anhelo sentido por nuestros más responsables intelectuales: el de terminar con la vigencia del extremismo español, para sustituirlo por un pluralismo en concordia consigo mismo.[19]"

Precisamente lo que traicionó el programa filosófico de Julián Sanz del Río, en el mismo comienzo de la filosofía española contemporánea, fue su inadvertida pasión española por las visiones integrales propias del ensueño español materializadas en el pretérito imperio universal. Para Julián Marías, la razón principal del equívoco de Sanz del Río y de toda una generación de sus alumnos y discípulos, fue dejarse encandilar por "el carácter de conciliación y síntesis con que se presentaba el krausismo, y su inmediato carácter moral y religioso", motivos omnipresentes en todas las empresas españolas[20].

No tiene nada de extraño que filósofos tan españoles como Alfonso López Quintás, autor de una obra filosófica que obedece al título de *Hacia un estilo integral de pensar*, afirme convencido que el estilo hispánico de pensar está llamado a jugar un papel decisivo en el concierto actual de la cultura.

"De ahí mi empeño en subrayar —dentro de la línea de inquebrantable objetivismo en que me muevo— el evidente carácter *realista e integrador* de gran parte del pensamiento español, que, por obvias razones, no puede pasar sin imprimir honda huella en el espíritu desarraigado y extremista del hombre contemporáneo.

"El pensamiento español, tomado en sus manifestaciones peculiares, ofrece un signo marcadamente *integracionista*. Este carácter determina

---

19. Helio Carpintero, *Cinco aventuras españolas*, p. 240. Revista de Occidente, Madrid, 1967.

20. J. Marías, *Ensayos de teoría*, p. 254. Revista de Occidente, Madrid, 1966, 3ª ed.

CAPÍTULO III. Peculiaridades de la Filosofía Española

la interpretación que suele dar a los principales problemas de la Filosofía y la vección netamente positiva de su marcha, como puede verse en su actitud frente al método fenomenológico, su reivindicación del mejor pensamiento trascendental y existencial, su arraigo realista, su tensión de trascedencia y —no en último término— su fidelidad a las exigencias de los diversos estratos de lo real —en Antropología, Ética, Estética, etcétera.

"Más que una *doctrina,* el integracionismo es un *espíritu* que informa la búsqueda y se condensa en un *método.* Hablando en términos necesariamente muy generales, puede afirmarse que la línea metodológica más característica del pensamiento español actual se orienta hacia la integración de vertientes entitativas aparentemente contrapuestas, pero en el fondo complementarias, por vía de ahondamiento en las capas más hondas de la realidad. Para el realismo hispano no hay forma más genuina de síntesis que la que se asienta en las fuentes mismas de la unidad de lo real con una actitud de inquebrantable fidelidad a lo dado, visto en toda su amplitud sin prejuicios envarantes.[21]"

Por eso la filosofía española es reacia a novedades improvisadas a última hora y se resiste a dejarse arrastrar por filosofías de corte materialista o positivista que excluyan toda referencia al carácter trascendental de la existencia. "En pocos lugares del planeta el pensamiento se hace vida tan rápidamente como en España, porque brota de la vida y apenas nos está permitido lujo alguno de abstracción.[22]" Precisamente el trabajo de Helio Carpintero en sus *Cinco aventuras españolas,* es demostrar esa pasión sintética vital de lo español: "Las formas y honduras del arraigo, la trabazón indisoluble entre vida y pensamiento, eso es lo que aquí pretendo evidenciar.[23]" Como Jaime Bofill y Bofill, que trató de integrar lealmente la filosofía agustiniana con el sistema tomista, frente a los que encasillaban a Tomás de Aquino en una versión intelectualista de la verdad, de espaldas al motivo integrador del amor y del conocimiento, de la razón y el

---

21. Alfonso López Quintás, "Prólogo", *Filosofía española contemporánea.* BAC, Madrid, 1970.

22. María Zambrano, *Delirio y destino,* p. 68. Mondadori, Madrid, 1989.

23. H. Carpintero, *op. cit.,* p. 12.

sentimiento, tan patente tanto en la vida y pensamiento de Agustín como de Aquino, así como en su brillante continuador español Francisco Suárez.

En los campos de Occidente, juzgaba Ferrater Mora, el espíritu hispánico ha de aportar su integración de la razón y de la vida, o de la historia y de la justicia. Desde el principio la palabra clave de la totalidad de la filosofía española más auténtica es: *integración*. E integracionismo es el punto clave del filósofo catalán: "Ferrater nos ha puesto ante los ojos una actitud clave, la integradora, que no es solución dada y terminada, sino una actividad oscilante, siempre alerta a la realidad y a sus modos, contradicciones y problemas, quehacer inacabable que el hombre de nuestros días parece reconocer como entraña de su destino, en la historia como en el pensamiento.[24]"

Es indudable que la fuerte tradición histórico-cristiana de los españoles, la filosofía escolástica, ha jugado un importante papel en ello. El cristianismo, debemos dar por sentado, es aspiración a la unificación de la totalidad de la vida en la visión integradora de la fe, como corresponde a su creencia en un Dios Creador que todo lo abarca. Al pensamiento cristiano no le preocupa tanto el sistema como la síntesis. La filosofía es propiamente búsqueda de esa síntesis, de esa unidad, sea que se manifieste más en un país que en otro. En lo que a nosotros respecta, estamos seguros que el destino intelectual del pensamiento español está preñado de ricas posibilidades futuras. "La aportación española al pensamiento de nuestro siglo es una pieza esencial que valdría la pena no perder[25]" Porque "España es, hoy por hoy, rica en ideas, en pensamientos claros y precisos.[26]" "Creo ser un español sensible —confiesa Laín Entralgo—. Soy, en todo caso, un hombre aficionado a ejercitar el pensamiento propio y abierto a comprender el pensamiento ajeno."

Por el contrario, hablar hoy de protestantismo es hablar de fragmentación, entiéndase ésta lo más positiva o negativamente que se quiera. Fragmentar, dividir, separar es todo lo contrario al interés que

---

24. H. Carpintero, *op. cit.*, p. 187.

25. J. Marías, *Los españoles*, vol. 2, p. 86. Revista de Occidente, Madrid, 1972.

26. H. Carpintero, *op. cit.*, p. 13.

CAPÍTULO III. Peculiaridades de la Filosofía Española

verdaderamente interesa al pensamiento español, quizá por ello, y sólo en parte —no hay que ignorar la imponente presencia católica y prejuicios seculares—, el protestantismo no ha logrado calar en el alma española ni despertar adhesiones notables. La multitud de denominaciones confunde y frustra a propios y extraños. Frente al espíritu sintético, integrativo, el evangelicalismo opone el espíritu separatista —en muchas ocasiones como un deber primordial, por "causa de la sana doctrina"—, con su potencial de multiplicar hasta el infinito las divisiones ya existentes, de las cuales no se salvan ni las propias iglesias de la misma denominación o grupo. Hay poco esfuerzo real por la unidad, la tarea común, excepto el formal y burocrático, que ni compromete ni ilusiona. No sé si la responsabilidad o la causa de ello radica en que la dirección de la marcha del protestantismo actual está en manos de "misioneros extranjeros" o de sus "epígonos nacionales", más deseosos de "transplantar" sus propias iglesias que de fundar la Iglesia de Cristo. Sea como fuere, si no se entiende el carácter reconciliador del pueblo y la filosofía españoles —manifestado en nuestro siglo cívica, social y políticamente—, su afán de integración universal, de convivencia, raramente se hará otra cosa que arañar la superficie de esta nuestra sensible piel de toro. "El eclecticismo está en nuestra constitución y en nuestra historia", decía Ganivet en *El porvenir de España*, y quien no entienda o no quiera entender esto se condena al fracaso, o a lo que es peor, a la frustración irritada, que es la forma más dañina del fracaso.

4. El imperio de la persona

Parejo al espíritu integracionista —sintético o ecléctico, llámese como se quiera— anda el vivo interés que el pensamiento español manifiesta por la cuestión humana, no en abstracto sino en concreto, en carne y hueso; tanto a la hora de hacer filosofía, *quién* la hace, como su objetivo, para *quién* se hace. "Este hombre concreto, de carne y hueso, es el sujeto y el supremo objeto a la vez de toda filosofía, quiéranlo o no ciertos sedicentes filósofos.[27]" En los mejores filósofos ha resultado en una filosofía

---

27. Miguel de Unamuno, *El sentimiento trágico de la vida*, cap. I. Espasa-Calpe, Madrid 1976.

realista, concreta, donde deliberadamente se rehuye el construir castillos en el aire para uso y consumo de una aristocracia intelectual.

La filosofía alemana, desde Fitche, venía enseñando que la filosofía que uno hace depende de lo que uno es. En España, el ser quien se es, cobra a veces tintes dramáticos. Es lo que Laín Entralgo llama la «integralidad de la persona»: "el hecho de que el español típico suela ingerir su entera realidad personal en su obra y en la visión del mundo que le rodea.[28]" Indudablemente esto obedece a una conciencia exagerada del propio ser, entre la dignidad y el orgullo. En su vertiente social esta conciencia personalísima ha significado una pasión por jugarse la vida a una sola baza, que siempre llamó la atención a los extranjeros. El español es atrevido por arrogante, arrojado en todo lo que hace por la conciencia exaltada de su honor. Culpa de este absolutismo de la persona, ha sido la cerrazón española a la investigación científica y a las técnicas y filosofías distintas de las propias. Pese a la pérdida de sus colonias España siguió siendo un imperio mediante el "imperio de la persona" asentado en la conciencia nacional, con razón, sin razón y contra ella. "El hecho de no haber sobresalido el español moderno como alpinista o explorador: dominar la quieta naturaleza le interesó menos que enfrentarse con otras vidas y prolongar sobre ellas la dimensión imperativa de su persona.

"El imperialismo español no fue simple obra del pueblo y de una creencia; las conquistas de México y del Perú fueron empresas hechas posibles, cada una de ellas, por la iniciativa de una sola persona, la de Cortés y la de Pizarro; las grandes embestidas contra las dos mayores herejías en Occidente desde el punto de vista católico —los albigenses y los protestantes— tuvieron como adalides a dos españoles, a Domingo de Guzmán y a Ignacio de Loyola. Su obra personalísima adquirió luego dimensiones universales.[29]"

En ética y derecho el español se distingue entre los pueblos por su actitud ante la persona, de la que se suele valorar su fondo, su ser, por

---

28. Pedro Paín Entralgo, *A qué llamamos España*, p. 70. Espasa-Calpe, Madrid 1971.

29. Américo Castro, *Sobre el nombre y el quién de los españoles*, pp. 221-222. Sarpe, Madrid 1985.

CAPÍTULO III. Peculiaridades de la Filosofía Española

encima de sus obras y haceres. No es el hombre para la ley sino la ley para el hombre. La persona es más importante ante Dios que todas sus obras, por eso la justicia corresponde al sujeto personal como persona, que es tratado con misericordia no en virtud de lo que ha hecho, hace o puede hacer —buenas obras en el sentido religioso— sino de lo que es: pecador que acude a refugiarse en la gracia perdonadora y mediante la fe recibe la filiación de hijo adoptivo de Dios. Las buenas obras como principio de valoración, como las malas, introducen un principio de mercantilismo en el ser del hombre, una tasación arbitraria de méritos y deméritos, que ignora la fuente y el fondo donde arraiga y brota el comportamiento ético: el corazón habitado por la gracia, es decir, por el Espíritu como amor y alegría de Dios. "Para nosotros [protestantes] sólo hay una fe en acción; para nosotros creer y vivir es lo mismo: vivir creyendo, creer viviendo. Ellos [católicos] observan y tasan lo que el hombre «hace», mientras que a nosotros nos importa conocer y subrayar lo que el hombre «es». Y, en consecuencia, queremos ver lo que podría ser. Para ellos, el hombre ibérico ya está hecho; para nosotros, el hombre ibérico, que es, como todo hombre, pecador, se está haciendo o, a lo menos, tiene posibilidades de ser.[30]" De este modo uno de los puntales básicos de la Reforma: la justificación por fe sola, inscrita en el orden del ser y del valor de la persona como tal, no en el orden del *tener* ni en el del *hacer*, sino en el del *ser*, resulta congenial con aquellos que gastaron su *valía* en aplastarla sin entenderla. El hombre desnudo ante Dios en su miseria descubre en el amor salvífico que la obra que Dios pide no es aquella que es producto imposible de un ser en bancarrota moral, sino un dejarse producir en él la obra de fe que es fruto del *nuevo nacimiento* del que habló Cristo como condición indispensable para entrar en el Reino de los Cielos, fruto y garantía de una relación no sometida a la incertidumbre del hacer ambivalente, sino a la promesa del nuevo ser liberado para la gloria. De este modo la persona, entendida como interioridad renovada, se convierte en el centro de los valores y así decir con aplomo que no son las obras las hacen a la persona santa ni la justifican delante de Dios, sino que la persona justificada y santificada por

---

30. Manuel Gutiérrez Marin, *Fe y acción. Etica cristiana existencial*, p. 179. Irmayol, Madrid 1965.

Dios hace las obras que tiene que hacer, por el hecho de ser una persona en comunión con Dios. El resultado es que por el camino de la llamada heterodoxia se llega a un significado más pleno de aquella certera intuición que asegura que una persona no vale por lo que tiene, sino por lo que es. "Esta es una excelente máxima. Ahí radica la libertad del hombre frente a sus obras y frente a todas las valoraciones por sus obras.[31]" Según la dinámica del *desde dentro hacia fuera*, semejante al buen árbol que produce buenos frutos, se establece mediante la fe la religión como descubrimiento de la libertad interior. La categoría esencial aportada por el Evangelio no es el nuevo rito o la nueva fórmula religiosa sino el *nuevo ser*. "El principio de la subjetividad se convierte ahora en momento esencial de la religión misma. Este nuevo principio se proclama como lo más importante de todo. Ahora el sujeto se adentra en su propio corazón, entra en sí mismo. Adorar a Dios en el espíritu: estas palabras han sido cumplidas por fin. De este modo, no sólo se reconoce aquí el principio de la subjetividad, de la relación pura del hombre consigo mismo, de la libertad, sino que además se exige pura y simplemente que todo el culto religioso descanse sobre esto. En esto consiste la suprema confirmación del principio: en que éste sólo prevalece ante Dios y en que para ello no son necesarias más que dos cosas: la fe y la victoria sobre el propio corazón; es así y sólo así como se instaura este principio de libertad cristiana y como se eleva a la verdadera conciencia del hombre. Se crea así una morada en lo más recóndito del hombre, la única en que éste vive consigo y con Dios; y sólo vive con Dios en cuanto es él mismo, en cuanto vive en su propia conciencia. Es un derecho de soberanía sobre sí mismo y su morada que no puede ni debe ser infringido por nadie. Pues bien, en esto y no en otra cosa consiste la *fe luterana*, con arreglo a la cual el hombre se halla en una relación tal con Dios que debe existir él mismo como éste, es decir, su devoción y la esperanza de su salvación y todo esto exige que en ello tomen parte su corazón y su subjetividad. Su sensibilidad, su fe, la más íntima certeza de sí mismo, en una palabra, todo lo suyo es postulado aquí y sólo aquí puede verdaderamente llegar a desempeñar un papel: el hombre

---

31. Jürgen Moltmann, *La dignidad humana*, p. 42. Sígueme, Salamanca 1983.

CAPÍTULO III. Peculiaridades de la Filosofía Española

debe hacer penitencia en su corazón y arrepentirse, sintiéndolo lleno del Espíritu Santo.[32]"

Cuando esto sucede el hombre cobra conciencia de haberse reconciliado en sí con Dios, y empieza a ver su relación con el mundo de otra manera. La conciencia tranquila ya no se siente atormentada por temor de obrar mal y ser condenado en su persona; el disfrutar de la vida por sí misma no se considera ya como algo a que deba renunciar, sino que se renuncia a la renunciación monacal. El hombre es traído así del más allá a la presencia de Dios en el más acá de la tierra y sus cuerpos. Y a lo que hasta el momento volvía la espalda, empieza a significar algo para él. La Iglesia medieval, aun considerando el *matrimonio* como una institución moral y respetable, tenía en mucha mayor estima el ascetismo y el *celibato*; pues, bien, a partir de ahora, de la Reforma protestante, empieza a reputarse el matrimonio como una institución divina. La *pobreza* pasaba por ser más digna de ser apetecida que la *riqueza*, y el vivir de limosnas considerábase más virtuoso que sostenerse honradamente con el trabajo de sus manos; ahora empieza a comprenderse que lo moral no es la pobreza como fin, sino el vivir de su trabajo y el sentirse contento con lo que así se crea y se obtiene. Una *obediencia ciega*, represiva de la libertad humana, era el tercer voto monástico; ahora empieza a alumbrar la conciencia de la libertad como un don divino, al lado del matrimonio y la posesión de bienes materiales[33].

---

32. G.W.F. Hegel, *op. cit.*, pp. 192-199. En esta soberbia descripción que Hegel hace de la fe reformada se contestan anticipadamente los planteamientos descabellados y la absurda caracterización de lo protestante realizada por José Luis López Aranguren, como cuando dice: "El protestante es un hombre *superstitiosus*, en el sentido profundo de la palabra, me parece evidente... Religión sin caridad, de hombres desolados, condenados a perpetuo aislamiento" (*Catolicismo y protestantismo como formas de existencia*, p. 39, Alianza Editorial, Madrid 1980). Lutero no ignora el sentido teórico de comunión de los "santos" como objetos de veneración, "ese aprecio a la exterioridad, a la forma, que es el culto católico a las Imágenes" (Id., p. 55), sino que precisamente porque reconoce el principio de Jesucristo como *interioridad*, Lutero rechaza en nombre de ese principio la *exterioridad* en que consiste para la mayoría el culto católico, con el peligro del extrencismo en la relación con Dios y la desvirtuación personal de la fe como acto confiado y de entrega de toda la persona en una mera cuestión de *fe implícita*, caballo de batalla de la Reforma.

33. Hegel, *Id.*

5. Economía, pobreza y consumo

El profesor José Luis Abellán ha querido enfrentar la filosofía "protestante" de la riqueza y del consumo, tal como él entiende las tesis del brillante sociólogo Max Weber en su insuperable estudio *La ética protestante y el espíritu del capitalismo*, a la filosofía "católica" de la pobreza, "cultura del subdesarrollo económico"[34].

Hay toda una mística de la pobreza y un halo de santidad en la crítica hipócrita del consumismo, como si éste fuese el peor de los males acaecidos al hombre moderno. Es hora de decir lo contrario, si no queremos seguir oyendo siempre las mismas estupideces de siempre. El consumismo no es el demonio, sino el no tener nada que consumir y por ende ser consumido por todo: hambre, miseria, raquitismo, analfabetismo, y los efectos morales concomitantes: rencor, amargura, apatía, analfabetismo, indiferencia ética. La opción a la riqueza y al consumo general representa la gran revolución de las masas de Occidente; la única que no ha derramado sangre y beneficiado a todos, ricos y pobres por igual. La más efectivamente democrática, donde la ejecución de un derecho no significa delegación en otro sino ejecución propia y personal. Se trata de la equiparación relativa de ricos y pobres al disfrute de bienes antes sólo reservados a los pocos ricos y pocos poderosos. El consumismo es el triunfo del trabajador: gozar del fruto de su trabajo, no como mera subsistencia, sino como bienestar también, para él y para suyos. La ironía no puede ser más amarga: la

---

34. Sólo unas líneas para ofrecer dos observaciones de primera importancia para un estudio posterior. Primera, aún con todas sus limitaciones Max Weber fue el científico social más importante de este siglo, "a la altura de Freud o Einstein tocante a su influencia en el mundo moderno" (Jacob Needleman, *El dinero y el sentido de la vida*. Temas de Hoy, Madrid 1993), modelo y ejemplo de erudición y claridad de ideas. Segunda, su tesis central acerca del componente cultural-espiritual del progreso económico es irrebatible y sus aparentes fallas se deben atribuir, sin lugar a dudas, a los fallos del entendimiento de sus críticos, viciados por prejuicios o malentendidos, tan comunes en los pensadores. Es sintomático que hoy, cuando una cierta ideología marxista ha caído en descrédito, se pretenda por parte de algunos atribuir el descubrimiento de Weber al catolicismo, es decir trasladar la génesis del capitalismo de la ética protestante al catolicismo medieval (Jacques Paternot y Gabriel Veraldi, *¿Está Dios contra la economía?* Planeta, Barcelona 1991). Es una pena que el trabajo de Weber haya sido tan mal interpretado. "Esperaba —escribe R.H. Tawney— ¡oh santa ingenuidad!, evitar falsas interpretaciones subrayando bastante enérgicamente las limitaciones de su tesis" (Citado por G. Duncan Mitchell, *Historia de la sociología*, vol. I, p. 155. Guadarrama, Madrid 1973).

CAPÍTULO III. Peculiaridades de la Filosofía Española

supuesta "moralidad" de la "cultura de la pobreza" es bastante más inmoral —y dañina para el hombre concreto— que la denostada "inmoralidad" de la "moral del consumo".

A veces se olvida que el *humanismo* antiguo, como observa Aranguren con razón, se alzaba sobre una situación social de grave injusticia: el ocio de unos pocos resultaba de la esclavitud de muchos, que tomaban sobre sí los graves trabajos de la vida. Hoy, nos advierte, ha de montarse, por el contrario, sobre la democratización de bienes y responsabilidades, y ha de ser en su misma raíz un humanismo humanitario.

El pensamiento cristiano es presa fácil de profetas que se consumen en consumir el consumismo en un discurso decadente y "moralizante". Conviene, pues, reflexionar como cristianos sobre la licitud e ilicitud del consumo, a luz de los planteamientos filosóficos hasta aquí señalados. Partiremos, en principio, de la siguiente declaración axiomática: *El consumo es el derecho más universal de los bienes.*

Como ésto es lo que se ha puesto en duda, y desde hace dos o tres décadas que se comenzó a hablar del consumo como un mal de la sociedad burguesa y capitalista, sin que ninguna voz clarividente haya dicho hasta el momento, ¡basta ya señores, cambiemos de tono!, es preciso que indiquemos unas nuevas notas, aun a riesgo de ser malentendidos en medio de tanta espiritualidad de la pobreza falsamente entendida, cuando no hipócrita o al menos inconsecuente, pues no es honrado abominar del consumo y luego disfrutar de sus beneficios. Entendemos por *consumo* cualquier actividad o adquisición no forzada por la necesidad de subsistir. La condición previa y posibilitante del consumo es una sociedad técnica liberadora de energías humanas y productora de bienes en cantidad suficiente para todos. El científico investigando en su laboratorio, el arqueólogo en su campo de exploración, el auxiliar médico voluntario colaborando gratuitamente en campañas humanitarias, la compra de un libro de pensamiento o de viajes, la posesión de un electrodoméstico, la adquisición de un periódico o de una revista son operaciones realizables, y a la altura de un gran número de personas, gracias a la transformación social operada por la técnica, que ha convertido el mercado laboral en una producción rentable, frente al milenario crecimiento económico cero, con el consiguiente fenómeno nunca antes imaginado de *tiempo libre*

—ocio, vacaciones— al servicio de todos, disponible por aristócratas y plebe por igual. La industria moderna depende del consumo generalizado, pues su ritmo de producción puede llegar a saturar de objetos un mercado, desde una revista monográfica a una pasta de dientes. El consumo es el más democrático de todos los derechos y el más versátil en sus funciones. Como todo lo que es humano tiene sus peligros cuando no está debidamente orientado a aumentar el *nivel vital* de la persona, pero esa es otra cuestión. Pues, de momento, la disponibilidad de tiempo libre, que es un bien de consumo, quizá el más preciado para el individuo creador, ha generado la creación de innumerables asociaciones de carácter filantrópico, cultural y humanitario con un alto nivel de participación ciudadana. Con un desinterés total respecto a fines egoístas, médicos y mecánicos por igual han entregado un determinado período —todo un lujo impensable en una economía de pobreza y subsistencia— de su vida para acudir voluntariamente allí donde son necesarios. En grados diferentes muchos son los que han contribuido con sus bienes personales a paliar carencias producidas por catástrofes naturales o humanas, como la guerra, imposible de efectuarse en una sociedad de crecimiento económico cero. La *excedencia* de energía humana posibilitada por la técnica hace de la persona un agente liberado para dedicarse a la acción desinteresada y altruísta, lo que explica el protagonismo de las organizaciones humanitarias de todo tipo que existen en la actualidad en los países desarrollados. Desde el punto de vista moral, el espíritu de sacrificio y buena voluntad existe en todo lugar, pobre o rico, y se ha dado en todas las épocas, pero hay que reconocer que las condiciones económico-materiales han lastrado gravosamente su puesta en práctica, a excepción de unos pequeños islotes en medio de un océano de sufrimiento. En este sentido no hay superioridad moral de unos pueblos sobre otros. Son las circunstancias las que cambian.

La denuncia *verbal* del consumo es, en apariencia, el mínimo de moral secular y de toque de distinción *espiritual* que algunos se permiten exhibir a estas alturas de indiferencia religiosa y craso materialismo hedonista; aunque como es típico de toda *moral de consumo*, ésta existe como descarga y disculpa, es decir, como aquello a lo que todos deberían someterse, excepto uno mismo. Así como, según Nietzsche, el socialismo fue la réplica laica del jesuitísmo, el anticonsumismo viene a ser la réplica laica y resentida del ascetismo monacal, la nostalgia de creerse superior a las condiciones de la materia, en las que la mayoría se desenvuelve afanosamente.

5.1. Mitología del pobre

Creo que fue Marcuse quien más fustigó el consumismo, precisamente cuando los pueblos estaban saliendo de su miseria y teniendo acceso a lo que hasta entonces había sido privilegio de unos pocos afortunados en virtud de su ascendencia y clase social. Acertadamente habían dicho los críticos del marxismo que éste era una religión secularizada, heredera del milenarismo medieval, con todos los motivos soteriológicos, usos ascéticos y metas paradisíacas de las religiones tradicionales de Occidente. En la diatriba marxista contra el consumo hay mucho de sermón de fraile mendicante. El llamado a la austeridad en el vivir siempre ha gozado de buena clientela, especialmente en época y sociedades que hacían de la necesidad virtud. La Iglesia de la Edad Media elaboró ciertamente una "cultura de la pobreza", con una desmedida exaltación de los textos evangélicos relativos a la pobreza voluntaria del discípulo de Jesús. Descubrimos en ella toda una "mitología del pobre". La Iglesia medieval no sólo tolera la mendicidad, sino que la glorifica, no obstante ser la más rica de la entidades de la época. Pobres y ricos formaban dos clases bien definidas y delimitadas. Cada cual cumplía un rol distinto en la sociedad jerárquica de entonces. Los ricos son los señores con derecho al bienestar; los pobres los que redimen la mala conciencia de la ricos mediante las limosnas destinadas a la caridad. El pobre vive estrecho toda su vida, pasa hambre y frío, pero, en compensación, se le adjudican casi todas las virtudes morales que generalmente brillan por su ausencia entre los ricos[35].

Al llegar el siglo XVI, y debido a la Reforma protestante, ocurre un cambio espectacular. Entran en juego una nueva serie de virtudes seculares como el matrimonio, el trabajo, el ahorro y la inversión, por una parte, y la afirmación de la subjetividad en el plano religioso, lo que Tillich llamará el coraje de ser, frente a los virtudes y votos religiosos de pobreza, castidad

---

35. Cf. José Luis Abellán, *Panorama de la filosofía española actual*, "Filosofía española y sociedad". Espasa-Calpe, Madrid 1978.

y obediencia. Cae por tierra el muro de partición entre lo religioso y lo secular. Todo servicio a la comunidad y trabajo en el mundo se convierte en esfera apropiada de culto a Dios. Tanto quien predica un sermón en la catedral como quien barre el suelo de la cocina rinde culto a Dios. La vida cotidiana, con sus miserias, pero también pequeñas alegrías, adquiere un nuevo sentido, un estatus diferente. El individuo reconciliado con Dios en y para la esfera de lo secular comienza a adoptar una nueva actitud ante la familia, el trabajo y el bienestar, "el gusto por la vida". "Disfrutar de la vida por sí misma no se considera ya como algo que deba renunciarse, sino que se renuncia a la renunciación monacal.[36]" Henri Bergson también señala el siglo XVI como el tiempo a partir del cual los hombres comienzan a aspirar a un enriquecimiento de la vida material, quitándose el peso del ascetismo que había predominado durante toda la Edad Media como ideal social. Se trataba de una falta de comodidad para todo el mundo que hoy nos sorprende. Los santos más venerados eran aquellos capaces de provocarse más incomodidades, tal como vemos en *El otoño de la Edad Media* de Johan Huizinga[37].

5.2. Del estadio zoológico al económico

Los plañideros del consumismo deberían ser condenados a alimentarse de su propia dieta. En los años sesenta Ana María Matute escribió un relato estremecedor, de una intensidad poco común. Se titulaba *Pecado de omisión*. Trata de un niño huérfano llamado Lope, recogido por su tío paterno, que lo puso a cuidar sus doscientas cabezas de ganado bovino, perdido en la sierra. Resignado en su triste destino Lope vio pasar los años sin otro goce que el consumo de una día de fiesta por año. Uno de esos días en que todo se ve diferente, en que se cae en la cuenta de la diferencia entre lo que uno es y lo que son los demás, Lope cogió una piedra grande como un melón y la estampó sobre la cabeza de su tío. Así liquidaba los años de reducción zoológica a que su tío le había condenado.

---

36. Hegel, *Lecciones sobre la historia de la filosofía*, vol. 3, p. 196. FCE, México 1977.

37. Johan Huizinga, *El otoño de la Edad Media*. Alianza Editorial, Madrid 1978, 1993 9ª ed.

CAPÍTULO III. Peculiaridades de la Filosofía Española

No tener otra cosa qué consumir mas que miseria degrada a los individuos, envenena el alma. Nadie sino el que la contempla románticamente —es decir, desde lejos— puede ver alguna virtud en ella. Desde las exigencias espirituales de la persona *el consumo es el derecho más universal de los bienes*. El Estado no puede sino hacer lo posible e imposible porque a todos llegue.

El consumo como elección personal de lo tendente al *bien estar* para uno mismo no entontece. Todo lo contrario. Está demostrado que cada vez más los ciudadanos de los países industrializados tienden a pasar del consumo cuantitativo al cualitativo. Después de la primera borrachera consumista, motivada por el largo ayuno de la misma, le gente comienza a ser selectiva, a organizar *espiritualmente* su consumo, aquello a lo que dedica su vida y su tiempo libre, *su tiempo más personal, el único al que puede llamar suyo*. Los estudios más recientes dedicados a este tema señalan que al reducirse el tiempo de trabajo el hombre contemporáneo ha preferido la "calidad de vida" al "nivel de vida", aceptando reducir el consumo de objetos con vistas a disfrutar el consumo de tiempo libre como franquía para ser sí mismo —el ocio no es la negación del hacer, sino ocuparse en ser lo humano del hombre[38]—, hecho posible por la técnica que es humana superación o distanciamiento del ámbito y nivel zoológico.

Lo malo es cuando ciertos intelectuales juegan a profetas e ignoran que, desde un punto de vista estrictamente religioso, hay también falsos profetas, y en mayor número que los primeros, y quieren erigirse en conciencia *moral* de una sociedad que ni conocen ni viven. Condenar el progreso, la técnica y el consumo que lleva aparejado, en nombre de no sabemos qué virtudes humanas es producto de una mala digestión histórica, por decir lo mejor. "¿Es cierto —se pregunta Karl R. Popper— que nuestra alma protesta contra el materialismo y la mecanización de la vida, contra el progreso realizado en la lucha contra los indecibles sufrimientos de hambre y peste que caracterizaron a la Edad Media? ¿Es cierto que el

---

38. José Ortega y Gasset, *Meditación de la técnica*, p. 64. Revista de Occidente, Madrid 1977, 7ª ed.

espíritu sufrió cuando debió servir a la humanidad como técnico y en cambio se sintió más feliz cuando la sirvió como siervo o como esclavo?[39]" "Con todos sus fallos, la sociedad de consumo ha hecho más por el bienestar de las masas que cuantas la han precedido en la historia de la humanidad; nada se diga del comunismo. Y hay que tener el valor de decir que el llamado mundo libre, no sólo es más libre, sino más justo que su oponente.[40]"

Mientras más puedan hacer las máquinas, más cosas podremos hacer nosotros en otros órdenes que no sean exclusivamente mecánicos, como son cavar la tierra, soldar una estructura metálica, elevar una viga, tender la colada, cortar leña, ordeñar las vacas... Liberado por las máquinas de gran parte de sus obligaciones que antes requerían un alto nivel de esfuerzo, energía y tiempo, por primera vez en la historia el hombre y la mujer disponen de suficientes recursos para desarrollar sus talentos creativos. Si se argumenta que la Biblia dice que el hombre ha de ganar el pan con el sudor de su frente, respondemos con el profesor Emmanuel Mesthene, de la Universidad de Harvard, que "no glorifica a Dios hacer descansar su poder en la impotencia y frustración de los hombres. La religión puede haber perdido un papel en esta coyuntura, pero debe entonces encontrar uno nuevo y más auténtico. Lo que no tiene derecho es a quejarse como el fabricante de muletas, de que el hombre pueda caminar sin ellas. Al fin el hombre ha conseguido asumir la función que le corresponde como creador juntamente con Dios.[41]"

El sermón o la homilía anticonsumista pasa por elevado en términos de desprendimiento y espiritualidad ascética, que se asocia automáticamente al ser cristiano, pero en realidad es un craso materialismo incapaz de comprender el fenómeno espiritual humano, cuyo objetivo es la participación plenaria de todos en los bienes de la vida, tremenda paradoja.

---

39. Karl. R. Popper, *La sociedad abierta y sus enemigos*, p. 407. Paidós, Buenos Aires / Orbis, Barcelona 1985, 2ª ed.

40. José Mª García Escudero, *El escándalo del cristianismo*, p. 119. Desclée de Brouwer, Bilbao 1976.

41. Citado por Marcelo Pérez Rivas, *Estímulo y respuesta*, p. 157. La Aurora, Bs. As., 1969.

CAPÍTULO III. Peculiaridades de la Filosofía Española

Inadvertidamente se rebaja el hombre al nivel "cuasi zoológico" cuando la perfección y la virtud se disocian de la expansión creativa. La grandeza de la economía moderna estriba en que, por primera vez en la historia, ofrece la posibilidad de expansión de todo el hombre y de todos los hombres. El derecho al consumo, posibilitado por el progreso, es el terreno que se gana a la penuria. El ascetismo económico no está excluido, todo lo contrario; lo que el derecho al consumo quiere evitar es la angustia de la inseguridad económica que lleva a muchas personas a prostituirse en todos los sentidos de la palabra, a no valorar la vida, al no ver en ella nada extraordinariamente humano, sino fastidiosamente biológico; cosa, no ser. "El hombre no tiene empeño alguno por estar en el mundo. En lo que tiene empeño es en estar bien. El bienestar y no el estar es la necesidad fundamental para el hombre, la necesidad de las necesidades.[42]"

El animal humano es el único que tiene economía como efecto de su tendencia al bienestar, hecho bien notado por Tomás de Aquino en lo mejor de la Edad Media. Para él, el deseo de bienestar enlaza con dos inclinaciones naturales propias de la humanidad: la que mueve a todos a integrarse en la sociedad civil, y la que estriba en la aspiración a la felicidad. "Para ser feliz, el hombre necesita, por ser hombre, la prosperidad exterior" (Aquino[43]). Según ha estudiado bien el Dr. Millán-Puelles, a quien seguiremos de aquí en adelante, el bienestar representa un exceso esencial del ser humano sobre la condiciones materiales de la existencia puramente animal. Este exceso proviene del espíritu, de su virtualidad y su eficacia sobre la naturaleza material en la que el hombre es y de la cual participa. De ahí que la aspiración a "dominar la tierra" tenga de suyo un signo espiritual y sea, por tanto, radicalmente inagotable. Y de ahí también que no haya, en rigor, ningún "excesivo bienestar" nada más que si el hombre, no por humanizar los medios de los que se sirve en su existencia, sino por la manera en que lo logre y por el uso que realmente haga de las posibilidades conseguidas, se comporte de modo que descuide los más altos valores. El hombre no es un mero ser de la naturaleza, por eso, a

---

42. José Ortega y Gasset, *op. cit.*, p. 39.

43. Citado por Antonio Millán-Puelles, *Economía y libertad*, p. 45. CECA, Madrid 1974.

ciertos espiritualismos más retóricos que edificantes, según los cuales el bienestar no tiene nada que ver con las cosas externas, les responde la ironía popular que, basándose en la experiencia, sabe que "el dinero no da la felicidad, pero ayuda bastante a conseguirla."

La amarga seriedad de un triste espiritualismo negativo viene a aguarnos la relativa fiesta que buscábamos en la adquisición y consumo de aquellas necesidades que sentimos más apremiantes para realizarnos como personas. Sin dejar nunca el más riguroso luto, ese espiritualismo se imagina las más desenfrenadas bacanales tras el rótulo "bienestar" o "consumo"; y se permite la satisfacción de condenarlo, con el placer que la venganza da a los dioses algo tocados de los defectos de los hombres. Da que pensar la idea tan "hedonista" que tienen del bienestar sus más calificados detractores. Uno tiende a creer que tal vez el hedonismo es cosa de ellos, un producto de su imaginación acalorada por impulsos mal reprimidos y que tiende a desahogarse objetivándose en la conducta del prójimo. El hedonista atormentado y clandestino recurre a una extraña forma de castigar los excesos de su imaginación: el sistema de darse azotes en los sufridos lomos de los demás[44]. "Desde el punto de vista estrictamente filosófico, negar o lamentar que el hombre sea capaz de poseer en muchos niveles y diversas maneras, va contra la realidad. La ética es todo lo contrario a la utopía. Contraponer el ser al tener es utópico. Una formulación crítica utópica es demasiado irrealista y para la ética un peligro de desconcierto. La ética o se atiene a la realidad o se esfuma. Descalificar las aspiraciones a poseer es un desatino, porque son naturales al hombre. Tener sólo para sí, sin querer compartir es malo. Son malas las exageraciones. Pero no se puede desconocer que el espíritu es capaz de tener sin renegar a su ser.[45]"

Desde el punto de vista del espíritu, la miseria tan patente en los pueblos "no consumistas" ni afectados por el bienestar, es tan inhumana que quien la padece ni siquiera echa en falta los valores del espíritu, porque sólo se ocupa —tan necesitado está de ellas— con las cosas más materiales. Su tener no tener le obliga a descuidar su ser, le es un lujo impensable el

---

44. A. Millán-Puelles, *op. cit.*, p. 302.

45. Leonardo Polo, *Etica*, p. 93. Unión Editorial, Madrid 1996.

CAPÍTULO III. Peculiaridades de la Filosofía Española

cultivar esa rara joya del ser, que consiste en tener y tener la posibilidad de tener. Sólo cuando se alcanza un cierto bienestar es posible hacer ascos a esos mismos bienes materiales que entonces parecen tan bajos. Las necesidades "inferiores" son aquellas a las que el hombre está sujeto por tener, a su modo, la condición de un organismo animal. Este carácter animal del ser humano determina un objetivo prioritario respecto de lo específico del hombre. Nada de esto se opone a la mayor dignidad de los valores "espirituales". Tales valores son los más valiosos, pero la forma en que el hombre participa en ellos se encuentra condicionada por la satisfacción de las necesidades inferiores. La prioridad de urgencia de la atención a las necesidades inferiores equivale a la prioridad, igualmente de urgencia, del bienestar como objeto de la actividad socioeconómica. No supone esto ninguna concepción materialista del ser y vivir humano. Por el contrario, el concepto del bienestar se define en función del espíritu[46].

La canción protesta anticonsumismo es de origen materialista, con muy pocas dosis de espiritualidad. Su inspiración y predicamento es de corte marxista, pura ideología oportunista. Una vez constatado el fracaso de las predicciones marxistas sobre la revolución proletaria y el fin del capitalismo, víctima de sus propios abusos, se quiere hacer encajar su cumplimiento en la aborregación proletaria vía consumo. En una sociedad suficientemente desarrollada como la occidental la dialéctica explotador-explotados pierde credibilidad, o al menos urgencia, a la vista del progreso económico y el aumento de poder adquisitivo de las clases obreras. Como al dogma de la lucha de clases no conviene la realidad de unos hechos innegables: el acceso a los bienes de consumo del obrero en las sociedades capitalistas industrializadas y la consiguiente pacificación de las demandas de éste, que, por otra parte, continúa haciendo demandas, solicitando mejoras, pero ya no de carácter revolucionario sino "terapéutico". Los guardianes de la ortodoxia marxista no pueden verse expuestos a la falsedad de sus creencias. No son ellos los errados sino todos los demás. De ahí el cambio de estrategia, lleno de resentimiento y amargura. Como no hay razón de combatir la miseria que el capitalismo habría de engendrar, pues ha producido todo lo contrario, hay que oponerse al bienestar que realmente

---
46. A. Millán-Puelles, *op. cit.*, p. 441.

ha engendrado y acusar a los consumidores de aborregados y otros insultos, encajados por la sorpresa de los mismos, que aún no ha permitido a los consumidores reaccionar convenientemente. Una vez más, por fortuna, la "masa" ha reaccionado haciendo caso a su instinto de conservación frente al cada vez mayor enjambre de profetas y mesías salvadores: "Echame pan y llámame perro".

Sin embargo, según Millán-Puelles, las referencias al materialismo de una sociedad hipotecada por el culto a los aparatos técnicos caseros han podido encontrar un fácil eco en algunos cristianos que por lo visto no tenían muy claro el valor espiritual del bienestar, y cuya forma de malentender la virtud sobrenatural de la pobreza consistía esencialmente en atacar las desmesuras del lujo, supongamos que nunca por envidia. La actitud de estos cristianos era el cómplice natural y el terreno abonado para la nueva táctica marxista, lo que explica el fervor con que algunos se precipitaron a secundarla en nombre de la concepción cristiana de la vida. Tanto en los casos que dan pie a la sospecha de una pura actitud oportunista como en aquellos en los que hay que pensar en la ingenuidad y buena fe de quienes hacen el juego, el fondo en suma es el mismo: una pobre idea del espíritu y no, por cierto, la idea de la auténtica pobreza espiritual. ¿Es realmente tan poca cosa nuestro espíritu —lo mismo para el bien que para el mal— que tanto haya de temer de la materia? No es ése el temor que inspira a la pobreza sobrenaturalmente voluntaria. Tal pobreza se funda en el temor, no a la materia, sino a nuestro espíritu, y por tanto al posible mal uso de nuestra libertad[47].

5.3. Malestar o bienestar, esa es la cuestión

Todo el sentido de la idolatría de la pobreza es una auto-idolatría del espíritu humano, que se cierra enteramente sobre sí. Lo que en el fondo y en la intimidad es propiamente una adoración de sí mismo se muestra en la superficie como un desprecio de los bienes materiales. En realidad, lo más despreciado es Dios, y no sólo en cuanto causa de estos bienes, sino también como el origen de un ser que al asumirse a sí propio de manera absoluta le excluye su querer y le suplanta en sus atribuciones, y así la

---

47. *Id.*, p. 322.

idolatría de la pobreza viene a ser una forma del humanismo ateo, o bien una deificación del ser humano. También cabe llamarla un «abstracto espiritualismo», porque en ella el espíritu del hombre intenta segregarse o abstraerse del valor de los bienes materiales y del valor de Dios. Por su segundo aspecto, el sentido de un espiritualismo semejante no es otro que la «soberbia» en su más plena y radical acepción. San Agustín considera a los pobres de espíritu «*humiles et timentes Deum, id est, non habentes inflantem spiritum*» (*De sermone Domini in monte*, lib. I, cp. 1), lo que equivale a decir que la soberbia es una inflación espiritual, y el soberbio un inflado y como lleno de viento. Lo sorprendente es que no suela verse como muy sintomático el hecho de que la descalificación del bienestar va acompañada en sus formas extremas por un tan gran aprecio de sí mismo que formalmente es un desprecio a Dios[48].

Dos tesis complementarias para reflexionar: *El consumo es el acto por el que el hombre se hace inmediatamente receptor de la utilidad que para él tiene algún bien material. El trabajo es la producción humana de los bienes de índole material directa o indirectamente destinados a hacer posible el consumo*[49].

La economía como función "espiritual" tiene como fin el bienestar. Esta tesis —*el bienestar es el fin de la economía*— sólo adquiere su último sentido en la íntegra visión del ser humano como espíritu y cuerpo en esencial unidad. Con esta afirmación antropológica se rebasa la esfera de la economía positiva y se entra de lleno en el dominio del saber filosófico. Tal cambio de perspectiva se hace enteramente ineludible desde el momento en que se reflexiona sobre el alcance y el valor del bienestar. La economía es ajena a esta clase de reflexiones, aunque no, claro está, por excluirlas, sino por no incluirlas. La propia tesis de que el "bienestar es el fin de la economía" no pertenece al sistema de los conocimientos formalmente económicos. Es una tesis de índole filosófica y que tiene, entre otras dimensiones, un alcance éticamente normativo[50].

---

48. *Id.*, p. 332.

49. *Id.*, pp. 341, 346.

50. *Id.*, p. 358.

Como todo lo que es humano, el consumo y el bienestar están expuestos a múltiples de tergiversaciones —vivimos bajo el signo del pecado, insertos en él—, pero la respuesta cristiana no puede ser, nunca, la negación paralizante y maniquea que evita un mal cometiendo otro mayor, sino el coraje de la fe y el riesgo de vivir esa fe desde la libertad y responsabilidad personal cara a Dios y al prójimo, pues para eso mismo se es liberado por Cristo.

Por su parte Julián Marías, siempre atento a la actualidad de lo que al ser humano afecta, considera inquietante que la afición a la pobreza se justifique con aparentes motivos religiosos. "Siempre me ha conmovido —escribe— y admirado la conducta del P. Feijoo, tan buen benedictino, tan firme creyente, tan partidario de la paz y de la prosperidad. En 1750 escribía: «La paz de un Reino no es un beneficio solo, sino un cúmulo de beneficios, siendo ella quien pone en seguro las honras, las vidas y las haciendas, que la Guerra expone a cada paso... Declamen los Filósofos cuanto quieran contra los vicios que resultan de la riqueza, o superfluidad de los bienes temporales. Yo estoy, y estaré siempre, en que *son mucho más frecuentes los que provienen de la falta de lo necesario.*»... Y cuando se mira el mapa mundi, se advierte hoy un paralelismo entre la superación de la pobreza y la existencia de la libertad; un paralelismo que da mucho que pensar —si se está dispuesto a pensar.[51] "

No hay mayor vergüenza para un gobierno que el hambre de su pueblo. "Y España, su pueblo, tenía el hambre y la esperanza contenidas, aguantadas desde siglos, los siglos de esa famosa «decadencia»; hambre... el hambre que roe las tripas y agusana la sangre y aguza también el entendimiento. Es verdad, el hambre que ha afilado el perfil de los españoles, madrileños, andaluces, castellanos, haciéndolos de medalla... El hambre de no tener... La expresión «matar el hambre», ¿quién la acuñaría? Decía mucho de esta actitud de hostilidad hacia ella, considerándola enemiga a quien matar, no señal de la naturaleza que satisfacer placenteramente.[52]" La miseria encierra al hombre y a los

---

51. J. Marías, *La libertad en juego*, pp. 111-112. Espasa-Calpe, Madrid, 1986.

52. M. Zambrano, *op. cit.*, pp. 68-69.

CAPÍTULO III. Peculiaridades de la Filosofía Española

conjuntos humanos en el círculo fatal de la lucha por la pura subsistencia. Su desenlace es la consunción, la anemia o la supervivencia infrahumana y casi sólo vegetativa. Frente a esta consunción colocamos el derecho al consumo, porque "la libertad empieza a partir de ciertos mínimos de consumo previamente y suficientemente garantizados.[53]" Es de justicia que el desarrollo se oriente no sólo al beneficio de minorías egoístas y privilegiadas, sino al reparto proporcional y solidario, conforme al humanismo cristiano que desea para los demás lo que quiere que éstos hagan por él. A nivel ético, el derecho al consumo, producto técnico de la capacidad de producción, poder adquisitivo y preferencias en la opción, significa la potenciación de virtudes humanas de laboriosidad, disciplina, trabajo, iniciativa privada, invención creadora, responsabilidad personal y colectiva... "Son, en sustancia, la maximalización de la racionalidad y de la eficacia a todos los niveles. Su objeto ha sido la máxima rentabilidad marginal ponderada respecto a todos los recursos disponibles o creables.[54]" El virus y la corrupción del consumo es la codicia y es a ésta a la que hay que frenar por todos los medios.

6. Pasión de España

"La pasión de los tiempos era pasión por España", así define Marías la generación del 98, dolorosamente conscientes del retraso intelectual de España, del desnivel entre la cultura española y la europea. Sus esfuerzos estaban orientados a integrar a España, con toda su personalidad original, en Europa. Por eso era pasión por España, no por Europa; por Europa en cuanto podía afectar positivamente a España. Pero Europa hacía siglos que no prestaba atención a España, nada *inesperado* se esperaba de ella. ¿Podía surgir algo bueno de España? Trabajo iba a costar. Sin embargo muchos españoles conservaban viva la memoria de un pasado rico en

---

53. Vidal Abril Castelló, "¿Desarrollo y consumo contra calidad de vida?", *Arbor*, p. 34. Madrid, Julio-Agosto 1978.

54. *Id.*

posibilidades futuras. No era cuestión de desviar la mirada allende sus fronteras, sino de concentrarla aquende sus costas y mesetas, "quemándose en una pasión de conocimiento y de acción atraída hacia un foco: España. Salvar el divorcio habido desde tan largo en la vida española entre lo europeo y lo español. España cuando existió, ¿no fue universal?[55]"

La pasión por España no debe leerse como patriotismo cerril y gazmoño, sino como ámbito vital y aspiración a la universalidad representada por ella y perdida desde la Contrarreforma. "España ha vivido al margen de Europa durante el tiempo de la modernidad; ha disfrutado o ha padecido, según se mire, «una existencia periférica». Sea para conservar una virginidad simbólicamente vivida bajo el signo de la Inmaculada Concepción, como entendiera Ganivet; sea para regresar a una forma de vida tibetana, como pensara Ortega, nuestro alejamiento de Europa ha sido durante demasiado tiempo un hecho. Y su origen ha de buscarse en el amplio movimiento cultural que representa la Contrarreforma.[56]"

España, proyecto y síntesis de un pensamiento unificador que se siente salido de los sepulcros de la mediocridad, en los que había caído cuando dejó de ser fiel a sí misma, al convertir a la nación entera en un campo de exiliados, exiliados del resto del mundo, vendida a un proyecto hebreo-islámico de su porvenir. Sabido es que los mayores enemigos de Maquiavelo fueron los autores hispánicos. La razón en sencilla, España había tomado partido por la Contrarreforma, por el mantenimiento del orden de valores de la cristiandad medieval en pugna con el árabe y el turco e influenciada recíprocamente por ellos, y mientras Maquiavelo quiere hacer del Estado religión, al decir de Francisco Ayala, la obra española es hacer de la religión Estado[57]. Américo Castro demuestra cómo esta empresa obedece a una teoría hebrea del Estado, el Estado teocrático, propio también de los musulmanes que durante siglos dominaron España.

---

55. M. Zambrano, *op. cit.*, pp. 37, 39.

56. H. Carpintero, op. cit., p. 47.

57. Francisco Ayala, *Razón del mundo. Un examen de conciencia intelectual. La preocupación de España*. Losada, Buenos Aires, 1944 / Universidad Veracruzana, Xalapz, 1962.

CAPÍTULO III. Peculiaridades de la Filosofía Española

Con la llegada de la Institución Libre de Enseñanza, Ortega y Gasset, la República, todo parecía indicar a los españoles la vuelta de la España universal para nuestro tiempo. La España disidente, "una España antigua, universal, ancha, donde la vida había sido posible en todas sus dimensiones; una España donde el alma y la voluntad no se habían sentido asfixiadas, como en aquella España última que querrían, más que derrocar, convertir... Impetu de vivir sí, de vivir con los mayores, con los iguales, con los analfabetos, con los campesinos, con los obreros. «Vivir es convivir». Y esto era, debía de ser lo nuevo, esta ansia de convivencia profunda, de integración, de orden... Una sangre nueva, purificada por el aire libre que acabase de liberar a los españoles de sus obsesiones, de su pereza y de su orgullo, una sangre que moviera el corazón y la mente a realidad.[58]"

España universal es epítome ideológico de varias generaciones de escritores y pensadores, pero es primaria y básicamente el *lugar* y la *condición* desde que se piensa o filosofa. Lugar y condición que se han vuelto problemáticos dado el desfase con la situación europea; horizonte que una vez fue suyo y ella contribuyó a delimitar. La gloria del pasado le hacía más angustiosa la realidad marginal del presente. "Durante mucho tiempo, España permaneció al margen del mundo. Divertía a los soñadores y a los lunáticos con su orgullo, su oscurantismo y su soledad. Parecía estar fuera del planeta.[59]" España, como hemos dicho en frase de Ortega, se había tibetanizado. Un día, con Felipe II, se jugó todo su destino futuro a una sola carta, la de la Contrarreforma, y perdió[60].

España, *lugar* y *condición* problemáticos, que exigen desesperadamente una solución, pues si el punto de partida escapa a la claridad conceptual raramente se sabrá cómo guiar los pasos subsecuentes. La cuestión es

---

58. M. Zambrano, *op. cit.*, p. 46, 48.

59. Iliá Ehrenburg, *España, república de trabajadores*, Ed. Crítica, Barcelona, 1976.

60. "En el fondo del fondo España no murió de sus derrotas, sino de un empacho de sí misma, murió de tanta fortuna y tanta gloria como había tenido. Murió, también, del exceso de especialización, es decir, de la falta de sustitutos de sus dogmas, cuando estos dogmas dejaron de ser productivos. Murió de una peligrosa misión «eterna» que solemos atribuirnos los hombres para cohonestar, con astucia simoniaca, pasiones e intereses demasiado temporales" (Alvaro Fernández Suárez, *El pesimismo español*, p. 131. Planeta, Barcelona 1983).

seria, pues a lo anterior es preciso añadir que hasta la *entidad* representada por el vocablo España se acompaña con interrogantes. "Dios mío, ¿qué es España?" Desde aquí habría que entender el carácter *conflictivo* español, no en el burdo sentido belicoso, sino ideológico.

Este *marco* español desde el que se hace filosofía y se crea pensamiento provee las claves hermenéuticas de sus líneas directrices e indica los requerimientos necesarios para llevar a feliz término la empresa intelectual española, sea ésta cristiana o no. "A mí dadme, os lo ruego, españoles sin trampa ni disfraz. Los que sin mesianismo y sin aparato trabajan lo mejor que pueden en la biblioteca, el laboratorio, el taller o el pegujar. Los que saben conversar, reír o llorar con sencillez, y a través de sus palabras, sus risas o sus lágrimas os dejan ver, allá en lo hondo, esa impagable realidad que solemos llamar «una persona». Los que saben moverse por la anchura del mundo sin abrir pasmadamente la boca y sin pensar provincianamente" (Laín Entralgo).

Para no caer en frases manidas y tópicos gastados baste una idea, una palabra: España. Que el Evangelio de Cristo sea propiamente cristiano, no importación religiosa ajena al cuerpo que pretende transformar, depende de su capacidad de aceptar y entender el *marco* en que ineludiblemente tiene que hacerse oír, a saber, el *lugar*, la *situación* y la *entidad* españoles. "Entre nosotros —escribió Ortega en *La pedagogía social como programa político*— el español que pretenda huir de las preocupaciones nacionales será hecho prisionero de ellas diez veces al día, y acabará por comprender que para un hombre nacido entre el Bidasoa y Gibraltar es España el problema primero, plenario y perentorio".

Hemos dicho y repetido mil veces aquello de España "martillo de herejes", perseguidora incansable de heterodoxias, lo cual sin dejar de ser verdad, no exculpa nuestra falta de toma de posición radical de una teología y un pensamiento evangélico realizado a partir de nuestra situación nacional, arraigado en nuestra cultura y parámetros de pensamiento[61]. Se

---

61. "Uno de los conceptos más eficazmente estudiados por la filosofía actual es el de *situación*, y la línea general de sus hallazgos ha conseguido una amplia vigencia. Hoy el intelectual y su público siente, quizá confusamente pero con toda energía, que están condicionados por una situación concreta, a la que pueden ni deben escapar. El intelectual aparece, pues, adscrito a su tiempo y a su lugar en el mundo, no como un mero aparato mental que funciona en el vacío. Se siente, por tanto, como

CAPÍTULO III. Peculiaridades de la Filosofía Española

vive de la traducción barata y chapucera de manuales de teología de siglos pretéritos y de librillos doctrinales que ofenden la necesidad de rigor de la ciencia española. No es cuestión de patriotismo trasnochado sino de hacerse cuestión de nuestra circunstancia nacional, del lugar que ocupamos en las naciones de acuerdo al plan de Dios, y darnos cuenta que ese lugar es España y que ello condiciona, queramos o no, nuestro ser y actuar al servicio del Evangelio. "Urge iniciar la animosa conquista de España por los españoles, la toma de posesión de su realidad física y social, de su pasado entero, de su futuro, que sólo entonces será *porvenir.* [62]"

---

radicalmente perteneciente a una época, a una sociedad, de un modo más preciso, a una nación. No parece indiferente ser español, francés o alemán, sino todo lo contrario: el destino individual inexorable. ¿Será esto una recaída en el nacionalismo? No, porque el destino es lo contrario de lo que es el sustrato de todos los nacionalismo: la creencia de que pertenecer a una nación es una gracia o un frívolo privilegio. Y además, al analizar en su totalidad la situación en que se encuentra, el intelectual descubre, con igual rigor que su adscripción nacional, su ineludible pertenencia a una comunidad más amplia. Ni nacionalismo ni internacionalismo como indiferencia, sino articulación precisa de lo nacional (de cada nación determinada) con la supranacional" (Julián Marías, *El intelectual y su mundo*, p. 62. Espasa-Calpe 1968).

62. J. Marías, *Consideración de Cataluña*, p. 150. Aymá, Barcelona, 1966.

IV

EMERGENCIA DE LA VIDA EN EL PENSAMIENTO

1. Un magisterio de más y otro de menos

Son los años sesenta. Flores en San Francisco y *napalm* en Vietnam. Los jóvenes se rebelan; los estudiantes protestan. El viejo y anticuado sistema de *autoridad* entra en crisis. Por todas partes se habla del hombre nuevo. Se apunta hacia él, pero no se lo describe en sus perfiles y contornos precisos; a lo más se entiende una manera *rebelde* de ser. El marxismo romántico y guerrillero del "Che" Guevara y Mao atraen muchos jóvenes idealistas. El cristianismo, la gran tradición de Occidente, también está en crisis. Roma convoca el más famoso y polémico de sus concilios, el Vaticano II. El evangelicalismo también quiere ponerse al día en Laussanne, salir al frente de los retos que enfrentan la extensión misionera de la iglesia y la evangelización de la sociedad moderna. La filosofía oriental recluida en sociedades teosóficas, antroposóficas y otros esoterismos se convierte en dominio público y es puesta de moda por algunos cantantes pop. Una figura descuella por entonces y comienza a adquirir prominencia mediante una amplia gama de producciones literarias y audio-visuales. Jóvenes cristianos perplejos y desorientados de todo el mundo acuden a Suiza para visitar, escuchar y dialogar con quien parece ser un nuevo y seguro guía espiritual dentro de la tradición cristiana-evangélica: Francis A. Schaeffer. *L'Abri*, El Refugio, nos indica en su propia designación la clase de mentalidad y propósito al que quería servir. Ante la disolución de las viejas garantías y la relatividad de todo cuanto pasaba por enseñanza, Francis A. Schaeffer se siente llamado a convertirse en guía y ancla a la vez, de una generación que ha adoptado la revolución de la subversión de todos los valores. Fundamentado en la Escritura, creída infalible e inerrante, conforme al más puro fundamentalismo, Schaeffer enseña a los jóvenes evangélicos a relacionar su fe con el mundo moderno. Les devuelve la confianza intelectual en el mensaje cristiano: "El cristianismo es comunicable porque es inteligible", afirma; y continúa: "El cristianismo ofrece una respuesta unificada a la totalidad de la vida"; u ofrece ideas tan sugestivas y fecundas como que el hombre en Cristo recupera la razón perdida en Adán. Habla de hechos inmutables, auténticos y verdaderos, en medio de una época de relatividad e incertidumbre, donde nada es tenido por verdad. Frente a quienes cuestionan la autoridad y las carencias de la Biblia, Schaeffer les muestra la *suficiencia* de la misma, "además, de una manera realmente interesante e inteligente.[1]" Su pensamiento es arrollador y dinámico, plenamente seguro de sí mismo, poseído por una certeza inconmovible.

1.1. Una puesta al día

José Grau, teólogo evangélico español, siempre preocupado por la problemática de la fe en el contexto de los tiempos, capta la importancia de este pensador norteamericano afincado en Suiza, su valor de respuesta a muchas inquietudes que agitaban las juventudes evangélicas de entonces y, ni corto ni perezoso, comienza a traducir al castellano las obras puntales y claves de Francis A. Schaeffer. Una generación de jóvenes cristianos se lo agradecerán siempre.

Pero Francis A. Schaeffer no es *continuado* en España, su obra se queda estancada, tanto por sus condicionamientos internos como por la sociedad contemporánea en constante avance y movimiento. Lo que salva al pensamiento es la continuidad, su capacidad de crear escuela como espacio de discusión y estudio donde perfilar las intuiciones del maestro, corregir sus defectos y abrir su obra a nuevos horizontes. En la creación

---

1. Francis A. Schaeffer, *Huyendo de la razón* (Ediciones Evangélicas Europeas, Barcelona, 1969); *Génesis en el tiempo y en el espacio* (EEE, Barcelona 1974); *La iglesia al final del siglo XX* (EEE, Barcelona 1973); *Muerte en la ciudad* (EEE, Barcelona 1973); *Polución y muerte del hombre* (Editorial Mundo Hispano, 1976, 2ª ed.).

CAPÍTULO IV. Emergencia de la vida en el pensamiento

intelectual, como en la vida cristiana, no se puede ir por libre, solo. Unos se *necesitan* a otros en el sentido más radical y verdadero de la palabra, en la riqueza sugerente de la imagen paulina: unos miembros del otro, solidificados en el conjunto del cuerpo humano.

Francis A. Schaeffer presenta el cristianismo de una forma radical y conservadora a la vez en diálogo con el hombre moderno. "Si hemos de comunicar la fe cristiana de manera efectiva —escribe—, habremos de conocer y comprender las formas de pensamiento de nuestra propia generación.[2]" Esto es su novedad y atractivo. Pero el hombre moderno con el que él habla es, mayoritariamente, el anglosajón, y el resto visto desde ese ángulo particular. Y, además, el hombre moderno a la luz de su rebeldía contra el cielo. No tiene ojos para los que desde el interior de la filosofía y de la cultura también militan en el campo de la fe cristiana. El resultado es una visión sombría y negativa del pensamiento moderno y especialmente de la filosofía, toda ella parece abocar a la muerte de Dios, lo irracional y la locura. Se ignoran los pensadores y filósofos radicalmente cristianos, en especial los latinos, que hacen una obra seria, digna y continuada. Se atiende a las "vedettes" del mundo intelectual, las "estrellas" filosóficas del momento y se distorsiona la realidad y situación en general. Schaeffer lee mucho pero a medias, o prejuiciosamente, dado su ánimo polémico y controversial. El carácter positivo de la obra de Schaeffer es encomiable, providencial y oportuno en su tiempo, pero es hora de ponerlo al día, depurarlo de sus invonvenientes, "contextualizarlo" desde y para la situación española. Con ello no pretendemos sino obedecer al postulado máximo schaefferiano: la fe cristiana no es un salto en el vacío sino un paso tremendamente racional. Cada generación de cristianos tiene la responsabilidad de aprender a hablar de manera significativa a su propia época y a su propia cultura.

1.2. El Kierkegaard perdido

Ya en su día, estudiosos evangélicos advirtieron preocupantes insuficiencias y parcialidades en la obra de Schaeffer, que indicaban su

---
2. Francis A. Schaeffer, *Huyendo de la razón*, p. 9.

peculiar manera de proceder. Escribiendo para la revista estadounidense *Christianity Today*, Harold O.J. Browm llamaba la atención a la lectura errónea que Schaeffer hizo de Kierkeegard. Este es presentado, en la obra del primero, como un irracionalista llamando a la gente a dar un salto en el absurdo en nombre de la fe. Nada más contrario a la intención del genial pensador danés, que si bien no puede pasar por "ortodoxo" sí por cristiano, y además gran adalid del cristianismo, con sus insuficiencias y todo[3]. Kierkegaard que conoce bien la Biblia y a Lutero como nadie, cree, siguiendo a éste, que el cristianismo es el inventor de la paradoja, pero no del absurdo. Kierkegaard muestra el carácter paradójico del cristianismo, pero nunca identifica la paradoja con el absurdo, un error común a muchos lectores conservadores, especialmente Van Til[4] y vía éste Francis A. Schaeffer, del que fue alumno. Que sepamos sólo el teólogo anglicano Alan Richardson[5] supo apreciar proféticamente a Kierkegaard, y en nuestros días Norman L. Geisler[6] ha sabido interpretarlo fiel y extensamente, como antes lo hizo el filósofo español Luis Farré[7]. Es bien sabido que, anteriores a todos ellos, la teología dialéctica y de crisis, descubrió a Kierkegaard en su particular batalla contra el liberalismo teológico. El Dr. Emil Brunner llega decir: "Kierkegaard, uno de los campeones más poderosos de la fe cristiana... Es incomparablemente el apologista más grande de la fe cristiana en la esfera del protestantismo.[8]" Karl Barth marca su relación con Kierkegaard a partir del año 1909, cuando junto a otros jóvenes teólogos y pastores, comienza a sentirse atraído y encantado por el genial pensador danés, y se deja alumbrar por

---

3. Harold O.J. Browm, "Kierkegaard's Leap or Schaeffer's Step?", *Christianity Today*.

4. Cornelius Van Til, *A Christian Theory of Knowledge*. Presbyterian & Reformed Pub. Pillipsburg 1969.

5. Alan Richardson, *Christian Apologetics*. SCM Press, Londres, 1947.

6. Norman L. Geisler, *Christian Apologetics*. Baker Book House, Grand Rapids, 1976.

7. Luis Farré, *Unamuno, James y Kierkegaard*. La Aurora, Buenos Aires, 1967.

8. Emil Brunner, *The Christian Doctrine of God*. Dogmatics, vol. I, p. 100. The Westminster Press, Filadelfia 1946.

CAPÍTULO IV. Emergencia de la vida en el pensamiento

la aguda crítica de Kierkergaard a una cristiandad de corte humanista, hasta el colmo de la superficialidad estética, a la cual opone la raíz del Evangelio como la necesidad de llegar a una decisión estrictamente personal entre Dios y el alma, frente a todo el cristianismo barato que esclavizaba las iglesias y mantenía presos los espíritus en la superficialidad más dañina. "Kierkegaard se convirtió para nosotros en el canto del gallo que proclama un nuevo día.[9]"

La pérdida de Kierkegaard para el pensamiento cristiano actual supone una pérdida irreparable para contrarrestar los abusos de un racionalismo que en nombre del sistema ignora la categoría de la existencia y, dentro de ésta, la del individuo, llamado a determinarse delante de Dios en un instante transcendental, el de la decisión de fe por la que el hombre se descubre pecador y al mismo tiempo reconciliado con Dios. Nadie mejor que Nelly Viallaneix ha defendido el carácter y la naturaleza cristiana de los escritos de Kierkegaard, como heredero e intérprete de Lutero, en línea con la gran tradición paulina. Todo ello, además, expresado en un estilo admirable y fluido. Por su parte el profesor español Rafael Larrañeta ha escrito un enconmiable trabajo sobre la filosofía de Kierkegaard, donde se muestra la inteligibilidad del pensamiento kierkegaardiano como la superación del viejo dualismo gnoseológico entre realidad e idealidad, al poner un tercer elemento, la subjetividad como relación, es decir la existencia individual. Trabajo arduo y completísimo, único en su clase[10].

---

9. Karl Barth, "My Relation to Soren Kierkeggard". *TSF Bulletin*, Madison, mayo-junio, 1986.

10. Celia Amorós, *Sören Kierkegaard o la subjetividad del caballero*, Anthropos, Barcelona 1987; Conrad F. Bonifaci, *Kierkegaard y el amor*, Herder, Barcelona 1963; C.F. Bonifazi, *Christendom Attacked. A Comparison of Kierkegaard and Nietzsche*. Rockliffe, Londres 1953; Jesús-Antonio Collado, *Kierkegaard y Unamuno. La existencia religiosa*. Gredos, Madrid 1971. James Collins, *El pensamiento de Kierkegaard*. FCE, México 1958; J.A. Collado, *Kierkegaard y Unamuno. La existencia religiosa*, Gredos, Madrid 1962; T. Haecker, *La joroba de Kierkegaard*. Rialp, Madrid 1948; M. Homes Hartshorne, *Kierkegaard, el divino burlador. Sobre la naturaleza y el significado de sus obras pseudónimas*, Cátedra, Madrid 1992; Régis Jolivet, *Introducción a Kierkegaard*, Gredos, Madrid 1950; Theoderich Kampmann, *Kierkegaard como educador religioso*. CSIC, Madrid 1953; Rafael Larrañeta, *La interioridad apasionada. Verdad y amor en Kierkegaard*. Ed. San Esteban, Salamanca 1990 (Consta de una bibliografía completísima); Manuel Maceiras Fafián, *Schopenhauer y Kierkegaard: Sentimiento y pasión*. Cincel, Madrid 1986; D.G.M. Patrich, *Pascal and Kierkegaard. A Study in the Strategy of Evangelism*. Lutterworth, Londres 1947; J.P. Sartre,

FILOSOFÍA Y CRISTIANISMO

La pérdida del Kierkegaard filosófico se agrava con la pérdida también de un rico legado espiritualidad cristiana, a la altura de las grandes cumbres de los autores espirituales de todos los tiempos. Según su traductor al castellano, el Dr. Demetrio G. Rivero: tenía que venir Kierkegaard, precisamente él, a la grupa de tanta doctrina católica, para darnos del amor el tratado definitivo. "Lo que en los tiempos modernos representan un san Juan de la Cruz con su *Cántico espiritual*, o la *Llama del amor divino*, y un san Francisco de Sales con su *Tratado del amor de Dios*, viene a representarlo Kierkegaard, también de forma soberana...

"Diremos que quizá sea también la primera filosofía práctica —con mucho de teología bíblica— acerca de las obras de la caridad... El máximo escritor cristiano de los cuatro siglos últimos y entre los primeros de todos los escritores de esos mismos siglos tan pródigos en escritores geniales.[11]"

El caso Kierkegaard y su pérdida para el mundo evangélico es sólo una muestra de cómo alguien puede tergiversar —quizá con las mejores intenciones— el pensamiento de otro e inutilizarlo para el resto de los lectores y para el servicio de la Iglesia, tan necesitada de la contribución de sus hijos. Por tanto, cualquier *magisterio*, por muy evangélico que sea, tiene que estar abierto a la correción y honesta verificación con la realidad, sea ésta bíblica o filosófica.

Evitaremos, sin embargo, la trampa de resucitar a uno para enterrar a otro. En el cuerpo de Cristo, que es columna y baluarte de la verdad, todos son necesarios, nadie sobra, todos faltan. Por tanto podemos reconocer y hacer nuestros los dos ejes centrales de la posición de Schaeffer, en cuanto representan dos aspectos importantes de la fe cristiana. Primero, su intento de presentar una visión integrada de la totalidad de la vida. Nunca manifestó interés único y exclusivo por lo que los críticos tienen a

---

K. Jaspers y otros, *Kierkegaard vivo*, Alianza, Madrid 1968; W.W. Sikes, *On Becoming the Truth. An Introduction to the Life and Thought of Soren Kierkegaard*. Bethany Press, St. Louis 1968; Nelly Viallaneix, *Kierkegaard, el único ante Dios*. Herder, Barcelona, 1977; H.C. Wolf, *Kierkegaard and Bultmann: The Quest of the Historical Jesus*. Augsburg, Minneapolis 1965.

11. D.G. Rivero, "Introducción" a Soren Kierkegaard, *Las obras del amor*, 2 vols. Ediciones Guadarrama, Madrid 1965. "Como un auténtico místico Kierkegaard encuentra en la persona de Jesús lo único por lo que vale la pena vivir y morir" (Ricardo Cerni, *Historia del protestantismo*, p. 141. Estandarte de la Verdad, Edimburgo 1992).

CAPÍTULO IV. Emergencia de la vida en el pensamiento

bien llamar salvación *post-mortem*, aunque reconoció que la salvación de la condenación eterna es una parte esencial de la fe cristiana. Nunca redujo el cristianismo a la actividad que consiste en cultivar la piedad y la devoción personales a costa de la cultivación de la mente. Schaeffer, "busca relacionar la fe cristiana a toda la vida. Segundo, toma la Biblia seriamente... Intenta exponer una filosofía de la vida que integre lo natural y lo sobrenatural sobre la base de la fuente primaria —y desde luego única— de los orígenes cristianos, la Biblia.[12]" Esto es importante y digno de conservar.

En 1960 se publicó en castellano un libro muy bien escrito, que desde entonces ha conocido varias ediciones: *Un enfoque cristiano a la filosofía*, de Warren C. Young[13] . El autor, doctorado en filosofía y profesor en el Seminario Teológico Bautista del Norte, ofrece un completísimo manual de filosofía cristiana en su doble vertiente: análisis del pensamiento filosófico secular; y fundamentación de lo que el autor considera una *filosofía cristiana realista*. Para ello Young se sirve principalmente de Alfred North Whitehead, matemático y filósofo inglés de difícil acceso en el pensamiento español, aunque figura muy relevante en la filosofía mundial contemporánea. En esta obra el pensamiento europeo apenas si es tenido en cuenta, y menos el hispánico. Esto no es una crítica, el libro de Young tiene mucho que ofrecer, es una simple llamada de atención a la gran necesidad de un texto que nos acerque, como cristianos evangélicos, al pensamiento filosófico español, aquel que es vigente entre nosotros y más probable de tropezarnos con él, antes que con el perteneciente no sólo a otras latitudes, o a otra cultura, sino a un distinto modo de ver y plantear las cosas, como diferente es la realidad que lo sustenta y da origen.

---

12. Colin Browm, *Philosphy & The Christian Faith*. IVP, Downers Grove, 1968.

13. Warren C. Young, *Un enfoque cristiano a la filosofía*, Casa Bautista de Publicaciones, El Paso, 1960.

2. La vida, realidad radical

Kierkegaard llevó al campo de la filosofía la misma problemática que Lutero a la teología. En ambos alienta la *orientación* que caracteriza la filosofía contemporánea. Son el cruce donde todos los caminos convergen, "la huella con que tropezamos en casi todas las encrucijadas en que el pensamiento moderno busca su camino.[14]" Catalizadores del clima afectivo emocional de una nueva era en la que la verdad pasa del sistema —la esencia— a la vida —la existencia—, entendida como realidad radical y verdad personalísima. El momento supremo del objetivismo de la subjetividad, del más personal de los conocimientos, el que más al alma nos llega, pues se trata de encontrar una verdad que sea verdad *para mí*, como Lutero lo había intentado antes en el campo de la fe. ¿De qué sirve un Cristo que no es Cristo en mí, o un mundo en el que nunca pongo el pie, o un plato de comida que no como? El espíritu de los tiempos es el espíritu de la vida como preocupación e interés último, como ser más ser y necesidad de afirmación como uno mismo, el carácter arrojado y proyectivo del existir humano. Estos y otros muchos conceptos semejantes son la clave de una buena parte de la filosofía contemporánea. Comencemos por la idea de la vida como realidad radical, descubierta por Ortega y Gasset en nuestra tierra a principios de siglo[15]. Ortega anuncia alborozado el alcance de su descubrimiento, aparece la vida, el reino de la verdad se ha acercado. "Ha llegado irremisiblemente la hora en que la vida va a presentar sus exigencias a la cultura", escribe[16]. El motor de arranque de la filosofía orteguiana va a ser de lo más simple y perogrullesco: *la vida, la de cada cual y la de todos es la realidad radical*. Pareciera

---

14. René Maheu, en *Kierkegaard vivo*, p. 13. Alianza Editorial, Madrid 1980, 3ª ed.

15. Ortega nunca tuvo humor suficiente para leer a Kierkegaard —"soy incapaz de absorber un libro de Kierkegaard", escribió en su *Prólogo para alemanes*—, pero la nueva manera de ser y entender existencialistas ya estaban en el ambiente. Otra cosa fue su relación intelectual con Nietzsche, mas bien positiva.

16. José Ortega y Gasset, *El tema de nuestro tiempo*, p. 68. Revista de Occidente, Madrid 1976 (original 1923).

que con ello no dice nada, pero lo dice todo. Heidegger había advertido que en muchas ocasiones lo más sencillo es lo más difícil y lo que sóla y primeramente se experiencia tras largo esfuerzo[17].

Desde que la Reforma había presentado los derechos de la subjetividad en el corazón de la religión la filosofía no tardó en darse cuenta que ella tenía que efectuar una e idéntica revolución. A ello obedece el "Yo pienso, luego *yo* existo" de Descartes. Kant, tan académico y tan alejado del "vitalismo", no puede menos que reconocer que la filosofía es tarea del ser humano en la vida, del ser en cuanto existente. Es la vida fundamento del filosofar, procede de la experiencia viviente y vivida, la que la vida da e informa. Por eso, a los ojos de Kant, la filosofía es moral en su esencia. Fitche ahonda un poco más en la cuestión. La filosofía surge como respuesta a las preguntas que todo ser humano se hace por el hecho de estar implantado en la realidad. Nietzsche, Blondel, Bergson, Husserl, Dilthey, Heidegger, Sartre, Zubiri, todos y cada uno a manera van a imprimir a su pensamiento la fuerza de la existencia que en su condición extraviada busca ponerse en claro en medio de las cosas y de las circunstancias de la vida, la realidad radical, de la cual "el mundo es una parte, un órgano de nuestra vida.[18]" A ella tenemos que referir todas las realidades, ya que las demás realidades, efectivas o presuntas, tienen de uno u otro modo que aparecer en ella. "La vida es el texto eterno, la retama ardiendo al borde del camino, donde Dios da sus voces" (Ortega).

3. Anatomía de la vida humana

Puesto que con Ortega la filosofía y el idioma castellano llegan a su expresión más alta, de tal modo que a partir de él se escribe y se piensa

---

17. Martin Heidegger, *Conceptos fundamentales*, p. 50. Altaya, Barcelona 1994 / Alianza Editorial, Madrid 1989.

18. J. Ortega y Gasset, *Prólogo para alemanes*, p. 168. Revista de Occidente, Madrid 1974.

FILOSOFÍA Y CRISTIANISMO

con un estilo que lleva indeleblemente su luminosa impronta[19], nos atendremos a la descripción que Ortega hace de la vida en su variada producción literaria, de tal modo que podamos obtener una mínimo cuadro fenomenológico de la vida, filosóficamente concebido, y desde ahí intentar una comprensión actual de la fe cristiana.

3.1. Naufragio y circunstancia

Sumarizando la filosofía de Ortega y en esencial acuerdo con él, podemos decir, que la vida nos es dada, puesto que no nos la damos a nosotros mismos, sino que nos encontramos en ella de pronto y sin saber cómo. Vivir no es entrar por gusto en un sitio previamente elegido, sino que es encontrarse de pronto y sin saber cómo, caído, sumergido, proyectado en un mundo incanjeable, es éste de ahora. Vivir es existir fuera de sí, estar fuera, arrojado de sí, configurado a lo otro. Es hombre es, por esencia, forastero, emigrado, desterrado. Mi vida no es mía, sino que yo soy de ella. Ella es la amplia, inmensa realidad de la coexistencia mía con las cosas.

Vivimos aquí, ahora; es decir, que nos encontramos en un lugar del mundo y nos parece que hemos venido a este lugar libérrimamente. La vida, en efecto, deja un margen de posibilidades dentro del mundo, pero no somos libres para estar o no en este mundo que es el de ahora. Sólo cabe renunciar a la vida, pero si se vive no cabe elegir el mundo en que se vive. Esto da a nuestra existencia un gesto terriblemente dramático. Vivir no es entrar por gusto en un sitio previamente elegido a sabor, como se elige el teatro después de cenar, sino que es encontrarse de pronto y saber cómo, caído, sumergido, proyectado en un mundo incanjeable: en este de ahora. Nuestra vida empieza por ser la perpetua sorpresa de existir, sin nuestra anuencia previa, náufragos en un orbe impremeditado. No nos

---

19. "De estilo personalísimo, a la vez musculado, enjudioso y elegante, y de tan sorprendente novedad que no resulta hiperbólico afirmar que, a partir de Ortega, se empezó en España a escribir de otra manera" (Carlos Gispert, editor, artº "Ortega", en *Gran Enciclopedia Ilustrada*. Ed. Danae, Barcelona 1981).

CAPÍTULO IV. Emergencia de la vida en el pensamiento

hemos dado a nosotros la vida sino que nos la encontramos, justamente, al encontrarnos con nosotros[20].

Yo no me he dado la vida, sino al revés, me encuentro en ella sin quererlo, sin que se me haya consultado previamente ni se me haya pedido la venia. Pero eso que, sin contar conmigo, me es dado —a saber, mi vida—, no me es dada hecho. Lo que me es dado al serme dada la vida es la inexorable necesidad de tener que hacer algo, so pena de dejar de vivir. Lo que me es dado, pues, con la vida, es quehacer. *La vida da mucho quehacer.* Al astro o a la piedra le es dada su existencia ya fijada y sin problemas. El ser del hombre, a diferencia de todas las demás cosas del universo, consiste no en lo que ya es sino en lo que va a ser, por tanto, en lo que aún no es. El hombre comienza por ser su futuro, su porvenir. La vida es una operación que se hace hacia adelante[21].

3.2. Quehacer y creencia

La vida que nos es dada no no es dada hecha, sino que necesitamos hacérnosla nosotros, cada cual la suya. La vida es quehacer. Y lo más grave de estos quehaceres en que la vida consiste no es que sea preciso hacerlos, sino, en cierto modo, lo contrario; quiero decir, que nos encontramos siempre forzados a hacer algo pero no nos encontramos nunca estrictamente forzados a hacer algo determinado, que no nos es impuesto este o el otro quehacer, como le es impuesta al astro su trayectoria o a la piedra su gravitación. Antes de hacer algo, tiene cada hombre que decidir, por su cuenta y riesgo, lo que va a hacer. Pero esta decisión es imposible si el hombre no posee algunas convicciones sobre lo que son las cosas en su derredor, los otros hombres, él mismo. Sólo en vista de ellas puede preferir una acción a otra, puede, en suma, vivir. De ahí que el

---

20. Ortega, *Unas lecciones de metafísica*, pp. 66, 161, 39. Con un lenguaje parecido, y desde su peculiar filosofía de la acción, se expresaba Maurice Blondel cuando escribía: "Yo actúo, pero sin siquiera saber lo que es la acción, sin haber deseado vivir, sin conocer con exactitud ni que soy ni si soy... ¡condenado a la vida, condenado a la muerte, condenado a la eternidad! ¿Cómo y con qué derecho, si yo no lo he querido?" (*La Acción*, "Introducción". 1893). *Quehacer, acción*, términos gemelos para describir una misma realidad.

21. Ortega, *Unas lecciones de metafísica*, p. 92.

hombre tenga que *estar* siempre en alguna creencia y que la estructura de su vida dependa primordialmente de las creencias en que *esté* y que los cambios más decisivos en la humanidad sean los cambios de creencias, la intensificación o debilitación de las creencias. El diagnóstico de una existencia humana —de un hombre, de un pueblo, de una época— tiene que comenzar filiando el repertorio de sus convicciones. Son éstas el suelo de nuestra vida. Por eso se dice que en ellas el hombre está. La creencias son lo que verdaderamente constituye el estado del hombre. Hay que llamarlas «repertorio» para indicar que la pluralidad de creencias en que un hombre, un pueblo o una época está no posee nunca una articulación plenamente lógica, es decir, que no forma un sistema de ideas, como lo es o aspira a ser, por ejemplo, una filosofía. Las creencias que coexisten en una vida humana, que la sostienen, impulsan y dirigen son, a veces, incongruentes, contradictorias o, por lo menos, inconexas. Nótese que todas estas calificaciones afectan a las creencias por lo que tienen de ideas. Pero es un error definir la creencia como una idea. La idea agota su papel y consistencia con su ser pensada, y un hombre puede pensar cuanto se le antoje y aun muchas cosas contra su antojo. En la mente surgen espontáneamente pensamientos sin nuestra voluntad ni deliberación y sin que produzcan efecto alguno en nuestro comportamiento. La creencia no es, sin más, la idea que se piensa, sino aquella en que además se cree. Y el creer no es ya una operación del mecanismo «intelectual», sino que es una función del viviente como tal, función de orientar su conducta, su quehacer[22].

He aquí una nueva dimensión de esa extraña realidad que es la vida. Ante nosotros están las diversas posibilidades de ser, pero a nuestra espalda está lo que hemos sido. Y lo que hemos sido actúa negativamente sobre que podemos ser. De donde resulta que la vida es constitutivamente *experiencia de la vida*. Y los cincuenta años significan una realidad absoluta, no porque el cuerpo flaquea o la psiquis se afloja, cosa que a veces no acontece, sino porque a esa edad se ha acumulado más pasado viviente, se ha sido más cosas y se «tiene más experiencia». De donde

---

22. Ortega, *Historia como sistema*, p. 14.

CAPÍTULO IV. Emergencia de la vida en el pensamiento

resulta que el ser del hombre es irreversible, está ontológicamente forzado a avanzar siempre sobre sí mismo, no porque tal instante del tiempo no puede volver, sino al revés: el tiempo no vuelve porque el hombre no puede volver a ser lo que ha sido[23].

3.3. Perdición y orientación

La vida nos es dada, pero nos es dada vacía, somos nosotros los que tenemos que hacerla, elegirla en cada momento. Lo que el hombre tiene que hacer, lo que el hombre tiene que ser no le es impuesto, sino que le es propuesto. En cada instante de su vida el hombre se encuentra ante diversas posibilidades de hacer, de ser, y que es él mismo quien bajo su exclusiva responsabilidad tiene que resolverse por una de ella. La cosa es estupefaciente, porque eso quiere decir que, a diferencia de todos los demás entes del universo, los cuales tienen un ser que les es dado ya prefijado, y *por eso* existen, a saber, porque son ya desde luego lo que son, el hombre es la única y casi inconcebible realidad que existe sin tener un ser irremediablemente prefijado, que no es desde luego y ya lo que es, sino que necesita elegirse su propio ser[24]. Todas nuestras ocupaciones suponen y nacen de una ocupación esencial: ocuparse del propio ser, ¿qué va a ser de nosotros? Llegamos, pues, a esta fórmula: vida humana no es ser ya lo que es, sino tener que ser, tener que hacer para ser, por tanto, aún no ser. Perdidos en nuestra vida —vida es sensación de perdimiento— buscamos una orientación radical para ella. Porque la vida es siempre en su raíz desorientación, perplejidad, no saber qué hacer, es también siempre esfuerzo por orientarse, por saber lo que son las cosas y el hombre entre ellas[25].

El hombre no se ocupa en conocer, en saber simplemente *porque* tenga dotes cognoscitivas, inteligencia, etc. —sino al revés, porque no tiene más remedio que intentar conocer para orientarse en la vida, moviliza

---

23. Ortega, *Historia como sistema*, p. 43.

24. Ortega, *Misión del bibliotecario*, pp. 61, 63. Revista de Occidente, Madrid 1967, 2ª ed.

25. Ortega, *Unas lecciones de metafísica*, pp. 123, 127. "El hombre es el se que, para asegurar su existencia, quiere saber a qué atenerse" (Jean Lacroix).

todos los medios de que dispone, aunque éstos sirven muy malamente para aquel menester. Si la inteligencia fuese de verdad lo que la palabra indica —capacidad de entender—, el hombre habría inmediatamente entendido todo y estaría sin ningún problema, sin faena penosa por delante. No está, pues, dicho que la inteligencia del hombre sea, en efecto, inteligencia; en cambio, la faena en que el hombre anda irremediablemente metido, ¡eso sí que es indubitable —y, por tanto, eso sí que lo define! No se trata, pues, de que el hombre vive y luego, si viene el caso, si siente alguna especial curiosidad, se ocupe en formarse algunas ideas sobre las cosas. No; vivir es ya encontrarse forzado a interpretar nuestra vida, a orientarse en la misma[26].

La vida no es sino el ser del hombre; por tanto, eso quiere decir lo más extraordinario, extravagante, dramático, paradójico de la condición humana, a saber: que es el hombre la única realidad, la cual no consiste simplemente en ser, sino que tiene que elegir su propio ser. Vida es encontrarse alguien que llamamos hombre (como podíamos y acaso deberíamos llamarle X), teniendo que ser en la circunstancia o mundo. Pero nuestro ser en cuanto «ser en la circunstancia» no es quieto y meramente pasivo. Para ser, esto es, para seguir siendo tiene que estar siempre haciendo algo, pero eso que ha de hacer no le es impuesto ni prefijado, sino que ha de elegirlo y decidirlo él, intransferiblemente, por sí y ante sí, bajo su exclusiva responsabilidad. Nadie puede sustituirle en este decidir lo que va a hacer, pues incluso el entregarse a la voluntad de otro tiene que decidirlo él. Esta forzosidad de tener que elegir y, por tanto, estar condenado, quiera o no, a ser libre, a ser por su propia cuenta y riesgo, proviene de que la circunstancia no es nunca unilateral, tiene siempre varios y a veces muchos lados. Es decir, nos invita a diferentes posibilidades de hacer, de ser. De toda circunstancia, aun la extrema, cabe evasión. De lo que no cabe evasión es de tener que hacer algo, y sobre todo, de tener que hacer lo que, a la postre es más penoso: elegir, preferir. ¿Cuántas veces no se ha dicho uno que preferiría no preferir? Nadie puede encargar al prójimo elegir y pensar en lugar suyo los pensamientos que necesita

---

26. Ortega, *En torno a Galileo*, pp. 27, 29. Revista de Occidente, Madrid 1958.

CAPÍTULO IV. Emergencia de la vida en el pensamiento

para orientarse en el mundo. La vida humana *sensu stricto* por ser intransferible resulta que es esencialmente *soledad, radical soledad*[27].

3.4. Atención y proyecto

¿Quién soy yo? Porque yo no soy mi cuerpo ni mi alma. Cuerpo y alma son cosas mías, cosas que me pasan a mí; los más próximos y permanentes acontecimientos de mi vida, pero no son yo. Yo tengo que vivir en este cuerpo enfermo o sano que me ha tocado en suerte y con esta alma dotada de voluntad, pero acaso deficiente de inteligencia o de memoria. ¿Qué diferencia últimamente esencial existe entre la relación de mi cuerpo y mi alma conmigo y la que conmigo tienen la tierra en que nazco y vivo, la suerte social, mejor o peor, que tengo,, etc.? Ninguna. Y si yo no soy mi alma ni mi cuerpo, ¿quién es el alguien, quién es el mismo a quien acontece la sarta de sucesos que integran mi vida?[28] Si recapacitan ustedes un poco hallarán que eso que llaman su vida no es sino el afán de realizar un determinado proyecto o programa de existencia. Y su «yo», el de cada cual, no es sino ese programa imaginario. Por lo visto, el ser del hombre tiene la extraña condición de que en parte resulta afín con la naturaleza pero en otra parte no, que es a un tiempo natural y extranatural —una especie de centauro ontológico— que media porción de él está inmersa en la naturaleza, pero la otra parte trasciende de ella. He aquí la tremenda y sin par condición del ser humano, lo que hace de él algo único en el universo. Adviértase lo extraño y desazonador del caso. Un ente cuyo ser consiste, no en lo que ya es sino en lo que aún no es, un ser que consiste en aún no ser. Todo lo demás del universo consiste en lo que ya es. El astro es lo que ya es, ni más ni menos. A todo aquello cuyo modo de ser consiste en ser lo que ya es y en el cual, por tanto, coincide, desde luego, su potencialidad con su realidad —lo que puede ser con lo que, en efecto, es ya— llamamos cosa. La cosa tiene su ser dado ya y logrado. En

---

27. Ortega, *El hombre y la gente*, pp. 42-45. Espasa-Calpe, Madrid 1972.

28. Ortega, *Kant, Hegel, Dilthey*, p. 103. Revista de Occidente, Madrid 1972, 4ª ed.

este sentido, el hombre no es una cosa, sino una pretensión, la pretensión de ser esto o lo otro[29].

El animal, lo mismo en esto que la piedra, cuando empieza a existir tiene ya todo su ser dado y fijo, tiene cuanto ha menester para ser eso que es —granito o ruiseñor. Suspendida en el aire, la piedra sabe sin saberlo y sin hacerse de ello cuestión la línea que recorrerá para caer hacia el centro de la tierra, y el ruiseñor sabe, ignorándolo, que en abril empezará a cantar y en las cuerdas de su menuda laringe tiene ya desde que nace la melodía de su canto, que tanto nos encanta, como en el papel pautado está inscrita la romanza sin palabras. El animal trae en su cuerpo montado el maravilloso sistema de sus instintos, el cual es doble: es un sistema de apetitos y un sistema de mecánicos comportamientos para satisfacer esos apetitos. De aquí nace que para el animal como para la piedra *existir* significa simplemente *dejarse* ser. Pero el hombre no es su cuerpo, que es una cosa, ni su alma, que es también un cosa, una sutil cosa: el hombre no es en absoluto una cosa, sino un drama: su vida[30].

Lo específico del hombre respecto al animal radica en un privilegio de la *atención*. Observad al animal en la selva. Tiene que estar constantemente atento a lo que pasa en su derredor. Su mundo es un permanente y omnímodo peligro. No le queda respiro para desentenderse del contorno y volver la atención hacia sí. Ahora bien, la retorsión de la atención hacia dentro de sí es, zoológicamente considerado, un apartamiento del contorno más radical y profundo que el sueño mismo. Es el soñar despierto, pensar. El hombre, no llega a serlo suficientemente sino en aquellas condiciones de paisaje que no son premiosas y le permiten recogerse en sí mismo, concentrarse, aislarse o cerrarse frente a la Naturaleza. He aquí el Espíritu

---

29. Ortega, *Meditación de la técnica*, pp. 56, 57. "Yo soy lo que me hago a mí mismo, yo me hago lo que recibo. La sabiduría es un compuesto de ciencia y de vida, de conocimiento y de voluntad, que se halla presente en la filosofía como una aspiración que la hace ser y la orienta sin que ésta pueda colmarla" (Jean Lacroix, *Maurice Blondel. Su vida, su obra*, p. 85. Taurus, Madrid 1966).

30. Ortega, *Vives-Goethe*, pp. 21-22 (Revista de Occidente, Madrid 1973). "Por la libertad el hombre se autorrealiza en la existencia, y esto quiere decir que el hombre está destinado no sólo a ser, sino a hacer por ser. Lo que el hombre es de suyo lo es a base de poner en juego su ser en libertad. La historicidad ontológica es radical porque es la historia de una actividad en la que al hombre le va su ser" (Juan José Rodríguez Rosado, *La aventura de existir*, p.31. EUNSA, Pamplona 1976).

CAPÍTULO IV. Emergencia de la vida en el pensamiento

en su primera actividad, en su libertad negativa, que le hace evadirse de la naturaleza, dirigir la atención hacia dentro[31].

No hay duda que en todo ser animado el más importante de sus mecanismo es la atención. Estamos allí donde atendemos. Delante de unos simios cualquiera uno puede considerar cómo ni un solo instante dejan de atender a su contorno físico, al paisaje. Están alertas hacia él, como obsesos por cualquier variación que en su alrededor cósmico acontezca. Es para pensar la enorme fatiga que para un hombre sería estar tan sin descanso atento a su alrededor, tomado por él, absorbido por él. La situación del hombre le permite desatender más o menos lo que pasa fuera, en el paisaje, en las cosas y, a ratos cuando menos, invertir la puntería de su atención dirigiéndola hacia sí. Esta capacidad, que parece tan sencilla, es la que hace posible al hombre como tal. Merced a ella puede volverse de espaldas al fuera, que es el paisaje, salir de él y meterse dentro. El animal está siempre fuera: el animal es perpetuamente lo otro —es paisaje[32].

Es, pues, un error fundamental creer que el hombre no es sino un animal casualmente dotado con talento técnico y racional o, dicho en otro giro, que si a un animal le agregásemos mágicamente el don técnico, tendríamos sin más el hombre. La verdad es lo contrario: porque tiene una tarea y un ámbito muy distintas que las del animal, una tarea extranatural y un ámbito interior, no puede dedicar sus energías como aquel a satisfacer sus necesidades elementales en la pura alteridad de la naturaleza, sino que, desde luego, tiene que ahorrarlas en ese orden para poder vacar con ellas a la faena de realizar su ser en el mundo; lo cual consigue al retirarse del mundo y ensimismarse. El hombre es el animal retirado, ensimismado[33].

Náufragos del ser hemos sido arrojado en el inmenso océano de nuestra vida, y a la vez, eso en que hemos sido arrojados tenemos que hacerlo por

---

31. Ortega, *Kant, Hegel, Dilthey*, p. 122.

32. Ortega, *En torno a Galileo*, p. 109.

33. Ortega, *Meditación de la técnica*, p. 63.

nuestra cuenta, por decirlo así, fabricarlo. O dicho de otro modo: nuestra vida es nuestro ser. Somos lo que ella sea y nada más, pero ese ser no está predeterminado, resuelto de antemano, sino que necesitamos decidirlo nosotros, tenemos que decidir lo que vamos a ser. Vivir es constantemente decidir lo que vamos a ser.[34] Somos seres futurizos, proyectos originales. La vida es una operación que se hace hacia adelante. Vivimos originariamente hacia el futuro, disparados hacia él.[35]

4. Fundamentalidad del vivir

Náufragos, condenados a vivir y a ir haciendo nuestra vida, proyectando lo que vamos a ser en cada instante en radical soledad pero no en un vacío absoluto, puesto que tenemos un pasado, somos historia, hay un repertorio de ideas y creencias que facilitan a la vez que impiden el acceso al ser el que hay que ser; capacidad de atención interior mediante la cual nos abrimos a la totalidad del cosmos, liberados de la reclusión al paisaje, son las notas características del vivir humano; todas juntas componen la estructura de la vida, pero no la explican, simplemente plantean el problema en que el humano existir consiste.

La vida nos es dada. ¿Dada por quién? "¿Quién me ha colocado aquí? ¿Por orden y conducto de quién este lugar y este tiempo me han sido destinados?" (Pascal, *Pensamientos*, frag. 205). ¿Por Dios o por el azar y el determinismo biológico? Ortega no nos lo dice. Se atiene al fenómeno desnudo y a dar cuenta del mismo: No nos hemos dado la vida, hemos sido puestos en existencia por otro. En una ocasión Ortega dice que es Dios quien ha dado la vida, pero es más un recurso poético que una convicción filosófica. "Un día dijo Dios: «Hagamos el hombre a nuestra imagen». El suceso fue de enorme trascendencia: el hombre nació y súbitamente sonaron sones y ruidos inmensos a lo ancho del universo, iluminaron luces los ámbitos, se llenó el mundo de olores y sabores, de

---

34. Ortega, *Unas lecciones de metafísica*, pp. 40, 41.

35. Ortega, *En torno a Galileo*, p. 138.

CAPÍTULO IV. Emergencia de la vida en el pensamiento

alegrías y sufrimientos. En una palabra, cuando nació el hombre, cuando empezó a vivir, comenzó asimismo la vida universal. Cuando Adán apareció en el Paraíso, como un árbol nuevo, comenzó a existir esto que llamamos vida. Adán fue el primer ser que, viviendo, se sintió vivir. Para Adán la vida existe como un problema. Adán en el Paraíso es la pura y simple vida, es el débil soporte del problema infinito de la vida. El corazón de Adán, centro del universo, es decir, el universo íntegro en el corazón de Adán, como un licor hirviente en una copa.[36"] Su intención fue mostrarnos la realidad radical que tiene la vida humana por retícula hermenéutica. Dejemos a Dios para un segundo momento y supongamos, conforme a la constatación inmediata de la experiencia, que la vida es una creación espontánea del Universo regida por el azar y el propio mecanismo biológico. Esta respuesta se lleva ensayando desde hace poco más de un siglo. Desde el campo de la filosofía de la existencia Sarte es quien más ha reflexionado en la dimensión atea de la vida humana, para lo cual utiliza la conocida fórmula "La existencia precede a la esencia". En él la vida es autogenésica. Significa que el hombre empieza por existir —elimina conscientemente el carácter antropomórfico de la fórmula orteguiana "la vida nos es dada", con la inevitable pregunta por el dador—, se encuentra, surge en el mundo y después se define. "El hombre empieza por ser nada. Sólo será después, y será tal como se haya hecho. Así, pues, no hay naturaleza humana, porque no hay Dios para concebirla.[37"] Sartre se esfuerza en todo momento en ser coherente con esta su postura inicial. Su ateísmo no es polémico ni proselitista, sino condición indispensable de su *reducción* de la vida a la existencia. Su falta es no haber meditado suficientemente en el carácter constitutivamente *histórico* de la existencia humana. "El existencialismo no es tanto un ateísmo en el sentido de que se extenuaría en demostrar que Dios no existe. Más bien declara: aunque Dios existiera, esto no cambiaría; he aquí nuestro punto de vista. No es que creamos que Dios existe, sino que pensamos que el problema no es el de su existencia; es necesario que el hombre se encuentre a sí mismo y se convenza de que

---

36. Ortega, "Adán en el Paraíso", V, *Mocedades*, pp. 103-104. Revista de Occidente, Madrid 1973.

37. Jean Paul Sartre, *El existencialismo es un humanismo*. Ediciones del 80. Barcelona

nada puede salvarlo de sí mismo, así sea una prueba valedera de la existencia de Dios. En este sentido el existencialismo es un optimismo, una doctrina de acción, y sólo por mala fe, confundiendo su propia desesperación con la nuestra, es como los cristianos pueden llamarnos desesperados.[38"]

En este caso habría que preguntar por qué es problemático el ser del hombre, si vemos que en todos los órdenes del reino animal los individuos que lo componen lo viven sin angustia ni forzosidad de llegar a ser lo que ya son, en perfecta armonía con su entorno. ¿A qué se deben esas inquietudes que se agitan en el ser del hombre que no parece encontrar su lugar en el mundo, sino que se siente extraño en él, condenado a la vida, forzado a una vida no buscada ni deseada? El hombre es el único ser que, para asegurar su existencia, tiene que saber a qué atenerse,[39] pues su naturaleza no consiste en un programa sino en un programarse. El ser humano está en juego, advertía Heidegger, esto es, está en juego la verdad que nos determina y que quizá se ha tornado desde hace mucho tiempo incognoscible. El hombre históricamente acontecido sólo tiene peso cuando se coloca experiencialmente en la esencia de la historia acontecida, y en la medida que busca el fundamento de su ser total.[40] Cuando Sartre dice que *el hombre comienza por no ser nada*, al instante siguiente tiene que corregir y aclarar que el hombre empieza por existir, es decir, que *empieza por ser algo*, que se lanza hacia un porvenir, y que es consciente de proyectarse hacia el porvenir. El hombre es ante todo *proyecto* que se vive subjetivamente, en lugar de ser un musgo, una podedumbre, o una coliflor; nada existe previamente a este proyecto; nada hay en el cielo inteligible, y el hombre será ante todo lo que habrá proyectado ser. El hombre procede de la nada, pero aparca en un mundo donde nada es virgen, nadie estrena humanidad. La multiforme circunstancia en que vivir *consiste*, vivir es *existir con* las cosas, es el repertorio de ayudas y gravámenes con que uno cuenta para ir *ganándose la vida*. La vida hay que ganársela económica y ontológicamente.

---

38. Sartre, *Id*.

39. Esta fórmula ya había sido empleada por Blondel en *La Acción* (año 1893).

40. Cf. Martin Heideger, *Conceptos fundamentales*.

CAPÍTULO IV. Emergencia de la vida en el pensamiento

En el pensamiento hebreo la palabra *ser* tiene un sentido que va más allá del pensamiento helenista. No se limita a significar algo permanente o el fondo común a todas las cosas, sino que expresa también el ser de una persona operante. *Ser* en el sentido pleno que tiene en el Antiguo Testamento, es en primer lugar, «ser-persona», que es un ser *sui generis*; es decir, no indica una realidad derivada de categorías abstractas ni tomadas de la naturaleza, sino que está vinculado a la vida y a la actividad libre del hombre. En general en el Antiguo Testamento *ser* parece indicar la unidad de ser, el devenir y obrar libre autónomo, y pertenece a la clase de verbos internos-activos, los cuales se hacen comprensibles para nosotros en el ser de una persona *operante*, en la libertad del obrar de una persona.[41] Para el pensamiento cristiano, que es el subsuelo del que se alimentan todas las filosofías de la vida, el hombre se encuentra inexorablemente lanzado a tener que determinar la forma de realidad que ha de adoptar. Con Dios o contra Dios. El propio vivir es el motor de todas las inquietudes y de los problemas que nos crea. Inquietud de origen en que nos encontramos al vivir. *El hombre es un ser inquieto*. Se advierte en estas dos preguntas: ¿Qué va a ser de mí? ¿Qué voy a hacer de mí?[42] Desde los días de Agustín se ha venido repitiendo que esa inquietud radical que es el hombre sólo reposa cuando con Juan descansa su cabeza en el pecho del Dios hombre. Siempre que el hombre ha considerado su ser en el mundo se ha visto a sí mismo como una pieza desencajada de este mundo. Es parte del mundo, pero al mismo tiempo ha comprobado que es un *extraño* en el mundo de los objetos y de las cosas, incapaz de penetrarlo más allá de un cierto nivel de análisis científico. "Entonces ha cobrado conciencia de que él mismo es la puerta de acceso a los niveles más profundos de la realidad, de que su propia existencia tiene la única posibilidad de penetrar hasta la existencia misma.[43]"

---

41. Luis Clavell, *El nombre propio de Dios*, p. 162. EUNSA, Pamplona 1980.

42. José Mª Rubert y Candau, *La realidad de la filosofía*, vol. II: El ser y la metafísica, p. 100. CSIC, Madrid 1970.

43. Paul Tillich, *Teología sistemática*, vol. I, p. 89. Sígueme, Salamanca 1982, 3ª ed.

Un observador que sólo se atuviera al fenómeno inmediato nos haría notar, que nuestra inquietud, y todo nuestro hablar de proyección y quehacer del ser, no dicen nada sobre el *origen* de lo que somos, si de hecho arranca originariamente de otro ser o si depende quizás de su estrato propio y previo de naturaleza puramente biológica, del cual la vida humana sería su manifestación más complejada y acabada. Lo único que sabemos es que somos así, siendo en lucha agónica con la tremenda circunstancia, o accidente, que es el vivir. "Fenomenológicamente nada me cabe afirmar, respecto a lo que soy en mi origen fenomenológico, como hecho radical, si lo que soy lo tengo como un ser *recibido o no*. Este estricto carácter escapa del campo puro fenomenológico.[44]"

Ya sabemos que estamos en el mundo como náufragos, obligados a decidir en cada momento qué va a ser nuestra vida. La mayor parte del tiempo la vivimos alterados, insatisfechos, como una condena impuesta. Nada de esto se observa en la vida propiamente animal. El animal vive literalmente adaptado a su entorno. Pero el hombre es radicalmente un inadaptado, cosa harto llamativa en el reino de la naturaleza. Supongamos que la vida inteligente hubiese sido una simple culminación de la materia en un último estadio de autosuperación de sus posibilidades intrínsecas, entonces cabría esperar que la especie humana hubiera surgido ya adaptada a su entorno material y jamás habría aspirado a nada más. Carecería de razón suficiente la inquietud básica en su falta de adaptación y en su continuo postular posibilidades de *otra manera* de ser humano, sintiéndose además siempre dependiente de algún *poder superior*. "Esto habría sido una deficiencia antieconómica y casi una monstruosidad en contra de su naturaleza, que no conducía a nada sino a crear sufrimiento gratuito.[45]" Es un hecho constatado que, a diferencia del animal, el hombre se caracteriza por un "deseo incolmable" (Lacan) que trasciende el mundo de

---

44. José Mª Rubert y Candau, *op. cit.*, p. 291.

45. Luis Cencillo, *La comunicación absoluta*, p. 34. San Pablo, Madrid 1994. "El espíritu del hombre, mientras la vaca pace a sus pies, seguirá por los siglos de los siglos elevando y tendiendo al cielo sus brazos como ramas de árbol, ansiando y anhelando aunque no sea más que rozar con las puntas de los dedos, las yemas de las ramas, el velo azul que cubre el misterio" (Salvador de Madariaga, *Retrato de un hombre de pie*, p. 178. Espasa-Calpe, Madrid 1979).

CAPÍTULO IV. Emergencia de la vida en el pensamiento

las cosas y ni las ciencias, ni la filosofía, ni siquiera el arte, pueden amueblar el universo personal y hacerlo humanamente vivible. "Se puede decir, sin énfasis: todo se reduce aquí a observar que el hombre es un ser de inquietud y que siempre ha sido impulsado más allá de sí mismo, es decir, de su condición de ser natural, hacia un más allá frecuentemente mal definido y difícil de definir. Toda la historia de la humanidad nos demuestra hasta la evidencia que el hombre no prescinde jamás de un absoluto y que el verdadero problema se reduce a definir correctamente la naturaleza y el sentido de este absoluto que la razón nunca deja de reclamar y buscar.[46]"

La teología da un paso atrevido y afirma que la *inquietud*, no en el sentido psicológico, sino metafísico, es en nosotros la marca del Ser que fundamenta nuestro ser, y que por tanto a Dios no hay que buscarlo fuera de la vida, sino dentro, en su mismo corazón, que es el ser humano. Dios, si existe, es necesariamente *para mí*; entra de algún modo en el campo de mi experiencia y toma necesariamente su forma en ella. "No experimentaríamos el sentimiento de la inquietud, de la indigencia, del esfuerzo, si no hubiera en nosotros un presentimiento, todavía mejor, una presencia oscura, un medio inicial de determinar algunos puntos fijos, un patrón capaz de hacernos adquirir conciencia de la relatividad en movimiento y de una imperfección menesterosa de complemento.[47]" A esta visión obedece el *método de la inmanencia* blondeliano; en que nada puede entrar en el hombre que no brote de él y le corresponda en alguna manera. O lo que es lo mismo, Dios o se da en la vida o no se da.

5. Dios radicado en la vida

Si Dios es real tiene que darse en realidad. Dios no es el final de una cadena de argumentos racionales sino una parte integrante, y fundamental, de la vida. Si asentamos el principio que la vida es la realidad radical, el pensamiento cristiano ha de conceder al pensamiento secular su petición

---

46. R. Jolivet, *El hombre metafísico*, pp. 18, 22. Casal i Vall, Andorra 1959.

47. Maurice Blondel, *Exigencias filosóficas del cristianismo*, p. 298. Herder, Barcelona 1966.

de principio: Dios tiene que justificarse en la vida. Porque "yo no sé si eso que llamo mi vida es importante, pero sí parece que, importante o no, está ahí antes que todo lo demás, incluso antes que Dios porque todo lo demás, incluso Dios tiene que darse y ser para mí dentro de mi vida.[48] Ahí está el «hecho» previo a todos los hechos, en que todos los demás flotan y de que todos emanan: la vida humana según es vivida por cada cual.[49]"

Anteriormente Locke había visto con claridad que no hay otras *pruebas* racionales de Dios que aquellas que se dan en la vida humana: "Para demostrar que somos capaces de conocer y saber con certidumbre la existencia de Dios, y cómo podemos lograr esta certeza, creo que no necesitamos más que hacer reflexión sobre nosotros mismos y sobre el indudable conocimiento que tenemos de nuestra existencia.[50]" Es el hombre, la realidad o el fenómeno humano, la puerta por la que se entra a Dios y por la que Dios calladamente se cuela. El mismo Tomás de Aquino, según Didier Proton, consideraba que las "pruebas" de Dios (las cinco vías), buscaban una justificación de la existencia en Dios para escapar a la soledad del hombre perdido en lo relativo. "El razonamiento surge de una necesidad vital de ocultarse el vacío de la condición humana. Necesitamos, efectivamente, una explicación y no somos dueños de esta necesidad. Diría incluso que esta necesidad es específica de la condición humana. Somos seres no-justificados. Toda labor intelectual nace en el contexto de esta inquietud.[51]"

El Dios de quien nuestra *inquietud* es un signo, no se encuentra fenómenicamente en nuestra circunstancia, como encontramos nuestro cuerpo y objetos donde sentarnos, sólo hallamos su idea, *idea de Dios* que nos ha transmitido una determinada herencia cultural. Pero esa *idea de Dios* con que me encuentro al vivir en el mundo me remite al fundamento

---

48. Ortega, *Unas lecciones de metafísica*, p. 34.

49. Ortega, *Historia como sistema*, p. 36.

50. John Locke, *Ensayo sobre el entendimiento humano*, p. 185. Sarpe, Madrid

51. Didier E. Proton, *Qué ha dicho verdaderamente santo Tomás de Aquino*, p. 79. Ed. Doncel, Madrid 1971.

CAPÍTULO IV. Emergencia de la vida en el pensamiento

de mi vida. Que yo no me he dado el ser. Naturalmente, puedo rechazar esa idea de origen fundamental y decir, conforme a los datos de la experiencia científica, que soy una máquina de supervivencia, vehículo autómata programado a ciegas con el fin de preservar las egoístas moléculas conocidas con el nombre de genes[52], y que por tanto la idea de Dios no conviene, es decir, no se ajusta, no va con mi visión científica de la realidad. Pero la *idea* de Dios no significa, como ordinariamente se entiende, *ocurrencia*, como al que se le ocurre una idea ingeniosa, sino una *noción* anterior a mi existencia con la que tengo que verme. De modo tal que la idea *de Dios* se me convierte en problema para mí, "algo que está arrojado o puesto delante de mí. El problema de la Divinidad no es inventado, formulado o construido, sino descubierto.[53]" Esto es lo que queremos expresar con la idea de Dios. Por eso creer en Dios es en última instancia cuestión de revelación, si Dios no nos atrajera hacia sí sería vano ensayar o realizar una respuesta creyente.

No es correcto decir que *yo soy* una máquina de supervivencia, aunque con ella tenga que contar forzosamente para hacer mi vida. Porque mi cuerpo no es mi vida, es la circunstancia con la que me encuentro al vivir, y de ella me valgo para ir realizando mi yo, mi ser lo que voy siendo. La realidad humana, la de cada individuo, no se identifica con su entidad biológica, ni tampoco con su mera facticidad —con su estar ahí, como un acontecimiento natural—, sino que es una entidad esencialmente abierta, transcendente. "El hombre vive abierto a su situación y al horizonte de su situación en el que ya se insinúa la transituación, vive abierto a su suprasituación y a su infahistoria; nunca puede limitarse al presente puntual, ha de trascenderse en una ubicuidad transituacional que abarque simultáneamente diversos términos, diversos niveles y diversos momentos en una evasión constante de la estaticidad material.[54]"

---

52. Richard Dawkins, *El gen egoísta*, p. xi. Salvat, Barcelona 1988.

53. Julián Marías, *Obras*, IV, p. 327.

54. Luis Cencillo, *El misterio de la iniquidad*, p. 56. Euramerica, Madrid 1960.

Mi cuerpo es una cosa con la que cuento para vivir, pero no agota mi vida, que es inquietud radical, *impulso vital* y no meramente biológico —mecánico—; que es a la vez total insatisfacción con lo que me rodea. El hombre es un glotón insaciable, un carnívoro de ser: ser más ser. Lo que encuentra a su alrededor no le satisface. La vaca llega al prado y encuentra en él todo lo que espera para su vida. No hay en ella desasosiego ni angustia. Vive pegada a su entorno. El hombre tan despegado que en nada encuentra reposo, no conoce límites en el desear y necesitar. "Esa indigencia crónica e irremediable, esta dependencia infinita del hombre supone un objeto de satisfacción allende de toda verificación. No es que el hombre se cree un objeto fantástico, a saber, Dios, bajo la presión de un exceso de ansia vital para satisfacer su anhelo y esa reverencial aceptación de lo irremediable, buscando más allá de todo lo posible en el mundo, sino que al revés: ese hombre así estructurado supone ya de antemano en cada estremecimiento de sus fibras, un objeto no finito fuera de sí, aunque no sepa cómo calificarlo. Si nuestro impulso no saltara más lejos del mundo verificable, si nuestra destinación no tuviese un indicador hacia un más allá, no nos sorprenderíamos a nosotros mismos siempre acuciados por la búsqueda, aun sin saber de qué.[55]"

Para describir la inevitable inquietud y continúa zozobra del saberse perdido en el mundo, siempre abierto por la parte de arriba como exceso de vitalidad, el lenguaje ha creado una palabra que se llama *Dios* y que encarna la idea del objetivo final al que nuestro impulso vital nos arrastra con desasosiego por nuestra parte. A la vez, Dios es el impulso que nos impulsa a vivir no pegados a tierra, como sujetos a un programa, sino personalmente, creando constantemente nuestro yo, nuestra persona en trato con las cosas. Al hombre no corresponde una relación natural como el mundo, se encuentra en él distanciado, disparado por una mano invisible a un invisible fundamento de su ser. Precisamente esta es la experiencia básica del hombre religioso, "considera que «la última palabra» no está dicha, tiene sensación de límite, se entiende como incompleto en la satisfacción de sus necesidades"[56]; por

---

55. Wolfhart Pannenberg, *El hombre como problema*, pp. 22, 19. Herder, Barcelona 1976.

56. Javier Sádaba, *Lecciones de filosofía de la religión*, p. 44. Mondadori

CAPÍTULO IV. Emergencia de la vida en el pensamiento

eso postula la idea Dios, hace el descubrimiento de Dios. En el hombre, decía Blondel, se da una trinidad de acontecimientos en escala ascendente: la materia en él es lo vitalizable; la vida, lo espiritualizable, y el espíritu, lo capaz de aspirar a Dios, fundamento y posibilidad de ser. Para Unamuno, Dios no existe, sino que más bien sobreexiste, "y está sustentando nuestra existencia existiéndonos. Dios y el hombre se hacen mutuamente, en efecto; Dios se hace o se revela en el hombre, y el hombre se hace en Dios.[57]"

Ortega, pese a su peculiar concepción del tema Dios, supo ver admirablemente que la inquietud y extrañeza que el hombre siente en el mundo tiene una patente dimensión teologal. Atribuyó esta zozobra tan interior como exterior a la falta que el hombre tiene de Dios, la cual siente como falta porque un día Dios fue lo más connatural a su vida. Es comparable a la definición de un manco como un hombre con dos brazos, sólo que le falta uno. El hombre tiene de Dios lo que precisamente le falta. "Este tener lo que no se tiene, este sentir la falta de algo que nos es menester, este ser sustancial y activamente menesteroso es la condición del hombre.[58]"

Desde un punto de vista puramente fenomenológico, la condición del hombre es la de un existente que está presente a la vida, pero no enteramente dado a sí mismo; es y no es, es hecho y se hace, es tenencia y es falta[59]. Que algo nos falta es lo primero que constatamos, por eso cada cual anda a la busca de algo, tiene que moverse y encaminarse hacia algo. Pero el mundo le queda corto, el universo entero le es insuficiente. La menesterosidad del hombre es menesterosidad de Dios, su nostalgia la nostalgia de ser desde Dios. El mundo no satura la exigencia de ser del hombre, como ocurre en el reino animal. El hombre es el único ser que hace problema de su ser. Para el cristiano la problematicidad humana es cuestión de *origen*, de su origen divino. La persona humana no llega por sí misma a la plena posesión de sí, porque el proyecto que ha de realizar

---

57. Miguel de Unamuno, *El sentimiento trágico de la vida*, pp. 154-55.

58. Ortega, *Meditación de la técnica*, p. 177.

59. Cf. Jean Lacroix, *El sentido del diálogo*, p. 140. Fontanella, Barcelona

no es reductible a lo meramente intelectual ni experienciado como nudo trato con las cosas, es radicalmente espiritual, por el que se descubre impelido siempre a ser más ser. El hombre no es un ser natural, sino extranatural. "El hombre no es por naturaleza lo que debe ser. El animal sí es por naturaleza lo que debe ser" (Hegel)[60]. El apetito humano es voraz, no por gula sino por apetencia. Es aspiración continua a realizarse más allá de todos y cada uno de sus logros. No se trata de una enfermedad, sino de un destino extranatural al que tiende, como la flecha en el arco a punto de ser arrojada hacia su blanco.

El hecho de que el hombre no se sienta nunca satisfecho de ninguna etapa de su desarrollo finito, el hecho de que nada finito le pueda detener, aunque la finitud sea su destino —en la terminología de Paul Tillich—, indica la indisoluble vinculación de todo lo finito al Ser que se manifiesta al ser finito como impulso infinito de lo finito por trascenderse a sí mismo[61]. En esto viene a darse la mano con Xavier Zubiri, para quien Dios es el *fundamento* de la vida, y lo es en *tensión dinámica*. Por ser trascendente en las cosas, Dios me hace transcender; es, si me permite la expresión, *transcendificante*.[62] Para plantearlo adecuadamente necesitamos una definición nominal de aquello que se habla. Llamaremos Dios al fundamento último, posibilitante y impelente de la articulación de las cosas reales en «la» realidad.[63] Dios es aquello que da-de-sí, a saber, lo real. Y que, por consiguiente, Dios consiste en ser el fondo último y radical en el que emerge y en el que está la realidad del hombre en tanto que real. Efectivamente, ya sabemos que el fondo de las cosas no es una *physis* o una *natura* ni *naturata* ni *naturans*. Es justamente su realidad: el carácter de realidad. Y en la medida en que Dios está constituyendo *in actu exercito* y en todo instante ese carácter de realidad por su transcendencia en las

---

60. Hegel, *Lecciones sobre la historia de la filosofía*, III, p. 178. FCE, México 1977.

61. Paul Tillich, *op. cit.*, p. 248.

62. Xavier Zubiri, *El hombre y Dios*, p. 195. Alianza Editorial, Madrid 1984.

63. *Id.*, p. 111.

cosas, Dios es algo que está presente en el fondo de todas ellas de una manera continua, constante y constitutiva[64].

Tenemos ya, pues, que la idea de Dios que descubrimos en la vida al vivir nos da una idea de las dimensiones reales de su realidad precisamente en nuestra vida, como lo más constitutivo de la misma. Pero con eso no hemos dicho todo. Estamos sólo al comienzo.

6. Ser lo que hay que ser, ¿qué es?

El pensamiento de Ortega es musculoso, lleno de vigor. Proporciona un cierto gusto por la vida. Tiene el sabor de la aventura, porque vivir, según Ortega, es aventurarse a ser. Pero no ser cualquier cosa sino ser quien hay que ser. Ingrediente de la vida es su carácter de proyectividad, de misión que se realiza hacia el futuro. "Toda vida humana tiene una misión —escribe— Misión es esto: la conciencia que cada hombre tiene de su más auténtico ser que está llamado a realizar. Sin misión no hay hombre, de la misma manera que sin hombre no hay misión.[65]" Ortega es el polo más opuesto del nihilismo y de la angustia desesperada. Sus escritos transmiten ganas de vivir. Pero la angustia sobreviene al lector cuando se toma en serio a Ortega y después de un hojear sin fin página tras página de su obra, con vistas a cobrar el ser que hay que ser, o al menos recibir algunas indicaciones para su descubrimiento o maneras de averiguarlo, se encuentra en la perplejidad y confusión de que Ortega calla en esta delicada cuestión; no tiene nada que decir, sólo exhortar una y otra vez a realizar el ser que hay que ser. Pero ¿cómo reconocer el ser que tenemos que ser en medio de tantas posibilidades de ser? La cosa no sería grave si un ser fuera tan bueno como otro. Pero este no es el caso, según Ortega. Pues forzosamente estamos obligados a ser el ser que tenemos que ser y no otro. No da lo mismo uno que otro. "Quien renuncia a ser el que tiene que

---

64. *Id.*, pp. 312-313.

65. Ortega, *La misión del bibliotecario*, p. 63.

ser ya se ha matado en la vida, es el suicida en pie.⁶⁶" La cosa es tremenda, nos jugamos la vida en el asunto. Es decir la autenticidad y la falsedad de nuestra vida están en juego; nuestro ser realizados o fracasados. Así lo vieron también Nietzsche y Heidegger. Y lo grave es que no se trata de una cuestión académica, meramente teórica, pasatiempo de ociosos, la posibilidad de malograr nuestro destino, de truncar nuestra persona, de fracasar en nuestra aventura de vivir, es un presentimiento que acusa nuestra conciencia. Pero lo que no sabemos, nos está oculto, es la identidad de ese ser que hay que ser. Tremendo problema, pues ¿cómo puedo estar cierto de que mi vida actual, el proyecto al que doy mi consentimiento, no es una pura falsedad, una ilusión, un engaño? ¿Cuántos no viven de la mentira como si fuera la verdad? ¿No somos acaso nosotros los primeros engañadores y engañados?

No es la primera vez que alguien hace notar el talón de Aquiles orteguiano en su grandielocuente llamado a la realización del ser que se es. Si el mismo Ortega reparó en esta debilidad de su meditación filosófica nunca lo sabremos, pues que nunca hizo nada para remendar la fisura, o esclarecer su contenido. Pedro Laín Entralgo ha intentado complementar el pensamiento orteguiano en este punto, indicando como respuesta más plausible y racional el orden trascendente y espiritual —la *extranaturaleza* orteguiana— al que está ordenado la vida del hombre⁶⁷. Ortega, el filósofo, tanteó en varias ocasiones el posible significado de Dios para la vida, pero nunca lo convirtió en objeto de su reflexión atenta. Con ello Ortega dejó una grieta abierta en su sistema. La explicación teológica de esta dificultad filosófica es que "la increencia puede descubrir la cuestión de la existencia auténtica, pero rehúsa reconocer la única base de su respuesta.⁶⁸"

---

66. Ortega, *Ideas y creencias*, p. 189. Revista de Occidente, Madrid 1977, 11ª ed.

67. Pedro Laín Entralgo, *Palabras menores*, Barcelona 1952; *La espera y la esperanza: Historia y teoría del esperar humano*, Madrid 1962; *La empresa de ser hombre*, Madrid 1963.

68. R. Bultmann, *Creer y comprender*, vol. I, "El problema de la teología natural", p. 265. Stvdivm, Madrid 1974.

CAPÍTULO IV. Emergencia de la vida en el pensamiento

6.1. Adán en el centro del Paraíso

Volvamos una vez más al relato de los *orígenes* y al hombre *original*: Adán, es decir, aquel que es matriz de todos, porque todos somos Adán, cada cual a su manera es el Adán de su vida. Notemos que Adán no estaba solo en el Paraíso. El hombre no es lo primero en el mundo. Por el contrario, es el término final. Entre otras cosas había dos árboles, la vida del hombre discure entre árboles y animales, es el espíritu de un árbol en el cuerpo de una vaca, al decir de Madariaga,[69] o sea, una síntesis entre horizontalidad y verticalidad. Estos dos árboles reciben el nombre de Árbol de la Vida y Árbol de la Ciencia del Bien y del Mal respectivamente. Los dos árboles estaban juntos, no uno en un extremo y otro en otro; ni uno en medio del Paraíso y otro en los linderos del extrarradio, los dos estaban en el *medio*. "También el árbol de la vida en *medio* del huerto, y el árbol de la ciencia del bien y del mal... Pero del fruto del árbol que está en *medio* del huerto dijo Dios: No comeréis de él" (*Génesis 2:9; 3:1*).

¿Cómo pueden estar en el *mismo sitio* dos árboles tan dispares?, se pregunta agudamente María Zambrano. ¿Simple coincidencia literaria? ¿Tan pronto rendimos nuestra creencia en la inspiración verbal? ¿Qué sentido puede tener? El texto mismo no nos lo aclara, pero nos lo indica. Estamos obligados a interrogarlo. Es la tarea primordial del intérprete bíblico: ¿Qué quiere decir lo que aquí se dice en lo que se dice? Es decir, sin que yo ponga por delante mi respuesta, ya preconcebida.

Estar en medio es estar en el *centro*. Como el postrer Árbol de la Vida: "En medio —en el centro— de la calle de la ciudad, y a uno y otro lado del río, estaba el árbol de la vida" (*Apocalipsis 22:2*). Como Cristo en el Árbol de la Cruz, en medio de dos "malhechores, uno a la derecha y otro a la izquierda" (*Lucas 23:33*), en el centro de ambos, símbolos de una misma humanidad, compartiendo idéntica circunstancia de condena, pero de reacción distinta ante el misterio de Dios en Cristo.

¿Nos está enseñando la Biblia que en lugar original del hombre había dos centros ya? "¿O el centro único contenía los dos árboles de opuesto signo?"[70]

---

69. Salvador de Madariaga, *op. cit.*, p. 70.

70. María Zambrano, *Notas de un método*, p. 36. Mondadori, Madrid 1989.

¿Qué es Adán? Adán es revelación, revelación de Dios, cuya imagen y semejanza porta. Era, junto al resto de la naturaleza, creación mediante la Palabra de Dios, llamado a estar al nivel de la palabra, que se nos describe como mandamiento en relación al centro. "Ser era entonces eso: guardar la palabra recibida... Y la palabra recibida, depositada en la criatura, es su ser que llega, en ella, guardada, a ser sustancia.[71]" Para la teología cristiana un ser humano significa uno a quien Dios dirige la palabra, uno que está hecho de tal manera que es capaz de oír y de responder a esa palabra, sea para recibirla o para rechazarla.

En el centro del espacio ocupado por los dos árboles había también un enigma oculto. La serpiente, no la vulgar serpiente animal sino la posibilidad de cambiar el destino, de modificar la historia. La serpiente también es palabra, pero no palabra franca y directa, como la majestuosa voz de Dios en su acto de crear. Enrollada al árbol de la ciencia del bien y del mal, la serpiente era cifra y compendio de un indefinido camino a recorrer: era el camino que se ofrecía así, sin desplegarse, en multitud de anillos traicioneros. No se desenrosca la serpiente. Ella sofoca el centro[72]. Obedecer su insinuación es sepultar la palabra primera, original, salida de la boca de Dios, dejar de ser lo que se es. Convertirse en un ser descentrado, peregrino del ser absoluto que no puede hallar sino en el retorno a la Palabra original, a la Palabra del Padre, centro y fundamento del ser.

El hombre es un ser extraviado por descentrado —excéntrico— toda vez que desoye la palabra de vida en la que toda ciencia del bien y del mal se hayan contenidas como expresión de un camino imposible y tortuoso. En la vida centrada en Dios no hay propiamente bien ni mal, estos son horizontes de un mundo desquiciado, sacado fuera de sí. "Antes que fuera yo humillado, descarriado andaba; mas ahora guardo tu palabra" (*Salmo 119:67*). Ser lo que se tiene que ser es guardar la Palabra. Sólo el humillado, el dispuesto a morir, puede experimentar el gozo del renacimiento como revelación de su yo más real, "escondido en Cristo".

---

71. *Id.* p. 40.

72. *Id.* pp. 38-46.

CAPÍTULO IV. Emergencia de la vida en el pensamiento

Al perder la inocencia original, el centro que fundamentaba su ser, debido a no haber sabido, o querido, guardar la palabra recibida, la historia se convirtió, se nos ha convertido a todos, en un laberíntico camino —el camino de la serpiente—, del que sólo es posible librarse pasando por un retorno a nosotros mismos en lo más céntrico de nosotros mismos: la palabra recibida. "Yo soy el buen pastor —dice Jesús—, mis ovejas oyen mi voz, y yo las conozco, y me siguen (*Juan 10:27*). Por eso son "bienaventurados los que oyen la Palabra de Dios, y la guardan" (*Lucas 11:28*).

6.2. Adán al encuentro de su ser

"El hombre, el viviente, está siempre buscando algo perdido, la sombra del paraíso.[73]" Busca el punto de partida. No algo o alguien, sino a sí mismo, pues es el hombre el que se ha perdido, extraviado. Como la joven del poema de Zorrilla que reclama justicia del juez por una prenda hurtada, ¿qué prenda? Su corazón, entregado en señal de amor a un infiel amante que con él se lo llevó cuando de su lado partió. La astuta serpiente nos ha robado el corazón, el centro de nuestro ser en Dios, la Vida abundante sin mudanza, ni sombra de variación (*Santiago 1:17*). "Todo se pasa, Dios no se muda", repite Teresa de Jesús. "Todo se pasa en el hombre sin que él mismo pase. Y como Dios, el Dios que a ese ser sostiene, no se muda, o se mudará, mas no movido por el todo que pasa, por el pasar del todo.[74]"

Cuenta Jesús en la parábola del hijo pródigo cómo éste recordó el pan que los jornaleros tenían en casa de su padre. Recordó, tuvo memoria de lo que había dejado atrás. "La búsqueda de algo perdido es, sin duda, el origen de la memoria.[75] "Entonces se dijo: "Me levantaré e iré a mi padre" (*Lucas 15:18*). Sabe que tiene que ponerse en marcha de regreso. "Y esta necesidad de *ir* que el hombre experimenta, lo que late, un tanto

---

73. Id. p. 63.

74. Id. p. 71.

75. Id. p. 82.

encubierta, es su transcendencia.[76]" El hombre percibe de un modo espontáneo que es capaz de mantener una relación personal con la transcendencia porque él mismo es trascendencia, tiende a existir de un modo superior, extra y sobrenatural. No es que el joven, simplemente, se haya cansado de cerdos y angustias, su hambre es múltiple, es levantarse, es ir al origen de su existencia.

¿Cómo lo logró? Jesús nos lo dice en clave: "Y volviendo en sí" (v. *17*). "Vuelve a ti mismo, en el interior del hombre habita la verdad", dirá después san Agustín. Convertirse es ir al centro de uno mismo y descubrir que ese centro es Dios, que nos funda, mantiene e impele por su palabra, "quien sustenta todas las cosas con la palabra de su poder" (*Hebreos 1:3*).

Este particular lo tenía bien claro Ortega cuando dice: "La conversión es el cambio del hombre, no de una idea a otra, sino de una perspectiva total a la opuesta: la vida, de pronto, nos aparece vuelta al revés. Lo que ayer quemábamos, hoy lo adoramos. Por eso, es la palabra de Juan Bautista, de Jesús, de San Pablo: *metanoeite* —convertíos, arrepentíos, es decir, negad todo lo que erais hasta este momento y afirmad vuestra verdad, reconoced que estáis perdidos. De esa negación sale el hombre nuevo que hay que construir. San Pablo usa una y otra vez este término: construcción, edificación —*oikodomé*. Del hombre en ruina y hecho puro escombro hay que rehacer un nuevo edificio. Pero la condición previa es que abandone la posición falsa en que está y venga a sí mismo, vuelva a su íntima verdad, que es el único terreno firme: esto es la conversión. En ella el hombre perdido de sí mismo se encuentra de pronto con que se ha hallado, con que coincide consigo y está por completo en su verdad. La *metánoia* o conversión y arrepentimiento no es, por lo pronto, sino lo que yo he llamado «ensimismamiento», volver a sí. A quien interese este punto, le sugiero que vea en la epístola a los *Corintios I, 6:5 y 15:34*, lo que significa la palabra *entropé*.

En este punto tiene plena razón San Pablo. Y no hay duda que esa voz «convertíos» o, como yo prefiero decir, «ensimismaos», buscad vuestro

---

76. Id. p. 52.

CAPÍTULO IV. Emergencia de la vida en el pensamiento

verdadero yo, es la que hoy otra ver urgiría a dar a los hombres —sobre todo a los jóvenes."[77]

La cita es un poco larga, pero merecía la pena. Cristianismo significa coincidir con uno mismo. Regreso a lo que somos desde lo que hemos dejado de ser, para seguir empleando la terminología hasta aquí empleada.

Cristo es el gran *ensimismador*, el que nos hace entrar en nosotros mediante la luz de su Espíritu, pues él es la Luz del mundo, "luz verdadera, que alumbra a todo hombre" (*Juan 1:9*); el que nos introduce en el Padre, pues quien a él ha visto ha visto al Padre (*Juan 14:6ss.*). Cristo nos despierta de la muerte y centra nuestra vida descentrada. "Despiértate, tú que duermes, y levántate de los muertos, y te alumbrará Cristo" (*Efesios 5:14*).

"El centro es la salvación de las contradicciones y negaciones hasta ahora señaladas en la situación del sujeto.[78]" Adán en el Paraíso ha desatado la furia interminable del andar sin saber dónde, como Caín, errabundos por la culpa, arrastrando la memoria de una maldición y de un tiempo bendito. Cristo, el segundo Adán, el hijo de la promesa, recapitula en sí todas las cosas, habiendo sufrido y padecido bajo el poder de Poncio Pilato y resucitado al tercer día, que por toda la eternidad será el Cordero inmolado, "en medio —en el centro— del trono" (*Apocalipsis 5:6*); habiendo hecho desaparecer de ese centro el árbol de la ciencia del bien y del mal, sólo queda el de la vida como centro. Ya no hay más amenazas para el hombre, no más extravío, ni caminar desorientado y fatigoso. El ser cuyo ser consistía en guardar la palabra, no tendrá más necesidad "de luz de lámpara, ni de luz del sol, porque Dios el Señor le iluminará" (*Apocalipsis 22:5*).

Desde este punto de vista, "el hacerse su vida del hombre" orteguiano significa ir *recobrando* su ser en su vida, que es la revelación que Dios hace de sí mismo en la vida del hombre mediante su palabra. Sólo así es posible decir que el hombre va *creándose* a sí mismo a medida que descubre su ser en la palabra de la revelación y desanda el tortuoso camino de la serpiente. La consecuencia es que tenemos que entendernos primero con

---

77. José Ortega y Gasset, *En torno a Galileo*, pp. 173-174.

78. María Zambrano, *op. cit.*, p. 56.

FILOSOFÍA Y CRISTIANISMO

la Palabra que Dios nos dirige a nosotros para revelarnos nuestra interioridad, nuestro centro. Esto exige una conversión, pues que el hombre se oculta a sí mismo en la ciencia del bien y del mal, sometido a una antítesis que le sume en la impotencia y la desesperación. La Palabra de Dios es la clave de la vida del hombre, por eso es revelación. El análisis de la acción humana nos lleva a postular un centro —relativamente absoluto[79]— con el que el hombre no coincide, pero que le fuerza a ser, proyectando su existencia como camino para recuperar ese origen, que más que hacerlo le hace ser, más que crearlo le da la energía para crearse[80]. "El cristianismo ofreció desde el primer momento la conversión de la caverna temporal. El hombre interior de san Pablo que por obra de Cristo nace desde lo más hondo de la interioridad y al nacer transforma todo el tiempo en eternidad: y aun la carne tiene su promesa de resurrección. El cristiano no ha de abandonar propiamente nada, pues al nacer en Cristo, al nacer por Cristo, arrastra y transforma su entera condición. Ser cristiano es entrar en sí mismo, entrar en Cristo que yace en cada uno de los hombres. Despertar en Él, nacer en Él.[81]"

Por lo que sabemos de nuestra vida la existencia precede a la esencia, primero somos, tenemos ser, existimos, pero la existencia es siempre existencia de algo que existe y que es una realidad determinada, en el sentido de actuar conforme a unas leyes que afectan a su realidad esencial y no a la existencia, según hizo notar Juan Zaragüeta[82]. La existencia del hombre no es idéntica a la del caballo porque ésta obedece a otro tipo, esencia o naturaleza, o como quiera llamársele. También Marías advierte

---

79. Ha sido Zubiri quien ha ofrecido esta acertada descripción del ser humano, para expresar una realidad que por una cara se muestra absoluta y por otra relativa. "Que mi Yo sea absoluto significa que es Yo «frente» a toda realidad, esto es, frente a la realidad en cuanto tal. Pero este Yo es tan sólo relativamente absoluto porque es un Yo cobrado «frente» a la realidad en cuanto tal. Si hay un Dios, será una realidad que es el fundamento de mi relativo ser absoluto. Una realidad absolutamente absoluta" (X. Zubiri, *op. cit.*, p. 132).

80. J. Martín Velasco, *El encuentro con Dios*, p. 151. Cristiandad, Madrid 1976.

81. María Zambrano, *El hombre y lo divino*, p. 284. Ediciones Siruela, Madrid 1991.

82. Juan Zaragüeta, *Los veinte temas que he cultivado en los cincuenta años de mi labor filosófica*, p. 63. CSIC, Madrid 1958.

CAPÍTULO IV. Emergencia de la vida en el pensamiento

que es fácil y frecuente caer en el sofisma consistente nada menos que en olvidar la "vida" y sustituirla subrepticiamente por otras determinaciones como opcionalidad, trayectoria, libertad de ser, que son sólo *ingredientes* de la vida humana[83]. El existente humano es proyecto, pero proyecto humano. El yo que tiene que elegirse y darse libremente es antes que nada humanidad concreta, es decir, hombre o mujer, alto o bajo, cobarde o resuelto, espabilado o simple, recorrido por impulsos heredados de sus antepasados y estimulado por el ámbito circunstancial en que se desenvuelve. Su libertad y su historia son determinada libertad e historia humanas. No elegimos, se nos da previamente la existencia y con ella y en ella un haz de facilidades y dificultades. Cuando se pregunta por Dios se hace para solucionar el propio problema que la condición de hombre/mujer le depara. Necesitamos ser lo que tenemos que ser, pero nuestra identidad se nos escapa, nuestro ser o no ser está en juego. "¿Quién es este ser que soy yo?", se preguntaba Agustín (*Confesiones* 4, 1.1). En esta pregunta tan humana y tan universal se barrunta la terrible posibilidad de contradecir nuestro destino, de falsear nuestra existencia. De hacer una mala elección.

¿Cómo es esto posible? Sencillamente porque la vida me ha sido dada. Comienza por una elección impuesta. Yo no soy mi creador, soy una criatura arrojada al vasto espacio del mundo. Estoy condenado a ser forzosamente libre dentro de un repertorio finito y limitado de posibilidades. Por ejemplo, no puedo añadir ni quitar a mi estatura un par de centímetros (*Mateo 6:27*). No sé qué va a ser de mí el día de mañana, tampoco puedo saber de antemano los resultados de mis acciones. Ni siquiera sé lo que es bueno o malo para mí. Realmente yo no dispongo de mi vida de criatura. Hay cosas que si las llevara a efecto podría terminar en la cárcel, o aborrecido por mis vecinos. Tampoco puedo borrar el pasado. Mi libertad es una insoportable esclavitud a mí mismo. Estoy determinado por mi pasado, que llevo conmigo a cada hora. "No estoy con mi propio yo detrás de mí; no estoy en mis propias manos, sino que yo soy el que he llegado a ser; no soy libre. Y todas mis decisiones en el fondo están ya

---
83. Julián Marías, *Antropología metafísica*, p. 58. Revista de Occidente, Madrid 1973.

decididas; me establezco siempre únicamente en lo que ya soy; el Nuevo Testamento dice: en mis pecados.

"Con esto da a entender que debiera decidirme como un ser libre, es decir, que en realidad el sentido de cada una de las decisiones que se me proponen en el ahora es cómo me decido respecto a mi pasado. El pasado es discutido por el futuro precisamente en cada encuentro en el ahora; por él se me pregunta si quiero aferrarme a mí tal como vengo de mi pasado, o si quiero renunciar a mí, y abrirme así al futuro que se me abre en el encuentro del ahora; si quiero vivir del pasado o del futuro. La libertad es vivir del futuro. ¿Qué significa esto? El Nuevo Testamento dice que los hombres están perdidos para el mundo, lo cual significa al mismo tiempo para sí mismos, tal como son, como pasados. El mundo no es otra cosa que la esfera que los hombres, con lo que ya han hecho, han convertido en una potencia sobre ellos mismos. Vivir del mundo, o sea, del pasado, eso es el pecado. Vivir del futuro, eso es vivir de Dios.[84]"

7. Ser para la gloria

La vida es una operación que se hace hacia adelante, dice Ortega, pero cuya trayectoria está fijada por el pasado. El pasado es lo único de lo que no podemos darnos de baja. Es nuestra condición en el mundo. El pasado gravita sobre nuestra cabeza y nos condena a repetirnos y falsear nuestro destino. El hombre no puede liberarse de su pasado, sólo Dios puede. La manera de liberar Dios al hombre de su pasado es mediante el perdón de los pecados. "Perdón del pecado no significa otra cosa que anulación del pasado del hombre, significa quitarle la angustia y dejarlo libre de cara al futuro.[85]"

El hombre tiene acceso al perdón de Dios no por sus propias obras, sino mediante su actitud interior. Tal actitud no es ningún premio ético a

---

84. Rudolf Bultmann, "La comprensión del mundo y del hombre en el Nuevo Testamento y en el helenismo", *Creer y comprender*, vol. II, pp. 63-64. Stvdivm, Madrid 1976.

85. *Id.*, p. 67.

CAPÍTULO IV. Emergencia de la vida en el pensamiento

su búsqueda, es un *ethos* —fe/confianza— que se designa como un ser interior o nuevo ser en Cristo. Esto significa que creer en Cristo no es imponerse la tarea de imitarle, sino un nuevo nacimiento creador. "Si alguno está en Cristo, nueva criatura es; las cosas viejas pasaron; he aquí todas son hechas nuevas" (*2ª Corintios 5:17*).

El pecado es el camino del no ser. La vida nos es dada, nadie existe por sí mismo. Se es por otro. Nuestro ser es por otro, pero la realización de nuestro ser por otro es ser para otro, a saber, Dios, fundamento y posibilidad de ser. El pecado es el retroceso de ese ser proyectivo en Dios al prestar oído a la falsa asunción de conocer el bien y el mal y seguir inocentes. Conocer, para el hombre, significa experimentar. Y en el experimento se le fue el centro al hombre y anda loco buscándolo y no para hasta que lo encuentra en Dios. "La gloria de Dios consiste en que el hombre viva, y la vida del hombre consiste en la visión de Dios" (Ireneo). Lo que en otros términos viene a decir que el hombre es un ser-para-la-gloria. Ser para la gloria es configurarse progresivamente a semejanza de Cristo, imagen visible del Dios invisible.

El sentido último de la vida no se halla en las cosas. Son mudas, no proclaman su función. Funcionan de acuerdo al uso que de ellas hace el ser inteligente. Un árbol igual sirve de leña para el fuego, que de madera para una mesa o un bastón. Es el sujeto humano el que da forma al mundo que le rodea. En este sentido es el "rey de la creación". Él, como sujeto, impone a la realidad objetiva una valoración humana[86]. Así también, se puede decir que el hombre es el "centro del universo".

Tomemos como ilustración una experiencia universal a la que nadie es ajeno: la muerte y el hecho de morir. Para una mente educada en la mentalidad científico-materialista la muerte significa "cesación", dejar de ser como estructura biológica racional. Para el místico es la puerta que finalmente le abre el camino a la auténtica vida. Para muchos es lo más horrendo que pueda acontecerles. Y, desde luego, las valoraciones varían de un individuo a otro. Esas distintas valoraciones, referentes siempre a

---

86. "La valoración de la realidad objetiva no viene impuesta por el objeto, sino por el sujeto" (Antonio Arostegui, *La lucha filosófica*, p. 83. Editorial Marsiega, Madrid 1975).

una experiencia futura del que habla, repercuten ostensiblemente en su vida activa. Si algo en claro se desprende de las experiencias tenidas en el llamado "umbral de la muerte" es el cambio existencial que se produce en quien las ha experimentado. Cambia su ritmo de vida, comienza a valorar las cosas desde otro ángulo. Dispone sus intereses terrenales conforme a otras prioridades, que vamos a llamar trascendentales.

Nuestra postura ante la muerte condiciona nuestra actitud ante la vida. Es decir, la respuesta que demos al interrogante de la muerte —cesación, tránsito a otra vida— será la que nos informe el sentido de la vida y nos conforme en un peculiar estilo de comportamiento según el grado de nuestras convicciones. Es absurdo que muramos, es absurdo que hayamos nacido, dirá Jean-Paul Sartre en su obra *El ser y la nada*. Miguel de Unamuno reflexiona consigo mismo de esta manera: "¿Por qué quiero saber de dónde vengo y adónde voy, de dónde vine y adónde va lo que me rodea, qué significa todo esto? Porque no quiero morirme del todo, y quiero saber si he de morirme o no definitivamente. Y si no muero, ¿qué será de mí?, y si muero, ya nada tiene sentido. Y hay tres soluciones: *a)* o sé que muero del todo, y entonces la desesperación irremediable, o *b)* sé que no muero del todo y entonces la resignación, o *c)* no puedo saber ni una ni otra cosa, y entonces la resignación en la desesperación, o una desesperación resignada, y la lucha.[87]" Desde la perspectiva de la muerte como final de todo —cesación—, nada tiene sentido. Vendríamos a ser una mascarada fantasma que jamás ha vivido, al decir de León Felipe. Pero mientras el hombre se vea a sí mismo como alguien que tiene que morir, y no simplemente extinguirse o desaparecer, se entenderá como un quién proyectivo y responsable, como una persona y no una cosa, pues la muerte no es extinción sino acabamiento del estar arrojado en la vida, que en el hombre religioso lleva al arrojo de existir, la afirmación esperanzada de una continuidad que ponga término definitivo a su anhelo de plenitud[88].

---

87. M. de Unamuno, *El sentimiento trágico de la vida*, p. 50. Espasa-Calpe, Madrid 1976.

88. Cf. Julián Marías, *La justicia social y otras justicias*, p. 76 (Espasa-Calpe, Madrid 1979); Juan José Rodríguez Rosado, *La aventura de existir*, p. 21.

CAPÍTULO IV. Emergencia de la vida en el pensamiento

El ser humano es un devorador ontológico insaciable, debido a su exceso de vitalidad, siempre quiere ser más, más ser. Se halla radicalmente desfondado, pues nunca acaba de ser plenamente."Tal vez este desfondamiento sea la primera consecuencia ontológica de su homologación divina, pues asemejarse al Infinito sin ser él mismo infinito tiene necesariamente que producir el efecto del desarraigo y la indeterminación radical, la cual se confirma desde la experiencia total: social religiosa y filosófica.[89]" El animal, la planta, la roca realizan su existencia topográficamente, sólo el hombre no encuentra su lugar definitivo, se halla desplazado. Está en el mundo, pero no es de él. No pertenece al reino animal, zoológico, sino al devenir histórico, biográfico. "Los seres vivientes necesitan alimento, comunidad de los compañeros de especie y, como elemento no el menos importante, la salud del propio organismo. La indigencia del animal se despierta y se satisface en su circunstancia ambiente: el hombre, en cambio, no conoce límites en el desear y necesitar. No solamente depende de las realidades ambientes, sino además de algo que escapa a su consecución, por más que ansiosamente tienda su mano hacia ello... Esta particularidad de la existencia del hombre, aquella su infinita indigencia, sólo se entiende si se explica como una pregunta sobre Dios.[90]" El hombre está abierto al mundo, pero no se agota en él. Por eso la tendencia espontánea del ser humano es superarse a sí mismo. Cuando ama, ama para vencer la tensión que experimenta entre el instinto de vida y el instinto de muerte, el de plenitud y el de soledad. El amor es una manera de gustar la inmortalidad. De entrar en ella afectivamente. "Fuerte como la muerte es el amor", se dice en el *Cantar de los Cantares (8:6)*, que es como si dijéramos que el amor vence la muerte y nos mete la vida en los entresijos del alma.

El no religioso es quien después de admitir el carácter de incompletez de la vida, se rinde al mismo, se deja vencer por el cansancio de la búsqueda de lo completo, y limpia y llanamente asegura que todo es un asco, un

---

89. Luis Cencillo, *La comunicación absoluta*, p. 142 (San Pablo, Madrid 1994). Cf. *El hombre, noción científica* (Pirámide, Madrid 1978).

90. W. Pannenberg, *ob. cit.* p. 25.

absurdo, que nada vale la pena. Es un desesperado, pero también es un arrogante, y en esto consiste su pecado, no tanto "en querer ser, titánicamente como Dios, sino en la debilidad, en el desaliento, en el cansancio de que no querer ser aquello que Dios propone.[91]" El hombre religioso es el que entiende su vida en lucha; una carrera del ser contra el no ser —el pecado—. El no religioso es el que se rezaga, el que abandona y cree irremediable la miseria y congoja que le rodean. "No es tanto el pecado, cuanto la desesperación la que nos arroja en la condenación" (Juan Crisóstomo). Ese es el pecado, renunciar a la vida, es decir, contentarse con algo menos que *toda* la vida. "Buscadme y viviréis" (*Amós 5:4*). "Buscad a Dios y vivirá vuestro corazón" (*Salmo 69:32*). Uno de los propósitos de la revelación de Dios en Cristo es que el hombre tenga vida, y la tenga en abundancia (*Juan 10:10*).

Al auténtico hombre religioso hasta el universo se le queda pequeño, le es insuficiente. Reclama una plenitud más allá de lo dado. "El hombre es aquel que no sólo plantea problemas particulares, sino que es también capaz de una problematización radical. El hacer problema de uno mismo, se hace con referencia a un origen superior: dudar del mundo es creer en sí; dudar de sí es creer en Dios. En el interior del espíritu hay un principio de superación, que constituye su misterio más profundo.[92]" El hombre religioso no puede describirse sólo por lo que cree, sino por lo que duda también. Por lo que afirma y por lo que niega. Dice no a la cesación total que supone el hecho de la muerte, porque dice sí a su anhelante experiencia de más vida. Dios, entonces, equivale a decir que el mundo no lo es todo. Que la experiencia no se agota en la existencia sensible sino que reclama una actualización de la esencia personal más allá de lo que al momento se ve. Ni el espíritu ni la materia son realidades estáticas. Ser humano significa sentirse infinito en el centro de la misma finitud negadora, cuya naturaleza le aprieta a abrirse al mundo. "El hombre es el movimiento hacia los cielos, la tendencia a lo absoluto, la transición a lo divino, el ser corpóreo dirigido hacia Dios" (Max Scheler).

---

91. Jürgen Moltmann, *Teología de la esperanza*, p. 28. Sígueme, Salamanca 1989, 5ª ed.

92. J. Lacroix, *Historia y misterio*, p. 140. Fontanella, Barcelona 1963.

CAPÍTULO IV. Emergencia de la vida en el pensamiento

La vida humana es polémica con uno mismo. Toda realización es ambigua y está amenazada por el error, lo efímero y la incertidumbre. Por eso los seres humanos andan alterados, fuera de sí; se pasan la vida "extrañándose". Ciertamente no conocen caminos de paz. No importa la cantidad de cosas que uno posea, en última instancia el ser humano es un mendigo, y pide y vuelve a pedir porque no hay quien le otorgue lo que le falta. El hombre tiene lo que no tiene. Tiene nostalgia de Dios y no siempre lo sabe. Cortado de la cantera divina no halla reposo hasta volver a su lugar original. El destino del hombre es unirse a Dios. Ser para la gloria. Pero se encuentra, por el pecado, separado de la misma. Y siente la necesidad de unión como necesidad radical. Aquella en la que radica todo su malestar. Su miseria y su grandeza. "Como el ciervo brama por las corrientes de las aguas, así clama por ti, oh Dios, el alma mía. Mi alma tiene sed de Dios, del Dios vivo; ¿cuándo vendré, y me presentaré delante de Dios? Fueron mis lágrimas mi pan de día y de noche, mientras me dicen todos los días: ¿dónde está tu Dios?" (*Salmo 42:1-3*).

El hombre tiene, según el relato bíblico, la imagen y semejanza de Dios. Pero por un acto de libertad equivocado la ha perdido. Y ahora tiene lo que no tiene, ausencia de Dios. Esa es su agonía, lo que le presiona hasta la desesperación incluso en sus momentos más felices. Se deprime de tener lo que no tiene. "Este tener lo que no se tiene, este sentir la falta de algo que nos es menester, este ser sustancial y activamente menesteroso es la condición del hombre" (Ortega y Gasset)[93].

La conciencia de este carácter menesteroso de la vida humana hunde mucho. Es una congoja insuperable. En la misma copa de placer se saborean los posos de la tristeza. En ninguna etapa de su desarrollo finito siente el hombre satisfacción. Todas sus obras terminan por hastiarle. "Vanidad de vanidades, todo es vanidad y correr tras el viento. Todas las cosas son fatigosas más de lo que el hombre puede expresar; nunca se sacia el ojo de ver, ni el oído de oír" (*Eclesiastés 1:8*). Pero lejos de ser

---

93. José Ortega y Gasset, "Sobre ensimismarse y alterarse", en *Meditación de la técnica*, p. 177. "Lo desconocido de Dios es la forma pura en que el hombre en su soledad vive la ausencia; la forma pura de la soledad humana. Mas el hombre no vive esta pura soledad sino en momentos raros, porque la soledad se da en la madurez; es el signo y la prueba de la madurez de una vida" (María Zambrano, *El hombre y lo divino*, p. 278).

una faceta negativa de la vida humana, una maldición, resulta una bendición. Le impulsa a no detenerse nunca, a trascenderse siempre, a realizar su destino sin quedar a medio camino. El hecho de que nada en este mundo pueda detenerle indica la indisoluble vinculación de todo su ser finito al ser eterno de Dios.

Este siglo representa la toma de conciencia por parte de la comunidad reflexiva de la humanidad del tema del hombre como un ser inacabado, abierto al mundo, lo cual nos abre una insospechada ventana al misterio divino como misterio del hombre[94]. El ser del hombre es la clave del misterio del universo y no al revés. El espacio interior del hombre no es sino el escenario para los más remotos y atrevidos de los los viajes. Aquel que consiste en entenderse como un proyecto de Dios, un ser para la gloria. Pero esto es lo que el pecado no le deja ver. Y esta es la condenación del hombre: que no da gloria a Dios. La gloria de Dios es la gloria del hombre, como hizo notar Paul Tillich, puesto que todos los hombres están enraizados en la vida divina y a ella han de retornar, participan en su gloria. La alabanza de la majestad divina incluye la alabanza del destino de la creatura[95].

El pecado rebaja al hombre ontológica y existencialmente. Le impide lograr su propia plenitud: su ser para la gloria. "La desobediencia a Dios «des-glorifica»" (F. Delitzch). Al abandonar su centro y fundamento en el ser de Dios pierde de vista el valor de la vida y su valor en la vida. *La gloria del hombre consiste en ser luz y reflejo del ser divino, a cuya imagen y semejanza está creado*[96]. El anuncio de Jesucristo de la venida del Reino

---

94. "Ha surgido una nueva preocupación por el hombre. Es impresionante darse cuenta de cómo las distintas escuelas de pensamiento conciben hoy al hombre como un ser inacabado. Un ser que constantemente sale de sí mismo y va vás allá de sí mismo; un ser, por consiguiente, que lleva consigo una de las claves de la significación de la transcendencia y del misterio. El aguijón secreto del que hablaba san Agustín sigue conduciendo al pensador religioso hacia una visión más plena de Dios" (John Macquarrie, *El pensamiento religioso en el siglo XX*, p. 534. Herder, Barcelona 1975).

95. Paul Tillich, *op. cit.*, p. 349.

96. "Ni aun en el Paraíso el primer hombre llevaba una vida divina; creado a imagen y semejanza de Dios, ha subsistido siempre entre su ser y el divino la diferencia que hay entre la realidad y su imagen, entre la luz y su reflejo. Es la *gloria* que en tantos lugares del Antiguo Testamento resplandece y equivale, sin duda, al Reino de Dios, donde no se lleva donde no se es ni puede ser Dios, pero se es simplemente

CAPÍTULO IV. Emergencia de la vida en el pensamiento

de Dios, que se realiza en su persona, es otra manera de anunciar la *gloria de Dios* entre los hombres, al que se accede por la vía de la conciencia arrepentida e iluminada por la fe.Como en los días del Paraíso, equivale a *reglorificar* aquello que se había *desglorificado*, cuando la vida humana resplandecía en la plenitud de su fuerza. "Vimos su gloria", confiesan quienes presenciaron al hombre-Dios que anduvo entre los hombres, y "de su plenitud tomanos todos" (*Juan 1:14, 16*). En esta gloriosa operación reside la confianza del creyente, su coraje de ser, cuya raíces se hunden en el ser glorioso de Dios, como aquel cuya realidad es más realidad que su propia realidad; su yo más auténtico, su fondo creador. A la vez, porque el pecado es también ceguera, ocultamiento del ser que hemos de ser, la fe es visión iluminada (*resplandor de gloria*) y abre perspectivas cerradas a la razón humana sujeta a las condiciones de la existencia. "La superación de los conflictos de la razón existencial es lo que podemos llamar la «razón salvada». Como todos los demás aspectos de la naturaleza humana y de la realidad en general, la razón concreta necesita ser salvada. La razón no queda excluida del poder de curación del Nuevo Ser en Jesús como el Cristo.[97]"

"El misterio divino da así la clave del misterio humano: revelada a sí misma por una intervención gratuita que la rebasa, la razón descubre su libertad plenaria en aquello que recibe. Revelar es descubrir lo que estaba oculto, y, fuera de la revelación, el hombre es impotente y se oculta a sí mismo. Dios no nos comunica solamente un texto: *se comunica a sí mismo*, transformando a un tiempo la razón y la persona total, que asocia al misterio de su ser íntimo. Revelándose al hombre, Dios le revela su designio respecto a él: le revela a sí mismo. La revelación es lo *revelado-revelante*,

---

su obediente criatura. Es la filialidad perfecta que corresponde a la paternidad divina. Es completamente distinta a la idea o imagen de una Edad de Oro donde la vida humana resplandecía en la plenitud de su fuerza. La Edad de Oro pagana parece indicar una concepción contraria a la judaica. Un reino del hombre donde por ser el hombre perfecto se asemejaría a los dioses o vendría a ser su igual. Y es quizá la que ha hecho que se interpreten los dioses griegos como dioses a imagen y semejanza del hombre" (María Zambrano, *op. cit.*, p. 289).

97. Paul Tillich, *op. cit.*, p. 203.

esto es, la respuesta última al misterio, naturalmente inaccesible, que es el espíritu respecto a sí mismo.[98]"

Ser para la gloria, en la condición de existencia, significa esperar la incorporación auténtica y vivificante con el fondo y fundamento del ser divino, en una participación siempre creciente y más próxima a la misma fuente sin agotarla nunca. La gloria no es el lugar aburrido e insustancial de los angelitos ociosos y de los niños buenos, sino la participación en el ser mismo de Dios, que es nuestro ser más auténtico, lo más propio de nosotros mismos. La gloria es el reino de la novedad y del progreso en cuanto Dios es "Espíritu de vida y de novedad, acto activo, puro actuar y no acto puramente negativo y naturista; hay algo nuevo para el hombre y, por el hombre mismo, en Dios que en su inmutable eternidad abraza todas las riquezas de un amor perpetuamente generador de Dios.[99]"

Ser para la gloria es en la situación presente la más enérgica afirmación que se puede pronunciar sobre el campo de muerte de la vida. No describe una emoción ni una actitud, se refiere al poder que afirma, corrobora y encauza el centro de nuestra vida. Es la garantía de que también el universo existe para el hombre y no el hombre para el universo.

---

98. J. Lacroix, op. cit., pp. p. 149.158, 159-160.

99. Maurice Blondel, op. cit., p. 242.

V

DIOS Y SU DOLOR

1. Omnipresencia del dolor

La cruz de la vida humana es el dolor, el sufrimiento en sus múltiples facetas, dimensiones y grados. Cuando llega el dolor no parece tocar fondo, es como una cascada y un tornado a la vez que nunca tienen bastante. A cada instante el ser humano es sorprendido con nuevos y más refinados tormentos que la vida acumula sobre su dolorido espíritu. El dolor es el problema capital del creyente en Dios por el mismo hecho de su creencia, toda vez que el Dios bueno y providente en el que cree no aparece en su ayuda cuando más lo necesita, cuando su vida pende de un hilo, aguanta un dolor superior a sus fuerzas o soporta una carga indecible. Entonces la fe queda muda y sobrecogida interiormente de espanto ante un cielo silencioso e inoperante. "En presencia de los duros y lúgubres hechos de la vida, la fe de los primeros días se aparta, porque ciertamente un Dios totalmente pasivo y *nunca disponible* es, para todos los efectos prácticos, inexistente.[1]" El hombre de fe se ve recorrido por el lamento quejumbroso y la angustia incomprensible de un Dios impasible que invoca como protector pero que actúa como espectador *indiferente*. Su dolor es superior al dolor ateo y desesperado que ha dejado de esperar nada de nada ni de nadie, y menos del más allá. ¿Dónde está Dios? Esta pregunta es uno de los síntomas más inquietantes de una fe que comienza a

---

1. Robert Anderson, *El silencio de Dios*, p. 26. Portavoz Evangélico, Michigan 1983.

tambalearse. Cuando alguien está feliz, tan feliz que no tiene la sensación de necesitar la ayuda directa de Dios, corre hacia Él con labios de alabanza y gratitud en su corazón sabiendo que será recibido con los brazos abiertos. Pero al ir a Él cuando la necesidad es desesperante, cuando toda otra ayuda es vana e imposible ¿qué se encuentra? Una puerta cerrada en la cara y un sonido de cerrojos que no dejan lugar a dudas respecto a la negativa. Después de eso, silencio. Da lo mismo que uno se vuelva de espaldas o no². Este es un peculiar y específico problema de la fe, pues, como hace notar Carson, una persona que cree vivir en un mundo sin Dios, un organismo vivo más luchando por sobrevivir, no tendría preguntas que hacer, aunque tampoco respuestas, únicamente resignación y lucha, o ni lo uno ni lo uno ni lo otro, vivir, que no es poco³. El mal y el sufrimiento como realidades ineludibles de este mundo son problemas de una fe específicamente cristiana que postula un origen bueno y providente del mismo.

Otras religiones, otras creencias, han creído solucionar la cuestión negando realidad al mal. Este intento de solución le está prohibido al cristiano, en primer lugar porque el cristiano es enseñado a tener un trato directo y real con el mundo, y no le es posible racional ni moralmente escamotear una realidad tan común y trágica a toda la creación como la experiencia del mal. No se trata de un juego de colores en blanco y negro donde uno sirve para resaltar el otro; tampoco puede ser el mal una necesidad inevitable para el logro de un bien mayor. No hay engaño en el dolor. Toda racionalización se estrella ante el muro impenetrable de su misterio, pero es un muro, una roca que se desprende a nuestro paso y nos aplasta, una espada sobre nuestra cabeza pendiente de un hilo, un extraño juego que amarga nuestros días más felices; no es una ilusión, es una realidad que se burla de nuestras defensas. La pérdida de un hijo o de un miembro corporal son un mal realísimo, un dolor atroz, una injusticia insoportable, si acordamos que vivimos en un mundo con sentido, tal cual la fe cristiana postula. En segundo lugar, si el mundo es resultado de la

---

3. Herbert Carson, *Dios mío, ¿por qué sufro?*, p. 11. Peregrino, Moral de Calatrava 1986.

2. C.S. Lewis, *Una pena observada*. Trieste/Anagrama, Madrid 1988.

CAPÍTULO V. Dios y su dolor

acción de un Dios *bueno*, al que hemos aprendido a llamarle Padre, no se comprende la existencia del mal y su continuidad, se trata de un *escándalo* incomprensible en la buena creación de Dios. Por eso el cristiano siente el mal como un revulsivo que no puede negar, como lo tremendamente negativo y desconcertante[4]. Precisamente su fe le ha enseñado a no disimular la malicia del mal. Una y otra vez en las Escrituras vemos como los personajes bíblicos tuvieron que enfrentarse a este problema del dolor humano y de las múltiples injusticias que se suceden en la vida diaria sin que un poder mediador haga nada por impedirlas. Formularon preguntas desgarradoras. "¿Hasta cuándo, oh SEÑOR, pediré ayuda, y no escucharás, clamaré a ti: ¡Violencia!, y no salvarás?" (*Habacuc 1:1*). Porque el problema del mundo no es el milagro de Dios interviniendo en la vida humana, sino la ausencia del mismo. La callada por respuesta.

2. El dilema de Epicuro

Decía Berdiaev que por la imposibilidad de admitir el sufrimiento los rusos se volvieron ateos. Los ateos rusos estiman que Dios no existe, justamente porque, de existir, no podría sino ser un malvado[5]. El mal desmiente a Dios, al buen Dios cristiano al menos. Porque si existe un Dios quizá no sea bueno, y si es bueno quizá le falte poder para enfrentarse al mal. Al mirar al mundo tal cual es, con su espeluznante historia de terror en todos los sentidos y niveles, a la pregunta ¿existe Dios?, uno está tentando a responder: parece que no. Y si Dios no existe todo lo que llevamos dicho sobre ese tirón hacia lo alto que a veces sentimos, nuestra apertura al mundo y todo nuestro anhelo de más vida, de realizar nuestro

---

[4]. Pedro Trigo, *Creación e historia en el proceso de liberación*, p. 124. Paulinas, Madrid 1988.

[5]. Nicolás Berdiaev, *Orígenes y espíritu del comunismo ruso*. FCE, México 1963. Max Weber, que tanto se interesó y aportó a la sociología de la religión escribió: "El problema original de la teodicea es el cómo es es posible que un poder que se supone, a la vez, infinito y bondadoso, haya podido crear este mundo irracional del sufrimiento inmerecido, la injusticia impune y la estupidez irremediable. O ese creador no es todopoderoso o no es bondadoso" (*El político y el científico*, pp. 167-168. Alianza Ed., Madrid 1979, 5ª ed., original 1919).

proyecto vital hasta el infinito, son una pura jugarreta de nuestra psique empujada por esos endiablados genes egoístas acuciados por nuestra pequeñez e indefensión. Y si Dios existe ¿quién nos ayudará a salir del laberinto del dolor sin que blasfememos de Dios ni le abandonemos por impotente? Porque hablar de Dios está bien, ¿pero qué hacemos con el dolor? Según Antonio Escohotado, Nietzsche se convierte en el «asesino de Dios», no por puro ateísmo, sino justamente porque reclama lo divino y no un tirano proyectado en los cielos. Nietzsche quería pensar una divinidad donde el mal y el dolor no sean sentidos como argumentos contra ella[6].

La filosofía dio cuenta de este problema en el siglo IV antes de Cristo, cuando Epicuro se planteó de un modo lógico qué respuesta cabe dar a tal enigma. El mal de los dioses es el mal en el mundo. La razón tiene que esclarecer este dilema hasta donde le sea posible. Según Epicuro la cuestión es la siguiente: "O Dios quiere quitar el mal del mundo, pero no puede. O puede, pero no quiere quitarlo. O no puede ni quiere. O puede y quiere. Si quiere y no puede, es impotente. Si puede y no quiere, no nos ama. Si no quiere ni puede, no es el Dios bueno y, además, es impotente. Si puede y quiere, y esto es lo único que le cuadra como Dios, ¿de dónde viene entonces el mal real y por qué no lo elimina." El problema no puede estar mejor planteado. El dilema es aparentemente insoluble: Dios quiere y no puede, y por tanto es impotente; o puede y no quiere, y entonces es malvado. En el primer caso se niega la omnipotencia, en el segundo la bondad, atributos ambos inseparables del concepto Dios. "Si el mal del mundo proviene de la intención de la Deidad —dirá Hume por su parte—, entonces no es benévola. Si el mal del mundo es contrario a su intención, entonces no es omnipotente. Pero es acorde con su intención o contrario a ella. Luego la Deidad no es benévola o no es omnipotente."

Los teólogos cristianos y los filósofos de la religión han pretendido aclarar el enigma recurriendo a la *permisibilidad* divina. Viene a significar que Dios puede eliminar el mal del mundo, pero no quiere, por razones de

---

[6]. "Nietzsche, sin crearse subterfugios ni ilusiones, hace el experimento de decir incondicionalmente sí a la vida. Esa perspectiva es el «asesino de Dios», pero justamente porque reclama lo divino y no un tirano proyectado a los cielos. En *El ocaso de los ídolos* la propuesta nietzscheana es «pensar un panteísmo donde el mal, el error y el dolor no sean sentidos como argumentos contra la divinidad»" (Antonio Escohotado, *El espíritu de la comedia*, p. 37. Anagrama, Barcelona 1991).

diversa índole, sino que lo permite con vistas a un fin superior de naturaleza moral. Ahora bien, la filosofía crítica de Kant se apresuró a señalar que una permisión por parte del Ser "que es causa total y única del mundo" equivale a un querer positivo, y el sentido común y el derecho legal nos dicen que no es culpable sólo el que hace el mal, sino también el que no lo evita. Dicho en términos bíblicos positivos: "Aquel que sabe hacer lo bueno y no lo hace, le es pecado" (Santiago 4:17).

John Sutart Mill, partiendo del dilema de Epicuro optó por salvar la bondad de Dios a costa de su omnipotencia. Extraña idea la de un Dios impotente, limitado por su propia creación. Pero la extrañeza de la fórmula no debe despistar tocante a lo notable de su acierto. Porque desde la omnipotencia de Dios el mal no es únicamente un misterio absoluto sino una contradicción insalvable incrustada en el mismo corazón de la fe.

Otra respuesta muy extendida es la que desplaza de lugar el origen y causa del mal y en vez de considerarlo consecuencia de permisión divina lo considera resultado de libertad humana utilizada equivocadamente. El argumento es más o memos como sigue: El hombre fue creado libre, lo que significa libre de hacer el mal así como el bien. Ni un ser omnipotente podría hacer al hombre libre y, no obstante, no libre de hacer el mal. El mal es una consecuencia inevitable de la libertad humana. El mal se debe a la mala decisión del ser humano. En palabras tajantes de Schaeffer: "La caída, real y completa, en tanto que hecho histórico, constituye la única respuesta al problema del mal. Un hombre no programado que hizo una elección y se rebeló realmente contra Dios.[7]" Fue como abrir la caja de Pandora, todos los males sobrevinieron a la vida humana a partir de ese momento. Puesto que el ser humano ha pagado, y continúa haciéndolo, un precio tan alto por su libertad, no tiene nada de extraño considerar la libertad como una maldición. Entonces la crítica filosófica tiene razón: "El precio pagado por hacer seres humanos libres es demasiado grande, el resultado no vale la pena.[8]" Hay que ensayar, pues, otro camino que no nos conduzca a un callejón sin salida.

---

7. Francis A. Schaeffer, *Huyendo de la razón*, p. 84.

8. John Hospers, *Introducción al análisis filosófico*, vo. 2, p. 582. Alianza Editorial, Madrid 1976.

FILOSOFÍA Y CRISTIANISMO

La teología católica, siguiendo a Tomás de Aquino, ha indicado que la raíz del mal hay que buscarla en la *finitud* de la creación. El mal y el sufrimiento no son una consecuencia necesaria de la finitud, pero tienen en ésta la fuente principal de su posibilidad. Pero si la finitud implica sufrimiento introducimos una contradicción insalvable entre esta vida finita y la futura infinitud. Si la finitud implica la posible necesidad del mal, entonces somos incapaces de comprender por qué Dios creo al mundo a pesar de todo. Seguimos preguntado si valía la pena.

El profesor Torres Queiruga, sin querer mermar la omnipotencia divina se acoge a la fórmula: *Dios quiere, pero no puede*[9]. Entonces, se diga lo que se diga, estamos postulando una limitación en Dios. "Quiere y no puede". Cierto que no se anula la omnipotencia de Dios, pero la califica en relación al mundo creado. Lo veremos después. Me parece que el problema reside en otra parte.

3. De la apatía a la simpatía[10]

El pensamiento cristiano se ha visto atado durante demasiado tiempo a la lógica de un Dios-Idea que ha falseado la visión del Dios personal que el cristianismo ha revelado como centro de la realidad. El Dios-Idea de la especulación metafísica y escolástica era forzosamente impasible, no afectado por el devenir ni las emociones. La imagen de la inmutabilidad-impasible, o de la impasibilidad inmutable de Dios pretende salvar las distancias entre el Creador y lo creado, mostrar aquello en que más se distingue Dios del hombre. En determinada teología el precio a pagar por aquel Dios lógico fue demasiado alto: "Un Dios que en rigor ni amaba ni

---

9. Andrés Torres Queiruga, *Creo en Dios Padre*, p. 122. Sal Terrae, Santander 1992, 3ª ed.

10. La obra pionera sobre este tema se remonta a principios de siglo: B.R. Brasnett, *The Suffering of the Impassible God* (Londres 1928); Jung Young Lee, *God suffers for us. A Systematic inquiry into a concepto of Divine Passibility* (De Hague 1947); J.K. Mozley, *The Impassibility of God. A survey of Christian Thought* (Cambridge 1926); C.E. Rolt, *The World's Redemption* (Londres 1915); B.H. Streeter, *The Suffering of God* (Londres 1914).

CAPÍTULO V. Dios y su dolor

odiaba, porque ni gozaba ni sufría, un Dios sin pena ni gloria, inhumano, y su justicia una justicia racional o matemática, esto es, una injusticia.[11]"

Dios a escala de la filosofía estática, proveniente de Parménides, indiferente al dolor del mundo, imperturbable en su apatía; un Dios congelado en su serena beatitud. Soberano de un mundo con el que no se relaciona, sino mediante un enjambre de seres angélicos y vírgenes y santos y santas constituidos en rogadores e intercesores entre la infinita Majestad en los cielos y la mísera humanidad en la tierra. Lo terrible en el orden de la moral fue que dio lugar a una ética de desprecio al mundo y la carne, una despreocupación por la vida, una negación de la misma, sin emociones ni sentimientos. Pero los que alborotaban el mundo también llegaron a la academia y plantaron en ella la simiente de la congoja, el principio de la compasión que poco a poco iba a ir abriéndose paso entre las gentes. La evolución de las ideas es muy lenta, sin embargo, y durante siglos el pensamiento cristiano no supo cómo saltar por encima de la paradoja de un Dios Padre, creador del cielo y de la tierra, entendido como inmutable e impasible, y un Dios Hijo, nacido de María la virgen, que *padeció* bajó Poncio Pilato. De la filosofía entorno aceptaron la *impasibilidad* como atributo aplicable a Dios en su esencia; el escándalo del sufrimiento de Cristo, Hijo de Dios, no fue meditado hasta sus últimas consecuencias, sino conservado en la piedad popular. Tuvieron que pasar muchos años para la que la teología comenzara a bajar a Dios del Olimpo y ver cómo despojarle de sus atributos de imperturbabilidad, serenidad, impasibilidad, inmutabilidad, beatitud, segregación, incolumidad, y subtituirlos por nuevas fórmulas como dolor, impotencia, sufrimiento, no exentas de ambigüedad y riesgo, naturalmente[12].

Los textos bíblicos fundacionales del cristianismo hablan continuamente de Dios como amor, pero mientras el amor se entendía en términos de su soberanía e impasibilidad, subordinado a éstas, era imposible meditar a fondo en la ternura de Dios y su compasión sin límites. También aquí el Dios de amor fue transformado en el Dios-idea de la la filosofía, un Dios

---

11. Miguel de Unamuno, *El sentimiento trágico de la vida*, p. 153. Espasa-Calpe, Madrid 1976.

12. Manuel Olasagasti, *El estado de la cuestión de Dios*, p. 145. Espasa-Calpe, Madrid 1976.

sin pasiones. "Una inofensiva frigidez, una congelada nada"[13]. Tanto en hebreo, *chesed* y *racham*, como en griego, *eleos*, se enfatiza el amor divino como compasión y misericordia. Que amar a Dios le cuesta (le costó su Hijo), que por amor padece junto a los objetos de su amor. La compasión de Dios se ha sepultado bajo un montón de fórmulas que vienen a decir que Dios ama, pero propiamente no compadece, pues compadecer, lo dice la palabra, es padecer con, sufrir, lo que pondría en entredicho la apatía divina. El problema planteado por el concepto filosófico de Dios como el inmutable, que aún domina en las teologías conservadoras (aunque las más despiertas la adjetivan de inmutabilidad *activa*), consistía en resolver el dilema de cambios y mutabilidad en el que es inmutable por esencia. La patrística, sin perder de vista el punto de vista bíblico de Dios, acogió y desarrolló el concepto de inmutabilidad frente a las representaciones mitológicas de los dioses que nacen, padecen, cambian y se encarnan. Ese no era el Dios que ellos habían conocido en Cristo, pese a coincidencias de carácter verbal.

Los primeros Padres de la Iglesia respetaron la paradoja de que el inmortal, el invisible, se hizo visible por nosotros; el incomprensible, el incapaz de padecer, se hizo capaz de padecer por nosotros, en frase de Ignacio de Antioquía. De todos modos el primado de la impasible inmutabilidad de Dios se impuso sobre la representación del Dios doliente y crucificado. El testimonio bíblico del Dios vivo de la historia quedó deformado. En la teología escolástica ya ni quedan vestigios de esta aparente contradicción, propia del carácter paradójico de la fe cristiana[14]. Hasta el dulce y compasivo salvador Jesucristo se había transformado en juez severo de vivos y muertos, o en el serenísimo Pantocrator que contempla imperturbable la redondez de la tierra.

Y sin embargo Dios sufre y padece y ha sido la filosofía, particularmente aquella que hunde sus raíces en la teología luterana, *la theología crucis*, como la de Hegel, la que ha llamado la atención al pensamiento cristiano

---

13. J. Oliver Buswell, *Teología sistemática*, vol. 1: "Dios y su revelación", p. 39. Logoi, Miami 1979.

14. Cf. Walter Kasper, *El Dios de Jesucristo*, pp. 220-229. Sígueme, Salamanca 1990.

CAPÍTULO V. Dios y su dolor

sobre el aspecto olvidado del dolor de Dios[15]. Unamuno, que leyó mucha teología protestante, y en especial anglicana, que en este punto se encontraba muy avanzada respecto a las demás[16], fue en España y entre los filósofos el primero que resaltó esta dimensión oculta de la pasión-dolor de Dios, desde una perspectiva netamente filosófica; perspectiva que abre múltiples caminos a la reflexión teológica y humana.

"La raíz de la caridad que eterniza cuanto ama y nos saca la belleza en ello oculta, dándonos el bien, es el amor a Dios, o si se quiere, la caridad hacia Dios, la compasión a Dios. El amor, la compasión, lo personaliza todo, dijimos: al descubrir el sufrimiento en todo y personalizándolo todo, personaliza también el Universo mismo, que también sufre y nos descubre a Dios. Porque Dios se nos revela porque sufre y porque sufrimos; porque sufre exige nuestro amor, y porque sufrimos nos da el suyo y cubre nuestra congoja con la congoja eterna e infinita.

"Este fue el escándalo del cristianismo entre judíos y helenos, entre fariseos y estoicos, y éste, que fue su escándalo, el escándalo de la cruz, sigue siéndolo y lo seguirá aún entre cristianos: el de un Dios que se hace hombre para padecer y morir y resucitar por haber padecido y muerto, el de un Dios que sufre y muere. Y esta verdad de que Dios padece, ante la que se sienten aterrados los hombres, es la revelación de las entrañas mismas del Universo y de su misterio, la que nos reveló al enviar a su Hijo a que nos redimiese sufriendo y muriendo. Fue la revelación de lo divino del dolor, pues sólo es divino lo que sufre.

"El dolor nos dice que existimos, el dolor nos dice que existen aquellos que amamos; el dolor nos dice que existe y que sufre Dios; pero es el dolor

---

15. Cf. Hans Küng, *La encarnación de Dios. Introducción al pensamiento de Hegel como prolegómenos para una cristología futura*. Herder, Barcelona 1974.

16. Jürgen Moltmann, que es el teólogo que más atención a prestado a este punto, y que recoge en detalle las observaciones de Unamuno (*Trinidad y reino de Dios. La doctrina de Dios*, pp. 51-57. Sígueme, Salamanca 1986, 2ª ed. También Walter Kasper hace referencia en este punto a Unamuno, *op. cit.*), escribe respecto al pensamiento teológico anglicano: "Frente a la abundante bibliografía anglosajona sobre el tema no existe nada comparable en la teología alemana de la época... La ocasión que dio pie al tratamiento del tema del sufrimiento de Dios fue la necesidad de dar una respuesta a la teoría evolucionista de Darwin. ¿Cómo debe entenderse la omnipotencia de Dios?" (*Id.*, p. 45).

de la congoja, de la congoja de sobrevivir y ser eternos. La congoja nos descubre a Dios y nos hace quererle.

"Acaso parezca blasfemia esto de que Dios sufre, pues el sufrimiento implica limitación. El Dios de la teología llamada racional excluye todo sufrimiento. Y el lector pensará que esto del sufrimiento no puede tener sino un valor metafórico aplicado a Dios, como lo tiene, dicen, cuando el Antiguo Testamento nos habla de pasiones humanas del Dios de Israel. Pues no caben cólera, ira y venganza sin sufrimiento. El que no sufre, y no sufre porque no vive, es ese lógico y congelado *ens realissimum*, el el *primum movens*, es esa entidad impasible y por impasible no más que pura idea. La categoría no sufre, pero tampoco vive ni existe como persona. ¿Y cómo va a fluir y vivir el mundo desde una idea impasible? No sería sino una idea del mundo mismo. Pero el mundo sufre, y el sufrimiento es sentir la carne de la realidad, es sentirse de bulto y de tomo el espíritu, es tocarse a sí mismo, es la realidad inmediata.

"El dolor es la sustancia de la vida y la raíz de la personalidad, pues sólo sufriendo sé es persona. Y es universal, y lo que a los seres todos nos une es el dolor, la sangre universal o divina que por todos circula. Eso que llamamos voluntad, ¿que es sino dolor?[17]"

Con estas observaciones Unamuno abre un camino nuevo y vivo a la reflexión humana de Dios, reflexión que ha sido continuada en la filosofía española por Eugenio Trías en su tratado de la pasión, como mencionada de paso por María Zambrano. "Lo más íntimo —escribe Trías—, la palabra más íntima, el nombre propio y adecuado de la divinidad sería para san Juan, Amor. Palabra perdida acaso, nombre extraviado y olvidado, a juzgar por las concepciones que la filosofía se hace de la divinidad. El dios de los filósofos demuestra en este punto su disidencia con el Dios del cristianismo. La filosofía griega pensaba la divinidad como Primer Motor que mueve sin moverse, causa final que atrae y provoca amor sin que de suyo pueda decirse que ame o desee. En Platón, el principio motor animador del cuerpo es el Alma, entidad medianera entre la Idea y el cuerpo. Alma que puede acaso presentarse mítica o alegóricamente como demiurgo, obrero

---

17. Miguel de Unamuno, *op. cit.*, pp. 180-184.

CAPÍTULO V. Dios y su dolor

divino, intermedio entre los paradigmas ideales que contempla y el mundo físico que organiza y plasma. Puede, pues decirse que lo divino no ama aunque es amado.[18]"

La idea de la pasión de Dios se manifiesta con toda su fuerza en la doctrina cristiana de la encarnación, en la idea de que el Verbo, el Hijo de Dios, se hace carne, carne que sufre y muere. "La idea de un Dios que se despoja de sus atributos divinos por amor, se hace hombre, habita entre los hombres, escindido en su doble naturaleza a la vez divina y humana, figura arquetípica de toda «conciencia desventurada», constituye la idea más profunda legada por el cristianismo a nuestra sensibilidad ética y estética y a nuestro pensamiento racional, pensamiento que acierta a concebirla en la Idea de la Pasión, Idea que sintetiza en un mismo juicio Amor y Muerte, traduciendo en ese juicio la «última palabra» de la sustancia divina, a la vez que la entraña y la raíz misma de la naturaleza y condición humana.[19]"

Una vez, dicho sea de paso, se confirma nuestra asunción principal de que la filosofía no es un saber en competencia con la teología, ni contra ella, es decir, que no es cristiana ni anticristiana por naturaleza, sino que es un saber que en cuanto se atiene a la realidad de la verdad tiene mucho que decir y mucho que aprender de la teología. Ambos caminos deben ser transitados. Dirección en doble sentido. Mientras la teología imitó a la filosofía griega que identifica a Dios con la Sustancia y lo Uno, a la que en términos religiosos correspondenría el monoteísmo riguroso, era imposible caer en la cuenta del dolor de Dios. Sólo cabe hablar del sufrimiento de Dios a nivel trinitario, y entender la cruz de Cristo como una revelación de la esencia de la trinidad. Este mismo hecho puede interpretarse

---

18. Eugenio Trías, *Tratado de la pasión*, p. 54. Mondadori, Madrid 1988. Aunque Trías se deja llevar por la especulación filosófica de corte hegeliano, que un teólogo cristiano no puede aceptar.

19. *Id.*, p. 56. "La muerte de Dios no es su negación, la negación de u idea o de algunos de los atributos que a ella convienen. Sólo se entiende plenamente el «Dios ha muerto» cuando es el Dios del amor quien muere, pues sólo muere en verdad lo que se ama, sólo ello entra en la muerte: lo demás sólo desaparece. Si el amor no existiera, la existencia de la muerte faltaría. Y sólo cuando Dios se hizo Dios del amor pudo morir por y entre los hombres de verdad" (María Zambrano, *El hombre y lo divino*, p. 136).

erróneamente y decir que en la encarnación no es Dios quien padece sino Jesús en cuanto hombre. Sabemos, sin embargo, que el Verbo al hacerse hombre conservó todos los atributos esenciales de la Deidad, y al tomar sobre sí la naturaleza humana no abandonó en sentido alguno su naturaleza divina. Es una persona la que sufre, la persona de Jesús, Dios y hombre verdadero. Pero a la vez es el Padre el que sufre, pues es el Padre el que entrega a muerte al Hijo (*Juan 3:16*). El Padre sufre con el Hijo por amor, amor a los que son objeto de su ira, los pecadores. El Padre no aguarda con las manos cruzadas hasta que el Hijo ha satisfecho la justicia con el sacrificio de su vida, sino que "Dios estaba en Cristo reconciliando al mundo consigo mismo" (*2ª Corintios 5:19*).

Dios estaba en Cristo de incógnito, oculto en su sufrimiento. Lutero fue el primero que supo verlo en su dimensión teológica. La filosofía no puede reconocer a Jesús de Nazaret como el Dios sufriente, pues el salto hasta llegar a esa confesión sólo es realizable por el Espíritu. Esta sabiduría es ya teología. El Dios sufriente no es para el filósofo sino el "Dios oculto", el Dios desconocido. Solamente el Espíritu Santo puede proporcionar la gracia del arrepentimiento. Este arrepentimiento puede considerarse como el abandono o el cambio de dirección de la búsqueda del hombre tras Dios, por la búsqueda de Dios tras el hombre. Dios tiene que ser entendido desde Dios.

"Dios se ocultó totalmente a sí mismo cuando en la persona de su único Hijo pasó por la muerte, pero esto no quiere decir que perdiera su propia existencia. Aun incluso en el acontecimiento de la cruz no se produce un solo cambio en el Dios que es el «Yo soy el que soy». ¿Cómo pudo ser posible? Pues porque Dios continúa viviendo en la persona del Padre mientras muere en la persona del Hijo. La muerte del Hijo de Dios puede bien denominarse el dolor de Dios porque la persona del Padre vivía. El dolor sólo puede ser experimentado por los vivos, no por los muertos que ya están liberados de todo padecimiento. Debido a que Dios es esencialmente uno en su esencia, aunque el Padre y el Hijo son diferentes personas de la santísima trinidad, es posible que el Padre todavía viva aun en la muerte de su Hijo. De este modo surge el dolor de Dios. La muerte del Dios Hijo fue muerte verdadera, y su oscuridad fue verdadero dolor. Dios Padre que se oculta a sí mismo en la muerte de Dios Hijo es el Dios

CAPÍTULO V. Dios y su dolor

en dolor. Por tanto el dolor de Dios ni es meramente el dolor del Dios Hijo, ni meramente el dolor del Dios Padre, sino el dolor de dos personas que son esencialmente una única realidad.[20］ Hans Küng, que no está de acuerdo con esta interpretación, afirma que el sufrimiento del hombre nunca es transformado en sufrimiento de Dios, que la cruz no es símbolo del Dios que sufre, sino del hombre que sufre angustia mortal, lo cual es una afirmación extraña en un teólogo cristiano, toda vez que quien murió en la cruz no fue un hombre común, sino el Dios-Hombre en cuanto Mesías; ni sufrió el tormento de la cruz por sí mismo, sino por y en lugar de los demás, conforme al anuncio profético de Isaías 53[21].

4. De la omnipotencia a la impotencia

El dolor de Dios en el contexto de su ser trinitario nos entreabre la puerta del lugar santísimo y secretísimo donde Dios habita, es una relación a sí mismo, pero apenas si nos aclara el misterio del sufrir humano en relación a nosotros, ni nuestro sufrir en relación a Dios. ¿Hasta dónde es verdad que hacemos sufrir a Dios y cómo es esto posible? ¿Por qué nuestro sufrimiento es a la vez sufrimiento de Dios? Mientras el sufrimiento de Dios se entienda en función de su amor por el extraviado y el injusto mundo del hombre pecador, nos quedamos sin saber qué pensar de la parte que corresponde a Dios en el sufrimiento humano, sea de permisión o prueba. Es decir, ahora sabemos que Dios sufre, pero no sabemos por qué Dios no elimina el sufrimiento si de verdad es bueno y omnipotente. ¿O es que no lo es? De golpe uno advierte que la *apatheia* del Dios griego y del Dios cristiano injertado en el griego no era sino una muralla de protección que sus adoradores habían levantado en torno a su Dios con el

---

20. Kazoh Kitamori, *Teología del dolor de Dios*, p. 163. Sígueme, Salamanca 1975.

21. Hans Küng, *Credo*, III, 9-11 (Editorial Trotta, Madrid 1994/Círculo de Lectores, Barcelona 1994). No obstante, el mismo Küng se admite la dimensión pasional de un Dios "que se une a nuestro dolor y toma parte en nuestro sufrimiento (tengamos o no la culpa de él), que se ve afectado por nuestras miserias y por todas las injusticias, que «sufre con nosotros» ocultamente, siendo, sin embargo, finalmente, infinitamente bueno y poderoso" (p. 124).

fin de evitarle las amarguras y limitaciones de esta vida. Un Dios omnipotente ha de ser apático por necesidad. Si el ser humano puede afectar a los sentimientos de Dios, causarle felicidad o tristeza, significa que tiene poder sobre él, que Dios no es omnipotente. Los griegos creían que Dios no podía tener emociones, pues de lo contrario el hombre podía influir en él, causarle dolor, desbaratar sus planes, sin embargo la lógica nos dice que es imposible que lo finito tenga poder sobre Infinito. Por definición nadie es más grande que Dios, para serlo tiene que carecer de emociones, pues si también fuera el más grande emocionalmente, sería el más susceptible de ser enredado en el juego emocional de su propia creación. Dios. por tanto, Dios no puede tener emociones, es esencialmente imposible. Pero si nosotros, en nombre del Dios bíblico, tocamos las trompetas de la revelación y echamos abajo el muro de la impasibilidad construido a su alrededor, y nos atrevemos a decir que Dios no sólo siente, tiene emociones, sino que además sufre, padece, estamos diciendo realmente que la omnipotencia de Dios no es tal poder sobre todo y contra todo, no contra el dolor, al menos. Volvemos al dilema de Epicuro y la respuesta de Stuart Mill. Estamos diciendo que hay límites en Dios, que Dios gusta el sabor amargo de la impotencia. El Dios que sufre es necesariamene un Dios limitado. ¿Cómo podemos entender esta limitación de Dios y en Dios?

En primer lugar tenemos que hacer una corrección respecto al modo que el hombre tiene de influir o afectar a Dios. No puede hacerlo como teniendo *dominio* sobre Dios. Esto es imposible y corresponde a una mentalidad mítico-mágica que cree tener en su mano el secreto del control sobre la divinidad mediante ritos o fórmulas arcanas. La libertad de Dios está bien afirmada en la fe cristiana cuando habla de la creación como un acto de la sola voluntad de Dios, sin que ésta pueda contribuir a aumentar o disminuir la gloria de Dios. Por tanto Dios sufre por amor, "no porque sus amados le dañan, sino porque se dañan a sí mismos, se arruinan y se destruyen a sí mismos.[22]"

---

22. G. Campbell Morgan, *El corazón de Dios. Estudios en el libro de Oseas*, p. 125. Ed. Hebrón, Buenos Aires 1980. Moltmann coloca a este autor entre los precursores de la teología de la pasión de Dios.

CAPÍTULO V. Dios y su dolor

La *impotencia* de Dios de la que aquí vamos hablar, por utilizar un término provocativo, es naturalmente una impotencia relativa, una impotencia de la omnipotencia misma. Una impotencia impuesta por sí misma. Un *puro milagro*, al decir de C.S. Lewis, mediante el cual Dios se ha hecho a sí mismo capaz de padecer necesidades, de meterse en dificultades. "Si el corazón inmutable puede ser afligido por los muñecos de su propia creación, es la omnipotencia divina, y no otra cosa, la que se ha limitado libremente y con una humildad que sobrepasa el entendimiento.[23]"

La idea de un Dios que se impone límites a sí mismo no repugna al pensamiento cristiano sino que la exige. A finales de siglo pasado, en 1892, el teólogo presbiteriano Alexander B. Bruce afirmaba con toda naturalidad que no es contrario a la soberanía de Dios autolimitarse. No dice nada contra Dios adjudicar al hombre la capacidad de resistir su voluntad y contrariar sus planes. Esta autolimitación divina se debe a la existencia misma de seres creados libres con los que Dios se relaciona por amor y no la fuerza bruta de su ominipotencia[24]. En la creación "Dios ha renunciado a su derecho natural de imponer su presencia divina en el mundo.[25]" Por eso decíamos antes que Dios no es un ser necesario demostrable a partir del mundo, ni el ateísmo una creencia absurda y sin fundamento en el mundo tal cual es, patente a nuestros sentidos. Es preciso despojar al concepto de soberanía de Dios de todos los elementos que dicen referencia a lo arbitrario o fuerza irresponsable, por encima del bien y del mal y entenderla apropiadamente como el derecho que le asiste de regir el mundo y sustentar su creación conforme a su propósito. En el acto de la creación Dios se ha limitado a sí mismo al otorgar al hombre una cierta capacidad de seguir la inclinación de su voluntad e incluso de oponerse a la Dios hasta el punto de echar a perder sus planes. Al decidir la existencia de seres fuera de sí, Dios se obliga a tratar a los tales como

---

23. C.S. Lewis, *El problema del dolor*, p. 50. Caribe, Miami 1977.

24. A.B. Bruce, *Apologetics*, p. 69. T & T Clark, Edimburgo 1892. Cf. Charles Hartshorne, *Omnipotence and Other Theological Mistakes*. State University Press, Nueva York 1984.

25. Javier Montserrat, *Nuestra fe*, p. 32. BAC, Madrid 1974.

tales, a respetar su integridad y naturaleza, la independencia que les otorga, es decir, que Dios no es libre de tratar a una piedra como si fuese agua, ni a un espíritu libre como si fuese esclavo. Con la puesta en escena de seres libres queda fuera de juego todo método de trato divino que suponga arbitrariedad; en lugar de ella se afirma que la sabiduría, el amor y la bondad de Dios tienen curso libre y encuentran su satisfacción en su relación con seres vivos, inteligentes y creativos[26]. Desde nuestro punto de vista podemos decir sin miedo a las metáforas que Dios asumió un riesgo infinito a la hora de crear, hasta el punto que la creación del hombre viene a significar el *suicidio* de Dios. "Dios, para crear seres libres, se ha como retirado de su dominio soberano; se ha como exilado o suicidado.[27]" Suicidio que cobrará en su día la forma histórica de deicidio en la persona de su Hijo. "Dios, clavado en la cruz, permite que lo echen del mundo. Dios es impotente y débil en el mundo, y precisamente sólo así está Dios con nosotros y nos ayuda.[28]"

Si Dios *crea* el cielo y la tierra, argumenta Moltmann, es que ha decidido previamente *convertirse* en Creador del cielo y de la tierra. O sea, la creación deriva de la *voluntad divina de crear*, por tanto esa voluntad creativa *afecta* tanto a Dios como al resultado de su decisión, es decir, la creación misma[29]. Porque Dios decide convertirse en Creador, Dios asume unos riesgos. Al crear "sale fuera de sí" y se comunica a lo otro que no es Él, para crear el mundo "fuera" de su propio ser, el Dios infinito debe preparar un espacio a a este ser finito del mundo. Por fuerza Dios ha de limitarse, retraerse. Dios ya no está sólo en espacio del ser, quiere ceder un puesto a otro, al hacerlo se limita sí mismo, pues no se duplica a sí mismo, sino que crea verdaderamente.

---

26. William Newton Clarke, *An Outline of Christian Theology*, pp. 137-139. T & T Clark, Edimburgo 1898.

27. Maurice Blondel, *Exigencias filosóficas del cristianismo*, p. 137.

28. Dietrich Bonhoeffer, *Resistencia y sumisión*, p. 252. Sígueme, Salamanca 1983.

29. Jürgen Moltmann, *Dios en la creación*, p. 94. Sígueme, Salamanca 1987.

CAPÍTULO V. Dios y su dolor

4.1. Los límites de Dios

Por la creación Dios fija límites a su omnipotencia. La creación es la primera *kénosis,* el primer despojamiento de Dios, mediante el cual la impotencia pasa a ser un momento de su omnipotencia. Dios no renuncia a ser Dios, ni menos que Dios, simplemente se traza un plan de comunión con su creación acorde a la naturaleza de ésta. La impotencia de Dios no es lo definitivo, sino el momento que corresponde a su relación de amor con la creación. Omnipotencia, con ser la expresión exacta de la naturaleza divina, significa para nosotros poder adecuado, consistente con la razón divina y el carácter del mundo. En Dios mismo no hay otros límites que los relativos a su carácter. Será bueno tener en mente dos distinciones que nos ayuden a comprender cómo el Dios omnipotente es a la vez todopoderoso y limitado, sin caer en absurdos del lenguaje. Hay un tipo de limitación que sólo se puede aplicar y entender en relación a personas finitas, se trata de la "limitación de necesidad", en las que todos vivimos por naturaleza como seres finitos, cuya naturaleza es ir conformándonos con las circunstancias. Y hay otra "limitación autolimitada" conveniente a Dios y que podemos entender por analogía, de un modo imperfecto, en nuestro trato con los demás, como cuando con un niño pequeño aflojamos nuestra velocidad y caminamos a su paso. Habría que decir que, en contraste con el pensamiento griego, que llega a Dios por derivación o deducción de este mundo, la omnipotencia divina no es lo opuesto de la debilidad humana, sino el refugio de la misma[30].

Otro distinción esclarecedora hecha por Duns Escoto consiste en la diferencia entre *potestas absoluta* y *potestas ordinata.* Con ello quería significar que la voluntad de Dios no puede quedar atada más que por sus propias decisiones: Dios, absolutamente hablando (*de potentia absoluta*) puede hacer todo lo que no es contradictorio. Pero Dios ha establecido ciertos principios que dirigen su acción libre: supuestas estas decisiones suyas (*de potentia ordinata*), solamente puede hacer lo que está en

---

30. William Robinson, *Whither Theology? Some Essential Biblical Patterns,* pp. 98-99.

conformidad con las mismas[31]. No tener en cuenta estas necesarias distinciones es lo que daría lugar a sofismas sin sentido y peligros sobre el alcance del poder absoluto de Dios, especulaciones respecto a la posibilidad divina de dibujar un círculo cuadrado u otras fantasías del lenguaje por el estilo.

Es curioso que en toda la Biblia no se utilice ni una sola vez el término omnipotente, a excepción del sinónimo todopoderoso que se encuentra en *Apocalipsis 1:8*: "Yo soy el Alfa y la Omega, principio y fin, dice el Señor, el que es y que era y que ha de venir, el Todopoderoso." La razón es fácil de entender. Omnipotencia entraña la idea abstracta de un Dios que puede hacer todo lo que quiera, imaginado o por imaginar. La Escritura no está interesada en este tipo de argumentación. Ella parte de un Dios que se relaciona con el mundo, y en relación al mundo Dios es todopoderoso, en el sentido de libre y soberano, creador y sustentador de todas las cosas. Y porque es Todopoderoso en relación a su creación puede autoimponerse ciertas limitaciones, limitaciones *creadas* por Él mismo y, por tanto, libre de superarlas, pues en todo momento su relación con el mundo es una relación de libertad.

Repasemos de nuevo la escena de Adán en el Paraíso. ¿Qué nos encontramos, aparte de lo ya dicho? El poder, la posibilidad de la voluntad de Adán de oponerse al mandamiento divino y así frustrar el plan inmediato de Dios. Junto al frescor de la vegetación, lo primero que se percibe en el Edén es la atmósfera del riesgo, la posibilidad de la posibilidad[32]. La primera de una larga serie de negaciones humanas al plan de Dios. Desde el principio advertimos que en su relación con el hombre Dios se limitó a sí mismo. Se puso límites. De otro modo hubiera sido la única voluntad en el mundo. El pecado humano sería pecado de la voluntad divina. Pero tan pronto Dios puso otra voluntad en existencia se autoimpuso no traspasar los límites de la autonomía e independencia que él mismo había concedido

---

31. Dicho sea de paso, Emil Brunner atribuyó erróneamente a Escoto lo contrario de su intento de clarificación lógica, en *La doctrina cristiana de Dios*, cap. 18.

32. Kierkegaard desarrolla este punto extensivamente desde un punto de vista psicológico cristiano en *El concepto de la angustia*. Espasa-Calpe, Madrid 1982, 2ª ed.

a su criatura. "Lo incomprensible es que la omnipotencia no sólo pueda crear lo más grandioso: la totalidad del mundo visible, sino también lo más frágil: un ser independiente frente a la omnipotencia" (Kierkegaard).

Lo paradójico es que el Dios soberano sobre su creación viene a ser el Dios siervo de la misma. El que es Señor sobre todo se convierte en siervo de todos. Si dejara de servir a su creación ésta dejaría de ser. Por eso su nombre propio es Padre. El Padre que cuida a sus hijos con amoroso cuidado. El Padre que entrega a su hijo la parte de herencia que le corresponde, pese a saber positivamente el mal uso que va a hacer de ella. La impotencia del Padre no es de orden natural sino moral. Puede retener a su hijo en su casa contra la voluntad de éste, pero entonces lo perdería. Le deja perderse con la esperanza de salvarlo. En esta esperanza del mundo, de la que Dios es su único fundamento, el Padre siente en sus entrañas todo el dolor del mundo.

No eliminamos la omnipotencia, sin la cual Dios dejaría de ser Dios, sino que señalamos un segundo momento de esa omnipotencia en relación a la libertad divina y humana. Quien niega la autolimitación de Dios dice sobre Él necesidad y determinismo. Necesidad de que lo que es tengo que ser forzosamente. Dios no estaba obligado a crear el presente Universo en su forma presente. Para nosotros es el único que conocemos, pero no agota los recursos de Dios. Leibniz dijo que este el mejor de los mundos posibles, con ella se limita, desde la finitud, la omnipotencia infinita. La autolimitación divina es la manera paradójico de afirmar la libertad de Dios como Dios. El hombre es como es porque Dios quiso que fuese así. Se limitó a esta manera de hacerlo. No quiso que fuera impecable. Calvino dice que el origen del mal es un misterio, en lo que todos los creyentes está de acuerdo, pero lo estropea cuando añade a continuación que el pecado está en el decreto de Dios, aunque Él no sea su autor. Si es un misterio, es un misterio que hay que respetar. Si es un decreto ya no es un misterio, sino un acto positivo de la voluntad de Dios y, por tanto, y en buena lógica, Dios es el autor del pecado, lo único que le está prohibido al cristiano afirmar de Dios. Quien da la orden de disparar sobre una persona es tan culpable de su muerte como el que aprieta el gatillo.

4.2. Religiosidad madura e inmadura

La religiosidad natural está más dispuesta a adorar a un Dios tirano, caprichoso y arbitrario pero omnipotente, que a Dios de amor, pero limitado. La historia de las religiones nos ofrece material más que de sobra sobre los aspectos denigrantes que la divinidad ha adoptado en la mentalidad religiosa. La reacción primaria, casi instintiva, de las capas profundas de la sensibilidad religiosa es negar —o dejar en la sombra— la bondad divina antes que poner en cuestión su omnipotencia. La imaginación colectiva está llena de ideas tremendas de Dios como déspota, iracundo, caprichoso. Este concepto de Dios obedece a un estadio infantil primitivo de la idea de Dios en la humanidad. Lo que en siglos anteriores se pedía de un padre no era bondad, sino poderío. La filosofía, y el pensamiento teológico maduro, entienden la relación con el padre —la autoridad en cualquiera de sus dimensiones— de otro modo, precisamente por amor —y no temor— al padre. "Yo prefiero adorar a Dios como limitado que como malo", dice Voltaire en su *Diccionario filosófico*. Para Bonhoeffer la marca de nuestro acceso a la mayoría de edad consiste en reconocer nuestra situación ante Dios como un Dios impotente y débil en el mundo. "¡El Dios que está con nosotros es el Dios que nos abandona (*Marcos 15:34*)! El Dios que nos hace vivir en el mundo sin la hipótesis de trabajo Dios, es el Dios ante el cual nos hallamos constantemente. Ante Dios y con Dios vivimos sin Dios. Dios, clavado en la cruz, permite que lo echen del mundo. Dios es impotente y débil en el mundo, y precisamente sólo así está Dios con nosotros y nos ayuda. *Mateo 8:17* indica claramente que Cristo no nos ayuda por su omnipotencia, sino por su debilidad y por sus sufrimientos. Esta es la diferencia decisiva con respecto a todas las demás religiones. La religiosidad humana remite al hombre, en su necesidad, al poder de Dios en el mundo: así Dios es el *deux machina*. Pero la Biblia lo remite a la debilidad y al sufrimiento de Dios; sólo el Dios sufriente puede ayudarnos. En este sentido podemos decir que la evolución hacia la edad adulta del mundo, al dar fin a toda falsa imagen de Dios, libera la mirada del hombre hacia el Dios de la Biblia, el cual adquiere poder y sitio en el mundo gracias a su impotencia. Aquí es donde deberá entrar en juego la «interpretación mundana».[33]"

---

33. Dietrich Bonhoeffer, *Resistencia y sumisión*, pp. 252-253. Sígueme, Salamanca 1983.

CAPÍTULO V. Dios y su dolor

5. El dolor que justifica y lo que justifica al dolor

Después de escrito todo lo antecedente a uno le asalta la duda sobre si se ha avanzado o se ha retrocedido respecto al problema que nos ocupa. ¿No estamos ahora peor que antes? Pues no sólo hemos asumido el dolor de la creación, sino que hemos implicado a Dios en el mismo, no como aquel que lo permite sino que lo padece en y por sí mismo. Es decir, hemos extendido el mal del sufrimiento hasta el mismo Dios, pero seguimos sin saber por qué ese Dios no se evitó a Él primero, y a toda su creación después, el mal trago, el incomprensible absurdo del dolor, de la muerte, de la tortura entre los hombres, de la lágrima infinita que amenza con ahogarnos a todos en un mar de desesperación. No podemos decir que el Mal es una consecuencia ineludible de la autonomía de la creación, porque entonces lo convertimos en una instancia superior y caemos en una especie de dualismo metafísico. Tampoco podemos argumentar seriamente en base a la impotencia de Dios porque esta es relativa y no absoluta, coyuntural y no esencial. En ningún modo esta impotencia puede servir de refugio para justificar a Dios. De nuevo nos topamos con el misterio del mal, del origen del mal. Y a lo mejor tiene razón Kierkegaard cuando increpa nuestra funesta ambición por encontrar explicación a lo existencialmente inexplicable[34]. Ahora bien, lo mínimo que se puede exigir a una doctrina, y a una doctrina cualquiera, es que sea coherente, que no incurra en contradicción, que dé razón suficiente de su sentir. Y en este punto creo que las reflexiones que hemos desarrollado nos ayudan a comprender diversos aspectos del mal que antes quedaban en la penumbra, como penosas negaciones mal disimuladas.

Porque Dios es omnipotente en amor puede someterse a la suprema humillación que es entrar, mediante la persona de su Hijo, en el sufrimiento y en la muerte del mundo sin sucumbir a ellos, como testifica elocuentemente el domingo de resurrección, la confesión "al tercer día

---

34. "Querer explicar lógicamente cómo ha venido el pecado al mundo es una necedad, que sólo puede ocurrírseles a hombres preocupados hasta el ridículo por encontrar a cualquier precio una explicación" (Kierkegaard, *op. cit.*, p. 68).

resucitó". Si Dios mismo padece con el hombre, argumenta Kasper, entonces el sufrimiento no es una objeción contra Dios. "El Dios simpático, revelado en Jesucristo, es *la respuesta definitva a la cuestión de la teodicea*, donde fracasan el teísmo y el ateísmo.[35]" Si Dios padece y mediante el sufrimiento vence al dolor y la angustia, el dolor no es divinizado sino redimido, lo cual es muy distinto al concepto filosófico del Dios doliente, eternamente doliente, que se asoma en la especulación metafísica. La última palabra ya no la tiene el sufrimiento, sino la operación divina que lo transfigura.

El dolor de Dios es su amor. Amor que supera la ira provocada por el pecado y la injusticia humanas y la descarga sobre sí mismo en la persona de su Hijo. La cruz es el tormento de Dios por amor. A su vez el que padece y sufre entra en comunión con Dios. No ha hecho nada para merecerse el sufrimiento, no es un castigo divinamente impuesto por causa de su pecado o el de su comunidad, es una estructura de la existencia que nos sale al paso en toda situación y a cada momento. Pero no estamos solos con nuestro dolor, hay uno que nos acompaña en el mismo y le duele tanto como a nosotros. "El problema de la teodicea no puede ser resuelto sino en el plano existencial, donde Dios se revela como amor y libertad, como amor y sacrificio, como un Dios que sufre con el hombre, que lucha a su lado contra la injusticia del mundo, contra los intolerables sufrimientos del mundo" (N. Berdiaeff). La religiosidad humana remite al hombre al poder de Dios en el mundo: así Dios es el *deus ex machina*. Pero la Biblia lo remite a la debilidad y al sufrimiento de Dios; sólo el Dios sufriente puede ayudarnos. En este sentido podemos decir que la evolución hacia la edad adulta del mundo, de la que antes hemos hablado, al dar fin a toda falsa imagen de Dios, libera la mirada del hombre hacia el Dios de la Biblia, el cual adquiere poder y sitio en el mundo gracias a su impotencia. "Esto es la inversión de todo lo que el hombre religioso espera de Dios. El hombre está llamado a sufrir con Dios en el sufrimiento que el mundo sin Dios inflige a Dios.[36]"

---

35. W. Kasper, *op.cit.*, p. 228.

36. D. Bonhoeffer, *op. cit.*, p. 253.

CAPÍTULO V. Dios y su dolor

Según Horace Bushnell, la muerte de Cristo evidencia que el pecado del mundo no es presenciado por Dios como un espectáculo desagradable del que se mantiene alejado. Dios es sensible al pecado, al dolor que el pecado introduce en el mundo. Por eso mismo Dios no puede ser culpado del sufrimiento del mundo. En la persona de su Hijo Dios siente físicamente el poder y la tragedia del pecado. Su respuesta al pecado, pues, no es de condenación, sino de compasión, la virtud más sublime de Dios y la más buscada en los hombres[37].

6. No hay Dios en el dolor

Ya hemos dicho que debemos precavernos contra cualquier tipo de divinización del dolor. A la larga es un ídolo proyectado por nuestra propia y personal impotencia, una puerta de escape proporcionada por nuestra angustiada psicología. En el dolor no se encuentra Dios como su base o fundamento. En el sufrimiento en sí descubrimos la ausencia de Dios. Que Dios no está en el dolor, lo que lo hace terriblemente doloroso. En el amor experimentamos a Dios, pues Dios es amor, y gozamos de la vida, nos sentimos felices y eternos, como Dios es eterno. El amor es una experiencia de eternidad. Pero en el dolor no experimentamos a Dios, sino su muerte, pues Dios no es dolor. Como Cristo en la cruz experimentamos la angustia del silencio de Dios: "¿Dios mío, Dios mío, ¿por qué me has desamparado?" (*Mateo 27:46*). El dolor es radicalmente la negación de Dios, en esto han tenido razón todos los dolientes de todos los tiempos. El misterio desgarrado del dolor es que no nos revela a Dios sino que nos lo oculta. En el sufrimiento Dios se pierde para nosotros, Dios se pierde para sí mismo. Dios está en el dolor acompañándonos, aunque nuestra experiencia actual sea de abandono. La desgracia no es una evidencia del disgusto de Dios, o de la maldad del que la padece, como con toda justicia y valentía tuvo que sostener Job frente a quienes querían convencerle de pecado para haberse

---

37. Horace Bushnell, *The Vicarious Sacrifice, Grounded in Principles of Universal Obligation*. Scribner, Nueva York 1866. Citado por Millard J. Erickson, *Christian Theology*, p. 788. Baker, Grand Rapids 1989, 7ª ed.

atraído tantas desgracias juntas. A la angustia del dolor no tenemos derecho a sumar la injusticia de atribuirlo a un castigo directo de Dios. A Dios le duele ver la obra de sus manos atormentada, mutilada, privada de su felicidad por la injusticia que hay en el mundo. Hasta ahora ha habido mucho abbé Bournisieri, personaje de una novela de Flaubert, que dice al Dr. Bovari, roto de dolor por la muerte de su mujer: "Uno tiene que someterse a los decretos de Dios sin murmurar y hasta darle las gracias." Al Dr. Bovari no lo queda otro remedio que responder: "¡Detesto a vuestro Dios!" No es para menos.

En las experiencias límite de sufrimiento el ser humano toca fondo y se da cuenta de que el horror más grande de esas profundidades es la ausencia de Dios. En el mal de culpa, en el mal de naturaleza, en el mal de muerte, lo que echamos en falta es el amor, que no hay amor en el centro de la existencia. Esta es la razón por la que, en situaciones extremas de la vida, la palabra "Dios" viene a los labios, incluso en aquellos que nunca la han usado seriamente con anterioridad. Claman a Dios, por él o contra él. En esos momentos reconocen que la dimensión más profunda de la vida humana es alienación, separación de Dios[38]. Se clama por lo que no se tiene y presiente se debería tener. La ausencia de Dios es su presencia. En el dolor Dios está como lo que falta, y esa falta no sólo disculpa a Dios como su causa, directa o permisiva, sino que lo reclama como el poder de resurrección que lo redima y transfigure. De todo eso es lo que trata la doctrina cristiana de la salvación.

7. El poder de la debilidad de Dios

El apóstol Pablo dice que "la debilidad de Dios es más fuerte que la fortaleza del hombre" (*1ª Corintios 1:25*). Cuando no se entiende esto se corre el peligro de tergiversar a Dios y su acción en el mundo. La gente se

---

38. Cf. *The Mystery of Salvation. The Doctrine Commission of the Church of England*. Church House Pub., Londres 1966, 3ª ed.

CAPÍTULO V. Dios y su dolor

ha acostumbrado a juzgar el poder de Dios por el barómetro del poder humano. En el pasaje citado, Pablo está hablando de la cruz y de la locura y el escándalo que ésta representa para el pensamiento religioso y filosófico. Dios expuesto a muerte, vergüenza y dolor en ella. ¿Cómo es posible que el Creador muera impotente sin haber hallado otra salida, inventado otro recurso menos cruel, menos doloroso? He aquí el dilema del ser de Dios, de su voluntad y de su acción en el mundo.

¿Qué puede hacer el Evangelio de la debilidad y del dolor de Dios en un mundo tan egoísta y necesitado de mano fuerte, de brazo poderoso como el nuestro? Incluso los más capaces, tanto en religión como en política, se estrellan contra la incomprensión y malicia no sólo de sus enemigos, sino de sus seguidores también. No hay límites a la mezquindad humana.

Antes de entender el misterio paradójico del poder de Dios hemos de preguntarnos sobre su *propósito*. Sí, qué es lo que Dios está indicándonos, qué lección la que quiere enseñarnos. O colocándonos en una perspectiva diferente: ¿Qué es lo que interesa a Dios? ¿Qué es lo que intenta hacer Dios en el mundo? Esta es la cuestión. La posibilidad de respuesta se halla en Dios mismo, naturalmente. Es lo que intenta decir la fe cristiana con su doctrina de la revelación. Lo *decible* de Dios viene de su revelación. La fe es esencialmente abandonarse al Dios que habla de sí mismo en su Palabra.[39]"

A la luz de esta revelación es claro que Dios quiere establecer un reino, un gobierno divino en el mundo. "Hágase tu voluntad, como en el cielo, así también en la tierra" (*Mateo 6:10*), es la oración del cristiano. La voluntad de Dios que es su reino no es de carácter visible, sino invisible, lo que no quiere decir que no sea real en orden a la voluntad y la ética. Simplemente expresa que no es externo, sino interno. No terreno, sino espiritual. Por eso el *poder* de Dios sorprende cuando se piensa en él en términos de poder temporal y no en términos de valores eternos. Dios se enfrenta al mal de muchos modos y maneras. Pero no con el mal. No iba

---

39. Eberhard Jüngel, *Dios como misterio del mundo*, p. 253.

a estar él por debajo de las exigencias de sus seguidores —"No devolváis mal por mal"—, de aquellos que están llamados a imitarle. "Sed, pues, vosotros perfectos, así *como* vuestro Padre celestial es perfecto" (Mateo 5:49).

La sociedad del hombre, por ejemplo, tiene poder para poner fuera de circulación a un criminal. O bien se le mata o bien se le encierra por un largo período, o cualquier otro "arreglo honroso". Desde el punto de vista del reino de Dios esto es una *derrota*. Si se pierde a la persona, entonces el poder es poder destructivo, peligroso. No arregla nada. Simplemente marca límites y decide las normas de juego, con aprobados y eliminados. Opta por lo más fácil. El *principio del reino de Dios* como buena voluntad para los hombres nos está diciendo que si un poder cualquiera no puede cambiar el corazón de un criminal entonces ha perdido la partida, su poder es sólo fuerza bruta, radical impotencia, y no soluciona nada. Crea nuevas cárceles, las llena; vuelve a crear otras y las vuelve a llenar. Un círculo vicioso. Precisamente en tiempos de la presencia de Dios, en tiempos cuando el reino de Dios se encarna en miles y miles de corazones —tiempos de avivamiento—, la delincuencia disminuye, la miseria desaparece. La luz dispersa las tinieblas.

Pablo, antiguo perseguidor de cristianos, fanático irrazonable, hubiera sido condenado por un tribunal moderno. Dios transformó su corazón y el mundo ganó un heraldo de la libertad y la nueva vida en Cristo.

Desde el punto de vista del Reino de Dios el uso externo de la fuerza no es poder, es debilidad. Dios no elimina lo indeseable, lo redime. Lo ha hecho con cada uno de los que hoy invocan su nombre desde un corazón nuevo y una naturaleza nueva.

Somos tan poco espirituales y tan rodeados de maldad que creemos que cuando hacemos uso de la fuerza somos poderosos, y no sabemos que cuando somos fuertes entonces somos débiles. No es bueno ignorar las leyes espirituales del reino de Dios.

El *propósito* de Dios es ganar corazones desde la sinceridad y verdad de las cosas, como corresponde a un mundo de personas libres creadas a su imagen. Por eso se resiste a obrar otro milagro que el milagro de una personalidad forjada entre el poder espiritual del Espíritu y la respuesta de fe a la miles circunstancias de la vida. "El justo por su fe vivirá" (*Habacuc*

CAPÍTULO V. Dios y su dolor

2:4). Esa es la gran lección de todos los tiempos. No es que Dios respete nuestra libertad inhibiéndose a la hora de intervenir milagrosamente en situaciones de dolor. No es incompatible con nuestra libertad la ausencia de mal. Lo que Dios intenta y produce es el alumbramiento del nuevo ser en el viejo ser acostumbrado al mal. No es una rectificación de la primera creación humana, sino una superación de la misma desde la fe.

La debilidad de la cruz alcanzó la victoria máxima. "Habiendo desarmado a los poderes y autoridades, los exhibió públicamente, triunfando sobre ellos en la cruz" (*Colosenses 2:15*). Nada menos que la cruz es la manifestación suprema del poder de Dios, es decir, que la debilidad y el dolor es lo poderoso de nuestro Dios. La cruz, todos lo sabemos, ganó la victoria. La resurrección lo confirma. Pero antes fue precisa la vergonzosa muerte de cruz. Alguien puede decir: muy bien, la cruz es es poder de Dios para transformar vidas, pero ¿se cambió el corazón de Anás y Caifás? ¿Se cambiaron los corazones de quienes la levantaron? No, no que sepamos. Pero nosotros no estamos en el tribunal del cielo. No podemos pensar desde la gloria, sino desde la existencia.

Nosotros estamos a la sombra de la cruz, amparados y protegidos por ella. Estamos a la vista de su amor. Si no se nos enternece el corazón de tal modo que nos abramos a ella, estamos, desde luego, en la misma situación de Anás o Caifás o de cualquier otro menospreciador. No porque un rayo nos fulmine, sino porque añadimos una piedra más a nuestro pesado corazón de granito, indiferente a la gracia del Espíritu que con voz persuasiva conduce a Cristo. Esa voz es la palabra de la *conversión*.

Pero allí donde el poder de la cruz conquista el afecto y la voluntad, su efectividad se deja sentir en el cuerpo y en el alma y en la mente. El corazón se eleva hacia su Dios y donde antes hallaba esclavitud ahora encuentra libertad. Porque la libertad no se da en la permisividad del mal, sino en su conquista. El nuevo ser en Cristo es el coraje de ser en un mundo de injusticia. Una nueva vida que brota de la fuente y fundamento de nuestro ser, una salud desconocida que se vuelca hacia los demás. Estamos de lleno en el corazón de la salvación de Dios. Comprendemos al momento la sabiduría del poder de Dios, que por amor se hizo impotente hasta el sufrimiento. Su omnipotencia no anula lo que él mismo ha creado, como arroja el pintor a la basura el lienzo que le ha salido mal, sino que lo eleva a sus posibilidades más infinitas. Dios mismo se constituye en presencia del futuro esperado por participación mediante la fe. "Como todas las cosas que pertenecen a la vida y a la piedad nos han sido dadas por su divino poder, mediante el conocimiento de aquel que nos llamó por su gloria y excelencia, por medio de las cuales nos ha dado preciosas y grandísimas promesas, para que por ellas llegaseis a ser *participantes de la naturaleza divina*" (2ª Pedro 1:4).

II
PARTE
RAZÓN DE LA FE

VI

¿ES NECESARIO DEFENDER LA FE?

1. Apologética ecuménica e integrativa

Mi deuda con muchos escritores vivos y muertos es reconocida por la constante referencia que hago a sus obras. No se trata meramente de dar honor a quien se lo merece, la intención es metodológica: mostrar la rica herencia del pensamiento que forma un legado y un tesoro de propiedad común, que cada cual debe explorar y utilizar según sus propias necesidades e intereses, se entiende interés por la verdad integra y el esclarecimiento mutuo de la realidad en la que todos estamos integrados[1]. Aristóteles en su *Metafísica* decía que el recurso a los pensadores anteriores es un recuerdo y una asunción. Confirma y muestra a la vez la insuficiencia radical de nuestro propio y privado planteamiento. Nadie puede por sí sólo alcanzar la verdad por completo, ni por completo errar, sino que cada uno dice algo de verdad conforme al lugar que ocupa en la vida. Individualmente es poco lo que se contribuye a la verdad, pero reuniendo lo aportado por todos se forma una magnitud apreciable. Pensar es dialogar con vivos y muertos, con lo propio y lo ajeno. Se puede caer en el vicio de la cita por la cita, o pedantería académica, pero también, cuando al habla con otros autores, uno encuentra tan buen juicio y tan certera expresión,

---

1. "Citar es respirar literatura para no ahogarse entre los tópicos castizos y ocurrentes que se le vienen encima a uno a la pluma cuando nos empeñamos en esa vulgaridad suprema, «no deberle nada a nadie». En el fondo, quien no cita no hace mas que repetir pero sin saberlo ni elegirlo" (Fernando Savater, *Diccionario de filosofía*, p. 68).

es difícil sustraerse a la tentación de citarles libremente cuando la ocasión y la meta propuesta lo exijan. El objetivo determina forzosamente el método. El objetivo, en esta segunda parte de *Filosofía y cristianismo*, es delinear una apologética o razón de la fe acorde a lo hasta aquí estudiado en la primera parte. Una apologética dialógica e integradora, que en su misma prosecución lógica y didáctica muestre su posiblidad viable. Citar a un autor no es aprobar la totalidad de su pensamiento, sino aprehender y hacer propias las percepciones que correspondan a un sistema de pensamiento general que tenga en cuenta la totalidad de lo pensado y pensante. Para el cristiano, tanto como para el filósofo, todo matiz verdadero y toda opinión probada son importantes como caminos y avenidas que conducen a la inteligencia divina global. Dios es el origen y la meta del universo, el primero y el último de la creación, el Alfa y la Omega desde la que viene y hacia la que se encamina todo lo creado. En el espacio infinito que resta entre esos dos puntos el hombre tiene su campo de observación y su foro de pensamiento, de conocer y ser conocido. Tan cierto como hubo una creación habrá una recapitulación de todo lo creado en Aquél que llena todas las cosas con la potencia de su gloria. Él es la luz verdadera que alumbra a todo naciente en este mundo. Los rayos de la razón y de la inteligencia alcanzan a toda la humanidad por igual. "No hay ningún hombre a quien no alcance alguna percepción de la *luz eterna*" (Juan Calvino). Y porque todos y cada uno están dotados, al entrar en contacto con la realidad, al vivir la vida, que es siempre *transvida*, con una porción de esa luz, cada persona es un punto de vista vital único e irrepetible; una *perspectiva* necesaria en orden a comprender la verdad, que es a la vez mía y de nadie porque es de todos. Antes de seguir es preciso recordar que la luz que al venir al mundo alumbra a todo hombre (*Juan 1:9*), lo hace en un contexto de resistencia, en una voluntad de no verdad que contribuye a mantener el actual el sistema de errores y prejuicios cual espesa nube que impide la penetración de los rayos de la razón y de la inteligencia. Dejamos para después la consideración de este aspecto en su relación apropiada. De momento es suficiente y seguro decir que en cierto sentido muy real todo conocimiento humano tiene un *aspecto revelacional*, y por tanto digno de tenerse en cuenta y ser cuidadosamente considerado por el pensador cristiano. Hasta la perspectiva de Satanás es

CAPÍTULO VI. ¿Es necesario defender la fe?

importante en orden al conocimiento. Su pecado fue uno de falsa perspectiva. Precisamente porque encontramos faltas y errores increíbles en el mundo, nosotros, como cristianos, estamos autorizados a afirmar que esos mismos errores y faltas tienen un sentido revelacional, a saber, la realidad del pecado del cual son testigos ineludibles. Cuando la humanidad caída, digamos Rousseau, niega el pecado original y en su lugar señala la sociedad como el origen del pecado y de todas las depravaciones que afectan al individuo y que éste imita, está revelando, para el que quiera oír, el rol inadecuado de la inteligencia humana para dar razón del complejo de la realidad negada, cuando se deja a un lado la revelación escritural de Dios. Al mismo tiempo, está revelando indirectamente el carácter orgánico del pecado, el cual trasciende las unidades, o individuos y forma como una realidad independiente en la cual nos inscribimos al nacer.

El problema del mal y del pecado, como dice Calvino, es un misterio escondido en el conocimiento de Dios, porque el pecado no se originó con el hombre, ni siquiera el primer hombre. Ya estaba allí, en la forma de serpiente, antes de que el hombre entrara en escena.

El pecado original es un elemento que atraviesa las edades y permea las sociedades previamente a los individuos que las componen. Invariablemente, por tanto, incluso el escéptico presta un servicio al entendimiento creyente de la revelación especial o bíblica, dirigiendo la atención a aspectos y relaciones descuidados por defecto de la tradición o de la inercia. "El pensamiento cristiano es un proceso dialéctico que acumulativamente se enriquece a sí mismo en todas las épocas como resultado de su choque fructífero con todo tipo de ideas y descubrimientos.

La esencia del pensamiento cristiano es la confrontación del pensamiento cristiano en un determinado período de su desarrollo con fragmentos de verdad o conocimiento derivados de otras fuentes. El pensamiento cristiano es un proceso en el cual y por medio del cual la apariencia inicial de contradicción o desarmonía con otros frentes es superada y la nueva verdad es interpretada en términos de la síntesis cristiana, en la que es engastada en esa estructura sintética y expansiva. El proceso es a la vez crítico y constructivo. Se inspira y se mantiene gracias a la convicción básica del filósofo cristiano de que la verdad puede venir de muchas fuentes, pero que en principio toda la verdad pertenece a Dios.²"

En lugar de la caza de brujas que ha ocupado tanto la atención de muchas mentes cristianas, y de primar el órgano menos noble de todos, el husmear posibles herejías y herejías "patentes" (que no siempre han quedado así en el veredicto de la historia y de otros jueces menos interesados en la excelencia de su olfato) el cristiano tiene que desarrollar un sentido positivo de comprensividad hacia todos, y en especial a sus contrarios en el área del pensamiento; tiene que estar dispuesto a justificar las proposiciones contrarias antes que a condenarlas. De ningún modo significa esto maniatar el pensamiento cristiano de manera que no pueda declararse sobre ningún punto según sus convicciones y en contra de otras, todo lo contario. Se trata de una toma de posición afectiva inicial sin la cual todo diálogo es una discusión entre sordos. Lo importante es asentar unos principios epistemológicos y hermenéuticos por los que aprender a leer las palabras y las intenciones, los dichos y los silencios. Incluso el hereje convicto, por regla general, enfatizó un aspecto de la verdad cristiana que la ortodoxia no se había tomado suficientemente en serio. Muchos de los dogmas cristianos son pronunciamientos destilados de la herejía. Por rutas no siempre transitables los heterodoxos, los seriamente equivocados, han iluminado diversos aspectos de un problema y, por tanto, contribuido por vida negativa al esclarecimiento de la verdad. O sea, que toda perspectiva cuenta.

2. No al pensamiento polémico

Si toda perspectiva cuenta, hasta la distorsionada, es totalmente indispensable que el pensador cristiano extreme su gracia cristiana, su amor hacia todos y su mansedumbre en el comportamiento, tanto en el

---

2. J.V. Langmead Casserley, *The Retreat from Christianity in the Modern World* (1953), p. 162. "El apologista cristiano apenas si ha comenzado a apreciar el significado de Marx y Freud como aliados en la lucha contra el racionalismo y el positivismo, las dos grandes no-verdades que han infectado tanto mucho del pensamiento moderno y afectivamente cerrado las puertas de muchas mentes a la entrada de la verdad cristiana" (Alan Richardson, *Christian Apologetics* (1947), p. 15).

CAPÍTULO VI. ¿Es necesario defender la fe?

campo *teorético* como en el ético, porque bien mirado no hay pensamiento teórico *despersonalizado*, ya que todo raciocinar y toda especulación teórica son actividades de un sujeto humano altamente personal, en quien siempre entran en juego la mente, la voluntad y las emociones. Y todo ese proceso que da como resultado un objeto unificado de ideas o teorías obedece a reglas muy diversas y delicadas. Quien no presta atención a tales reglas paga un precio muy elevado que compromete todo su trabajo y lo condena al fracaso. El pensador cristiano debería ser generoso y desprendido en todas sus relaciones. En palabras del apóstol Pablo: "Vuestra gentileza sea conocida de todos" (*Filipenses 4:5*). O en versión parafrásica: "Que todo el mundo vea siempre en ustedes a individuos desinteresados y considerados." A Tomás de Aquino se le saluda como uno de los grandes pensadores cristianos de todos los tiempos, y hasta quienes no comparten su visión de las cosas, como Bertrand Russell, tienen que admitir la honradez de su empresa intelectiva. "Incluso si cada doctrina estuviera equivocada, la *Suma* permanecerá como un imponente edificio intelectual. Cuando Aquino quiere refutar alguna doctrina, primero la define o asienta, a menudo con gran fuerza y casi siempre con un decidido propósito de honestidad.[3]" El éxito y merecida fama de Aquino consistió en el trato justo que siempre dio a sus oponentes. Otro tanto podemos decir de Richard Hooker, uno de los "padres" del anglicanismo, que siempre dijo lo mejor que se podía decir de la posición de un rival antes de refutarla, y al hacerlo, siempre la describió casi mejor de lo que habría podido hacerlo el rival mismo[4]. Al comportamiento ético adecuado en el debate intelectual le sigue la intelección correcta de la verdad, aunque no se llegue a una total armonía de ideas. La grandeza de un pensador no se mide por el diámetro de su cerebro sino por el de su corazón.

El antagonismo distorsiona el juicio. A una falta de carácter corresponde una falta de intelecto. Tristemente hay demasiado pensamiento polémico y teología controversial entre los cristianos, en especial aquellos que dicen ser evangélicos. Se ha desarrollado una hiper sensibilidad que conduce

---

3. B. Russell, *A History of Western Philosophy* (1946).

4. Stephen Neill, *El anglicanismo* (1986), p. 113.

fatalmente a un pensamiento irritante. Que irrita y que se irrita. Es como si alguien no estuviera seguro de la verdad de sus creencias hasta no encontrar faltas y errores en las creencias de los demás. En lugar de emprender la faena de comprender la verdad en todo su inabarcable despliegue, recurriendo al aprendizaje uno de otros, en colaboración, muchos prefieren entrenarse en el *pensamiento pugilístico*, siempre preparado para luchar y dejar fuera de combate al oponente. Para este tipo de personas parece que nunca fue dicho aquello de: "¿Por qué miras la paja que está en el ojo de tu hermano, y no echas de ver la viga que está en tu propio ojo? ¿O cómo dirás a tu hermano: Déjame sacar la paja de tu ojo, y he aquí la viga en el ojo tuyo?" (*Mateo 7:3-4*). Una comunidad está perdida cuando no da lugar a actitudes constructivas, ni se ejercita en el *pensamiento positivo*, como hambre y sed de integración antes que de desintegración. La fe cristiana es obra de un equipo comprometido en la construcción del inmenso edificio compuesto por las verdades que Dios ha revelado en su Palabra, de un modo especial, y en el mundo, de un modo general. Sabios arquitectos pusieron el fundamento, y otros edifican sobre él, "pero cada uno tenga cuidado cómo edifica encima" (*1ª Corintios 3:10*). La primera piedra y los pilares ya están colocados, dos mil años de incesante construir sobre lo construido poco a poco van dando su fruto, en cada generación el suyo; de vez en cuando algunos personajes atrevidos creen que hay desterrar todo lo hecho y empezar de nuevo, edificar por cuenta propia demoliendo lo demás. El peligro, entonces, es quedar atrapado por los escombros y morir la muerte de Sansón. El pensamiento cristiano responsable y fecundo es el que se realiza desde una tradición cuyos efectos liberadores se van confirmando en la propia empresa y actividad individual.

Hay personas que parecen sentirse llamadas a una actitud de innegociable hostilidad hacia las creencias de otros, ya religiosas o seculares. Su perspectiva es la única que cuenta, y si invocan a Dios, que no es perspectiva individual sino global, es porque Dios está "dispuesto" a entrar en habitáculo tan estrecho. Si Dios no quiere se le obliga. Y como al fin y al cabo la única voz que se oye es la voz de los hombres, el atrevimiento humano es tan grande que dice voz de Dios cuando es voz de hombre. En este caso se muere la muerte de Herodes, comido por los gusanos.

CAPÍTULO VI. ¿Es necesario defender la fe?

¿Se es consciente que una actitud hostil genera un temperamento, o es generada por él, lo más contrario que pueda imaginarse del carácter cristiano, algo que es un real estorbo, un impedimento, un obstáculo insalvable para el entendimiento y el estudio digno y fiable, una culpa moral con graves perjuicios para el intelecto? La psicología del temperamento polémico es la del controversialista, más dispuesto a censurar que a apreciar, más ansioso de robar puntos a su oponente que descubrir la verdad en compañía.

Si el cristiano quiere exponer los fundamentos de su fe de un modo razonado, lo primero que tiene que hacer es desprenderse del espíritu polémico y batallador, que más que esclarecer enturbia. No puede haber nada más absurdo que un pensamiento que se dice cristiano dejándose llevar por sus propios prejuicios y falta de amor. El tipo de defensores de la fe contra todos y contra todo, más que defender denigran la fe que ostentan. Perjudican a la causa que supuestamente quieren beneficiar. El espíritu polémico crea sus propios fantasmas. El polemista es una persona que lucha y discute consiga misma en una paranoia sin salida. Aunque la Escritura dice que "todo hombre sea pronto para oír, tardo para hablar" (*Santiago 1:19*), la verdad es que muchos cristianos manifiestan más energía en hablar que en escuchar adecuadamente.

Detrás del carácter polémico se esconde un poderoso e inconfesado espíritu de orgullo, orgullo intelectual, que como todos los orgullos y demasías resultan ridículos y dañinos. El orgullo intelectual es tan ciego al esclarecimiento de la verdad como mortal el orgullo espiritual al progreso en el camino de la justicia. "¿Cómo dirás a tu hermano: Déjame sacar la paja de tu ojo, y he aquí la viga en el ojo tuyo?" (*Mateo 7:4*). Esta es la tragedia de todos los modelos de pensamiento polémico. Se condena a malinterpretar el pensamiento de los demás y quedar para siempre a oscuras respecto a su propia ceguera. Hay muchas historias de dolor, dolor desde el punto de vista cristiano que quiere apreciar y valorar toda verdad en cuanto verdad, que ilustran dramáticamente este punto. Según John M. Frame, en los años cuarenta tuvo lugar un debate en el seno de la Iglesia Presbiteriana Ortodoxa, acerca del concepto de la incomprensibilidad de Dios. Los oponentes principales eran Cornelius Van Til y Gordon H. Clark, ambos buenos pensadores cristianos y expertos en el debate filosófico. La discusión terminó en ruptura y separación por ambas partes, porque *uno al otro se malinterpretaron seriamente*[5]. Y aquellos que unidos hubieran cooperado en la formación de un pensamiento cristiano integrador y creativo, echaron a perder tal proyecto y a sucesivas generaciones de estudiantes. Otro tanto se podría decir respecto a filósofos y científicos de renombre, cuya capacidad de tergiversación tampoco parece tener límites. Ciertamente todos somos humanos y necesitamos mucho de la gracia divina para que nuestra humanidad no se ahogue en sus propios excrementos.

En su estudio sobre la vida de la Iglesia primitiva y los sentidos diferentes que los autores de las cartas a los Hebreos, Romanos y Santiago dan a la palabra fe, Streeter hace la siguiente observación irónica: "En la controversia religiosa generalmente son las palabras, no el significado lo que importa.[6]"

La enrarecida atmósfera que genera el debate polémico está viciada por la impaciencia, el orgullo y la falta de amor, por no decir desprecio. En ese ambiente la verdad se retira y despliega sus alas en busca de cielos menos contaminados. El encuentro polémico entre aquellos que difieren personal y eclesiásticamente es un golpe mortal al entendimiento mutuo, no en virtud de las diferencias reales, cuando las hay, sino del espíritu, de la actitud en sí. La comunicación intersubjetiva es ya suficientemente compleja y difícil como para que se la complique con obstáculos añadidos de hostilidad imposible de aguantar. Con demasiada frecuencia se ha intentado desacreditar al antagonista no mediante sus errores, sino mediante el recurso al camino más sencillo de estimagtizarle con alguna etiqueta, por la cual los ignorantes e irreflexivos creen que se ha dicho la última palabra y que ya no hay nada más qué hablar. Los rótulos y los catálogos son buenos para los objetos, no para las personas. Una etiqueta no puede orientarnos sobre el ser y creer de una persona, es preciso involucrarse personalmente —entendimiento, voluntad y sentimientos— para entender a otra persona. Nada menos que un inmenso poder es

---

5. J.M Frame, *The Doctrine of the Knowledge of God* (1987), p. 21.

6. B.H. Streeter, *The Primitive Church* (1929), p. 196n.

CAPÍTULO VI. ¿Es necesario defender la fe?

necesario para conocer al otro y entender sus planteamientos libre de prejuicios y lecturas precipitadas. El amor todo lo conoce y todo lo entiende porque se pone, mediante el ejercicio de la simpatía, en el lugar del otro. Por contra, quien odia nunca sale de sí mismo, y cuando cree rebatir a los demás, es su propia furia la que combate. El *odium theologicum* es proverbial entre los dedicados a estudiar la revelación sagrada y a amarse como hermanos, por más variado que ese odio se manifieste, desde citar tergiversadamente a quemar a uno en la hoguera, o a sus libros, cuando lo primero no es posible[7]. La historia del pensamiento humano en general es un desconsolador testimonio de golpes bajos e incomprensiones, que quitan las esperanzas respecto al planteamiento y desarrollo de un debate abierto al diálogo sin la amenaza de una atmósfera cargada de nubarrones amargos y rayos traidores. Desde la malinterpretación al desprecio caben todos los matices posibles.[8]

Si alguien aspira a convertirse en paladín de la fe, y es necesario que la fe tenga sus paladines, debe armarse de un buen aspirador que succione toda mota de provincialismo intelectual, orgullo, fanatismo, interés personal, siempre en colisión con los demás para imponerse sobre ellos, y en su lugar se vista de un espíritu noble, verdaderamente ecuménico, reconciliador, pacífico, gentil, integrador.

3. Una Teología cordial

El acto intelectivo es un acto de la persona toda: mente voluntad y sentimientos. Afectividades ocultas y conscientes intervienen en el ejercicio intelectual. A veces la razón se ampara en el corazón, y otras el corazón en la razón. Nadie piensa en abstracto, sino desde su personalísimo condición de persona en una situación condicionada y condicionadora.

El cristiano mantiene que como resultado del pecado el entendimiento humano quedó ensombrecido de tal manera que su racionalidad pasa desde

---

7. Donald Macleod, *Behold Your God* (1990), p. 136.

8. Alec R. Vidler, *20th Century Defenders of the Faith* (1965), p. 37.

entonces por un tiempo de subordinación a pasiones irracionales y radical debilidad de la voluntad de verdad. El pecado actúa en el entendimiento y en la conciencia a modo de oscuridad y tiniebla. La voluntad de no verdad obedece a una infinita variedad de motivos de carácter moral, no siempre evidentes. El filósofo independiente se pasa la mayor parte del tiempo denunciando a los profesores de filosofía, a quienes atribuye bajos motivos e intereses terrenales. Así se ve justificado para despreciar la labor de los "profesantes" y el resultado de sus estudios.

A pesar de su fuerza destructiva el pecado no tiene la última palabra, ni es el único motor que motiva la acción humana. Frente al pecado se encuentra el amor, la simpatía de la existencia, y el hecho digno de ser tenido en cuenta es que donde la simpatía despliega sus virtudes unos entienden a los otros con más grados de comprensión que cuando está echada a la siesta[9]. Durante la estancia de Henri Bergson en España, en el año 1916, pronunció una conferencia en la que resumió el método filosófico como el momento supremo y final de la *intuición*, por medio del cual se rompe con las ideas preconcebidas y con los hábitos intelectuales heredados para colocarse en el interior de la realidad *simpáticamente*[10]. La simpatía como aquella primera y esencial disposición de espíritu por la que se penetra en el pensamiento de otro, gracias a la atmósfera de cordialidad que sus ondas van creando alrededor. Sólo de este modo podrá ejercerse la filosofía y la teología como ciencias que progresan indefinidamente en colaboración. Sin simpatía el intelecto es ciego. Unicamente la simpatía es capaz de descubrir cosas que el intelecto nunca llegará a alcanzar. El amor es la esencia de la vida y la simpatía su expresión más noble. Ella es la clave del enigma, el puro sentimiento que nos lleva a la pura verdad, pues la simpatía forma parte de la verdadera esencia de la

---

9. A. Kuyper, *Principles of Sacred Theology* (1898), p. 111. Arnold Guelincx, filósofo cartesiano del siglo XVII, se dio cuenta que la humildad es la virtud más importante en el búsqueda de conocimiento. En nuestro siglo, F.M. Sciacca, advirtió que hay que desterrar "el egoísmo de la razón y de la voluntad", más incluso que el egoísmo del espíritu, aunque ambos se hallen entrelazados.

10. Discurso de Bergson, en Manuel García Morente, *La filosofía de Henri Bergson* (1917), pp. 14-15.

CAPÍTULO VI. ¿Es necesario defender la fe?

vida[11]. En cierto sentido recuerda el dicho de Pascal acerca de las razones del corazón que la razón no conoce.

Por consiguiente el pensador cristiano debería comenzar su estudio o confrontación de otras ideas animado espiritual e intelectualmente por el *ideal de generosidad*, que hace posible la simpatía y la comprensión. Tiene que ser capaz de apreciar los dones del otro y hacer todo lo que esté de su parte para descubrir debajo del sonido de las palabras y de la literalidad de lo dicho, la dirección y el sentido con los que contribuye a una imagen general del conocimiento. No hay excusas para indulgencias de ningún tipo en este punto. Si quiere hablar de la verdad del Evangelio, y hacerlo creíble, tiene que comenzar por la expresión simpática y generosa del amor que dice haber descubierto en su fe. La soberbia espiritual, que en último análisis es inepcia cerebral, no puede presentarse con respuestas prefabricadas y repartidas como recetas de médico. El cristiano más que nadie tiene que ser consciente de las consecuencias nefastas del pecado que acompañan y condicionan todas las actividades de la vida, la ética y la intelectual por igual. "El pecado es lo opuesto del amor. Nos ha robado, hablando en términos generales, de toda diligente simpatía" (Kuyper). A veces lo que el crítico del cristianismo censura y se esfuerza en demostrar, no es tanto lo que su oponente ha dicho o dice, sino la estrechez y las maneras con que lo hace. La superficialidad con que evita las cuestiones espinosas y la serie de negaciones con que se cubre las espaldas.

Cada cristiano individual debería aprender a pensar con el corazón en orden a construir una teología cordial, libre de malos sentimientos, fanatismo y partidismos escolásticos. Una teología propia del corazón accionando y reaccionando frente a otras perspectivas en total simpatía humana y cristiana. Como está escrito: "Que ninguno de vosotros se vuelva arrogante a favor del uno contra el otro" (*1ª Corintios 4:6, Biblia de las Américas*). John Henly Thornwell, teólogo presbiteriano del siglo pasado, realizó una gran labor cuando educó a sus pupilos a "pensar a la luz del pensamiento de otros", tomando sus sugerencias para trabajarlas en el laboratorio de sus propias mentes, y entonces reproducirlas con el sello

---
11. Albert E. Baker, *Iniciación a la filosofía. Desde Sócrates a Bergson* (1930), p. 185.

de su propio cuño en fidelidad a la lógica de su propio sistema o visión del mundo[12]. Nadie puede tener una idea correcta del mundo y de la realidad desde sí mismo, pues la verdad es verdad en relación, y ésta sólo se produce auténticamente, sin tergiversaciones ni salidas de tono, en el movimiento simpático. Cuando en un individuo se da esa maravillosa conjunción de humildad, simpatía y devoción por la verdad, afloran las posibilidades para una comunidad de pensamiento, pues la verdad de relación es relación de cooperación, de la que puede surgir con brío una corriente intelectiva que desarrolle sus propias intuiciones y aquellas que permanecen ocultas, a modo de tesoros en el fondo del mar, en virtud y efecto de un equipo de gente trabajando en la misma línea y apuntando al mismo objetivo: la verdad en la que no haya sombra de mentira.

4. El eclipse de la apologética

A riesgo de ser presuntuoso, este ensayo intenta combinar la filosofía y la teología bíblica en orden a establecer un fundamento firme y adecuado para una apologética cristiana. El problema es que existe demasiada confusión en este campo; pues unos creen que la fe no necesita defensa en absoluto y otros que la defensa de la fe debe realizarse desde sus propios presupuestos. En el primer caso lo que está en debate no es el método apologético a seguir, sino su misma razón de ser. Se niega su conveniencia. Es un sentir propio de predicadores que sólo tienen en vista la salvación del alma.

En el terreno académico la apologética cristiana protestante, a la que corresponde la *teología fundamental* católica, se ha visto afectada por el destino de la metafísica en el pensamiento moderno. Desde hace un par de siglos la filosofía ha desarrollado un fuerte instinto antimetafísico. La filosofía no quiere ser *metafísica*, reina de la especulación allende las fronteras de la ciencia, sino ciencia pura, positiva reflexión de este mundo físico. Mientras la metafísica fue reverenciada como reina de las ciencias,

---

12. B.N. Palmer, *The Life and Litters of James Henly Thornwell* (1875), p. 530.

CAPÍTULO VI. ¿Es necesario defender la fe?

madre y señora de todas ellas, al decir de algunos pensadores escolásticos de la Edad Media, la teología cristiana no tuvo a mal empacharse de ella y utilizarla amplia y libremente. En sus *Disputationes Metaphysicæ*, Francisco Suárez, como auténtico discípulo de Tomás de Aquino, deja asentado que la teología sobrenatural y divina se apoya en las luces de Dios y en los principios revelados, y se ayuda de las verdades conocidas con la luz de la razón y se sirve de ellas como auxiliares e instrumentos para perfeccionar sus discursos y aclarar las verdades divinas, en cuanto la teología se completa con el discurso y el raciocinio humano, sin los cuales no puede haber comprensión ni comunicación. Entre todas las ciencias de orden natural, escribe, hay una, la principal de todas —se llama filosofía primera—, que presta los más importantes servicios a la sagrada teología, no sólo por ser la que más se acerca al conocimiento de lo divino, sino también porque explica y confirma aquellos principios naturales que a todas cosas se aplican y en cierto modo aseguran y sostienen toda ciencia. "Aún tratándose de los misterios divinos, los axiomas metafísicos nos salen al paso a menudo, y si de éstos no se tiene el debido conocimiento e inteligencia, apenas, y ni siquiera apenas, se pueden tratar aquellos profundos misterios con la seriedad que merecen.[13]" "La metafísica es la fundación firme de la especulación teológica, y reina suprema en el templo de la *doctrina sacra*", dijo el profesor de la Universidad de Munich, Martin Grabmann, refiriéndose a la filosofía medieval[14].

Durante siglos la tarea de la teología cristiana y su fundamentación racional, pues la fe siempre se ha entendido como fe racional, aunque su fundamento originario sea la revelación divina, fue relativamente fácil. Se las tuvo que ver con una filosofía que presuponía la metafísica, el ser de Dios y la inmortalidad del alma, en todos sus enunciados y resoluciones. El ateísmo era la excepción más que la regla, y además un ateísmo de corte académico más que social. Si miramos la todavía muy no lejana *Analogía* del obispo anglicano Butler, "la obra más original y profunda sobre filosofía de religión existente en cualquier idioma" (Mackintosh),

---

13. Francisco Suárez, *Introducción a la metafísica* (1943), p. 15.

14. M. Grabmann, *Filosofía medieval* (1928), p. 45.

observaremos que en ningún lugar tiene Butler que enfrentarse al ateo, en el sentido moderno, por el contrario, en toda su obra presupone la existencia de Dios como algo admitido hasta por los oponentes a quienes busca convencer de la verdad racional de la fe cristiana como revelación milagrosa.

Entre los años 1737 y 1849 se escribieron en Inglaterra más de veinte tratados de apologética, todos ellos con la misma estructura y en el mismo clima intelectual favorable a la metafísica. Pese a las evidentes diferencias de matiz y perspectiva, los apologistas cristianos del siglo XVII y parte del XVIII, estaban de acuerdo epistemológicamente con sus oponentes no cristianos. Los asuntos que se ventilaban principalmente y que eran motivo de discusión, se referían al rechazo de los milagros por parte de los deístas, y a la necesidad racional de una revelación sobrenatural, como la preconizada por las iglesias. La misión del apologista consistía entonces en examinar la evidencia histórica de los milagros, la necesidad filosófica y religiosa de las Escrituras como revelación divina y las pruebas de su autenticidad y origen celestial basadas en los milagros que narra, sus profecías cumplidas y su contenido moral. En dicha sociedad, y a riesgo de generaliza demasiado, pues el pensamiento siempre ha sido muy individual e independiente, era posible un consenso apologético entre los diversos autores protestantes gracias a la epistemología generalmente aceptada por todos y debida a John Locke, mediada después por la filosofía del sentido común escocés (*Scottish Common Sense Realism*), que constituyen el sustrato sobre el que se levantan las teología del Reino Unido y las colonias en América, cuyo primer y más insigne filósofo, el pastor calvinista Jonathan Edwards era un fiel seguidor de Locke, como después toda la teología de Princeton de la filosofía escocesa.

En el siglo XIX, desde su mismo comienzo, la apologética se tornó más y más problemática. Hegelianos y neokantianos en sus diferentes manifestaciones empezaron a mirar con poca simpatía la posibilidad de la acción divina en el mundo. Una rigurosa filosofía empiricista lo impedía. Dentro de la teología cristiana Ritschl y su escuela rechazaron abiertamente toda metafísica y, por consiguiente, la apologética misma. Iban a marcar el rumbo de la teología protestante subsiguiente. Después llegó el positivismo lógico, la filosofía analítica, los vitalistas, la fenomenología, el

CAPÍTULO VI. ¿Es necesario defender la fe?

existencialismo, la filosofía del proceso, el pragmatismo, el estructuralismo y el neotomismo, que representa un alto en el camino desmetafisicador[15], y que coincide con la recuperación de la metafísica en el campo mismo de la filosofía. Invariablemente la teología, como cualquier otra ciencia del espíritu, refleja el espíritu de su época, hasta aquella que pretende estar más despegada del mismo. En la actualidad no hay ninguna filosofía tan poderosa como las de antaño capaz de generar modas allende sus intereses estrictamente académicos. Se vive en una especie de vacío filosófico, que no significa en absoluto ausencia del mismo, sino reacción a sistemas anticuados con pretensión de dogmatismo infalible e insufrible. La situación actual no es tan negativa como muchos quisieran hacer creer. Para el pensador cristiano, como hizo notar Richardson, es una gran ventaja que nuestra época no esté dominada por ningún tipo de visión metafísica, esto significa que está libre de las tentaciones representadas por las modas que conducen al fácil concordismo a toda costa. El apologista cristiano no tiene por qué sacrificar ni subordinar su principio distintivo de fe a ningún sistema filosófico reinante[16]. No obstante hay mucha confusión respecto al rol y el carácter de la apologética cristiana actual. Precisamente por eso es del todo necesario avanzar con mucha precaución en este terreno, para cuyo tránsito no todos están preparados.

5. Tradición fideística

En el mundo protestante hay una fuerte tradición contra todo intento de hacer del evangelio y su aceptación una cuestión de discusión humana. El argumento es como sigue: El evangelio de Dios no necesita ayuda ni

---

15. Llama la atención que después de la aparición del neotomismo y su evanescente popularidad, esté siendo propagado ahora por algunos pensadores evangélicos como Norman L. Geisler y Winfried Corduan, profesor de filosofía y religión de la Universidad Taylor (Upland, Indiana), que han encontrado en él una herramienta apologética. En la misma dirección se encuentra Richard Lints, profesor del Seminario Teológico Gordon-Conwell, quien se queja del abandono de Aquino por parte del protestantismo contemporáneo (*New 20th-Century Encyclopedia of Religious Knowledge*, artº "Apologetics". Grand Rapids: Baker, 1991).

16. Alan Richardson, *op.cit.* p. 37.

defensa humana, es bastante capaz de defenderse a sí mismo. La tarea de la Iglesia consiste sencillamente en proclamar ese mensaje en la confianza de que el Espíritu Santo, mediante la predicación de la Palabra, convertirá al pecador y convencerá al incrédulo. En lo que este planteamiento afirma no hay nada que criticar, el problema está en aquello que niega implícita o explícitamente. ¿Excluye la predicación la razón de su contenido? ¿Anula la actividad divina la parte que corresponde a la respuesta humana? ¿Es la fe un resultado "mágico" o la decisión provocada por unas evidencias? La confusión reside en no distinguir adecuadamente el *enunciado* evangélico de su *fundamentación*. En cuanto anuncio el evangelio no necesita defensa, la Iglesia lo proclama y el oyente lo cree o lo deja de creer. Pero en cuanto ese anuncio es portador de un contenido para el que espera y solicita aceptación, es preciso mostrar la pertinencia de su contenido y la necesidad de su aceptación en términos accesibles a la generalidad de los mortales. En tanto Newton anuncia su descubrimiento de la ley de la gravedad no necesita defensa en absoluto. Es un hecho que se mantiene por sí solo. Pero tan pronto como Newton quiere que su teoría sea aceptada por la comunidad está obligado a responder a todo tipo de problemas y comprobaciones que las teorías existentes necesitan conocer para saber cómo y hasta qué punto recibir la nueva información. En cualquier tribunal un testigo puede ser la persona más fiable del mundo y tener, bajo su sola palabra, la respuesta al caso que se enjuicia. Pero si tercamente rehuye contestar las preguntas comprometedoras que le dirige el fiscal, amparándose en su calidad de persona honrada y veraz, se llegará a una situación de suspensión de juicio, no por malicia o incapacidad de los jueces, sino por improcedencia legal de parte del testigo. Si el cristianismo pide la palabra para ser escuchado, debe estar dispuesto a ir hasta el final.

 Cuando Lutero arremetió contra las supersticiones populares que ponían en peligro el evangelio, extendió su crítica al escolasticismo decadente de su época, que ya había recibido el varapalo de Erasmo en su *Elogio de la locura*. A Lutero le asistía toda la razón al denunciar los abusos espirituales e intelectuales que apartaban a la gente del camino de la verdad. La cosa se puso seria cuando *redujo* todo interés al interés religioso. En sus *Conclusiones contra los teólogos escolásticos* (1517) escribe: "Las universidades afirman que enseñan artes naturales, que ellos llaman filosofía,

CAPÍTULO VI. ¿Es necesario defender la fe?

cuado en realidad están enseñando no meras bobadas, sino también errores perniciosos y sueños inútiles.[17]" "Se precipitan todavía más en el abismo de la oscuridad espiritual cuando afirman que la luz natural del intelecto y la filosofía pagana son medios seguros de descubrir la verdad. En esta dirección las universidades se han extraviado tanto que nadie puede ser teólogo, es decir, buen cristiano sin Aristóteles. ¡Oh ceguera sobre ceguera![18]" La justificada reacción de Lutero, acabará, sin embargo, en una *reducción protestante* que, en nombre del cristiano común u ordinario y su derecho natural a entender el evangelio en sus propios términos no filosóficos, irá poco a poco alejando a los intelectuales de la fe cristiana.

Cuando Charles Haddon Spurgeon o Martyn Lloyd-Jones, protestan que la Escritura tiene que ser atestada y no defendida, "pues sólo el creyente cree en ella[19]", se hacen culpables de la confusión mencionada anteriormente entre anuncio como testimonio y anuncio de un contenido. Pero, dicho sea en su favor, ambos estaban reaccionando contra un versión peculiar de racionalismo cristiano que creía tener resueltos todos los problemas a partir del *principio de autoridad*. Si mediante argumentos se puede "demostrar" que la Biblia es la Palabra de Dios, entonces, automáticamente se convierte en la autoridad última y final, que decide sobre cualquier asunto por la fuerza de su literalidad. De este presupuesto se alimenta gran parte de la apologética popular consistente en aportar pruebas de carácter arqueológico, científico, moral y de sentido común respecto a la maravilla sobrenatural de la Biblia.

Cuando uno se traslada al mundo del cristianismo primitivo, dejando a un lado, hasta donde sea posible, preocupaciones y problemas propios de nuestra época, descubre una apologética espontánea, como es de esperar de una fe que tiene que ir abriéndose camino en un mundo hostil y frente a multitud de creencias y religiones rivales. El apóstol Pablo define su programa de testimonio cristiano como una guerra en la que se siente

---

17. Martín Lutero, *Sermons of Martin Luther* (Baker, Grand Rapids 1989-1905), vol. I, p. 327.

18. M. Lutero, *op. cit.*, p. 344.

19. M. Lloyd-Jones, *Authority* (1959), p. 45.

asistido por la verdad divina encaminado a enfrentar y confundir los razonamientos especulativos. "Las armas de nuestra contienda no son carnales, sino poderosas en Dios para la destrucción de fortalezas; destruyendo especulaciones y todo razonamiento altivo que se levanta contra el conocimiento de Dios, y poniendo todo pensamiento cautivo a la obediencia de Cristo" (*2ª Corintios 10:4-5*). Ciertamente el éxito que acompaña la predicación cristiana no reside, en última instancia, en la habilidad u oratoria del predicador, ni en lo razonable de su argumento, sino en el poder del Espíritu que abre los corazones para entender (*1ª Corintios 2:4*), pero, como dice Emil Brunner, "el mero hecho de *dar testimonio* permanece estéril a menos que sea integrado en la verdad que el oyente posee de antemano. Quien niega ésto niega un hecho evidente; en realidad significa cerrar los ojos a la verdad por amor a una teoría errónea.[20]" Lo contrario sería hacer depender el acto de fe de una operación mágica de Dios. La obra de Dios en el corazón humano no se realiza sino en profundo respecto a las reglas generales del entendimiento de cada época.

6. Apologética no es igual a predicación

La apologética correctamente entendida no es *kerigma*, proclamación del evangelio, ni existe razón alguna por la que deba serlo. El apologista no tiene problemas en admitir de corazón el papel indispensable que el Espíritu Santo juega en la conversión de una persona mediante la iluminación de su mente. Ciertamente "el éxito de la predicación reside en aquél que es proclamado y no en las técnicas del que proclama.[21]" La apologética reconoce humildemente la indispensable y grandiosa función de la predicación cristiana, y de ningún modo quiere interferir en la misma. Tiene otro cometido en el reino de Dios y espera que se la valore. La misión de la apologética tiene dos vertientes, por una se dirige a los de

---

20. E. Brunner, *The Doctrine of God* (1949), p. 178.

21. D.G. Bloesch, *Theology of Word & Spirit* (1992), p. 233.

CAPÍTULO VI. ¿Es necesario defender la fe?

fuera, por otra a los de dentro. La Iglesia cristiana tiene que encarar realísticamente y sin encubrimientos piadosos las dudas honestas de los creyentes sinceros, quienes a pesar de ser templos del Altísimo, son tentados por muchos y variados dilemas de carácter intelectual o científico. A veces es como si algunos funcionarios eclesiásticos creyeran que los simples fieles carecieran de una mente a ser cultivada y atendida pastoral y creativamente. Lo que en realidad ocurre es que hay mucho lenguaje místico que ni es relevante ni honesto, mero ejercicio retórico, verborrea irresponsable en nombre de Dios.

La función de la apologética consiste en mostrar que, dentro de ciertos límites, la fe cristiana lleva en su seno un sistema de pensamiento, una hermenéutica de la vida, que es digna de toda aceptación. La apologética tiene sus límites, de ningún modo pretende tener respuesta para todo. La función que está llamada a realizar no consiste en la de proveer evidencias positivas e irrefutables en nombre del cristianismo, sino de responder y aclarar las objeciones lógicas que se levantan contra la fe. La apologética es más un esfuerzo tendente a justificar las verdades generales del cristianismo frente a su impugnación por parte del pensamiento secular, que una táctica para ganar a los que escépticos. Tiene más de *testimonio* que de *desafío*, aunque supone un desafío por su propia naturaleza. El predicador busca una respuesta inmediata, el apologista una consideración reflexiva. La apologética cristiana realiza una función semejante a las parábolas de Jesucristo en su ministerio: justificarse delante de sus enemigos. Con su anuncio del perdón gratuito de Dios a los pecadores Cristo levantó una oleada de indignación entre los fariseos que no podían entender que Dios estuviera más interesado en los pecadores que en los justos Para defenderse "Jesús respondió principalmente en forma de parábolas; las parábolas que hablan de la gracia concedida a los pecadores, no son presentación, sino *justificación de la buena nueva.*[22]"

Según el profesor C.G. Berkouwer la defensa de la fe reside exactamente en la certeza de la fe que espera la intervención de Dios en la historia. Aduce en su favor ejemplos sacados de las Escrituras como *Jeremías 28;*

---

22. J. Jeremias, *Teología del Nuevo Testamento* (1973), cap.3, § 12.3, p. 145.

cuando el profeta Jeremías confronta al falso profeta Hananías con un tajante "así dice el Señor; y se fue por su camino" (v. 11)[23]. Afirmaciones de este tipo, mantenidas categóricamente como dogmas indiscutibles, conducen a un punto muerto donde no cabe otra actividad que doblar la rodilla y elevar una oración al cielo implorando que su gracia se manifieste como un rayo que alumbre las tinieblas de la tierra. A veces uno teme que mucha gente ha confundido la defensa de la fe con la rendición a la fe. Mientras que el apologista intenta mostrar la viabilidad de la fe, espera que Dios conduzca la conciencia a rendirse a la evidencia cristiana y aceptarla de corazón. Pero no puede regatear esfuerzos en la vana confianza de una inmediata intervención divina por encima de toda ley.

Una y otra vez, en su larga carrera y en su dilata obra, el profesor Cornelio Van Til rechazó el esfuerzo apologético de algunos autores porque dejaba "tranquilo" al lector, "sin llamarle al arrepentimiento, ni confrontarle con Jesús y la resurrección. El adorador de la criatura es dejado sin desafiarle a la conversión. Nadie que escuche a estas personas se sentirá impelido a preguntarse si está preparado para encontar al juez de su alma.[24]" Parece ser que Van Til nunca fue capaz de distinguir entre *predicación* o enunciado de una proposición y *justificación del contenido* del contenido de la misma, entre dogma y fundamento. Tampoco se detuvo en diferenciar entre apologética en sí, en cuanto teoría de racionalidad de la fe, y *apologías*, en cuanto práctica concreta de la apologética. En su lugar tenemos una confusión lamentable que equipara la predicación a la apologética. Hubo en su época toda una generación alimentada por la teoría de la inutilidad de la apologética, argumentando, en base a su parte de verdad, que la tarea del creyente es confrontar la incredulidad con el desafío del mensaje cristiano; convencer de pecado y presentar el anuncio evangélico de arrepentimiento y renovación. Criticar o emitir juicios racionales sobre la revelación de Dios obedece a una franca actitud de presunción, se decía, porque si el ser humano puede racionalizar y evaluar críticamente la revelación entonces ya no sería un mensaje de parte de

---

23. C.G. Berkouwer,

24. C. Van Til, *Paul at Athens*, p. 17.

CAPÍTULO VI. ¿Es necesario defender la fe?

Dios, sino del hombre. Nuestra parte, se concluía, no es argumentar sobre la existencia de Dios, sino confrontar al mundo con el jucio divino y su misericordia; no enzarzarse en discusiones sobre la evidencias de una revelación dada o no por Dios, sino en enseñar lo que en ella se contiene. "Ahora bien, es cierto que el apologista no debe substituir el argumento racional por la predicación; pero es igualmente cierto que una buena parte de la misión apologética consiste en declarar con sencillez el significado del evangelio, eliminando aquellos conceptos erróneos que muchos se forman sobre el mismo y que constituyen los principales obstáculos que se oponen a la fe cristiana. Ciertamente el estudiante de apologética nunca debe asumir que una persona puede llegar a la conversión mediante argumentos racionales, o por ningún otro medio humano; es Dios quien da la revelación, el mismo que da la fe que la recibe y la luz que la comprende; la fe, como siempre mantendremos de un modo consistente, es esencialmente un don de Dios.[25]"

Sólo mediante una recaída en el absurdo podría afirmarse que la apologética en sí tiene el poder de hacer cristiana a una persona, o de conquistar al mundo para Cristo, puesto que sólo el Espíritu de vida puede comunicar vida al alma muerta, o convencer al mundo de su pecado, de justicia y de juicio. Lo que aquí se trata de poner en claro es que la fe, en todas sus dimensiones, es una convicción firme fundada en unas evidencias muy concretas y peculiares. Lo que intenta, o debe intentar la apologética, es organizar sistemática y racionalmente esas evidencias e indicios que hacen creíble el mensaje cristiano. Si el cristianismo renuncia a su derecho de convicción, de convencer y ser convencido, estaría claudicando ante el avance del pensamiento secular que cada vez le arrinconaría más en el reino de la fantasía privada.

"Como los escritos de Van Til —escribe el profesor Frame—, los míos son homiléticos, o pura predicación.[26]" No hay nada malo en orientar uno su labor en esa dirección. La apologética, como la teología en sus diversas ramas y el estudio exegético, es una obra de la Iglesia y para la

---

25. A. Richardson, *op. cit.*, p. 23.

26. J.M. Frame, op. cit., p. 384.

Iglesia, por tanto tiene que ser "predicable", transmisible a la comunidad no especializada en ese campo. Todo trabajo que se realiza en orden a un mejor entendimiento de las Escrituras, y por ende de la realidad que nos rodea, no puede contentarse con un reduccionismo académico estéril, reservado a la privilegiada comunidad gnóstica de los eruditos. La verdad, cuanto más profunda, más práctica es en su aplicación. Ahora bien, todos estaremos de acuerdo que antes de ser capaces de predicar un buen sermón, ha tenido que realizarse un duro trabajo de análisis textual, exégesis, consideraciones lógicas e históricas, estudio de los equivalentes modernos de las expresiones antiguas, cuestiones idiomáticas, intención original del autor, situación de los destinatarios, etc. Predicar, predicar de verdad, no es tan fácil como parece. No es demagogia ni emocionalismo, es poner la persona total delante de un mensaje cuyo origen está en un libro de miles de años de antigüedad, en correlación con la experiencia del oyente en ese momento de la predicación. Mientras el apologista busca convencer gradualmente y por vía racional (que no excluye la voluntad y los sentidos), el predicador apunta a la decisión y al *compromiso* instantáneo. Son dos esferas distintas que, sin embargo, confluyen una en la otra.

Cada cual tiene que estar preparado para entender y valorar la independencia orgánica y la radical autonomía de los diferentes departamentos del estudio bíblico y teológico que, a la vez, todos juntos, contribuyen a la obra principal de la Iglesia: la proclamación del evangelio. Sin embargo, las distintas áreas de estudio a las que el entendimiento de la fe nos obliga tienen que gozar de suficiente libertad para trabajar de acuerdo a sus propias premisas sin la interferencia constante de algún tipo de *pragmatismo espiritual*, o reducción dogmática. No hay necesidad de someter la labor teorética del pensador cristiano a la presión pragmática. El pensamiento puro no puede guiarse por criterios de producción sino de veracidad. Y esto lleva tiempo. Resulta incómodo porque hay muchos que todavía no han aprendido *la lección del cuerpo* enseñada por el apóstol Pablo. Por no tenerla suficientemente en cuenta el cristianismo evangélico se halla peligrosamente embarrancado. Dice así el texto en cuestión: "Hay muchas maneras en que Dios puede obrar en nuestras vidas, pero siempre es un mismo Dios el que realiza la obra en nosotros y a través de cada uno de los que somos suyos. El Espíritu Santo despliega el poder de Dios a

CAPÍTULO VI. ¿Es necesario defender la fe?

través de cada uno de nosotros para ayudar a la iglesia entera. A unos el Espíritu capacita para impartir consejos sabios; otros tienen el don de estudiar y enseñar, y es el mismo Espíritu el que los ha dado... El cuerpo humano, aunque es uno, está compuesto de muchos miembros; y esos miembros, aunque son muchos, forman un solo cuerpo. Lo mismo sucede con el cuerpo de Cristo. Cada uno de nosotros es un miembro del cuerpo de Cristo, que es uno solo... Si el *pie* [el evangelista o misionero, por ejemplo] dice: No soy miembro del cuerpo porque no soy mano [obrero social], ¿dejará por eso de ser miembro del cuerpo? Y si la oreja [el consejero espiritual] dice: No soy miembro del cuerpo porque soy una simple oreja y no ojo [organizador o *profeta*], dejará por eso de pertenecer al cuerpo? Supongamos que el cuerpo entero fuera ojo, ¿cómo oiría? Y si el cuerpo entero fuera una enorme oreja, ¿cómo olería? Afortunadamente Dios no nos hizo así, sino que dio al cuerpo miembros colocados como en su sabiduría quiso. ¡Qué extraño sería el cuerpo si tuviera un solo miembro! [ésta parece ser la aspiración de algunas iglesias]. Pero Dios lo hizo con miembros diversos que en conjunto forman un cuerpo. El ojo jamás podrá decirle a la mano. No te necesito [aunque hemos aprendido el arte de la *contracolaboración*]. Ni la cabeza [digamos el teólogo y el filósofo] puede decirle al pie: No te necesito. Al contrario, los miembros del cuerpo que parecen más débiles e insignificantes son los más necesarios" (*1ª Corintios 12, Biblia Viviente*). ¡Cuántas lecciones por aprender permanecen *ocultas* desde el principio de los tiempos del cristianismo! Nadie quiere detenerse en la luz porque ésta todo lo revela, es más interesante dedicarse a ese tipo de *ocultismo* en que consiste la especulación profética y el hallazgo de doctrinas esotéricas con que justificar la formación de nuevas agrupaciones.

Todavía queda por ver la persona que se queje de su cabeza por no escribir como su mano los pensamientos y teorías que ella concibe. Pero lo que queda por ver en el orden de la naturaleza, no es lo mismo que en el de la "sobrenaturaleza". La Iglesia cristiana debe hacer todo lo posible por desarrollar hasta sus límites los dones y talentos que tiene a su disposición. Una Iglesia que se concibe a sí misma como Iglesia, a saber, como cuerpo de Cristo, debería usar toda su sabiduría e inteligencia en aprovecharse y no en desperdiciarse a sí misma.

La Iglesia universal siempre estará en deuda con Tomás de Aquino por su esfuerzo en conseguir que se reconociera oficialmente el estudio teológico y filosófico como una parte vital de su vida y testimonio eclesiales. El beneficio que la Iglesia de Roma ha recibido de esa adquisición es múltiple y patente al que tenga ojos para ver, desde la conversión de un buen número de intelectuales de primera línea en todas las épocas, al fortalecimiento de su vida moral e intelectual. En el campo protestante la misión intelectual de la Iglesia se ha hecho tan urgente que, de no tomársela en serio, será su propia ruina. No es nada nuevo, ni un mal presagio de agorero, hace ya bastantes años lo hizo notar el Dr. Brunner, sin demasiados resultados: "La Iglesia católica lo ha admitido y ha puesto a trabajar sus poderosas fuerzas para alcanzar esta meta. La teología protestante, sin embargo, todavía se las arregla para ignorarlo e incluso rechazar la idea misma con desdén. Este desdén puede resultar en su propia destrucción.[27]" Si las iglesias evangélicas hubieran invertido en pensamiento e instrucción seria y rigurosa una décima parte de lo que han invertido en otras actividades una nueva historia se estaría escribiendo en los anales de la Iglesia y de Occidente.

7. Apologética cara a los cristianos

La apologética no consiste en aplicar la Escritura a la incredulidad. No es simple y directa confrontación con el pensamiento no cristiano. La apologética es un esfuerzo serio y honesto desde la fe de diálogo con los de afuera y con de *adentro*. El pensador cristiano tiene que aprender a hablar con los demás y *consigo mismo*. Nada más lejos de la verdad que un teólogo, o un creyente cualquiera, tenga todas las respuestas y ninguna incertidumbre. A veces el mayor crítico de la fe es el creyente mismo, ¿cómo si no explicarnos el escándalo que muchas declaraciones teológicas producen en el mundo intelectual no teológico, ni cristiano? El teólogo suele ser más crítico y radical que muchos escritores ajenos o contrarios al

---

27. Emil Brunner, *The Christian Doctrine of God* (1949), p. 103.

CAPÍTULO VI. ¿Es necesario defender la fe?

cristianismo. ¿En qué otra religión, sino en la cristiana, se ha llevado tan lejos la crítica de sus presupuestos y de sus conclusiones? ¿Qué otra fe ha manifestado tanta energía intelectual como la cristiana en el desentrañamiento de sus dogmas o creencias? La misma honestidad que se ha pedido a la moral, se ha exigido al intelecto, y el resultado ha sido la conceptualización cada vez más exacta de la experiencia cristiana.

Porque diversas escuelas teológicas y filosóficas conviven bajo la misma cobertura de la fe cristiana, cada una proyectando su rayo de luz y aportando su perspectiva histórica y vital a la comprensión total de la fe, el pensador cristiano debe aborrecer cualquier tipo de actitud parcial que lleve a la estrechez de miras y de ahí ser arrojado al lóbrego calabozo de la *arbitrariedad*, ese mal del espíritu que intoxica la razón y aisla al que lo padece. El corazón cristiano es tan ancho y amplio como universal su fe. La Iglesia de los primeros siglos fue muy favorecida de poder contar entre sus hijos a teólogos de primera categoría que eran a la vez apologistas competentes. En historia de la Iglesia se llama apologistas a aquellos escritores cristianos que a lo largo de un siglo, entre el año 120 y 220 de nuestra era, se propusieron formular una defensa razonada de la fe, capaz de recomendarse por sí misma a las mentes pensantes de la época. El objetivo, la *intención* de estos apologistas, fue dirigirse a *los de fuera*. Pero los de fuera, los *intelectuales*, como es habitual, apenas si les prestaron atención. Por más que se diga lo contrario, la *inteligencia* de una nación sigue en la mayoría de los casos los movimientos sociales de las masas, no éstas a aquéllos. Arístides, Justino Mártir, Tatiano, Atenágoras, Teófilo, Minucio Félix y Tertuliano todos pertenecen a aquel período de la historia en que el cristianismo fue ganando conversos entre las clases educadas del Imperio. El motivo de sus desvelos era hacerse oír justamente como cristianos.

Hasta donde nosotros sabemos hicieron muy poco impacto en esa particular y siempre caprichosa sociedad intelectual. Según el historiador eclesiástico Williston Walker, el paganismo no fue afectado por los juiciosos llamamientos que le dirigían los apologistas; tampoco los gobernantes a quienes querían persuadir. Su obra, sin embargo, tuvo el merecido aprecio de parte de los círculos cristianos e indudablemente fortaleció en ellos la convicción de la nobleza de la causa tan celosomente defendida[28]. De tal manera que aunque no consiguieron su propósito inmediato lograron, como resultado paralelo e indirecto, fortalecer y confirmar la fe de los santos. Semejantes a un ejército que avanza guardando la retaguardia, los apologistas marcharon al frente de batalla para contrarrestar el empuje enemigo y mostrar a los suyos la racionalidad y justicia de su mensaje, por el que valía la pena esforzarse y dar la vida[29]. En última instancia los apologistas de todos los tiempos están predicando únicamente a los convertidos, pero al hacerlo están sentando las bases de un espacio de fe y comprensión para los creyentes, los cuales confiados y seguros de la racionalidad de su causa puedan salir al frente de los variados ataques y amenazas de que son objeto. Las llamadas *pruebas* de la existencia de Dios y las alegadas evidencias racionales del cristianismo sólo tienen fuerza de convicción en el contexto de una sociedad "cristianizada". Más allá del círculo hermenéutico compuesto por la experiencia de la fe, la suficiencia racional de los argumentos nunca termina de ser decisiva. La *decisión* que zanja el asunto es un acto personal que entraña a la persona toda, su educación, sus traumas, sus esperanzas, su carácter, etc.

La apologética cristiana tiene mucho de diálogo honesto consigo mismo, de autoclarificación. Es una ejercicio sano de veracidad. Y porque el cristiano es una persona convencida racional y no místicamente de la verdad de su fe, no la oculta sino la descubre en el único modo que es posible la comunicación entre los seres humanos: dando *razones*. "Dispuestos siempre a dar razón de vuestra esperanza a todo el que os pida una explicación" (*1ª Pedro 3:15*. NBE). Dar cuenta y razón de las propias creencias es posible si previamente se ha respondido racionalmente a sí mismo. No hay otro camino. La única senda intelectualmente honesta e

---

28. W. Walker, *Historia de la Iglesia cristiana*, p, 50. CNP, Kansas City 1988, 8ª ed.

29. Otro ejemplo más cercano a nosotros, son los célebres *Pensamientos* de Pascal. Dirigidos a los incrédulos fueron más aprovechados por la creencia. En los *Discours* de Filleau de la Chaise, destinados originalmente a servir de prólogo, se llegaba a esta conclusión: "Aunque hasta ahora no se haya publicado nada más adecuado para sacar a la gente de ese sopor que los escritos de Pascal, sin embargo es casi seguro que no habrá sino muy pocos que los aprovechen, y habrá trabajado para los verdaderos cristianos esforzándose por probar la verdad de su religión" (Cit. por Henri Berr, *El ascenso del Espíritu*, p. 25. UTEHA, México 1962).

CAPÍTULO VI. ¿Es necesario defender la fe?

ineludible abierta al cristiano es la senda racional, no en el estrecho sentido racionalista, sino personal, que conecta la razón al *logos* y éste al sentimiento. El cristianismo, y su matriz judía, siempre se ha distinguido de otras religiones por el hecho de que el criterio de la verdad no reside en un lugar inalcanzable por la razón humana, sino en la conciencia y la razón de la humanidad cuyo sustrato más profundo es una experiencia de Dios. "La Biblia no da testimonio de un Dios que en Cristo viene a confundir la razón humana o a finalizar la historia. Da testimonio de Cristo, la Palabra de Dios, que confunde y aniquila los presupuestos filosóficos de los que manan semejantes doctrinas" (Leonard Hodgson).

En resumen, la tarea del apologista cristiano es defender e interpretar su fe y su experiencia de la misma a la luz de sus contradictores y de las nuevas situaciones históricas. Por un lado esta misión se encara hacia los de fuera, por otro, a los de dentro. No debe dirigirse solamente a los que se mantienen fuera de ella, con objeto de convertirlos. Interesa en el mismo grado a los creyentes que están dentro, porque hace explícito uno de los caracteres esenciales, una de las condiciones permanentes de la fe: la convicción de que es razonable. Y porque es razonable es *decible*, o sea, comunicable. "El juicio de credibilidad, la convicción premeditada de que se puede y se debe creer, no es un acto reservado al incrédulo en proceso de conversión. Puede siempre ser verificada por el creyente. Una sólida exposición de las razones para creer brinda eventualmente al cristiano el medio de consolidar su fe. Le quita el complejo de inferioridad que muchos padecen ante los incrédulos. Le ayuda a comprender mejor su fe, porque le mueve a efectuar un retorno a los fundamentos. Desde este punto de vista, la apologética podría denominarse más propiamente teología fundamental. La teoría apologética tendría siempre razón de ser aun cuando resultara inútil e ineficaz para el incrédulo.[30]" Quizás, llegados a este punto, habría que diferenciar entre apologética y apología. La apologética es aquella rama del saber cristiano que busca relacionar su fe con la amplia esfera del saber secular. Es primariamente un estudio emprendido por cristianos y para cristianos. La apología, o diversas apologías que puedan

---
30. Henri Bouillard, *Lógica de la fe* (1966), pp. 18-19.

surgir de la teoría apologética, trata aspectos particulares de la fe a la luz de las dudas y ataques del pensamiento no cristiano. Es primariamente una tarea emprendida por cristianos para no cristianos. "La apologética vendría a relacionarse con la apología como la homilética a la predicación.[31]"

La fe que la Iglesia cristiana proclama es coherente y significativa para la experiencia de la humanidad y el esclarecimiento de su destino. En la crisis actual en que se encuentra la Iglesia evangélica, la respuesta a la llamada de Dios debe ser de acción y también de pensamiento. Por todas partes hay ideologías y pseudofilosofías que quieren ganarse el favor de la humanidad apelando tanto al intelecto como a las emociones; el pensamiento cristiano tiene que enfrentarlas en ambas esferas. Es imprescindible, no sólo para salvaguardar el testimonio de la Iglesia *frente a los que permanecen fuera de ella, sino también para defender y fortalecer la fe sus miembros*. Para cumplir esta tarea, la Iglesia tiene que recabar la ayuda de las mejores mentes de sus hijos, tanto teólogos como filósofos o creyentes comprometidos con su fe. "Si la verdad aprehendida ha de realizar su obra en el mundo, debe aparecer desentrañada y definida cada vez con mayor claridad en relación con el pensamiento y los problemas de la época. Cometido del pensamiento es iluminar y fortalecer el testimonio cristiano.[32]"

El profesor Urban decía que cualquier filosofía significativa se vuelve religiosa al final, y al final, también, cualquier religión significativa se vuelve filosófica[33]. Es un movimiento dialéctico fácilmente discernible en el avatar de la historia del pensamiento. Filosofemas originalmente pertenecientes al campo de la teología pasan a ser objeto de la filosofía, y planteamientos filosóficos pasan o ocupar un lugar destacado en la filosofía. Las mejores voces dentro del cristianismo han protestado siempre contra aquellos que,

---

31. Alan Richardson, *op. cit.*, 20.

32. W.A. Visser't Hooft and J.H. Oldham, *The Church and Its Function in Society,* pp. 154,156 (George Allen and Unwim, Londres 1937). Citado por J. Leslie Dunstan, *Protestantismo*, p. 166. Plaza & Janés, Barcelona 1963.

33. W.M. Urban, *Humanity and Deity* (1951), p. 34.

CAPÍTULO VI. ¿Es necesario defender la fe?

argumentando desde la fe, rechazan la filosofía. El cristiano no puede decir que porque tiene fe no necesita la filosofía. No la necesita para salvarse, ciertamente, pero la fe, en su dimensión intelectiva y predicable, no puede prescindir de la filosofía; tiene que filosofar necesariamente con la *ayuda* de la filosofía. Filosofa desde la revelación, es cierto y necesario, pero al hacerlo ha de contar con el resultado de la filosofía en los diferentes campos de la epistemología, de la lógica y de la ética. La fe busca comprender y comunicar desde los cánones del proceso intelectivo. Al hacerlo así aporta su propia visión de la realidad, capacitando a la propia filosofía a tener en cuenta el factor de la revelación cristiana desde la filosofía. A lo que el cristiano se opone es a aceptar como una solución satisfactoria cualquier filosofía para la que la relación personal entre Dios y el hombre sea explicada en términos de una realidad impersonal o subjetiva. "En contraste con ésto desarrollará su propia filosofía, tomando como la clave de su entendimiento todo el contenido de la revelación del Dios vivo en Cristo. Al construir su propia filosofía no será tan orgulloso que se niegue a aprender todo lo que pueda de aquellos que desde otros presupuestos se enfrentan con los mismos problemas.[34]" Late en el corazón cristiano un apasionado deseo por la verdad que le prohíbe conformarse con menos que la verdad y descansar satisfecho con ambigüedades y contradicciones sin resolver. Como la gran tradición afirma, creemos para entender, entendemos para creer. "Toda fe verdadera conlleva un elemento intelectual; toda fe implica conocimiento y materias de conocimiento", decía John G. Machen[35].

Desde el punto de vista de la experiencia de la fe es preciso señalar que muchos cristianos reflexivos se muestran inquietos e intranquilos tocante a esos aspectos de la verdad que la teología pastoral tiende a pasar por alto. Son incapaces de acallar sus mentes hasta que la apologética viene en su ayuda, mediante el análisis y el argumento racional. Si la Iglesia cristiana se hace la sorda a las demandas de una madura fe reflexiva, o a los interrogantes planteados por la filosofía, la ciencia y la cultura en general,

---

34. L. Hodgson, *Towards a Christian Philosophy* (1943), p. 27.

35. J.G. Machen, *What is Faith?* (1925), p. 40.

contentándose con predicar el Evangelio y resistir autoritariamente a la crítica, correrá el riesgo de perder su derecho a hablar en nombre de aquel cuyo nombre es el camino, la verdad y la vida (*Juan 14:6*). Toda verdad es verdad de Dios; no puede ir contra Él sino por Él. La Iglesia de Dios no tiene nada que temer de la verdad, sino mucho que ganar. Al final la verdad prevalecerá, histórica o escatológicamente, "porque no hay nada oculto que no haya de ser manifestado; ni escondido que no haya de salir a luz" (*Marcos 4:22*). Lo que ocurre en que no hay nadie tan optimista como para esperar el triunfo público y manifiesto de la verdad y de la justicia en el lugar y día de su espacio y tiempo vital. Es más fácil dejarse llevar por los síntomas de corrupción consciente y subconsciente que permean todos los estratos sociales y las unidades particulares con el peligro de ahogar todo conato de justicia y de verdad. El miedo que el hombre siente, incluso el hombre cristiano, interviene poderosamente en la valoración del pensamiento y su actitud ante él. Se trata, en realidad, de un escepticismo profundo del que apenas si es consciente, y se manifiesta en restar fuerza *actual* a la verdad, como potencia que tiende a la inevitable victoria. Todos estamos más o menos poseídos de ese terrible sentimiento en algún momento de nuestras vidas. Es aquí, en este dominio de la experiencia, donde la fe en la verdad y en la justicia flaquea, cuando es urgente dejar que la fe de Dios penetre conquistadora, sin miedo al futuro, frío y oscuro. "Probablemente nada efectuará un cambio tan profundo en la calidad y el temperamento de nuestro discipulado como una emancipación absoluta del escepticismo.[36]"

Se ha dicho que la influencia creciente de los primeros cristianos en un mundo tan hostil como el que tuvieron que enfrentar durante siglos se debió a la existencia de un cuerpo de hombres y mujeres firmemente convencidos y sostenidos por una doble creencia: la fe en Dios y la fe en la verdad de Dios. Cultos e incultos por igual no podían ignorar a aquellos obstinados cristianos capaces de vivir y morir por una idea. Del mismo modo, un puñado de creyentes esforzándose en pensar las implicaciones de su fe en todas las áreas de su vida aportarían al cristianismo mucha de

---

36. H.H. Farmer, *Things not Seen* (1927), p. 83.

su vitalidad perdida[37]. "Nosotros los evangélicos, decía Richard Mouw, tenemos una larga historia de nerviosismo, y en algunos casos de hostilidad, respecto a la academia. Y es precisamente porque los evangélicos han fracasado en integrarse a ese espacio reflexivo que se han visto atrapados en muchas inconsistencias. La labor académica es un medio útil e importante de crear esa especie de lugar para la reflexión en el que se puedan buscar modelos más consistentes de testimonio cristiano.[38]" En el fondo de esta mentalidad subyace la falsa creencia de un territorio religioso inmune a las condiciones de vida propias a la vida misma. Se trata de una ilusión meramente, sin operatividad en la vida real, porque ésta pasa por encima de toda barrera artificial y acaba por imponer su voluntad y su verdad. De Nehemías sabemos que reconstruyó las derruida murallas de Jerusalén y reparó las puertas quemadas por el fuego, con la intención de ofrecer protección a sus habitantes, no de aislarlos. Del mismo modo, la ciudad de Dios, que viene a ser la Iglesia, necesita una muralla de defensa racional, con los goznes de sus puertas bien engrasados, que permitan entrar y salir tanto a ciudadanos como a visitantes en un diálogo auténtico, sin falsas pretensiones que encastillen las mentes en áridos ejercicios de especulación teosófica. "Una sólida exposición de las razones para creer brinda eventualmente al cristiano el medio de consolidar su fe. Le quita el complejo de inferioridad que muchos padecen ante los críticos[39]", y, según el caso, pueden hacen que éstos reflexionen y cambien el rumbo de su marcha contra la fe.

8. Apologética en el Nuevo Testamento

Apenas si tenemos sermones de Jesucristo registrados en el Nuevo Testamento, sí tenemos, por contra, un alto índice de narraciones relativas a las controversias de Jesús. Toda su vida y ministerio fue una confrontación

---

37. Cf. L. Hodgson, op. cit., p. 47.

38. Richard Mouw, "Why Do Evangelical Need the Academy?", *Christianity Today*, October 8, 1990.

39. Henri Bouillard, *op. cit*, p. 18.

latente y manifiesta con las ideas religiosas mantenidas por los dirigentes religiosos y seculares de su época. En esas controversias Jesús apenas si se molestó en defenderse a sí mismo, al revés, su llamada al silencio (el "secreto mesiánico" de algunos) y su mismo silencio, alimentaba los rumores contra su persona. Consciente de su filiación divina nunca intentó facilitar el camino de acceso a su identidad real. Críticos y simpatizantes se desvivían por una respuesta clara: "¿Eres tú el que había de venir o esperamos a otro?", pero respuesta no les fue dada sino señales, indicios que dejaban entrever el misterio de la persona del Mesías. A veces Jesús da la sensación de aumentar más que de disminuir las ofensas causadas por sus obras y dichos. Donde econtraba su gozo, a juzgar por los símiles, parábolas e ilustraciones, fue en la predicación y anuncio del reino de los cielos que había de de venir. Dedicó toda su energía en proclamarlo y en defenderlo. Lo que escatimó en cuanto a su persona derrochó en cuanto al reino: su naturaleza, su carácter, sus exigencias, sus principios, sus fines. Con esto queremos indicar que la negativa de Jesús a defenderse no obedecía a ningún principio teosófico ni gnóstico de iluminación por la fe o la mera autoridad de su persona para arribar a la verdad su identidad, ya que respecto al contenido de su mensaje no dudó en defenderlo de todo prejuicio y todo lastre que impedía su floración. "Retiecente en lo relativo a su persona, Jesús fue copioso en defender la naturaleza de su misión y del reino cuyo advenimiento proclamaba.[40]" Su persona iba a ser reivindicada por sí sola en su momento, en la consumación final de su ministerio en la humillante muerte de la cruz y en la resurrección de entre los muertos, argumentos imposibles de utilizar en su período existencial, aunque fueron apuntados en clave de solución al enigma de su persona.

Cuando repasamos el libro de Hechos de los Apóstoles nos encontramos con un Pedro que se dirige a sus conciudadanos y les hace notar algo que Dios había hecho en el curso de la historia conocida por ellos. "Varones israelitas, oíd estas palabras: Jesús nazareno, varón aprobado por Dios entre vosotros con las maravillas, prodigios y señales que Dios hizo entre vosotros por medio de él, como vosotros mismo sabéis" (*Hechos 2:22*).

---

40. A.B. Bruce, *Apologetics or Christianity Defensively Stated* (1893), p. 3.

CAPÍTULO VI. ¿Es necesario defender la fe?

Aquí tenemos a los primeros predicadores cristianos en acción. No se refieren a un mensaje basado en silogismos propios de una sabiduría natural o religiosa, se remiten a hechos conocidos y contrastables por todos. Detrás de ellos no se encontraba la autoridad de la Iglesia, ni la fiabilidad de un libro, sólo el hecho desnudo y escandaloso de un Mesías salvador crucificado. Qué paradoja, un redentor condenado. De sobra es conocida aquella sentencia de Kierkegaard (tomada de Lutero) que dice que el cristianismo es el inventor de la paradoja. Pero no nos dejemos despistar en tan esencial materia. Los primeros predicadores cristianos tampoco recurrieron a la paradoja o al absurdo para embellecer su mensaje y camuflar sus carencias. Apelaron a los hechos, argumentaron su verdad en base a lo que cualquiera podía probar o desmentir según su experiencia inmediata y el conocimiento de los motivos implicados en los hechos expuestos a su consideración. "En el camino de la salvación no encontramos un evento irracional que exija una obediencia servil, sino un misterio que ha sido sacado a la luz.[41]" Misterio que anda en busca de decisiones en la libertad de la fe, que argumenta y "prueba" hasta donde es posible lograr un grado de convicción personal fundado en un hecho histórico. Decidirse por Cristo no es una operación mística, sino creer que Dios ha intervenido en la historia en la persona de Jesús y que nosotros estamos implicados en la misma.

En *Hechos 17:2-4* y *19:8-10* encontramos a Pablo enfrascado en debates y argumentos que buscan "demostrar que Jesús era el Cristo" (*Hechos 9:22*). No es exagerado decir que la mayor parte de los documentos del Nuevo Testamento están escritos con un propósito apologético específico. La carta a los Hebreos, por ejemplo, es una elaborada apología, "la contribución más importante a la apologética del cristianismo que se contiene en el Nuevo Testamento. Es, sin duda, un esfuerzo sistemático de ese orden.[42]" Los libros del Nuevo Testamento

---

41. G.C. Berkouwer, *Holy Scripture* (1975), p. 283.

42. A.B. Bruce, op. cit., p. 2. Ver del mismo autor *The Epistle to the Hebrews. The First Apology for Christianity. An Exegetical Study*. T & T Clark, Edimburgo 1895.

son apologéticos de un modo u otro. No es para asombrarse, *la Revelación crea las condiciones propias de la respuesta* al dirigirse al ser humano en sus propios términos y necesidades. Conocer a Dios es cosa de Dios. Dios tiene que dar al hombre las condiciones bajo las cuales le pueda captar, por eso es necesaria la Revelación para no quedarnos a solas con nuestra angustia e ignorancia. La Revelación se dirige a la situación humana y la interpela, pero el que interpreta es Dios. "Sólo así Dios permanece el Señor de su palabra, y sólo así el ser divino de Dios puede llegar a ser el fundamento de nuestra certeza de la fe.[43]" La luz que la fe arroja sobre la condición humana muestra la congenialidad respecto al mensaje cristiano. La Revelación, como la Ley, despierta el sentido del pecado y crea las condiciones en que es posible vencerlo. La Revelación no inventa sino que es connatural a la experiencia humana, incluso en su condición caída. Porque la situación del oyente de la Palabra es de inconsciencia y confusión respecto al origen y naturaleza de la misma, el apologista cristiano debe esforzarse en iluminar desde la Revelación aquellas áreas de la vida que son permeables a la luz divina y la reclaman a gritos.

9. Apologética en la historia

Los apologistas del siglo II no tenían nada que ver con la apologética en el sentido moderno de la palabra, salvo en cuestiones accidentales. No estaban interesados en la teoría sino en la práctica defensa de su fe y modo de vida frente a las calumnias y rumores que circulaban con mayor aceptación cada día en las clases cultas y distinguidas, predisponiéndoles así contra la Iglesia y su mensaje. Los apologistas defendieron su fe atacando, llevando la guerra al territorio enemigo, denunciando la idolatría pagana y sus obscenidades, empresa en la que no estaban solos puesto que escritores griegos y latinos se habían burlado en sus escritos de los dioses populares. Los apologistas, cristianos de corazón, siempre a costa de sus vidas, no sentían ninguna aprehensión, a la luz de su experiencia y

---

43. Walter Kasper, *Introducción a la fe* (1976), p. 82.

CAPÍTULO VI. ¿Es necesario defender la fe?

de su conocimiento, en presentar al cristianismo moral y culturalmente superior al paganismo. Cuando escribían para lectores judíos, los apologistas echaban mano del Antiguo Testamento, como escritura venerada por ellos y compartida por los cristianos, argumentando en base a las profecías relativas al Mesías. Donde mayormente tuvieron que esforzarse fue en explicar la relación de Cristo con el monoteísmo. A la filosofía pagana contestaron con una elaborada doctrina sobre el Logos, presente en la misma, y fácilmente aplicable al misterio de Cristo como primogénito de la creación. Justino Mártir no tuvo reparos en decir que el cristianismo era la verdadera filosofía y que todos los que vivieron en comunión con el Logos divino eran cristianos antes de Cristo. La influencia de la filosofía platónica y neoplatónica es evidente en los alejandrinos, como Clementes y Orígenes.

Como Platón fue el primer filósofo que desafió el antiguo escepticismo de la filosofía, se convirtió en el primer y más grande apologista de la religión[44], la primera y más duradera influencia filosófica de la gran tradición de apologética cristiana.

Si generalizamos la impresión que se deriva del estudio del movimiento apologista en los tres primeros siglos, podemos decir que representa el intento de demostrar que la fe cristiana puede ser objeto de conocimiento, en la misma manera que es cuestión de fe, o quizás precisamente por ello. ¿Que vale una fe sin razón? "Bajo la moldeadora influencia del pensamiento griego los teólogos filosóficos de la Iglesia trataron de alcanzar una base más profunda que la simple autoridad para las doctrinas religiosas.[45]" Quisieron mostrar que las doctrinas cristianas son la expresión de un orden racional y comprehensivo cuyo fundamento es posible descubrir y entender mediante el uso correcto de la razón. En este sentido, a pesar de las diferencias que los separó, sentaron las bases de uno de los presupuestos básicos de la fe cristiana: su racionalidad. Cualquiera que sea el método que emplearon, creyeron para entender y entendieron para creer. Esta es la gran tradición que se ha ido transmitiendo de generación en generación

---

44. W.M. Smith, op. cit., p. 34.

45. George Gallaway, *The Philosophy of Religion* (1945), p. 5.

a lo largo de los siglos hasta nuestros días. Incluso aquellas metodologías basadas única y exclusivamente en la Revelación no son sino la expresión de las "basadas" en la razón y viceversa. Pues no se puede ser cristiano sino a partir de la Revelación y del uso de la razón en la comprensión de la misma. Los padres griegos, en especial Clemente de Alejandría, emplearon conceptos plátonicos para construir su apologética cristiana, pero los utilizaron siempre desde un perspectiva fuertemente revelacional. O sea, que no vendieron la fe a la filosofía, sino que tomaron de la filosofía lo que era propio de de la fe. Siglos después, en la Edad Media, Tomás de Aquino describió al apologista no como el sujeto que coloca un fundamento racional de teología natural a partir del cual procede a construir su argumento en favor de la verdad de la Revelación, sino más bien como aquel que presupone la fe todo el tiempo, *desde* la cual el utiliza el *fundamento común* que pueda encontrar en la filosofía[46]. Tendremos oportunidad de considerar la validez del concepto *fundamento común* en el próximo capítulo. "En Tomás de Aquino se reafirmó la gran tradición, fue enriquecida y profundizada gracias a su aceptación de la revelación cristiana como algo que no se debe negar ni distorsionar ni justificar, sino interpretar" (Hodgson). Lo que el teólogo tiene en cuenta de los trabajos de los filósofos es lo filosófico, el método y los logros formales en conceptualización lógica, pero lo hace como teólogo, es decir, que sus principios no se derivan de la filosofía, como el que va a beber a fuente ajena, sino de la Revelación. No ama menos la filosofía, sino ama más la Revelación.

Los Reformadores no creyeron necesario presentar credenciales de su propia manufactura aparte del testimonio bíblico. En el contexto de Cristiandad en que se hallaban inmersos les bastaba con proclamar el mensaje cristiano extraído de la autoridad común a ambas partes: las Sagradas Escrituras como Palabra de Dios, y desde ahí argumentar su razón reformadora de los abusos y tergiversaciones de la Iglesia de Roma. La autoridad de su empresa la justificaban en relación a la comisión de Cristo de predicar el Evangelio. Desde el Evangelio protestaron enérgicamente contra un concepto de fe reducido a puro acto *intelectual*.

---

46. Josehp H. Crehan, "Apologetics", en *A Catholic Dictionary of Theology*, vol. I. London: Thomas Nelson, 1962.

CAPÍTULO VI. ¿Es necesario defender la fe?

Para ellos, con la Biblia en la mano, la fe era un acto de confianza, de *fiducia*, de fiarse de la Palabra dada por Dios. La fe, subjetivamente considerada, es un acto de confianza, en cuanto es fe en el anuncio del perdón, es saberse reconciliado, y como que ese anuncio es una afirmación positiva de parte de Dios la fe es también, objetivamente considerada, *asentimiento intelectivo* a un contenido doctrinal tenido por verdadero. Por eso Lutero habla de la fe como aserción y acto de asentir a unas proposiciones fundamentales. Lutero no se dio por satisfecho con la reducción de fe a mera *fiducia*, como buen teólogo sabía que ésta es fianza en algo, en este caso algo tan grande como la Palabra de Dios, lo cual implica comprensión y entendimiento. Lutero en su teología, como Hegel en su filosofía, fue malinterpretado por la naturaleza de su razonar dialéctico[47]. Haciendo referencia a la salvación de los creyentes mediante la fe, Lutero dice y enseña que "la fe luchó con la razón en Abraham; de modo que la fe se alzó con la victoria; mató y sacrificó la razón, *ese mortal y pestilente enemigo de Dios*. Así, todo creyente piadoso que entra con Abraham en la oscuridad de la fe mata la razón, diciendo: razón, tú estás loca, nada puedes contra los que pertenecen a Dios, por tanto no hables contra mí, sino sigue tu camino: no juzgues, sino escucha la Palabra de Dios y cree. El piadoso mediante la fe acaba con semejante bestia, ya que es más grande que el mundo entero, y se la ofrece a Dios como un servicio y sacrificio aceptable.[48]" Este Lutero que arremete contra la razón en nombre de la fe, es el mismo Lutero que en el mismo libro dice: "Pero aparte del tema de la justificación, cuando entras en discusión con judíos, turcos, papistas, herejes, etc., relativo al poder, la sabiduría y la majestad de Dios, entonces utiliza con toda tu industria y conocimiento hasta el

---

47. Para el profesor Urban, el carácter dialéctico de la teología racional con sus inevitables antinomias hicieron de Kierkegaard y muchos de sus seguidores los enemigos mortales del racionalismo hegeliano que les iba a conducir a una especie de anti-intelectualismo, que es la nota fundamental de la reacción anti-apologética o apología por el absurdo (W.M. Urban, op. cit. p. 40).

48. M. Luther, *Commentary on St. Paul's Epistle to the Galatinas*, Cap. 3 ver. 6, p. 173. William Tegg &Co., Londres 1854. Si nos parece extremado el lenguaje utilizado por Lutero para referirse a la razón, no olvidemos que el mismo Pascal dice en unos de sus *Pensamientos* (272): "Callaos razón imbécil."

final, y sé tan profundo y sutil como te sea posible, porque entonces estás en otra vena.⁴⁹"

Otra vena, ciertamente, y cuando el creyente está en esa vena entonces se convierte en un filósofo por necesidad. Es cuestión de respetar los distintos niveles del saber y de la experiencia. A Lutero, como a todos los reformadores, le tenía preocupado la transformación de la fe en un mero asunto intelectual que dejaba a la persona sin contacto vivo con la verdad creída. No podía consentir, después de haberla descubierto en su propia experiencia, esa reducción de la fe como acto que implica a toda la persona, a ejercicio del intelecto sin consecuencias anímicas y espirituales. La fe significa abandonarse personalmente a Dios, confianza cierta en Alguien, no un saber de proposiciones, credos o dogmas. En una palabra, si Lutero pecó de algo, fue de *concentrarse* casi en exclusivo en el tema religioso de la fe y la razón en orden a la salvación y la justificación personal, pero en ningún modo fue ciego a las implicaciones filosóficas y racionales de la fe cuando ésta tiene que verse con el pensamiento crítico o ajeno. Alan Richardson vio claramente que la enseñanza de Lutero, a pesar de la crudeza de su lenguaje, fue totalmente fiel al pensamiento de Agustín, en el sentido de que Lutero creyó en la vigorización de la razón como resultado o consecuencia de la fe en Cristo, y religiosamente negó que la razón, aparte de la Revelación, pudiera ser un guía seguro de la fe; antes al contrario la fe conduce a la razón. "La sabiduría natural de una criatura humana en asuntos de fe —comenta Lutero—, es total oscuridad hasta que es regenerada y nacida de nuevo, no teniendo nada que decir en asuntos divinos. Pero en una persona fiel, regenerada e iluminada por el Espíritu Santo mediante la Palabra, es un instrumento sano y glorioso, una obra de Dios... El entendimiento, mediante la fe, recibe vida de la fe, la que consiste en pasar de muerte a vida.⁵⁰"

Lutero en especial, y el resto de los reformadores en general, fueron muy sensibles a la preocupación escatológica, cuyo cumplimiento creían

---

49. M. Luther, op. cit., Cap. I. ver. 3, p. 14.

50. 36. M. Lutero, *Charlas de sobremesa*, CCXCLV. Citado por A. Richardson, op.cit., p. 24.

CAPÍTULO VI. ¿Es necesario defender la fe?

inminente[51]; habida cuenta de este motivo central en la psicología y pensamiento los primeros reformadores no tiene nada de extraño que dedicaran todas sus energías a predicar exclusivamente la salvación cuya manifestación escatológica creían hallarse a la vuelta de la esquina. Para ellos el tema central de la Biblia es la justificación del hombre pecador por un Dios santo y justo, y a él se consagraron con el fervor y la urgencia de los primeros cristianos[52]. La Reforma, según Hodgson, supone una insistencia renovada en el tema central del Evangelio cristiano, cuyo contenido es esencialmente religioso e implica la vida total del individuo. Al insistir en el cristianismo como la inmediata proclamación de la revelación divina, por encima de interpretaciones filosóficas, que habían terminado por embrollarlo todo, los reformadores estaban volviendo a la posición de lo predicadores cristianos de los primeros siglos de nuestra era. En lo que respecta a la historia del pensamiento, el significado de la Reforma es que cumplió su verdadero cometido religioso, exigiendo que se volviera a prestar atención a la pura e incorrupta Palabra de Dios y a su mensaje básico de salvación[53]. Esta fue su gloria y su debilidad[54]. En su alta consideración del aspecto salvífico de la fe cristiana tendieron a descuidar sus connotaciones filosóficas. Este desliz iba a resultar desastroso a largo plazo. La actitud de los reformadores produjo en ellos la "incapacidad de extender su credo en modo suficiente entre los reluctantes a la nueva fe, mientras que el catolicismo, en esas mismas regiones, estaba formando, ya entonces, un nuevo mundo que se ajustara al equilibrio del viejo.[55]" Cualquiera que

---

51. A este respecto es instructivo el estudio de Jean Delemau.

52. En la actualidad tanto Delumeau como Oberman han llamado atención al motivo escatológico en la actuación de Lutero. Cf. Jean Delumeau, *El caso Lutero* (Caralt, Barcelona 1988); Heiko Oberman, *Lutero, un hombre entre Dios y el diablo* (Alianza Editorial, Madrid 1994).

53. L. Hodgson, op. cit., pp. 49, 127, 128.

54. "Debido al hecho de que la teología reformada fue unilateralmente desarrollada, ciertos teólogos contemporáneos han concluido que la apologética no es necesaria, ni siquiera una empresa legítima de la teología. Es cierto que en el periodo de la Reforma no se logró mucho en esa dirección, por la simple razón que en ese tiempo el conflicto principal no era con la incredulidad, sino con una fe errónea dentro de la misma iglesia" (Emil Brunner, *The Christian Doctrine of God* (1949), p. 99).

55. J.H. Crehan, op. cit.

sepa leer la historia del protestantismo hasta nuestros días estará de acuerdo con lo que aquí decimos.

Tanto la teología como la misión sufrieron enormemente debido a este grave malentendido o *reducción protestante*, cuyo primer resultado catastrófico fue la esclerotización de la nueva savia en inútiles e inacabables disputas confesionales que dio origen al gris período llamado "escolasticismo protestante." La paradoja, que respeta ambos términos de una proposición dada, se transformó en antítesis artificial y excluyente. De ese modo se consumó el divorcio entre la fe y la razón, entre la filosofía y la revelación. El filósofo, al verse rechazado y bajo sospecha, sacudió despectivo el polvo religioso de sus zapatos, a la vez que el religioso cerraba soberbio la puerta de la fe y acusaba al filósofo de haberse rebelado y vuelto contra su Dios, cuando, en muchos casos, no hacía sino protestar contra una mala presentación de Dios. Todo divorcio empobrece de raíz, y éste empobreció radicalmente. La revelación y la filosofía se necesitan desesperadamente una a la otra. "El cristianismo —dijo Alfred N. Whitehead— ha sido siempre una religión en búsqueda de una metafísica, en contraste con el budismo, que es una metafísica que genera una religión.[56]"

La filosofía enseña a la religión a pensar claramente sobre sí misma, y la experiencia, incluyendo en ella la Revelación, aporta a la filosofía algo digno de ser pensado[57]. La Revelación ha propuesto al quehacer filosófico cuestiones antes no sospechadas, como el origen del Universo, desconocido por la filosofía griega, que creía míticamente que el Universo era desde siempre y se renovaba periódicamente; o la noción tan importante de persona como sujeto propio y fin en sí misma, imperfectamente vislumbrada en la filosofía griega con anterioridad al cristianismo. La fe, aunque no sea "regla *positiva* para la filosofía, es un poderoso *estímulo* para nuevos planteamientos.[58]" Lo que de ningún modo está permitido es rechazar la religión o la filosofía por los abusos que se hayan cometido en

---

56. A.N. Whitehead, *Religion in the Making* (1926), p. 39.

57. J.V. Langmead Casserley, op. cit., p. 45.

58. Urbano Ferrer, *Filosofía* (1984), p. 40.

CAPÍTULO VI. ¿Es necesario defender la fe?

nombre de ellas, pues el remedio a una mala religión o mala filosofía es una buena religión y una buena filosofía, no nada en absoluto[59]. La teología, la misión, la vida entera de la Iglesia, sufre por causa de la superficialidad e insipidez de un pensamiento que renuncia a poseerse a sí mismo. La *mediocridad consentida* es, en el mejor sentir cristiano, una herejía y un pecado imperdonable (Elton Trueblood). Es criminal para la vida plantear antítesis irreconciliables donde no existen. Nada es menos cristiano que elegir el enfrentamiento al diálogo y la reconciliación.

Como es bien sabido la Reforma en Inglaterra tomó otro camino diferente al centroeuropeo. Representa la *vida media* que, en continuidad con el pasado, concede a la razón un lugar privilegiado junto a la Biblia y la tradición. Una presentación sistemática de esta triada se debe al grupo de pensadores y profesores conocidos con el nombre de *Platónicos de Cambridge*, como Benjamin Whichcote, John Smith, Ralph Cudworth y Henry More. Según el primero "la razón es el medio divino ordinario de la vida del hombre, la mismísima voz de Dios." Es la facultad que comprende y juzga toda verdad, lo mismo la revelada que la natural. Comprende las verdades de las ciencias humanas y las verdades reveladas de la Escritura. "La presencia real de Dios en la razón humana capacita a ésta para juzgar lo que contienen de esencial las Sagradas Escrituras. Es digno de observar que este movimiento representa la primera tentativa algo seria para dotar de un contexto filosófico a la teología antipapal.[60]" La razón para ellos no quería decir lo mismo que llegó a significar después en el racionalismo. La razón tenía que ver con el sentimiento y la voluntad que, juntos, experimentan el conocimiento de Dios como amor, excelencia y belleza. La razón quedaba así transformada por la presencia íntima de Dios en el individuo creyente.

---

59. "La filosofía que opera según los supuestos cristianos, es la que logra interpretar consistentemente la totalidad de la experiencia en referencia al único principio de fe bíblica, sin subordinarla a categorías extrañas, y, por tanto, sin lugar a dudas, una filosofía verdaderamente cristiana es siempre un ideal más que un hecho consumado... La elección no consiste entre ser o no ser filósofo, sino entre ser buen o mal filósofo" (A. Richardson, *op. cit.*, p.38).

60. Albert E. Baker, *op. cit.*, p. 114.

La teología anglicana tuvo el acierto de hacerse en mayor continuidad con su pasado patrístico y medieval[61], y esto la salvó de irritantes estridencias y antítesis artificiales propias del impertinente reformador de nuevo cuño. Quizá se deba al carácter y temperamento de sus gentes que, como dice Vidler, quieren la teología como la política: moderada, rosa antes que roja; "esto-y" más que "esto-o"; no pueden aceptar con facilidad una teología "dialéctica", o cualquier otra teología que diga cosas destempladas acerca del uso de la razón. Les parece contrario al sentido común[62]. Esto explica el antagonismo radical a las teologías reformadas tales como las representadas por Karl Barth. El profesor L.J. Collins no tuvo empacho en tildar a Karl Barth de "fundamentalista" y al barthianismo de "fundamentalismo teológico.[63]" Para Charles Raven el "barthianismo" es tan desastroso para la teología como una plaga para las cosechas. Desde un punto de vista científico el Dr. W.H. Thorpe, acusaba a Barth y a Niebuhr de no saber lo que hacían, pues cortaban de raíz la posibilidad de una teología natural razonablemente fundada en lo que llamamos ciencia[64]. A la luz de críticas tan serias y radicales, el Dr. Franz Hildebrandt, hospedado en Inglaterra durante la Segunda Guerra Mundial debido a la hostilidad nazi a que se veía sometido, preguntaba extrañado por qué ser tildado, él y el grupo de Barth, de "fundamentalista", cuando era un término desconocido en el continente y aún no había encontrado ni una sola persona en toda Inglaterra que le diera una explicación satisfactoria de su significado. "No conozco su origen —escribía—. Si quiere decir que no se puede poner otro fundamento que el ya puesto, a saber, Cristo (*1ª Corintios 3:11*), y desea aplicar esto a la interpretación de la Escritura, entonces, naturalmente, yo no sentiré vergüenza alguna en llamarme *fundamentalista*.[65]" Para los amantes de la historia del pensamiento,

---

61. H. Berkhof, *Two Hundred Years of Theology* (1989), p. 82.

62. Alec R. Vidler, op. cit., p. 89.

63. L.J. Collins, *The New Testament Problem* (1937), p. 146.

64. W.H. Thorpe, *Naturaleza animal y naturaleza humana* (1976), p. 368.

65. Franz Hildebrandt *This is the Message, a Continental Reply to Charles Raven* (1944), p. 47.

CAPÍTULO VI. ¿Es necesario defender la fe?

señalar que las obras principales de Brunner, favorable a la teología natural, fueron traducidas al inglés antes que las de Barth. Hubo ingleses, quién lo duda, que recibieron el pensamiento de Barth con alborozo, como una especie de liberación, pero fueron los menos. El Dr. Stewart Lawton, por ejemplo, creía que el barthianismo había creado prácticamente la teología bíblica tal como hoy es conocida, "el estudio de la Escritura más realístico que la historia de la Iglesia haya presenciado... Viene a decir que es casi blasfemo pensar que creer en Dios o en la autoridad de su palabra necesita ser reforzada por argumentos racionales o investigaciones históricas. El primer deber del hombre es oír la palabra de Dios en su situación particular y obedecerla.[66]". Como se puede comprobar, ambos juicios tienen razón, en cuanto que unos y otros afirman dimensiones reales y posibles abiertas a la fe, en lo que se equivocan es en negar al otro la positividad de sus métodos y resultados.

Dentro de la esfera reformada ortodoxa, y en abierta oposición a la *via media* anglicana tenemos a Cornelius Van Til, que, pese a confrontar también críticamente a Barth, está en la misma línea que éste, con la única diferencia de un concepto doctrinal de la inspiración de las Escrituras distinto y una argumentación más pobre. Van Til creía que la teología reformada, tal como él la entendía, no tenía nada que ver con la teología "natural" de un Butler, toda vez que la Escritura da testimonio de sí misma, sin otra garantía de verdad que la autoridad de Dios que habla en ella[67]. En su solitaria y polémica batalla contra todo tipo de teología racional, ya protestante, ya católica, sin hacer el menor esfuerzo por descubrir aliados, antes al contrario, crearse enemigos, Van Til rechaza la labor apologética de un Alan Richardson, que desarrolló todo su trabajo en continuidad con la gran tradición que arranca de Agustín y continúa en nuestros días, y que integra las concepciones y caminos abiertos por la Reforma y la teología dialéctica actual, y que en muchos puntos coincide básicamente con Van Til, fue sin embargo echado a un lado porque el Dr. Richardson tiene —se

---

66. Stewart Lawton, *Truths that Compelled* [1968], p. 121.

67. C. Van Til, *A Christian Theory of Knowledge* (1969), p. 224.

queja Van Til— un concepto "modernista" de la Escritura[68]. Van Til nunca fue capaz de distinguir suficientemente entre la teología dogmática y la ciencia apologética. Hasta sus mejores discípulos, como John Frame, tienen que admitir la dificultad de distinguir la apologética de la teología sistemática en la posición de Van Til[69]. Este fue su talón de Aquiles y lo que convierte la lectura de su obra en un ejercicio irritante. Hay que tener muy buena voluntad y paciencia para seguirle hasta el final.

Tocante al reformador de Ginebra, Juan Calvino, no hay duda que se opuso al pensamiento de Tomás de Aquino, —¿o habría que decir, a su entendimiento de Aquino mediado por los escolásticos de su época?— y negó y rechazó como falso el concepto de "teología natural", y aún así, y al mismo tiempo, en la misma línea de continuidad de su pensamiento, afirma la realidad del conocimiento "natural" de Dios que es ofrecido como *revelación general*. Este concepto, rechazado teológicamente en nuestro siglo por H. Hoeksema[70], tiene la virtud de respetar el pensamiento bíblico en sus propios términos y representa el genio religioso de la Reforma. "Sólo si distinguimos entre revelación general y teología natural hacemos justicia al mensaje de la Escritura[71]", y al testimonio general del pensamiento cristiano a lo largo de la historia. A partir de aquí tenemos mucho trabajo por hacer en el terreno de la filosofía cristiana que estamos considerando. No por amor a la innovación, sino por sentido de responsabilidad y conciencia de un deber no siempre bien cumplido. Es un signo de esperanza que, como dice el profesor Nash, frente a la paralización de la teología sistemática, caracterizada por su inmovilismo, está surgiendo un pensamiento creativo en torno a asuntos religiosos por

---

68. C. Van Til, id. p. 299. Cf. del mismo autor su reseña de la obra de Richardson, *Apologetics*, in *The Westminster Theological Journal*, Noviembre, 1948.

69. John Frame, *Van Til: The Theologian* [1976], p. 4.

70. Herman Hoeksema, *Reformed Dogmatics*, pp. 41-42. RFPA, Grand Rapids 1985, 4ª ed.

71. C.G. Berkouwer, *General Revelation* (1955), p. 153.

CAPÍTULO VI. ¿Es necesario defender la fe?

parte de profesionales de la filosofía, que deben mover a la acción a los hombres y mujeres de la fe que creen con un mejor entendimiento[72].

Conforme al carácter y la actitud verdaderamente cristianos, los pensantes entre los mismos tienen que aprender a trazar caminos de acercamiento y maneras de entablar diálogo franco con lo mejor del pensamiento de su época y ser capaz de decir a una persona lo que Jesús dijo a un fariseo: "No estás lejos del reino de Dios" (*Marcos 12:34*). Todos, creyentes y no creyentes, compartimos un mismo mundo, estamos recorridos por las mismas inquietudes vitales, todos estamos en camino de la gloria, unos por vía de desesperación e ignorancia —que es la negación de la gloria que nos impele: la condenación—, otros por vía de conocimiento y fe. A todos por igual nos llegará la hora de la verdad. Ahora es la ahora de que nos pongamos de acuerdo sobre la misma. Hoy es el día de la salvación, el día que podemos comenzar a entender que vivimos en un mundo revelacional, porque éste es el mundo de Dios, el mundo que a tientas anhela nuestro espíritu, no mientras se va *liberando* de la cadenas de este mundo material, según creía el platonismo, sino al tiempo que va tomando conciencia de la grandeza de la infinitud de su ser y de todo cuanto es y se aferra a la vida como el valor supremo concedido por Dios.

---

72. Ronald H. Nash, artº "Philosophy of Religion" en *New 20th Century Encyclopedia of Religious Knowledge*.

VII

MUNDO HUMANO, MUNDO DIVINO

1. Un mundo revelacional

Es mérito de la gran tradición coincidir, más o menos conscientemente, en el supuesto básico de que toda verdad es verdad de Dios, por la simple razón de que el mundo que habitamos es un mundo creado por Dios, donde cada partícula proclama la existencia de su creador, de tal modo que al mundo le cuadra legítimamente el adjetivo *revelacional*; mundo que revela una razón de ser más allá de su ser, como su fondo y fundamento. Este supuesto, tomado por la fe de la revelación divina, aporta el *principio unificador* del conocimiento que durante tanto tiempo se viene buscando, pues el pensamiento tiende a unificar en un principio totalizador la disgregada masa de datos que se acumulan en la conciencia individual y colectiva. Es pretensión de la teología cristiana ofrecer un "mapa del mundo", según expresión de William Temple, en el que la experiencia humana pueda ser interpretada a la luz de un principio espiritual unificador, que conduzca a una síntesis e integración de las diferentes, cuando no opuestas, tendencias del entendimiento.

"Los cielos cuentan la gloria de Dios, y el firmamento anuncia la obra de sus manos. Un día emite palabra a otro día, y una noche a otra noche declara sabiduría. No hay lenguaje ni palabras, ni es oída su voz. Por toda la tierra salió su voz, y hasta el extremo del mundo sus palabras" (*Salmo 19:1-4*). "Lo que de Dios se conoce les es manifiesto, pues Dios se lo manifestó. Porque las cosas invisibles de él, su eterno poder y deidad, se hacen claramente visibles desde la creación del mundo, siendo entendidas por medio de las cosas hechas, de modo que no tienen excusa. Pues habiendo conocido a Dios, no le glorificaron como a Dios, ni le dieron gracias, sino que se envanecieron en sus razonamientos, y su necio corazón fue entenebrecido. Profesando ser sabios, se hicieron necios" (*Romanos 1:19-21*).

Estos son lo dos textos fundamentales que apoyan la tesis que ahora vamos a argumentar y que están en la base de todo lo hasta aquí escrito: *vivimos en un mundo revelacional*. Pensadores cristianos de distintas escuelas están de acuerdo con este presupuesto básico, pese a la diferencia de matices. Van Til, por ejemplo, que construye el edificio de su pensamiento alrededor del principio reformado *sola Escritura*, y que se opone a todo tipo de apologética o argumentación con el no creyente que admita la validez y autonomía de la razón natural, expresa sin ambigüedad su fe en el carácter revelacional del mundo en que vivimos, aunque se detenga a la hora de llevar este argumento hasta sus últimas consecuencias lógicas, al anteponerle el principio teológico del pecado como incapacidad humana total para creer y comprender. "Todas las cosas del mundo son revelacionales —escribe—; el hombre, en cuanto creación de Dios, se sabe a sí mismo referido a esta revelación de Dios.[1]" Si lo primario es el hombre en cuanto creación de Dios, el punto de partida no debería ser el pecado, sino esa creación en la que el pecado se manifiesta. El mundo es escenario del pecado, pero también del amor y de la gracia de Dios, operando a diversos niveles.

El mundo como creación, según las Escrituras, significa que el mundo, como mundo de Dios es mundo *para* el hombre, pero no simplemente mundo *del* hombre. La revelación bíblica de la creación nos enseña que el mundo no es producto del hombre, sino que le ha sido dado previamente por Dios. Tiene, pues, una profundidad, un misterio y una dignidad que el hombre de ciencia y pensamiento descubre asombrado a cada paso. Desde la creación del mundo por Dios podemos argumentar en favor de la racionalidad de la realidad, que es una vertiente de su revelacionalidad.

---

1. C. Van Til, *A Christian Theory of Knowledge* (1969), p. 224.

CAPÍTULO VII. Mundo humano, mundo divino

"Los *revelabilia* lo abarcan todo", decía Gilson[2]. "Como representantes de la fe en la creación, nosotros somos hoy los verdaderos ilustrados[3]", aquellos que descubren en la huída a la irracionalidad el peligro de sistemas basados en el interés y el poder.

Afirmar que vivimos en un mundo revelacional no significa que todo habla directa y unívocamanente de la realidad revelacional de un fundamento metafísico y divino. El mundo nos es parcialmente revelación y parcialmente ocultación. Aprehendemos la realidad de un modo más completo con cada nuevo descubrimiento, y a la vez descubrimos la dimensión real de nuestra ignorancia, de lo que queda por descubrir. Ya no nos convence el fácil consuelo de antaño nacido de la ilusión del método científico que creía cuestión de tiempo desentrañar todos los misterios del universo. Hay áreas enteras de la realidad impenetrables a nuestro entendimiento, y es posible que queden así para siempre, como una dimensión mistérica de las cosas.

En el orden moral, que nunca es ajeno al intelectivo, pues la nuestra es una lógica de toda la persona, tenemos que contar con el hecho de una conciencia distorsionada mucho antes de que nosotros tengamos nada que ver con ella. La interpretación y valoración de cuanto existe en el momento de aterrizar en la vida no la hacemos nosotros, sino que nos es dada, y a veces muy mal dada. Es el carácter malvado de este mundo, que la doctrina cristiana define como *pecado original* o de origen, anterior a nuestra puesta existencia personal e inserto en la misma. La universalidad persistente de ese pecado de origen es la responsable de esa inveterada tendencia del ser humano a rechazar la idea de un Dios que se revela y a suprimir esa verdad con la injusticia. "Se está revelando desde el cielo la reprobación de Dios contra toda impiedad e injusticia humana, la de aquellos que reprimen con injusticias la verdad" (*Romanos 1:18. Nueva Biblia Española*). Para el cristiano la tragedia más lamentable y el dolor

---

2. E. Gilson, *op. cit.*, p. 41.

3. Walter Kasper, *La fe que excede todo conocimiento* (1988), p. 86.

más grande de la vida es la ceguera que oculta el hecho central de la realidad como fundada en Dios, Dios como fundamento de todo cuanto existe. Nadie puede siquiera pensar sin el poder sustentador de Dios, pero a la vez, el ser humano puede pasarse toda la vida negando la realidad de su fundamento. "Quien ignora a Dios en su vida termina por convencerse de su inexistencia, que no hay Dios que confesar ni que negar.[4]" El pecado, según la Escritura, ha cavado una profunda sima entre Dios y el hombre, que es tanto como decir, entre el mundo de Dios y el nuestro, y aún así, los cielos declaran la gloria de Dios.

Toda persona, por el simple y tremendo hecho de vivir, está *ineludiblemente referida* a Dios, ya negativa, ya positivamente. Negativamente por el pecado y la rebelión; positivamente por la fe y la adoración. El pecado y la adoración adquieren su propio carácter gracias a su relación a la revelación. Una vez que la fe cristiana es postulada la realidad entera adquiere significado. Porque todos, creyentes y no creyentes por igual, vivimos en un mundo revelacional, todos somos capaces de reconocer toda idea verdadera como "inspirada" por Dios. Los hombres de la Grecia clásica, según Abraham Kuyper, "fueron divinamente dotados con la disposición, tendencia y talento de liberar su consciencia intelectiva del mundo fenoménico y elevarse a las alturas con alas libres.[5]" En el mismo sentido el pensamiento religioso de cualquier género se ha visto beneficiado por la revelación divina que desde la experiencia de su propio mundo, luchando con él, contra él y por él, ha ido arribando a conceptos más *espirituales* cada vez. La teología cristiana, a diferencia del judaísmo ortodoxo que reduce la actividad revelatoria de Dios a un solo y único pueblo en exclusiva, cree que el sentido moral y religioso de los gentiles prueba que Dios siempre ha tenido cuidado de ellos. "No puede haber diferencia de opinión respecto el hecho de que las religiones fundadas por personajes egregios son en muchos aspectos superiores en gran medida a las religiones tribales en las que fueron educados. Es injusto decir que esos hombres fueron mentirosos conscientes, o peor todavía, instrumentos de

---

4. D. Lamont, *Christ and the World of Thought* (1934), p. 152.

5. A. Kuyper, *Principles of Sacred Theology* (1898), p. 2.

CAPÍTULO VII. Mundo humano, mundo divino

Satán. Fueron hombres íntegros, y en la intimidad de sus espíritus lucharon con el conflicto que surgía entre la fe tribal y popular y la de sus propias *conciencias iluminadas*. Mediante la luz que se les otorgó se esforzaron en alcanzar un mejor camino hacia la verdadera felicidad.[6]" ¿Qué otra cosa se podía esperar de un mundo fundado e impelido a ser por Dios? El hombre religioso es el ser consciente de la *omnipresencia* divina que intelectiva, no espacialmente, descubre la realidad de Dios lo mismo en las profundidades del grutas marinas que en las alturas de un nido de águilas, que provoca en él el sentido de la sabiduría divina como una verdad a la que nada está oculto. La *omnisciencia* divina, dicha en términos de la teología clásica. "¿A dónde me iré de tu Espíritu? ¿Y a dónde huiré de tu presencia? Si subiere a los cielos, allí estás tú; y si en el Seol hiciere mi estrado, he aquí, allí estás tú. Si tomare las alas del alba y habitare en el extremo del mar, aun allí me guiaría tu mano, y me asirá tu diestra. Si dijere; Ciertamente las tinieblas me encubrirán; aun la noche resplandecerá alrededor de mí. Aun las tinieblas no encubren de ti, y la noche resplandece como el día; lo mismo te son las tinieblas que la luz" (*Salmo 139:7-12*). El ser humano está rodeado —cercado aunque no asediado— por una realidad creada que oblicuamente habla de Dios. La *revelación general* se genera a partir del mundo, que por eso es mundo revelacional, y no precisa ningún órgano especial de captación de la misma. No hay actividad extraordinaria de parte de Dios, pues que Dios está *con* la creación —no *en* ella de un modo panteístico— ordenándola a su fin. Si postulamos la presencia de Dios en las cosas hay que hacerlo con el rigor con que Zubiri se refirió a ella, señalando que el modo de estar Dios en las cosas es ser transcendente en ellas[7]. Para recibir la revelación general de Dios que transciende de las *cosas* —el ser humano incluido— es suficiente con dejarse interpelar por la realidad, por el mundo. Esta captación puede ser

---

6. Herman Bavinck, *Our Reasonable Faith*, pp. 53, 58.

7. "Esto es, a mi modo de ver, lo esencial de la transcendencia divina: no es ser «transcendente *a*» las cosas, sino ser «transcendente *en*» las cosas mismas... Dios no está fundamentando las cosas como una especie de espíritu subyacente a ellas; esto sería un absurdo animismo. Dios está fundamentando las cosas como un absoluto dar de sí. Fundamentar es dar de sí" (X. Zubiri, *El hombre y Dios* (1984), pp. 175, 173).

bloqueada, quedar obstruida, como ocurre con tanta frecuencia, por la *voluntad de no verdad* y la rendición de uno mismo a las condiciones de la materia, de la opacidad de la creación, del aspecto oculto de la revelación, del silencio y extrañamiento de Dios en la creación. Este es el problema de la teología apologética. En su aspecto positivo es tema de la filosofía, que es teoría del mundo, visión de la realidad en cuanto real. "El punto fundamental de toda sana filosofía es la vida misma, la vida real, la vida plena, que es pura actividad, puro hacer, en donde el sujeto y el objeto no son lo que son, sino en su correlación activa.[8]" Pues que la vida es el ámbito de Dios y de su revelación. Y es la vida el tribunal supremo en que el pensamiento tiene que dirimir sus cuentas.

Van Til[9] está en lo cierto cuando razona que si Dios ha hecho todas las cosas y si Él controla todo lo que pasa conforme a un plan, entonces el conocimiento derivado de los sentidos no es menos cierto y verdadero que el conocimiento obtenido más directamente por la propia intelección, pero es incapaz de comprender que el pensamiento griego, por ejemplo, que carece de la categoría filosófica de la creación bíblica, no por eso es incapaz de usar la razón correctamente en aquello que atañe a la realidad de este mundo, pues el carácter revelacional del mundo no depende de que el individuo sea consciente del mismo o no, sino de su sensibilidad para dejarse afectar por él. Yo puedo ignorar la circulación de la sangre por mis venas, pero eso no impide que ésta recorra todo mi cuerpo y me mantenga vivo. Si alguien afirma que ve gracias a su órgano visual, independientemente de la luz solar, no por el eso deja el Sol de alumbrarle igualmente. Es una experiencia común y universal, que la práctica suele ser mejor que la lógica.

Hecha esta aclaración estamos preparados para dar un paso más y despejar las falsas antinomias que impedían nuestro avance. Los detractores de la autonomía moderna de la razón y de las ciencias, para quienes no existe un terreno común entre cristianos y no cristianos, simplemente se están dejando llevar por construcciones artificiales de su propia

---

8. Manuel García Morente, *Breve curso de Introducción a la Metafísica* (1934), p. 21.

9. C. Van Til, *A Christian Theory of Knowledge* (1962), p. 172.

CAPÍTULO VII. Mundo humano, mundo divino

manufactura. Hacerlas pasar por interpretación fiel del mensaje bíblico es un desatino calamitoso. En realidad se trata de la creación de un nuevo mito de Prometeo en versión fundamentalista. La autonomía de la esfera humana del saber no es una usurpación de la humanidad, sino una reivindicación que les propia desde el origen de la creación y que constantemente se ve amenazada por los poderes religiosos y civiles.

Si damos un rodeo histórico, lo primero que observaremos es que no fue la *razón ilustrada* de los revolucionarios franceses, sino el propio cristianismo quien declaró la mayoría de edad del hombre, creando las condiciones que con el tiempo darían lugar a su autonomía e independencia en todos los órdenes de su existencia: académico, religioso, social y político. El cristianismo estimuló el proceso de desacralización que iba a permitir la autonomía y la diferenciación cultural[10]. Con la Reforma el germen de autonomía mediante el libre examen es un hecho del que no hay que lamentarse, antes al contrario. De nuevo la filosofía española viene en nuestro auxilio y admite que "la Reforma es, tanto o más que el Humanismo, uno de los pilares de la razón moderna. La autonomía del hombre, el acceso a su conciencia, la acción que se fía de sí y no de autoridad alguna externa es, por encima de todo, uno de los fundamentos incuestionables de la Ilustración.[11]" La cual se origina en Inglaterra en un ambiente muy religioso, donde los "platonistas" o "escuela de Cambridge" dan un paso adelante respecto a Descartes y afirman que la razón no es sólo un instrumento de investigación, sino crítico también, cuya función es guiar al hombre en sus acciones y decisiones, pues la razón es el "fuego del Señor" (Whichocote)[12]. De Inglaterra la Ilustración pasará al continente, Francia en concreto y también Alemania, aunque en menor grado.

No hay ni un solo lugar en todo el Nuevo Testamento que diga que la Iglesia ha de tutelar el progreso de las ciencias y controlar el resultado de las mismas, lo único que Jesús dijo es que el cristiano ha de ser como

---

10. Cf. Francis Oakley, *Los siglos decisivos. La experiencia medieval.* Alianza Editorial, Madrid 1980.

11. Javier Sádaba, *El País,* Madrid 1/Nov./1993.

12. Cf. Armando Plebe, *Qué es verdaderamente la Ilustración.* Doncel, Madrid 1971.

levadura dentro de la masa del mundo contribuyendo a la fermentación de ésta. Sin pretensiones de imperialismo religioso y académico la Iglesia cristiana es un signo del Reino de Dios, la sociedad cuya presencia manifiesta la influencia de la eternidad en el tiempo, el perdón en el pecado, el amor en el egoísmo. Nunca estuvo en la intención del cristianismo original dictar lo que se puede o no se puede pensar en el orden de la naturaleza, aunque personas con más celo que conocimiento cayeron en la tentación de arrogarse una autoridad que no les correspondía.

Como quedó asentado en el primer capítulo, Dios no impone su presencia en el mundo, y al crear al hombre Dios se como retira para procurarle un espacio donde éste pueda desarrollarse en toda su plenitud creada y finita; referido a Dios como su fundamento, pero a la vez autónomo en su ser y en su acción; lo que acertadamente Carlos Díaz describe como "autonomía teónoma". El hombre es una síntesis entre *autonomía* y *dependencia*. Desde la fe cristiana decimos que vivimos en un mundo al que Dios le otorgado independencia, autonomía. Dios sigue estando en relación con el mundo, pero este *estar* no es a modo de alma del mundo o espíritu mecánico que todo lo acciona. Dios quiere que los efectos procedan de sus causas y que las cosas existan ordenadas a su propio fin. Dios "ni hace violencia a la voluntad de sus criaturas, ni quita la libertad ni la contigencia de las causas secundarias, sino que más bien las establece.[13]" La utonomía del mundo, por ser creada, otorgada por quien le ha puesto en existencia, no es independencia total sino relativa, relativa al ser que lo establece. El mundo está en constante relación con Aquel en quien "el universo tiene su consistencia" (*Colosenses 1:17*). Dios es el último fundamento de todas las cosas, el fundamento del mundo, "pues en él vivimos, nos movemos y existimos" (*Hechos 17:28*). Dios como fundamento del mundo significa para nosotros que somos creaturas referidas al último fundamento y que esa referencia es el *terreno común* que nos hermana a todos los hombres, el *punto de contacto* entre unos y otros. Hay un real y propia autonomía *relativa*, una autonomía en *relación* al que la constituye, relativa a su ser y función creatural. Esto no es sino

---

13. *Confesión de Fe de Westminster* (1643), cap. III, 1.

CAPÍTULO VII. Mundo humano, mundo divino

reconocer que hasta la autonomía más absoluta en el reino de la creación y de los seres contingentes es relativa, relativa a su fundamento, a su carácter de fundamentados en la realidad. Autonomía relativa, pero nada menos que real autonomía, por autonomía *teónoma*.

2. Autonomía e independencia

Tomás de Aquino insiste que el conocimiento natural es plantado por Dios en nosotros, ya que Dios es el autor de la naturaleza humana[14]. O dicho por un autor moderno: "La luz natural de la razón, por la que el hombre conoce la naturaleza, el yo y Dios, obtiene su luz de aquello que transciende la naturaleza.[15]" La epistemología, que trata de la posibilidad del conocimiento, sus límites y condiciones, tiene en la teología cristiana un fundamento racional inconmovible referido a Dios. Conocer con garantía de verdad no es una tarea imposible toda vez que Dios mismo está en la base del conocimiento como su fuente última. Creado por Dios, al hombre se le confía contemplar el mundo como un sistema abierto, revelacional, por el que llega a conocerse a sí mismo tal cual es. Por la revelación él "se sabe en relación analógica a Dios, en su ser, en su pensamiento y en su acción.[16]" Las implicaciones filosóficas y teológicas de este planteamiento son impresionantes y llenas de posibilidades. En primer lugar, y en relación al cristiano, significa que la fe no tiene por qué sentir ningún temor a la hora de utilizar la información que le aportan las ciencias extra bíblicas para interpretar la revelación de Dios en las Escrituras. Si la creación fuera *absolutamente* autónoma, un sistema cerrado y clauso en sí mismo, como quiere el materialismo, entonces podríamos temer hacer uso de los datos extraídos del mundo, pero porque la creación no es independiente de Dios, sino que está bajo su control y le revela desde el

---

14. T. Aquinas, *Summa Contra Gentiles*, Libro I, cap. VII.

15. W.M. Urban, *Humanity and Deity* (1951), p. 38.

16. Van Til, op. cit., p. 224.

cielo en lo alto y en la conciencia en lo íntimo, el cristiano tiene que practicar una filosofía optimista y real. "El firmamento estrellado sobre mí y la ley moral dentro de mí" (Kant) son el amplio surtido del pensamiento cristiano. "Dios ha escogido revelarse no mediante la naturaleza sola o la Escritura sola, sino mediante las dos juntas en unión orgánica. Por consiguiente podemos usar cualquier tipo de datos sin temor y con agradecimiento.[17]"

Con vistas a no confundirnos en un juego de palabras y extraviarnos respecto a la realidad que tratamos de interpretar, es totalmente necesario distinguir con claridad entre *autonomía e independencia*. Por autonomía se entiende la coherencia interna del orden de la creación, dependiente y no independiente de su creador, relativa al mismo. Ni en el puro orden del mundo es el hombre totalmente independiente, por el contrario depende de muchas cosas y su libertad siempre pende de aquello que le transciende. "Dependemos de todo lo que nos rodea, sea espiritual o material. El hombre es un «dependiente» del universo. Más todavía, es dependiente junto con otras cosas creadas, y dependiente, en este sentido de un modo absoluto, de Dios, quien es el único ser real y eterno.[18]" Nos es legítimo hablar de *autonomía dependiente* para expresar con toda seriedad el respeto que nos merece toda información que provenga del mundo físico y humano como provenientes de un cosmos revelacional.

Cuando los Padres de la Iglesia hicieron uso de la filosofía pagana no lo hicieron porque le atribuyeran ningún tipo de *autonomía independiente*, que es un abstracción posterior, sino porque como cristianos pensaban en términos "sobrenaturales", para los que la razón "natural" es una luz al entendimiento porque es una razón "iluminada" por su orientación "natural" a lo divino, como Platón había dicho en su filosofía. La razón, en cuanto estructura de la realidad natural, participa de lo revelatorio creacional. La autonomía intelectual del hombre es tan legítima como la autonomía de la moción y el movimiento, hasta donde la constitución de la naturaleza humana lo permite. Lo que al pensamiento que quiere ser

---

17. John H. Frame, *Van Til: The Theologian* (1976), p. 24.

18. Herman Bavinck, *op. cit.*, p. 43.

bíblico no le está permitido es considerar la autonomía humana como una fuente de autosuficiencia e ignorancia de su ser dependiente, que resulta en ceguera y olvido de la "impotencia humana para alcanzar la felicidad" (Jonathan Edwards), destino final del ser humano que es ser para la gloria.

La gran tradición de apologética cristiana descansa, por tanto, en su inamovible convicción —fundamentalmente religiosa— de estar viviendo en un mundo abierto, revelacional, con las tremendas implicaciones que esto supone en todos los órdenes del conocimiento. "La misma creación, enseñada por la Escritura, demuestra la revelación de Dios en la naturaleza. Porque la creación misma es un acto de revelación, el comienzo y primer principio de toda revelación subsiguiente. La creación es revelación, una muy especial, absolutamente sobrenatural y maravillosa revelación.[19]" Para Agustín de Hipona, sin lugar a dudas la figura más destacada del pensamiento cristiano después de Pablo, el poder del hombre para desvelar la verdad reside o depende de la propia naturaleza humana creada a imagen y semejanza de Dios, cuya sabiduría es el fundamento del mundo inteligible y cuyos contenidos se reflejan en el alma humana. En segundo lugar, al crear así Dios al hombre, no lo dejó abandonado a sí mismo, como el relojero al reloj después de darle cuerda, sino que continuamente refleja en su alma los contenidos de su mente eterna e inmutable, que constituyen, precisamente, las verdades eternas e inmutables que rigen el mundo inteligible. El alma está, por tanto, en ininterrumpida comunión con Dios y en el cuerpo de verdades inteligibles reflejadas en su alma, ve a Dios. El nervio de esta teoría, como puede observarse, es la concepción teísta de la dependencia constante de la criatura de su creador. Aplicando esta concepción al problema del acto intelectivo, Agustín concibe el alma como activa y activada a la vez, activa porque ha sido activada. Es sólo a la luz de Dios, el Dios del alma, que el alma es iluminada para ver la luz de la verdad.

El resultado de esta concepción es que *todo conocimiento es revelación*. "Donde hallé la verdad, allí hallé a mi Dios, que es la misma verdad" (*Confesiones* VII, 10,16). Por consiguiente nuestro acto intelectivo

---
19. H. Bavinck, *id.* pp. 38, 63.

que busca conocer es representado esencialmente como una *consulta* con Dios, el acto de Dios dándonos conocimiento como la transferencia esencial de su verdad mediante su impresión en el alma. El acto mental que llamamos entendimiento es explicado por Agustín siguiendo dos vías: O por la mente o razón misma, como cuando comprendemos que el intelecto mismo existe; o en ocasión de una sugestión de los sentidos, como cuando entendemos que la materia existe. En el primero de los dos actos nos entendemos a nosotros mismos, esto es, al consultar a Dios lo concerniene a aquello que está dentro de nosotros; mientras que en el segundo acto, entendemos al consultar a Dios respecto a aquella intimación que nos es dada por el cuerpo y los sentidos. O lo que es lo mismo, el conocimiento de lo sensible y de lo inteligible es por igual dado por Dios, y en ambos casos se obtiene por referencia a sus enseñanzas.[20] En este planteamiento agustiniano es fácil discernir la huella dejada por la filosofía de Platón, lo que aquí nos conviene retener de Agustín no es tanto la formulación exacta de su epistemología, como el modo de entender que, en último análisis, *todo pensamiento verdadero se debe a Dios*. El alma es como una lámpara que resplandece con las verdades eternas: "Es una lámpara la criatura que está encendida con la participación de la luz inmutable. Ninguna criatura que usa de razón es iluminada por sí misma, sino que se enciende por la participación de la verdad eterna" (*Enarration in psalmos* 118, sermo 23:1). El espíritu se halla religado íntimamente con Dios, y un lazo de unión es la misma verdad presente en la conciencia. El descubrimiento de la relación íntima con Dios, de origen platónico, pero naturalmente emparentable con la doctrina bíblica de la imagen y semejanza divina del ser humano, que es la Verdad primera y la que otorga el sentido de misterio que pertenece al espíritu del hombre cuando se reflexiona en él. A la vez el hombre interior que lleva impresa la imagen divina tiene una oscura zona ontológica que le hace suspirar por la unión con la imagen misma. "Señor, nos habéis hecho para Vos, y nuestro corazón

---

20. En nuestra exposición del pensamiento de Agustín hemos seguido el estudio del teólogo reformado Benjamin B. Warfield (*Calvin and Augustine* (1980), p. 397 y siguientes), con vistas a mostrar la coincidencia esencial del pensamiento cristiano en sus diferentes escuelas, y la posibilidad de una apologética común, ecuménica.

anda inquieto hasta descandar en Vos" (*Confesiones 1:1*). "El hombre es un ser relativo, hecho para descansar en Dios como su fin. Relatividad que tiene en Agustín otras fórmulas: *esse a Deo, esse in Deo, esse ad Deum*. Se trata de un triple aspecto del hombre con respecto a Dios como «principio nuestro, luz nuestra, bien nuestro», o como expresa en otro lugar: «Principio nuestro, de que forman todas las cosas, e imagen suya, con que se plasman todas las cosas, y santidad suya, con que todo se ordena». Frases que aluden claramente a la Trinidad, pues cada una de las personas pone su sello en las criaturas, sello que imprime una orientación peculiar en ellas, que es como el movimiento de la imagen creada a su Ejemplar eterno.[21]"

3. Revelación: general y especial

No es exageración decir que los reformadores, gracias a su labor de profundización bíblica de las doctrinas cristianas tradicionales, redescubrieron la *pecaminosidad* del pecado, su carácter ontológico antes que "legal" o ético. El resultado fue una nueva antropología, cuya radicalidad fue confirmada después por el psicoanálisis, describiendo la complejidad del inconsciente y su instintiva depravación mantenida a raya por la consciencia vigilante y represora. La salvación, por tanto, no podía operar en el orden de la ética: "salvación por obras", sino del ser: "justificación por fe sola". "Es necesario que la sustancia o persona sea buena antes de que pueda realizar buenas obras, y que las buenas obras procedan de una buena persona. La fe no nos libra de las obras, sino de la fe en las obras" (Lutero). Por cuanto toda doctrina está interrelacionada y la parte contribuye al todo y el todo modifica la parte, los reformadores rechazaron la noción escolástica de "teología natural" en nombre de la doctrina de la "total depravación" humana, que expresa la incapacidad del hombre para alcanzar el conocimiento salvífico por sí mismo. La teología escolástica enseñaba una doctrina bastante suave de la condición humana, como si ésta fuera capaz de alcanzar el conocimiento de Dios por sus propias fuerzas. Aquello

---

21. Victorino Capanaga, *Agustín de Hipona*, p. 237. BAC, Madrid 1974.

resultaba intolerable para los hombres de la Reforma dominados por el motivo religioso de la justicia y santidad divinas, a la luz de las cuales el hombre no es sino completa corrupción y ruina espiritual. Las *Confesiones de Fe* de la época, como la Belga dicen: "Transgredió el hombre el mandamiento de vida que había recibido, y se separó de Dios, que es su vida verdadera; habiendo pervertido toda su naturaleza; por cuyo motivo se hizo culpable de la muerte física y espiritual. Y habiéndose hecho impío, perverso y corrompido en todos sus caminos, ha perdido todos sus excelentes dones que había recibido de Dios, no quedándole de esos nada más que pequeños restos, los cuales, por otra parte, son suficientes para privar al hombre de toda excusa, pues toda la luz que hay en nosotros se ha convertido en obscuridad" (artº 14). Estas afirmaciones están dirigidas contra los que piensan que pueden justificarse a sí mismos mediante sus obras. Se trata de un razonamiento teológico en el campo de la soteriología, o salvación. En el orden de la naturaleza la *Confesión* no niega, sino admite, el conocimiento de Dios derivado de la contemplación del universo entero y de la santa y divina Palabra (artº 2). No distinguir estos dos aspectos tan radicalmente diferentes ha llevado a muchos a "temer la lectura del libro de la naturaleza. Les parece bastante peligrosa.[22]" Estamos en presencia de una delicada dialéctica que es preciso diferenciar y tratar con todo respeto. El entendimiento del hombre, el uso correcto de la razón, el desvelamiento de la verdad mediante las facultades intelectuales, han quedado tremendamente condicionados y dañados por el pecado y sus efectos de encubrimiento de la verdad mediante la injusticia, pero a la vez *no hay excusa*, pues a pesar de todo lo que el hombre haga y pueda hacer en el futuro, el mundo sigue siendo el mundo de Dios y el hombre testigo de la conciencia divina, cuyos pensamientos dialogan entre sí condenando o aprobando (*Romanos 2:15*). Complementario a la doctrina sobre la *revelación especial* en las Escrituras, como única guía infalible para un intelecto caído en el orden de la salvación, se levanta la doctrina de la *revelación general* en la creación entera, que fundamenta teológicamente el carácter verídico y auténtico del saber humano. "A la

---

22. H. Kakes, *Fundamento firme. Explicación de la Confesión Belga*, p. 22. JPIR, Buenos Aires 1966.

CAPÍTULO VII. Mundo humano, mundo divino

luz de la revelación general el mundo reune un tesoro de sabiduría, esto es, de sabiduría concerniente a las cosas de esta vida terrenal. Esta sabiduría del mundo hace al mundo menos excusable, porque prueba que la humanidad no carece de dones divinos tales como la mente y la razón, la capacidad racional y moral. La sabiduría del hombre demuestra que el hombre, por causa de la oscuridad de su mente y de la dureza de su corazón, no ha usado correctamente los dones que se le han dado."[23]

En la desnuda noción escolástica de teología "natural", en contraposición a "revelada", como es generalmente entendida, los reformadores detectaron un pelagianismo capaz de llegar a la verdad por sus propias fuerzas. Es decir, un conocimiento aparte de Dios. Los reformadores se opusieron; la verdad, como la salvación, viene de Dios. El conocimiento es comunicado por Dios al hombre, que de otro modo no lo poseería, pues éste depende de Dios para vivir, pensar y querer. Al distinguir entre revelación "general" y revelación "especial" querían transmitir la idea de los dos aspectos de la única revelación divina. El primero es el más amplio e incluye el orden de la naturaleza como creación de Dios. Es revelación porque contiene un significado cuyo origen último es Dios. "De este modo la teología hace justicia no sólo a la Escritura sino también a la psicología y a la historia. Hay revelación de Dios en todas sus obras, no sólo en la naturaleza como tal, sino especialmente en el hombre. Ciertamente el hombre constituye en sí mismo el objeto más importante de la naturaleza revelante de Dios. Más aún, del reino total de la naturaleza (tanto en el interior como en el exterior de él), el hombre recibe impresiones y percepciones que, previas a toda argumentación y discusión, imbuyen la conciencia con la idea del Ser más alto. Es Dios mismo quien no permite que ningún hombre quede sin testimonio."[24] "El hombre, correcta y completamente estudiado, es para sí mismo una revelación del ser de Dios. El mundo externo es, en algunos sentidos importantes, una

---

23. H. Bavinck, *op. cit.*, p. 60.

24. H. Bavinck, *The Doctrine of God* (1977), p. 59.

revelación, profundamente relacionada con esa otra revelación transmitida por medio del ser humano.[25]"

Alan Richardson hizo ver que la concepción reformada de la revelación en la que hay que distinguir un aspecto general y otro especial, tiene la no desdeñable ventaja, respecto a la teoría tradicional de conocimiento revelado y natural, de señalar directamente la fuente de todo conocimiento como radicado de un modo u otro en Dios. Es un dato importante que el pensador cristiano no debe olvidar, en cuanto provee las bases de un conocimiento genuino de Dios extraído de las distitntas expresiones de la experiencias humana: el arte, la música, la arquitectura, la poesía, la pintura, la reflexión filosófica, la investigación científica, la experiencia religiosa.

En la teoría tradicional, o tomista, hay una expecie de doble fuente de verdad. Por una parte, el conocimiento revelado de Dios sólo nos alcanza mediante la graciosa actividad de la auto-manifestación divina, y es únicamente en el acto divino de la revelación que nos es posible adquirir el conocimiento de la voluntad de Dios de venir en nuestra ayuda a salvarnos. Por otra, el conocimiento natural de Dios es esencialmente una actividad de la razón humana, que es capaz de descubrir sin ayuda una buena parte de la verdad de Dios, pero no el conocimiento de nuestra salvación por Dios. Por contra, según la concepción de la revelación como general y especial, se afirma que todo nuestro conocimiento de Dios es resultado de la divina auto-revelación; ciertamente deberíamos decir más bien que el conocimiento de la verdad, de cualquier tipo que sea, es el resultado de la actividad graciosa y revelante del Dios verdadero. No hay tal cosa como un conocimiento "natural" o "sin ayuda" de Dios de la verdad; la hipótesis de revelación general y especial nos compele a reconocer con san Agustín que el conocimiento humano ha de adscribirse a la iluminación de Dios: "Solamente por el resplandor del Sol de la Verdad el alma humana es iluminada para ver la luz. La existencia de una parte racional en el ser humano, que existe independientemente de Dios o de la fe, es la ilusión perenne de todas las formas de racionalismo. La teoría que relaciona nuestro conocimiento de verdad a Dios como Autor y Fuente de la verdad,

---

25. H.C.G. Moule, *Bosquejos de doctrina cristiana*, p. 18. CLIE, Terrasa 1984 (original 1889).

CAPÍTULO VII. Mundo humano, mundo divino

está ineludiblemente vinculada a la profunda convicción cristiana de lo sagrado de la verdad como tal, convicción que dio nacimiento al espíritu de la ciencia moderna, y por el que se mantiene, sin el cual la ciencia, propiamente llamada, perece como pereció en las universidades nazificadas del *Reich* Hitler.[26]"

Como en otros muchos asuntos la Reforma protestante fue una reacción agustiniana que, comenzando por las doctrinas de la gracia, terminó por la teoría del conocimiento. Con una salvedad, que mientras las primeras recibieron toda la atención por parte de sus sucesores, no hubo quien continuase la labor segunda, lo que iba a resultar tan fatal al movimiento cristiano reformado. Los reformadores fueron innovadores en pensamiento, pero a sus seguidores les afectó el mal del discípulo que en lugar de ver cómo superar al maestro se dedica a hacer exégesis del mismo. Los hijos de la Reforma redujeron su actividad a la interpretación del texto bíblico tal cual venía dado en el texto de los escritos reformistas. Estamos de lleno en la escolástica reformada. Sólo después, y penosamente, logrará el pensamiento cristiano abrirse camino en medio de tantas montañas de estéril ortodoxia.

La distinción de la revelación entre general y especial hunde sus raíces en Agustín y, por tanto, es más antigua que la división escolástica entre conocimiento de Dios "natural" y "revelado". Con Agustín todo conocimiento reposa últimamente en la revelación. Para él el problema no fue cómo suplantar el conocimiento estrictamente natural por el estrictamente sobrenatural, sino cómo restaurar para el hombre el poder de adquirir ese conocimiento que llamamos natural, y que se encuentra distorsionado por el pecado, de modo que la revelación general de Dios pueda reflejarse con pureza en mentes cuyo estado actual es de opacidad a su reflexión por causa del pecado. Con vistas a este fin, la revelación especial se adapta a las necesidades de un intelecto aquejado por el pecado. La intervención de Dios mediante un acto de revelación especial encaja armoniosamente en el esquema general de la posibilidad del conocimiento de Dios mediante la revelación general. La idea es que el hombre, al ser

---

26. A. Richardson, *Christian Apologetics* (1945), pp. 120-121.

pecado e incapaz de beneficiarse de la revelación general es auxiliado por la intervención creativa de Dios mediante la gracia de la revelación especial. La revelación especial le capacita para levantarse después de haberle frotado los ojos y despertado de su sueño, la gracia que acompaña la revelación, o la revelación de la gracia le hace ver la Luz en la Luz. La revelación especial entregada por Dios a los profetas y los apóstoles, se halla incorporada en las Escrituras y es vivificada constantemente por el Espíritu en aquellos que la reciben por fe, de modo que quedan sanadas sus dolencias y superadas sus limitacionesde[27].

4. A la verdad por la humildad

Cuando falta la reflexión que el pensamiento cristiano exige, y la fe reclama, su lugar es ocupado por una actitud impertinente madre de todas las herejías y de las polémicas sin cuento. El genio de la mediocridad se manifiesta en el desprecio de la reconciliación; es desintegrador por naturaleza. El pensamiento busca reconciliación, la ligereza arma pelea. El cristiano es un caballero que ha aprendido a ser amable. Así está escrito desde el principio en el pórtico de entrada que da a la verdad: "Que todo el mundo note lo comprensivos que sois" (*Filipenses 5:5. Nueva Biblia Española*). No es una regla de cortesía o urbanidad, una astucia o fingimiento interesado, se trata nada más y nada menos que de una dimensión ontológica de la persona cristiana, de su nuevo ser en Cristo. "El cristiano que ve todo a la luz de la Palabra de Dios es cualquier cosa menos una persona de miras estrechas. Es generosa en su corazón y en su mente.[28]" El problema es que hay demasiada teología sectaria que pasa por teología cristiana. La teología cristiana es universal en su alcance y ecuménica en su método, integradora en su objetivo. Ecuménica en un sentido amplio: religiosa o irreligiosamente hablando. Cuando uno tiene por transfondo el amplio campo de la revelación general como una de sus

---

27. B.B. Warfield, *Studies in Tertulian and Augustine* (1930), p. 222 y siguientes.

28. H. Bavinck, *Our Reasonable Faith*, p. 37.

CAPÍTULO VII. Mundo humano, mundo divino

fuentes teológicas puede permitirse ser generoso y ser capaz de leer en la búsqueda de la verdad y del sentido de la vida que ocupa el intelecto de muchas personas el impacto reflejo de Dios sobre ellas, aunque no hayan aprendido a llamarle por su nombre propio. El pensador cristiano debe ser rápido en percibir cualquier aspiración a la verdad y decir: "Eso que veneráis sin conocerlo, os lo anuncio yo" (*Hechos 17:23*).

La humildad es un alto esfuerzo de universal receptividad, de total comprensión (Leonardo Coimbra). La humildad es la base metafísica del respeto a la experiencia de los demás; interrogativa conversación de los seres entre sí; reconocimiento de un interior en cada ser; fundamento del sentimiento social. La humildad es esa actitud religiosa que abre en el alma humana una cósmica voluntad de unión, es la fuente de la ciencia y del arte. Ser humilde es tener la luz de los ojos para las cegueras que nos rodean, lumbre para los que el vendaval desarropó, pan para las bocas con hambre; es tener la puerta abierta a los vagabundos del misterio. Ser humilde es escuchar atento las palabras que dicen otras almas. La humildad fue la que permitió el descubrimiento de las almas. No se sabía que, en todo hombre, existe una realidad fuera de todo precio, porque el precio es lo particular y el alma es lo concreto universal. Sólo la humildad podía hacer que cada alma dirigiese a otra, abierta en solicitud interrogativa; sin ella sólo puede cada alma despreciar a las otras, porque a ellas se dirige con lo que es sólo *suyo* a afirmar e imponer. Ser humilde es vivir la vida delante de Dios, en plena y total comunicación con lo que existe[29]. La humildad es resultado de la fe.

La fe que se toma en serio su creencia en Dios como creador y fundamento último de lo real tiene que encarar honestamente las visiones del mundo que se le oponen con vistas a descubrir en ellas esa parte de verdad que contienen en sus afirmaciones. Esto quiere decir que hasta el pensamiento anticristiano puede contribuir positivamente al proceso dialéctico que conduce el pensamiento cristiano a profundizar más y más en el significado e implicaciones infinitas de su propia "fe sin fondo.[30]"

---

29. Leonardo Coimbra, *La alegría, el dolor y la gracia* (1921), pp. 241-246.

30. J.V. Langmead Casserly, *The Retreat From Christianity* (1952), p. 41.

Consideremos, por ejemplo, el método que el obispo anglicano H.C.G. Moule utiliza en su breve repaso del politeísmo, panteísmo y ateísmo. No cierra ninguno de estos apartados con una condenación o autocomplaciente refutación, sino que a cada sistema reconoce la verdad de sus afirmaciones, como exigencias vitales a las que no se ha prestado la suficiente atención[31]. El pensamiento religioso y filosófico, cristalizado en prácticas religiosas y sistemas filosóficos, representan el esfuerzo del hombre por responder al enigma del universo que le interpela desde dentro. En este sentido las diversas concepciones de lo sagrado son una respuesta "revelacional" a la actividad de Dios en el mundo físico y humano. El hombre comparte con la materia la "tensión hacia la plenitud", el "ser en posibilidad", el "no-ser-aún", según lo definió magistralmente el filósofo marxista Ernst Bloch en su *Principio de la esperanza*. Esa tensión que el hombre padece es tensión divina, en cuanto Dios es causa fundante e *impelente*, por lo que "la vida es desde su inicio apetencia y realización de forma: crece, se extiende, se completa, se une «según su forma»"[32], que es forma divina. Pero no vamos a argumentar esto ahora, remitimos a los capítulos anteriores. Lo que conviene señalar es la posibilidad de descubrir vestigios de la verdad en los lugares más insospechados cuando aplicamos consecuentemente el *Principio de la revelación general*. Por eso ha sido común en la mentalidad cristiana tradicional afirmar que la gracia no anula la naturaleza sino que la restaura, pues la naturaleza en sí misma está adscrita a Dios, "es asequible a lo divino" (Hegel). La gracia ayuda al hombre a tomar conciencia de su identidad originaria con Dios, "que tiene sus raíces en él, pero solamente eso: sus raíces. El hombre vive en Dios solamente en su verdad, pero no en su inmediatividad. Dejamos a un lado el panteísmo que olvida el movimiento de la reconciliación, por el que el hombre debe llegar a sí mismo mediante el Espíritu.[33]"

Muchos cristianos no tiene lugar en su pequeño apartamento para las concepciones honestas de la "incredulidad" y la crítica bien merecida de

---

31. H.C.G. Moule, *op. cit.*, pp. 26-29.

32. María Zambrano, *Notas de un método*, p. 32.

33. G.W.F. Hegel, *Lecciones sobre la historia de la filosofía*, vol. III (1977), p. 77.

CAPÍTULO VII. Mundo humano, mundo divino

la fe, y permiten que la verdad dé a luz en algún desértico pesebre del mundo. Se reconozca o no algunas forma de pensamiento anticristiano son, paradójicamente, una bendición enviada por el cielo, y se dirigen contra ese tipo de arrogancia triunfalista o despectiva de algunos sistemas teológicos que rechazan como necedades las profundas cuestiones suscitadas por el mundo y silencian por la fuerza de la amenaza todo sano ejercicio de autocrítica. El pensador cristiano, y en concreto el apologista o filósofo de la fe, siempre debe estar dispuesto a aceptar la crítica legítima de su fe y la aportación que contribuya a un mayor esclarecimiento de la verdad[34]. "La fe es el reconocimiento humilde de que la verdad de la palabra de Dios reside fuera de nosotros, y se hace nuestra solamente cuando tomamos la cruz y seguimos a Cristo en manso discipulado. La fe no nos arma con certezas axiomáticas, sino que es un proceso de asegurar la verdad en cuanto volvemos una y otra vez a las fuentes de la vida y del sentido: la Palabra de Dios.[35]" El dogmatismo es un soplo fatal para la expansión de la fe cristiana, que termina por volverse contra sí mismo. "El dogmatismo eclesiástico que proscribe la crítica legítima de la razón y de la conciencia, prepara el camino para un escepticismo dirigido no solamente contra sus jueces, sino también contra el testimonio general de la religión referente a la realidad suprasensible.[36]"

A veces el teólogo, olvidando tomar nota de su llamamiento cristiano, tiene de sí un concepto más alto del que debe tener, contrario a la palabra dicha: "En virtud del don que he recibido, aviso a cada uno de vosotros, sea quien sea, que no se tenga en más de lo que hay que tenerse, sino que se tenga en lo que debe tenerse, según el cupo de fe que Dios haya repartido a cada uno" (*Romanos 12:3, NBE*). Fruto agrio del olvido de este principio es la arrogancia del que habla cuando debería permanecer callado. Muchos

---

34. "La razón de defender el cristianismo no es para eludir el comportamiento reprochable. Hay un lugar para que los cristianos confiesen las cosas que han hecho mal en el nombre de Cristo" (Peter C. Moore, *Disarming the Secular Gods* (1989), p. 15).

35. D.G. Bloesch, *A Theology of Word & and Spirit* (1992), p. 23. "La verdadera ortodoxia es la disposición a hacerse vulnerables por causa del Evangelio" (p. 24)."

36. A.E. Garvie, *The Christian Faith* (1936), p. 55.

conflictos entre la filosofía y la teología surgen cuando uno invade incorrectamente el terreno del otro, sin tener en cuenta la formulación provisional y mejorable de toda verdad, incluso de la verdad divina conceptuada por la actividad humana. El teólogo es un intérprete de la Palabra de Dios, no su dueño y señor. La conceptualización teológica de las verdades contenidas en la Biblia son interpretaciones humanas *selectivas* de las verdades reveladas, no son conocimiento directamente revelado, en cuanto no son inspiradas por el Espíritu, entendiendo *inspiradas* en el sentido original y primario de la palabra; el intérprete es, o debe estar, *inspirado* no inmediata, sino mediatamente en virtud de su conocimiento y comprensión de las Escrituras, iluminada por la fe y la experiencia[37]. En el proceso de interpretación puede ocurrir que alguien proclame como verdad divina revelada lo que es sólo una concepción humana errónea de la verdad divina. "En el curso de la historia las ciencias naturales y la filosofía han tenido mucha razón en quejarse de los entrometimientos de la teología en sus esferas, como la teología tiene que quejarse de la intrusión de aquéllas en la suya. Por tanto, ambas fuentes de error tienen que ser vigiladas constantemente, sin conceder terreno a la opinión que considera signo especial de convicción cristiana ignorar el conocimiento filosófico y científico, o que es un detalle especial de exactitud científica ignorar la verdad cristiana. Todos deberíamos recordar el dicho del apóstol: «¿Quién conoce a fondo la manera de ser el hombre si no es el espíritu del hombre que está dentro de él?» (*1ª Corintios 2:11*). «Pues lo mismo: la manera de ser de Dios nadie la conoce si no es el Espíritu de Dios. Y nosotros hemos recibido el Espíritu que viene de Dios» (v. 12), en la medida que hemos percibido la verdad y confirmado ésta en su Palabra. Los grandes maestros de la Iglesia se dejaron guiar por este principio y nosotros haríamos bien

---

[37]. Este es uno de los principales escollos de la hermenéutica protestante, que no siempre ha prestado atención a los avisos amistosos que le han dirigido. Hegel en su día trató de hacer comprender que es imposible explicar el sentido original de un texto sin poner nosotros un sentido previo. "Hace falta tener una cultura muy rudimentaria para no descubrir el fraude que se oculta en este modo de proceder. Explicar sin poner en la explicación un espíritu propio, como si se tratara simplemente de descubrir el sentido contenido en la letra, es algo sencillamente imposible" (Hegel, *op. cit.*, p. 85). No leemos inmediatamente el sentido de un texto, sino que "creamos" nuevos sentidos conforme a nuestras preferencias o educación. Muchos se comportan como si creyeran en el "dogma de la inmaculada percepción" (Kaplan).

CAPÍTULO VII. Mundo humano, mundo divino

en seguir su ejemplo, sin creer que esto nos exonera de nuestra responsabilidad.[38]"

Qué duda cabe que siempre habrá esferas de contención y conflictos inevitables entre la fe y la razón pese a la buena voluntad de ambas partes. No todos tenemos el mismo espíritu ni la misma capacidad de simpatía y comprensión. El significado de las palabras usadas no es unívoco, sino que se halla sometido a la ambigüedad y la polisemia que los años y la experiencia depositan en ellas. Lo que se dice y lo que se sobreentiende, lo que se afirma y lo que se calla, no aparece ante todos con la misma claridad. Si a ello sumamos los gustos personales, las preferencias, y la determinabilidad de nuestra persona, entonces llegar a un acuerdo parece más que imposible, una utopía. No tanto. Desde la perspectiva cristiana, una vez que se han asentado las bases de la revelación general que comprende a todos por el hecho de ser quienes son —*iconos de la deidad*—, y vivir donde viven —un mundo revelacional por creado—, no está permitido realizar fugas nihilistas ni escépticas, por más tentadoras que puedan ser. ¿Qué es lo que nos resta? Simplemente renovar nuestra fe en el primer artículo de nuestro Credo —*Creo en Dios Padre, creador del cielo y de la tierra*—. "Sólo hay un Dios, creador de lo visible e invisible: revelación especial y revelación general, verdad ya aprehendida y todavía por aprender; todo esto viene de Él y en Él deben encontrar su reconciliación y su unidad. Es en la unidad de Dios en la que ponemos nuestra confianza. La prueba de una fe robusta en Dios es nuestra disposición a tolerar por un tiempo la presión y el estrés resultantes de la incapacidad de reconciliar en nuestro entendimiento contradicciones manifiestas.[39]" A veces es recomendable, como aconsejaba el Dr. Oliver Buswell, poner en el congelador nuestras ideas más tiernas y contradictorias en espera del momento que recibamos más luz sobre las mismas[40]. En todo ello no hay envuelto sino un espíritu de humildad profunda y reverente por la verdad. Así ha sido siempre con los espíritus más robustos y creativos.

---

38. Emil Brunner, *Man in Revolt* (1939), p. 70.

39. L. Hodgson, *Towards a Christian Philosophy* (1943), p. 68.

40. J. Oliver Buswell, *Teología sistemática*, vol. I: Dios y su revelación. Logoi, Miami 1979.

5. Subjetividad y sociedad del ser

La realidad del universo es tan vasta y la vida tan corta y tan limitada, que es imposible para un individuo aprehender la complejidad de los problemas que surgen delante de él. Un problema es lo que se nos interpone obstaculizando el paso, y como nuestros pasos, tanto como nuestros días, están contados, sólo podemos dar solución, si la damos, a un número contado de problemas. A lo que hay que añadir la descorazonadora *provisionalidad* de todos nuestros conocimientos. A lo más que podemos aspirar es a una certeza histórica, momentánea, que no significa falsa ni errónea, simplemente *superable*. Un escéptico diría que no hay verdades absolutas, solo aprehensiones subjetivas, es decir, relativas. Relativas a la persona y a la situación. Lo cierto es que no están muy lejos de la verdad. Pero hay un modo positivo de encarar el problema, a lo torero, agarrando el toro por los cuernos. No hay nada fatalista ni condenable en el *subjetivismo* cuando se entiene correctamente como la determinación de la persona y de la verdad manifestada en la individualidad. Es más, el subjetivismo reclama sus derechos después de haber estado tanto tiempo recluido en el manicomio de los visionarios. El sabio es consciente, como decía José Gaos, que no sólo cada filósofo tiene su filosofía, sino que va haciéndola a lo largo de su vida, si no es que a lo largo de ésta tiene diversas filosofías, o cada filosofía es en conjunto no sólo *subjetiva*, sino *momentánea*, por intersubjetiva e intermomentánea[41"], lo cual es un avance respecto a la dictadura de los sistemas filosóficos de antaño tenidos por verdades eternas e inamovibles, que entendían la naturaleza de un modo rigurosamente estático, mecanicista y matemático, como la física de Aristóteles y la ética demostrada según el orden geométrico de Espinoza.

Según la fe cristiana el *fundamento de la filosofía* consiste en que la conciencia de la verdad, la conciencia del espíritu en y para sí, despierte en el hombre mismo y en que el hombre sienta la necesidad de ser copartícipe de esta verdad. La vida cristiana consiste en subjetividad. Apela al individuo como lo más concreto y verdadero del mundo. Lo que ocurre

---

41. José Gaos, *De la filosofía* (1962), p. 455.

CAPÍTULO VII. Mundo humano, mundo divino

es que en este punto la filosofía griega jugó un papel negativo en la comprensión positiva de la subjetividad y habrá que esperar al siglo XVI, a la Reforma, para recuperar el valor y la importancia del individuo en todos los niveles de la realidad[42], y que precisamente por eso el movimiento reaccionario antirreformista le acusó de individualismo, como si con ello pudiera anular la importancia del descubrimiento. En la Reforma se efectuó el giro corpenicano que para Kant será hacer del sujeto transcendental el soporte y la trama de lo real. "Antes del siglo XVI la zona de lo verdadero se encontraba en un punto que la subjetividad y la objetividad se cruzaban. Con Lutero cambia la perspectiva: todo está en el interior, y la realidad y el valor son las emanaciones de una subjetividad constituyente; el cimiento del universo está en el corazón del hombre o, mejor aún, no es sino el soplo de esta interioridad. A partir de Lutero no puede ya hablarse de realidad constituida, sino tan sólo de sujeto constituyente. Y es que el reformador aspira a la aparición de un «hombre nuevo», sólo posible en medio de una reconversión total.[43]" Es asombroso notar el planteamiento tan *moderno* y el cambio tan radical operado en el siglo XVI, que habrá de esperar al XX para ser entendido en todas sus consecuencias. Con la nueva física cuántica la metafísica que sobre ella opera —todo nuevo descubrimiento científico ha obligado a la filosofía a hacer reajustes— se ha visto obligada a buscar un nuevo paradigma filosófico. Según la nueva física el observador interviene en el campo de su observación y lo modifica. La *forma* particular que elegimos para observar la realidad cuántica determina en parte aquello que nosotros vemos[44]. "En la física cuántica lo investigado ya no es la propia naturaleza, sino la investigación humana de la naturaleza. Al término de la investigación física el hombre se enfrenta solamente consigo mismo.[45]" Ahora tenemos que tener en cuenta que

---

42. Cf., mi *Historia, fe y Dios*. CLIE, Terrasa 1995.

43. Manuel Ballestero, *La revolución del espíritu. Tres pensamientos de libertad* (1970), pp. 62-63. Ballestero, téngase en cuenta, no es un filósofo creyente sino marxista.

44. Danah Zohar, La conciencia cuántica (1990), p. 55.

45. Ludwig von Bertalanffy, *Robots, hombres y mentes* (1974), p. 128.

percibir una cosa real no es simplemente reflejarla como en un espejo. No podemos acercarnos a la verdad o a la realidad de las cosas como a objetos mecánicos —según el paradigma de la antigua ciencia— susceptibles de reproducción pieza a pieza, sino que al aproximarnos a la realidad creamos una "interacción entre cognoscente y cognoscendo, cuya verdad depende de una gran variedad de factores biológicos, psicológicos, culturales y lingüísticos.[46]" Pero esta es una cuestión que se sale de nuestros límites.

Hegel, buen luterano, interpretó la Reforma como el momento que permite a la filosofía la primera ruptura del hombre con la exterioridad al salir o entrar en su conciencia. Este paso representa que el hombre —individuo-persona— recobra aquí lo que es suyo: su libertad subjetiva. Es algo de una importancia extraordinaria, infinita. "Ahora el principio de la subjetividad se convierte en momento esencial de la religión misma; con ella cobra su reconocimiento absoluto y aparece concebido, en conjunto, bajo la única forma en que puede ser considerado como momento esencial de la religión. Adorar a Dios en el espíritu: estas palabras han sido cumplidas, por fin. Ahora bien, el espíritu sólo existe allí donde se cumple la condición de la libre espiritualidad del sujeto. La necesidad sentida era la de que el hombre tuviese, en su interior, la certeza de su redención, de su salvación; la relación entre el espíritu subjetivo y lo absoluto, la forma de la subjetividad como anhelo, como conversión. Este nuevo principio se proclama como lo más importante de todo.[47]" La verdad es la subjetividad en cuanto aprehensión individual de la objetividad que trasciende al individuo. Esta es la base teórica de la verdad como perspectiva que consideraremos más tarde.

En el mundo objetivo vemos que todo está *orgánicamente interrelacionado* entre sí, de modo que estamos viviendo en un mundo vitalmente unido en su conjunto y por todas sus partes. Esto, que fue dicho a finales del siglo pasado por el teólogo reformado Abraham Kuyper, no halló su justificación científica sino hasta la primera mitad de nuestro

---

46. L. von Bertalanffy, *Perspectivas en la teoría general de sistemas* (1979), p. 153.

47. G.W.F. Hegel, *op. cit.*, pp. 192-199.

CAPÍTULO VII. Mundo humano, mundo divino

siglo, y no sin resistencias y negaciones, como podemos observar en la lucha mantenida por Ludwig von Bertalanffy, padre la *teoría general de sistemas* y pionero de la filosofía "perspectivista" desde el campo de la ciencia. El objetivo de la teoría general de sistemas tenía por meta llegar a una teoría general de la totalidad, esto es, de sistemas enteros en los que interaccionan muchas variables y cuya organización produce fuertes interacciones. Como en aquella época la "ortodoxia" científica estaba representada por el *mecanicismo*, teoría que explica la vida a base de eventos y leyes fisicoquímicos, Bertalanffy propuso una teoría opuesta, mucho antes del surgimiento de la biología molecular, a saber la *teoría organísmica*, que le valió la crítica y la oposición de sus colegas. El objetivo y el término de la teoría general de los sistemas fueron presentados por primera vez por Bertalanffy después de la Segunda Guerra Mundial, pero mucho antes la teología reformada venía explorando esa misma teoría de *organicismo relacional*. Dicho en términos de Kuyper: "Nada existe sin relaciones y que estas relaciones nunca son accidentales, sino siempre orgánicas.[48]" En el terreno de la antropología filosófica, Ortega venía insistiendo que "el dato radical e insofisticable no es mi existencia, sino mi coexistencia con el mundo.[49]" El ser del hombre en el mundo consiste en "con-ser", ser conjuntamente con todo lo demás, cosas y personas. Con mi yo, en primer lugar y como punto de referencia, y con las cosas de que mi yo toma noticia y en las que se halla inmerso. *Nuestro ser es sociedad y sistema de relaciones*. "El yo no existe aislado, es una sociedad donde se presentan no sólo los otros *yos*, sino todas las realidades, desde el mundo físico hasta las más altas afirmaciones del mundo moral.[50]" Si no hubiera relación orgánica entre nuestro exterior y nuestro yo, la conciencia incluida, la relación objetiva sería imposible. Pero esta relación orgánica entre nuestra persona y el objeto de nuestro conocimiento es mucho más necesario en orden a adquirir un conocimiento científico de las cosas y de

---

48. Abraham Kuyper, *Principles of Sacred Theology* (1898), caps. I y II. En este apartado seguiremos el pensamiento de Kuyper, citando con libertad.

49. José Ortega y Gasset, *¿Qué es filosofía?* (1929), lección IX.

50. Leonardo Coimbra, *op. cit.*, p. 214.

los objetos que nos rodean. La identidad de nuestra conciencia intelectiva con el mundo de relaciones tiene que ser enfatizada hasta el punto de que esas relaciones carecerían de realidad de no ser por un Sujeto original, a saber, Dios, que las ha pensado fundándolas y dejando que este producto de su pensamiento gobierne el cosmos por completo. La ciencia del universo sólo es posible para nosotros en el supuesto de que en nuestro intelecto se ha instalado el germen lógico de un mundo racional, el cual, cuando se desarrolla correctamente, cubrirá por entero el mundo lógico del pensamiento localizado en el cosmos[51]. En la búsqueda de la verdad, en el sentimiento estético, en la prosecución de la justicia, el hombre descubre que no es extraño sino familiar a la naturaleza. La naturaleza afirma y confirma su ideal. Hay correspondencia y sociedad entre la naturaleza y el hombre. La mente subjetiva del hombre encuentra justificado reconocer en la naturaleza una mente objetiva. La realidad es mejor interpretada por el pensamiento, por la razón teórica, estética y práctica que por la irracionalidad y el absurdo. De aquí extrae su fuerza el *argumento ontológico* de la existencia de Dios. La realidad se corresponde al pensamiento racio-personal[52]. El cristianismo es puro racionalismo consecuente. La vida tiene una realidad cósmica, total, porque es un absoluto puesto por Dios, que en sociedad con todo lo que le rodea avanza hacia el punto de convergencia donde todas las relaciones se relacionan últimamente con su relación, a saber, Dios.

Puesto que el objeto no produce el sujeto, ni el sujeto el objeto, el poder que liga los dos orgánicamente unidos tiene que buscarse necesariamente fuera de cada uno de ellos. Por más que especulemos y escudriñemos, no hay ninguna explicación suficiente y aceptable a nuestro sentido de esta admirable correspondencia y afinidad entre el objeto y el sujeto, en la que descansa la ciencia como única posibilidad de desarrollo en su investigación. La respuesta viene de la mano de la Revelación que el

---

51. Abraham Kuyper, *Principles of Sacred Theology*, cap. I.

52. A.E. Garvie, *op. cit.*, pp. 39-40.

CAPÍTULO VII. Mundo humano, mundo divino

autor del cosmos creó al hombre en el cosmos como el microcosmos[53] de su "imagen y semejanza."

La fatalidad que ha sobrevenido en la existencia es que esta relación orgánica que mantiene todas las partes juntas ha sido alterada como consecuencia del *pecado*. Si no hubiera pecado, ni ninguna de sus consecuencias, la subjetividad de A sería meramente una variación de la subjetividad de B. En virtud de la afinidad orgánica entre los dos, la subjetividad de ambos no sería mutuamente antagonista, y el sentido de una cuadraría y confirmaría armoniosamente el sentido de la otra. Lo que una vez existió orgánicamente compenetrado, ahora existe como extraño entre sí, y este extrañamiento del objeto de nuestro conocimiento es el gran obstáculo puesto en el camino de nuestro conocimiento hacia ese objeto. La Escritura nos enseña a mirar el poder del pecado como la causa fatal del error y la falsedad, y lo que es todavía peor, *la mentira*, el *principio profano* del que surge la caricatura de todas las cosas. La paternidad de este principio se adscribe a Satanás (*Juan 7:44*), pues no hay en el mundo poder capaz de explicarlo. Mentir no es errar, ni un dominio temporal de la no-verdad, sino un poder que afecta injuriosamente la consciencia y el intelecto del hombre, que no solamente pone en sus manos la fantasía en lugar de la realidad y la ficción en lugar de la historia, sino que intencionadamente produce en la mente una representación de las cosas existentes que proscribe la realidad, con la declarada intención de extrañarnos de la misma. Aquí, y no en la economía ni en la finitud, hay que situar *el sentido de alienación,* de extrañamiento, que todos padecemos.

---

53. La consideración del hombre como mundo en miniatura es tan antigua como la filosofía. Ya Demócrito de Abdera decía que el hombre es un microcosmo o «pequeño mundo». Lo mismo que Platón, Aristóteles, los estoicos y los neoplatónicos. Esta doctrina llegó a la Edad por Media a través de Boecio, por un lado, y de los comentaristas bíblicos, por otro: Filón, Orígenes, Gregorio Niseno, Nemesio de Emesa, Gregorio Magno, Isidoro de Sevilla, Juan Escoto Erígena, Almano, Remy de Auxerre, Pedro Damiano, Godofredo de san Víctor, Alberto Magno, Buenaventura y Tomás de Aquino. En la tradición cristiana el concepto "microcosmos" significa el hombre no solamente como resumen y reflejo del mundo creado, sino también como imagen de Dios, según la expresión de *Génesis 1:27*.

En semejante estado de cosas lo que está en juego es el interés por *la verdad*. Se trata de una verdadera guerra ideológica, un conflicto que no puede solucionarse únicamente con la corrección de errores en la representación, ni siquiera en combatir los prejuicios que dañan la verdad, o rectificar las inexactitudes que la velan; sino que la voluntad de verdad milita contra un poder —voluntad de no-verdad— que siempre en formas cada vez más complejas enredan la consciencia humana en aquello que es falso, y ganan para su bando nuevos elementos de la mentira, cuya enfermedad principal es la ceguera respecto a la realidad. Cuando Cristo dice que Él es la verdad, está afirmando una realidad de profundo significado; dice sólo Él es capaz de resistir y sustraerse absolutamente al dominio de la mentira.

Lo grave de esta antítesis entre falsedad y verdad consiste en esto: que cada hombre, cada subjetividad intelectiva, afirma la verdad para él y aplica el epíteto de "no cierto" a todo lo que se opone a su punto de vista. Es el perspectivismo mal entendido, afectado por el poder de la mentira, que es voluntad de no verdad. En el principio de la Revelación se describe a Satanás como haciendo pasar a Dios por mentiroso y enemigo del hombre y a él como representante de la verdad y de los intereses humanos; descripción que cuadra con todos los falsos mesías y dictadores que han sido desde entonces, pero el texto bíblico cala más profundo. Nos enfrentamos a una antítesis que cobra una dimensión universal y radical en su naturaleza: un hermano se enfrenta a otro, nación contra nación, escuela contra escuela, sistema contra sistema, filosofía contra filosofía, iglesia contra iglesia. Dos representaciones completamente diferentes y exclusivas del objeto universal de conocimiento —cada una en relación orgánica con la otra— dominando en general la serie total de subjetividades.

Si alguno objeta que la ciencia empírica ha clarificado un amplio sector de representaciones falaces, decimos que esto concierne solamente a las formas en las que la mentira permanece oculta por un tiempo, pero que esa misma mentira, y por tanto la misma antítesis contra la verdad, está destinada a levantar su cabeza en nuevas formas y con poder indestructible. Todo tipo de ideas, que durante siglos se han dado por muertas, tienen la capacidad de resucitar en un momento dado, como podemos ver en nuestra época, tocante a esoterismos y supersticiones de antaño. En lo que se

CAPÍTULO VII. Mundo humano, mundo divino

refiere a principios y al impulso de esas ocultas antítesis, no hay nada nuevo bajo el sol. Quien conoce la historia y a sus propios paisanos observa pasmado que concepciones del mundo y de la vida hace tiempo olvidados se pasean por la calle y se publican en la prensa. Las viejas y nuevas filosofías, las antiguas y modernas herejías, son tan semejantes como dos gotas de agua. "Aquellos que somos teólogos —escribe Hodgson— estamos suficientemente familiarizados con el oscurantismo disfrazado de sabiduría de los últimos días.[54]"

En conexión con el hecho del pecado, del que nace la antítesis entre la verdad y la falsedad, ocurre que mientras unos reconocen el mismo hecho del pecado, otros lo niegan o le restan importancia. Lo que para uno es absolutamente normal para el otro es completamente anormal. Estas diferentes actitudes también hay que atribuirlas al fenómeno del pecado en principio. Establecen para cada uno un modelo cognoscitivo diferente. Mientras cada modelo se empeña en seguir su camino, la *ciencia* de cada cual tiene que ser por necesidad diferente del resto, con ello la unidad de la ciencia se destruye. A nadie se le puede obligar a aceptar lo que para él es mentira, aunque sea verdad para otro. Así las cosas volvemos a considerar la posibilidad lógica del escepticismo como única salida decente a este marasmo de confusiones e incompatibilidades. Se elimina la objetividad del conocimiento humano para salvar la verdad de la subjetividad. Pero no tiene por qué ser así. De hecho, el movimiento de la historia es una elocuente protesta contra esta cirugía de amputación. Por más a menudo que el escepticismo haya levantado la cabeza, nunca ha sido capaz de mantenerla erguida durante mucho tiempo. Con un infatigable poder de voluntad la humanidad pensante siempre ha comenzado de nuevo la búsqueda de la verdad, el conocimiento objetivo[55].

La explicación de este impulso-de-verdad reside en que contra el principio de pecado está el principio del amor, la simpatía de la existencia, que se abre camino incluso en la situación actual de existencia amenazada

---

54. L. Hodgson, *op. cit.*, p. 79.

55. Abraham Kuyper, *Principles of Sacred Theology*, cap. II.

FILOSOFÍA Y CRISTIANISMO

por el pecado. Allí donde la simpatía hace acto de presencia el entendimiento comienza a funcionar más y mejor que cuando está ausente. Un amigo de los niños comprende al niño y la vida infantil. Un amigo de los animales entiende al animal y la vida animal. Sin esta inclinación y este deseo amoroso (la filosofía es *amor* a la sabiduría) por el objeto de estudio es imposible salvar el abismo que lo separa del sujeto de conocimiento.

No en balde Jesucristo hizo consistir toda la Ley en un solo precepto: amar. Amar a Dios, poniendo toda la persona en ello, y al prójimo como a uno mismo. El amor es el principio de la sabiduría. Paradójicamente, el principio más subjetivo de todos, conduce más directamente al conocimiento objetivo. El amor es principio de verdad cuando no es cegado por *intereses personales*, prejuicios en el peor sentido de la palabra. El amor, en sí mismo, también se halla sometido al principio de pecado que todo lo falsea —egoísmo—. Esto viene a decir que el conocimiento verdadero comienza con la regeneración, la renovación del corazón y la limpieza de la conciencia. La fe, como punto de inserción entre el antes y el después del pecado, es de un valor epistemológico incalculable, no en virtud de ningún poder oculto, sino en su capacidad de renovar el amor y la simpatía de la existencia, el con-ser, que es sociedad con todo lo creado. "Toda apologética seria tiene que insistir como un punto de partida necesario en el avivamiento y conversión del alma.[56]" Pues la verdad del Evangelio, la verdad de la doctrina cristiana, sólo existe en la verdadera actitud que ante ella se adopte.

El filósofo español José Gaos nos hizo ver que la filosofía no es ejecutada al modo de un ejercicio de frío academicismo. Como he señalado en tantos lugares y desde distintos ángulos, la filosofía, como la teología y otras disciplinas del espíritu, son actividades humanas, llevan la marca del tipo de hombre que las ha desarrollado. Por eso la inteligencia es siempre sentiente y emotiva. Lo inteligido por el saber humano no es semejante al análisis de un cuerpo muerto —que es una parcela de ese saber—, sino una peculiar manera de sentir la realidad envolviéndose en ella. Según Gaos las tres emociones radicales del hombre filósofo son: *el amor*, que

---

56. A. Sabatier, *Outlines of a Philosophy of Religion* (1897), p. 36.

asciende hasta el concepto de Dios; *el odio*, que tiende a anularlo todo y crea el concepto límite de la nada, y *la soberbia*, que en el filósofo se identifica con la omniscencia divina o con el sujeto trascendental. La emocionalidad humana está escindida antitéticamente entre el amor y el odio, el bien y el mal. Las antinomias de la razón pura, según Gaos, responden a "contradicciones del corazón humano[57]", por eso no creemos descabellado llamar a la conversión, a la fe como un modo legítimo, y el más verdadero, de conocer. El *Credo ut Intelligam* de Anselmo.

6. Verdad como verdad en perspectiva

Intrínsecamente relacionado con el carácter orgánico del cosmos y del hombre en él, así como la relación orgánica entre el sujeto y el objeto, tenemos la concepción de la *perspectiva* como el camino cierto que conduce a la verdad integral. Comúnmente el perspectivismo se asocia al *relativismo*, nada pueda estar más lejos de la verdad. El relativismo es un *defecto* de perspectiva. Su error consiste en suponer que la realidad tiene por sí misma, e independientemente del punto de vista que sobre ella se tome, una fisonomía propia. "La sola perspectiva falsa es esa que pretende ser la única.[58]"

La metodología perspectivista, entre otras cosas, procura expresar teóricamente la simpatía de la existencia, en cuanto se fundamenta sólidamente en la comunidad de relaciones orgánicas en que consiste el vivir humano. Como el pecado mediante la antipatía egoísta busca destruir la comunión social de la creación, la *consistencia* de la misma, exigiendo para su punto de vista validez universal, el pensamiento perspectivo es una clase de amor que busca comunión con otros puntos de vistas en orden a integrarlos en una *comunidad* superior. La antipatía sigue la *lógica de Caín*, "¿qué tengo yo que ver con mi hermano?" La simpatía que respeta las relaciones y tiene en cuenta las diversas perspectivas recorre

---

57. José Gaos, *op. cit.*, p. 455.

58. José Ortega y Gasset, *El tema de nuestro tiempo* (1923), p. 103.

la senda de la fe, la *lógica del organismo*, "aunque diferentes todos formamos parte de un mismo cuerpo."

El perspectivismo positivo hizo su entrada triunfal en la filosofía a raíz del cambio de marcha de la ciencia mecanicista, primero con la teoría de la relatividad de Einstein[59] y más tarde con la física cuántica y el principio de relación de Heisenberg, que describe el influjo recíproco de la observación y lo observado en microfísica. Se trata de un cambio revolucionario, de un nuevo paradigma epistemológica: "en pocas palabras, remplazar la filosofía absolutista por una filosofía de la perspectiva.[60]"

El perspectivismo teológico encuentra su fórmula más acertada en la parte del Credo que confiesa: "Creo en la comunión de los santos." Lo que de pronto significa es el rechazo más categórico del individualismo estéril, que constantemente está proclamando la invención de la rueda. No hay argumentación más impertinente que aquella que procede a golpes de antagonismos. Como quien dice: "La posición que yo mantengo no debe confundirse con esta ni con la otra, en lugar de ello denominaré a mi posición tal cual no es aquella." No hay nada malo en tener ideas propias y defenderlas. De hecho todos las tenemos y actuamos en consecuencia. Lo que hay que comprender es que nuestras opiniones, y la validez de las mismas, tienen el valor relativo a su posición en el universo. No son *relativas*, en sentido peyorativo, sino irremplazables en virtud del espacio único que ocupamos en el mundo. Cada persona es una pieza vital del mundo, una pieza que nadie puede cambiar ni anular sin sufrir pérdida, pero una pieza vinculada a las demás por un complejo laberinto de relaciones. "Yo soy un centro perspectivo, si como centro perspectivo, dejo de existir, mi mundo llega a su final. Mundo y perspectiva se mantienen o caen juntos. Mucha gente dirá, con buena lógica, que el mundo permanecerá ahí una vez que yo me haya ido. Pero nadie puede afirmar

---

59. "La teoría de Einstein es una maravillosa justificación de la multiplicidad armónica de todos los puntos de vista. Amplíese esta idea a lo moral y a lo estético, y se tendrá una nueva manera de sentir la historia y la vida" (Ortega y Gasset, *El sentido histórico de la teoría de Einstein*, 1923).

60. L. von Bertalanffy, *Robots, hombres y mentes* (1974), p. 128.

razonablemente que *mi* mundo estará ahí sin mi.⁶¹" La teoría del punto de vista reclama la doctrina de la comunión de los *santos*.

Dios ha querido que cada cual ocupe un lugar irrepetible en el espacio. Es la maravilla de la personalidad. Esto significa que mi mundo es un mundo de significados que ningún otro puede poseer sino en comunión conmigo, poniéndose en mi lugar. Lo valioso de la persona es su perspectiva. "Las cosas tienen contextos, sólo las personas tienen perspectivas.⁶²" *La perspectiva es uno de los componentes de la realidad humana* (Ortega). Lejos de ser su deformación, es su organización. *Cada vida es un punto de vista sobre el universo*. "En rigor, lo que ella ve no lo puede ver otra. Cada individuo —persona, pueblo, época— es un órgano insustituible para la conquista e la verdad.⁶³" Por eso el amor tiene que entrar a formar parte del juego intelectivo, para alcanzar las ideas de los demás que sólo se abren por vía simpática.

Desde otro punto de vista, y coincidiendo con Ortega, Karl Jaspers se refirió a la verdad como la *apertura de un horizonte* que abarca todos los demás puntos de vista y aspectos y perspectivas y opiniones; horizonte que apunta a lo que, por encima de los puntos de vista limitados y de las posiciones afirmadas, indica a éstos su lugar dentro del todo. Jaspers quisiera alcanzar con su mirada lo concreto y lo universal como aquello en que le va la vida. "Llevar a cabo, dentro de la situación de nuestra existencia fáctica, el esclarecimiento —que lleva a lo infinito— de lo Circunvalante, y abrazar la misión de realizar nuestra posible existencia.⁶⁴" No sería oportunismo ni locura ensayar al Dios cristiano como el *Circunvalante*⁶⁵, el que todo lo sustenta en un abrazo amoroso. Correlato del pensar perspectivo es la inseparabalilidad del hombre y sus ideas. El hombre no

---

61. Daniel Lamont, *op. cit,*, p. 38.

62. Philip Wheelwright, *Metáfora y realidad* (1979), p. 15.

63. J. Ortega y Gasset, *El tema de nuestro tiempo*, p. 102.

64. Citado por Richard Wisser, *Responsabilidad y cambio social* (1970), p. 25.

65. Fernando Vela prefiere el término *Envolvente* a *Circunvalante*.

puede ser puesto entre paréntesis en el filosofar, pues es inseparable de sus ideas filósoficas. Cómo luchó Unamuno por hacer triunfar esta verdad en nuestro suelo.

El método perspectivo procura evitar el espíritu de desintegración que, agazapado en el interior de la persona, acecha y aguarda el momento de abalanzarse sobre supuestas o reales diferencias y anomalías, y pone en su lugar la simpatía de la existencia, el respeto a las relaciones. Pese a todas las contradicciones existentes en el mundo del pensamiento todavía se puede intentar con jovialidad incorporar en una unidad dinámica las intuiciones de verdad que se aprecian por doquier. La filosofía que tiene la fe cristiana por norte es un movimiento energético que intenta interpretar la realidad a la luz del último fundamento del ser y del sentido, a saber, Dios.

Vivimos en un mundo de continuidad y discontinuidad, en el sentido de estar *orgánicamente relacionados* unos a otros y a todo el universo. Esto por una parte, por otra estamos *existencialmente separados* unos de otros y del mundo por causa del pecado y el daño producido en nuestra conciencia. No experimentamos a los demás como prójimos sino como enemigos. El mundo nos es hostil, frío y extraño. Nos sentimos alienados en él. Es nuestra casa y a la vez nuestra cárcel. Desde otro punto de vista, y sin necesidad de recurrir al pecado, el conocimiento humano siempre será limitado en virtud de su condición *creatural*. De Dios podemos decir que es ubicuo, esto es, que está en todas partes al mismo tiempo. En razón de su ubiquedad Dios tiene una perspectiva global, "una visión sinóptica", al decir de Donald G. Bloesch. La totalidad de la realidad, pasada, presente y futura, le pertenece en una simple visión, y así será siempre. Dios es Dios y el hombre nunca se convierte en Dios, ni siquiera después del día que Dios será todo en todos (*1ª Corintios 15:28*). Hay una real diferencia cualitativa y no meramente cuantitativa entre Dios y el hombre, el Infinito y la finitud.

El verdadero perspectivismo aprecia de corazón toda perspectiva correcta, mediante la cual corrige y enriquece la suya propia y le ayuda a dar un paso más en pro de una perspectiva de valor más universal, menos

CAPÍTULO VII. Mundo humano, mundo divino

provinciana. No se trata de reducir las múltiples perspectivas a un nivel común, sino al contrario, comenzando por uno mismo, estar alerta a la imperfección propia, preparado a apreciar sinceramente la labor y el esfuerzo de otros, dispuesto a asimilarse a sus resultados verdaderos. Para el cristiano esto significa que la virtud de la simpatía ha de ligarse a la virtud de la humildad.

El prerrequisito imprescindible del método perspectivo es una profunda reverencia por la mente y el intelecto del otro, en cuanto *capaz de ver y sentir* cosas que nos son inalcanzables por el tiempo y el espacio que nos separan a unos de otros. Necesitamos las perspectivas de otros, tanto como ellos necesitan las nuestras en orden a complementarse y corregirse. Si tenemos en cuenta la implicación para el pensamiento de la teoría de la relatividad, como el Dr.Lamont la vio, el *mundo* es una x, una cantidad desconocida, la de mi mundo, y por tanto mi perspectiva, es un aspecto o valor perspectivo, como el mundo de otro es un aspecto diferente y así con todo el mundo que ha sido o será. "Es obvio que esta cantidad desconocida tiene que ser dimensionalmente más rica que mi mundo o el de los demás.[66]" La teoría perspectiva muestra que cada persona *tiene su propio* mundo, esto es, todo lo que va desde sus imágenes mentales al lugar que ocupa como individuo, como *ego* o *unidad de centro perspectivo,* constituye su contribución individual a la perspectiva general. *Cada individuo es un punto de vista esencial.* Por consiguiente, cada perspectiva particular debe ser tenida en cuenta con toda seriedad. La perspectiva de un sujeto concreto es valiosa en cuanto revela al resto una visión de la realidad que sería incapaz de concebir de no haber sido por él. "Nada real se puede agotar. Todas las ideas, teorías, interpretaciones, aún siendo verdaderas, dejan fuera una enorme porción de la realidad, que va más allá de todas ellas.[67]"

En teología esto significa la fundamentación antropológica de la subjetividad como un aspecto y momento de la verdad que es imposible ignorar sin perjuicio para la teología misma. Para la ética del trabajo

---

66. D. Lamont, *op. cit.*, p. 40.

67. Julián Marías, *Cervantes clave española* (1990), p. 7.

teológico quiere decir apertura al otro en el espíritu cristiano del amor y la simpatía. La crítica y la controversia no tiene por qué verse como un mal a evitar, sino todo lo contrario. El debate teológico se transforma, rectamente llevado, en una genuina colaboración emprendida en nombre de una gran causa. Cada persona que interviene en el debate tendría que aceptar sinceramente agradecido las ideas y opiniones que difieren y contradicen, consciente de la relatividad y penuria de su propia mente. Sería un flaco servicio a la verdad aceptar pasiva y románticamente todos los puntos de vista que acceden a nuestro campo de conocimiento. Todos los puntos de vista son susceptibles de corrección. Al hacerlo así la mente "se alza sobre todos ellos, y con ellos mismos, se eleva a la concepción de la verdad eterna.[68]" Cuando la realidad es enfocada desde distintas posiciones y con diferentes instrumentos, hay menos posibilidad de perder lo que se hubiera perdido de faltar la pluralidad de colaboradores[69]. "Los grandes pensadores son aquellos que nunca son capaces de quitarse una cierta incomodidad mental concerniente al lado de la verdad que su pensamiento sistemático es tentado a ignorar.[70]"

Por otra parte, es necesario que el pensador cristiano en especial, y el filósofo en general, sienta en lo más profundo de su ser una reverencia insobornable por la vastedad y santidad de la verdad, esa realidad que nos agota sin que nunca sea agotada por nosotros. "Es imposible, como dice al apóstol Pablo, que el hombre natural conozca las cosas del Espíritu de Dios, pero hasta para el hombre espiritual conocer es conocer en su totalidad o *entereza*. La verdad es demasiado vasta para ser abarcada por una mente particular. Lo que cada uno de nosotros captamos no es sino un fragmento; y como la ecuación personal significa que las limitaciones impuestas a nuestra visión espiritual nos afectan de diversos modos, es poco probable que mi fragmento de verdad y el fragmento de verdad de mi vecino lleguen a coincidir nunca con exactitud. Esto me obliga a tomar buena nota de lo que otro dice ver, a menos que no me importe perder

---

68. George Santayana, *Diálogos en el limbo* (1960), p. 74.

69. C.J. Cadoux, *op. cit.*, p. 4.

70. L. Hodgson, *op. cit.* p. 42.

CAPÍTULO VII. Mundo humano, mundo divino

una porción que de otro modo podría ser mía. Lo mismo tiene validez para el otro. Aun así, una complementación absoluta estará siempre más allá de nuestro alcance en esta vida, porque las cosas profundas de Dios no pueden medirse completamente por la sonda de la mente humana.[71]"

Decir que el hombre es el *centro* de *su* mundo no es, en modo alguno, una concesión al punto de vista humanístico que afirma que el hombre es la medida[72] de todas las cosas. En todo momento damos por supuesto que Dios es el *centro* del mundo, el fondo y el fundamento de todo ser. Por tanto, esta proposición cierra la puerta al intento humano de destronar a Dios de su radical centralidad *circunvalante* o *envolvente*. El hombre no puede ser el centro del mundo en cuanto pequeña partícula del mismo, pero sí rey sobre *su* mundo. Para salvar *su* mundo tiene que reconocer que el fundamento último del mundo no está en él sino en su *fondo*.

En el orden del conocimiento la incapacidad de comprender a otros reside en una falta moral. Una tara existencial manca de los dos brazos, amor y simpatía, únicos que pueden abrazar sin tergiversar otros puntos de vista. Bastante a menudo el *yo* que *disiente* del *tú* que enfrenta, no entiende el *tú* de que difiere porque *no siente* con él y por él el más mínimo afecto. Con tal de mantener el *yo como sujeto* de conocimiento libre de subjetividades arbitrarias, es necesario emparentarlo simpática y cordialmente con el *objeto* de su desacuerdo, aquel *sujeto* —todo sujeto— que es una especie de terminal de acciones y reacciones nerviosas y emocionales. Al hombre no le gusta verse sometido, ni física ni intelectualmente, por eso es necesario entablar con él relaciones de cordialidad en interés de una verdad que no es de uno ni de otro porque

---

71. C.J. Cadoux, *op. cit.*, p. 3.

72. Cuando Protágoras formuló esta tesis: "El hombre es la medida de todas las cosas" (*pantôn métron ánthropos*), no quería decir que es el hombre es la medida del universo, pues la única medida de todo es Dios (Platón), sino que el hombre es capaz de poseer con su cuerpo, como cuando se dice que los trajes hay que hacerlos a medida, ¿a medida de qué? Del cuerpo. Lo que en términos filosóficos significa que el hombre no tiene que adaptarse a las cosas materiales, sino todo lo contrario: debe adaptar las cosas materiales a lo que él tiene de material, es decir, su cuerpo. Es lo mismo que respecto a la Ley mosaica dirá Jesucristo con motivo de la observancia del Sábado: el Sábado está hecho para el hombre, no el hombre para el Sábado.

es de todos. La objetividad es el resultado de una subjetividad que incorpora en sí tantas otras subjetividades como le es posible. La fotografía completa de un gran edificio requiere la toma de muchas fotografías separadas tomadas desde diferentes ángulos y alturas, por delante y por detrás. La realidad es demasiado grande para ser abarcada de un vistazo. Aquí encuentra su justificación la especialización de la ciencias y el trabajo de investigación académica como ejercicio vital e ineludible del espíritu humano en su contribución a la complejidad de la vida desde el terreno acotado de su campo. El trabajo erudito no es un lujo superfluo, innecesario, mera pedantería, es el poder de salvar a un pueblo y a una comunidad de la ignorancia, el sectarismo, la intransigencia y la parcialidad, abriendo delante de ellos un mundo rico en posibilidades. La investigación cuidadosa de las fuentes, la crítica de los presupuestos, el discurso racional, la evaluación de los resultados, todo ello y mucho más, son importantes áreas de santificación para el cristiano. Si un día fue necesario decir que Dios anda entre los pucheros o entre el yunque y el martillo del herrero, hoy es necesario decir con igual fuerza y convicción que Dios anda en la academia y entre los libros, en el microscopio y en el telescopio. El cristiano se santifica tanto en la exploración de la realidad de las cosas que le rodean como en la adoración a Dios en la comunión de sus hermanos.

La teología no es labor *erudita* en sí misma, sino *profética*, en cuanto significa dejarse interpelar por la Palabra de Dios desde la situación en que el teólogo se encuentra. Debe aplicarse a la erudición y tener en cuenta cada nuevo descubrimiento de la ciencia y aportación filosófica, pero no se apresurará a correr detrás de la última moda o de la filosofía más reciente. De hacerlo dejaría de ser profeta para convertirse en probeta de ensayos humanos[73]. El pensador cristiano no puede aspirar a ser un estudioso altamente especializado, al contrario, lo suyo es la *síntesis cultural*. La fe no se cuida del detalle sino de la síntesis. Un teólogo

---

73. "Algunos teólogos son demasido ingenuos y están dispuestos a adherirse al pensamiento de última moda. La comprensión teísta pierde credibilidad cuando cambia con cualquier alteración pasajera en el modo de pensar. Los teólogos no deberían tener excesiva prisa en adoptar formas nuevas de pensamiento, ni estar demasiado dispuestos a ignorarlas" (David A. Pailin, *El carácter antropológico de la teología* (1995), p. 308).

CAPÍTULO VII. Mundo humano, mundo divino

puntilloso es una triste y pedante versión del sabio cristiano. En un mundo altamente especializado el cristiano se interesa por todo, hasta el límite de sus fuerzas y posibilidades. Tiene que poseer un omnívoro apetito por los hechos, en cuanto son hechos que acontecen; y un interés insaciable por las cosas, en cuanto existen con él y él con ellas. Aquí debe encontrar su inspiración y su fortaleza. No es una adaptación a los tiempos modernos, es el corolario lógico y natural de su creencia en este mundo como el mundo de Dios, el mundo que revela a Dios. Por su fe en Dios el cristiano es un verdadero humanista, cuya doctrina central sobre la encarnación del Logos le recuerda que Dios, al hacerse hombre, ha constituido al hombre en la medida de todas las cosas. En éste sentido, y sólo en éste, la teología es verdadera antropología. No en que el hombre se proyecta a sí mismo en la idea de Dios, sino que Dios proyectando su luz sobre el hombre le descubre el misterio de su ser y la razón de su destino. El cristiano ama la vida profundamente. "El tema de su teología es la vida, y la vida tiene que ser vivida y gozada mucho antes de ser interpretada teológicamente.[74]" Lo que necesita el cristiano es compenetrarse plenamente del espíritu de Jesús, y así compenetrado tener por religión un profundo respeto a la vida. Sólo así glorifica a Dios, autor de la vida, y sirve a su prójimo en la manera más alta que se pueda imaginar.

---

74. L. Casserley, *op. cit.*, p. 78.

VIII

LA DIALÉCTICA DE LA PERSONALIDAD

1. En busca de un terreno común

Por *terreno común* se entiende en apologética un áera de entendimiento a nivel humano, un *punto de contacto* entre la fe y la no fe, el lugar donde la creencia y la incredulidad pueden hablar y entenderse, aquello que comparten el cristianismo y las otras religiones. Este terreno común sería la base del diálogo y del entendimiento entre unos y otros. La fe no cae del cielo en una mente vacía, la fe es la respuesta humana a la salvación de Dios proclamada en el Evangelio. Una persona, cualquier persona, no es una *tabula rasa*, sino un complejo de temores e ilusiones que inciden poderosamente en la reacción al mensaje cristiano. Es, además, una persona que se ha formado a sí misma en una determinada dirección; también se puede decir que se ha dejado formar por la sociedad entorno con una participación personal más bien pasiva, sea, pero lo que importa señalar es que los individuos se caracterizan por una forma de ser adquirida y forjada que no están dispuestos a modificar a la primera de cambio, a gusto del predicador de turno. "Cada cual defiende su personalidad, y sólo acepta un cambio en su modo de pensar o sentir en cuanto este cambio pueda entrar en la unidad de su espíritu y engarzar en la continuidad de él; en cuanto ese cambio pueda armonizarse e integrarse con todo el resto de su modo de ser, pensar y sentir, y pueda a la vez enlazarse a sus recuerdos. Ni a un hombre, ni a un pueblo —que es, en cierto sentido, un hombre también— se le puede exigir un cambio que rompa la unidad y la continuidad de su persona. Se le puede cambiar mucho, hasta por completo casi; pero dentro de una continuidad.¹" La tarea de la apologética cristiana es dar con ese punto de continuidad a modo de terreno común desde el que se pueda producir el cambio, la transformación radical que solicita el Evangelio. Es principio cristiano que la gracia no *anula* la naturaleza sino que la perfecciona. Fue dicho por la teología escolástica y también por la evangélica. "Dios ha hecho al hombre lo que es como personalidad, y el ejercicio libre y completo de la personalidad humana no es anulado por la gracia, sino realizado en la salvación.²"

Los pensadores pertenecientes a la tradición reformada negarán uno tras otro, con diferentes grados de convicción, la existencia de semejante terreno común, o tierra de nadie por ser de todos, que consideran un error teológico y una tentación humanística al negar, supuestamente, la tremenda sima que separa al Dios santo del hombre pecador. No hay continuidad entre Dios y el hombre, no hay terreno común, se argumenta, si partimos del hecho de la rebelión de la criatura contra su Creador, del injusto contra el Justo. Un país en estado de rebeldía no conoce territorios comunes, campos neutrales. Unos están en guerra contra otros y sólo la victoria o el sometimiento puede traer paz y proporcionar la base adecuada para pensar en un suelo común. Allí donde hay rebeldía sólo cabe la guerra, no el acuerdo. En esta concepción de la relación Dios-hombre, fe-razón, amor-odio, se encuentra implicado todo un sistema de doctrinas paralelas que requieren una atención cuidadosa.

Van Til, siguiendo a Herman Dooyeweerd[3], cree que la causa de todos los males que afectan al mundo moderno reside en el principio de *autonomía* humana, expresión de la infinita soberbia del ser finito en guerra contra su Creador. Van Til, como tuvimos ocasión de ver, cree en la doctrina reformada de la revelación general, en cuanto expresión natural

---

1. Miguel de Unamuno, *Del sentimiento trágico de la vida* (1913), 33.

2. A.E. Garvie, *The Christian Faith* (1936), p. 74. En versión original de Tomás de Aquino: "La gracia no destruye la naturaleza, sino que la perfecciona" (*Gratia non tollit naturam, sed perficit*).

3. Doyeweerd (1894-1977) fue profesor de Filosofía del Derecho en la Universidad Libre de Amsterdam (Holanda). Con su cuñado Dirk Hendrik Theodoor Vollenhoven fundó un movimiento filosófico cristiano internacional de carácter reformado. Cf. mi *Diccionairo ilustrado de autores evangélicos* (CLIE 1997). La misma editorial prepara la edición de sus obras en castellano.

CAPÍTULO VIII. La dialéctica de la personalidad

de un mundo cuyo fundamento es Dios, pero no saca las conclusiones lógicas para la fe que de ello se derivan. Para él el ser humano está ciego al carácter revelacional del mundo, lo que imposibilita la existencia o justificación racional de un terreno común, de un área de entendimiento entre la fe y la no fe, el cristiano y el no cristiano[4]. A pesar de negación tan categórica, Van Til se ve forzado a admitir la existencia de un *terreno común* en el mismo corazón de la vida humana y de la fe cristiana. Nadie puede negar que cristianos y no cristianos por igual comparten una misma humanidad, viven un mismo mundo, cuando se les pincha sangran y cuando tienen hambre comen. Por la Revelación sabemos que todos los seres humanos están delante de Dios como en su ser, en virtud de lo cual todos los habitantes de la tierra tienen un conocimiento de Dios, del que habla la experiencia universal de la religión, sin entrar ahora en la valoración de la misma, ni su carácter de prueba. Este punto que señala la comunión universal de todos los hombres en la vida como la realidad radical es de la mayor importancia para la apologética cristiana, incluida la de Van Til. "Por sí solo ofrece el punto de contacto con la mente y el corazón del hombre natural[5]", escribe en cierto lugar, y lo confirma en otro: "Con Calvino observo que el punto de contacto para la presentación del Evangelio a los no cristianos reside en el hecho de que son creados a imagen y semejanza de Dios y como tales poseen un inerradicable sentido interior de la divinidad. Su propia consciencia es inherente y exclusiva revelación de Dios para ellos.[6]" Es importante asentar esta doctrina y mostrar, de paso, la fecundidad de nuestro método que voluntaria y conscientemente renuncia a la polémica y al enfrentamiento inutil, fieles al principio integrativo de la caridad o el amor, por el que descubrimos un Val Til que saca de él lo mejor de él mismo; lejos de expulsarlo de nuestra comunión,

---

4. C. Van Til, *A Christian Theory of Knowledge* (1969), p. 21: "The doctrine of general revelation and of common grace must not be taken as justifying a *neutral* area between the non-Christian and the Christian." Un terreno común a la fe y la razón no tiene por qué ser *neutral*, basta que sea accesible a la razón y abierto a la experiencia.

5. *Id.* p. 45.

6. *Id.* p. 292.

sufriendo así la pérdida de su inestimable punto de vista, lo descubrimos como nuestro más fiel aliado en aquello que positivamente afirma. Es triste pensar que se pierden muchos amigos por no saber escucharlos. Da rabia saber que las antipatías personales o las conveniencias de un momento pesen más a la hora de valorar un escritor que su obra misma, y le hundan o ensalcen para siempre, como si no nos fuera la vida en cada vida que eliminamos. "Es obvio —aclara Van Til— que en mi replica a Oliver Buswell, escrita en 1955, que *nunca negué que hubiera un terreno común de conocimiento entre el creyente y el no creyente. Siempre* he afirmado la clase de terreno común del que habla la Escritura, especialmente Romanos 1 y 2 y la *Institución* de Calvino. Creado a imagen de Dios el ser humano no puede evitar el conocimiento de Dios. Es de esta revelación *al* hombre en la «naturaleza» y en su propia constitución humana de la que Pablo habla en Romanos.[7]"

¿Dónde está, pues, el problema? No lo hay si se comprende bien el carácter dialéctico de la enseñanza total de la Escritura. El hombre es imagen de Dios, pero es a la vez deshecho, desfiguración de esa imagen. La conciencia de Dios permanece en él como *motivo religioso* que guía todas sus empresas, sagradas o seculares, científicas o místicas, pero como motivo religioso *idolátrico*, por medio del cual el hombre se proyecta en todo lo que hace y piensa para recibir impropiamente la gloria que es propia de Dios. El pecado es la *concentración religiosa* en lo finito. Se manifiesta en el esfuerzo por interpretarse a sí mismo y su mundo aparte de Dios, cuando según el concepto bíblico, el hombre sólo se entiende en relación a Dios. El hombre, de acuerdo al orden de la creación está destinado a reflejar la imagen de Dios. "Una imagen no puede ser algo en sí misma. Esto es por lo que el conocimiento del hombre de sí mismo depende del conocimiento de Dios.[8]" Al excluir a Dios de la autocomprensión humana, el hombre se condena a la ignorancia, se priva de la comunicación de la realidad como su fondo y fundamento. "Su falta

---

7. *Id.* p. 301.

8. Herman Dooyeweerd, *La secularización de la ciencia*, p. 8. STJC, México 1991.

CAPÍTULO VIII. La dialéctica de la personalidad

no es la de tener una sublime aspiración —la gloria—: es la de no imponerse los medios necesarios.[9]"

1.1. El hombre, excesivo por excelencia

En el orden de la existencia se da un terreno común que hermana a toda la humanidad: la experiencia del mundo como extrañamiento, la sensación de caída y vértigo, un horizonte que rehuye nuestro acercamiento, como cuando de niños queríamos correr tras el Sol para verlo caer en el barranco. Somos el único ser cuyo ser es vivido problemáticamente. Más que la coronación de un proceso evolutivo parecemos un aborto de la naturaleza que no encuentra su *habitat* en el mundo que le rodea. Nuestro ser es no estar conformes con la naturaleza, sino sobrepasándola. El *impulso* es el órgano que se relaciona con la realidad. Nos entran las prisas de vivir, nuestro espacio vital no se corresponde a nuestro anhelo de plenitud, no de querer ser más en importancia o categoría social, sino ser más ser con nosotros mismos. "Lo propio del hombre es estar en perpetuo trabajo de excederse a sí mismo" (Ph. de Félice)[10]. Pero en nosotros mismos no hallamos sino el principio de la muerte, dejar de ser. Nos parece injusto y nos rebelamos, esa rebelión orquestada por el órgano impulsivo corresponde a lo que nosotros creemos Dios como fundamento *impelente* del ser. La fenomenología de la vida y de la existencia humana constituye, pues, el mejor terreno común entre creyentes y no creyentes que imaginarse pueda.

A la doctrina de la creación y de la caída corresponde la redención como recreación del propósito original malogrado por el pecado. En cuanto creación el ser humano fue hecho racional por Dios en orden a no permitirle descanso hasta encontrar su lugar en la razón, o ser recibido en la misma. El pecado, por el contrario, es la incansable y multiforme huida de la razón por la que grandes porciones de la humanidad se precipitan en la superstición, la injusticia y toda forma de irracionalidad. Constituyen los

---

9. Maurice Blondel, *Exigencias filosóficas del cristianismo*, p. 141.

10. Cit. por H. Berr, *El ascenso del espíritu*, p. 55.

dos polos entre los que se mueve la vida del hombre en la tierra: razón e irracionalidad, fe e idolatría, corazón y locura, justicia y sinrazón. Para alcanzar su verdadera humanidad el ser humano tiene que ponerse en comunión con la verdad. Sólo la verdad justifica la vida. Cuando por necios motivos de egoísmo y mediocridad consume sus energías suprimiendo el conocimiento de la verdad, que es testimonio de la existencia de Dios, se condena a sí mismo al infierno de la frustración y de la ramplonería más insoportable. El pecador no es el ogro capaz de las acciones más viles, aquel ser semidiabólico que ilustraba viejas lecciones sobre los vicios, aquella manzana comida por gusanos. Esa visión moralista del pecado y del pecador no hace justicia a la verdad. El pecador, según la Biblia, es pecador en cuanto suprime la revelación de Dios en su conciencia[11]. Por esta razón el pecado es "pecado contra un conocimiento mejor" (Van Til). La definición del hombre como un buscador de la verdad es correcta si enseguida la corregimos con esta otra complementaria: el hombre es un obstaculizador de la verdad. Por encima de la verdad, que es fe de razón, se encuentra el motivo religioso *idolátrico*, que es identificación de la verdad con el interés, forma suprema del despotismo de la razón interesada. Las verdades que entran en conflicto con su interés quedan envilecidas y ultrajadas del modo más brutal.

La religión bíblica es religión de realidades, de verdades sin ocultación. A veces, como decía Nels Ferré, la religión no es real, pero la causa no está en ella misma, sino en nuestra falta de realidad, en la falsedad de nuestro vivir. Podemos ganar o perder nuestra vida. El impulso de realidad que a todos nos mueve por igual en los momentos más sanos de nuestro vivir evidencia nuestro deseo de querer ser auténticos. Nadie puede alcanzar esta meta sin una religión real, porque la fe es relación correcta a la realidad. "Nuestro tiempo demanda, quizá como nunca antes, que pasemos por la escuela de la realidad, que aprendamos a ser reales. La religión recta es la única respuesta de que disponemos.[12]" También lo podríamos expresar

---

11. Cornelio Van Til, *op. cit.*, p. 244.

12. Nels F.S. Ferré, *Making Religion Real*, p. 11.

CAPÍTULO VIII. La dialéctica de la personalidad

de otro modo: Ser real es ser racional, el ser real razona, *racionalizar* es satisfacer las exigencias del intelecto a la vez que las necesidades más íntimas, de manera que racionalizar es también *respiritualizar*, o dicho de otro otro, *real-izar*, poner en alto, manifestar la realidad de los hechos espirituales[13].

1.2. Fe es acceso a la verdad por la razón

Frente a escepticismo o tentaciones nihilistas la fe cristiana nos enseña que es posible conocer la verdad, la verdad que es camino de liberación del ser real, adormecido en el fondo de uno mismo, o cargado de ilusorias cadenas de fabricación humana. Conocer la verdad está al alcance del intelecto humano pues ha sido dotado del poder de razonar lógicamente. "Aunque la comprensión de nuestro entendimiento es pequeña para abarcar la vasta extensión de las cosas, tenemos, sin embargo, suficientes motivos para agradecer al Autor de nuestro ser la proporción y grado de conocimiento que nos ha concedido en comparación con el resto de los habitantes de la tierra... Cuando conozcamos nuestras propias fuerzas, conoceremos mejor qué podemos emprender con esperanza de éxito. Cuando hayamos examinado bien las facultades de nuestra mente y hayamos estimado lo que podemos esperar de ellas, no nos inclinaremos a permanecer inactivos, ni a rechazarlo todo desesperanzados de poder conocer algo; ni por otra parte, a discutirlo todo, a renunciar a todo conocimiento, porque algunas cosas no se comprenden. Es de gran utilidad para el marino conocer la longitud de su sonda, aunque no pueda medir con ella todas las profundidades del océano. Le basta con saber que es lo bastante larga para alcanzar el fondo de los lugares que son necesarios para su viaje y evitarle los peligros que le harían naufragar.[14]"

Del lado humano tenemos que la racionalidad se debe a un acto creativo de Dios, por tanto tiene que concebirse en términos que expresen la razón, la sabiduría y la inteligencia del creador. "¡Cuán innumerables son tus obras, oh SEÑOR! Hiciste todas ellas con sabiduría" (*Salmo 104:24*). Por

---

13. Stanley A. Cook, *The "Truth" of the Bible* (1938), p. 276.

14. John Locke, *Ensayo sobre el entendimiento humano* (1690), "Introducción".

su parte, Dios no es el ser que se oculta a sí misma trás una impenetrable cortina de oscuridad irracional. Todo lo contrario. Dios habita en la luz, Dios es luz. "Contigo está el manantial de la vida; en tu luz veremos la luz" (*Salmo 36:9*). Dios es luz *inaccesible* (*1ª Timoteo 6:16*), inaccesible en cuanto no tenemos acceso a su ser por vía directa, sino analógica, mediada por la persona y obra de su Hijo, el Verbo encarnado. Dios nos es *transparente* en nuestro ser como amor, bondad, justicia, sabiduría, poder, pero sobre todo como amor, puerta de acceso del Yo al Otro.

1.3. Dios como Circunstancia

Hablamos antes de Dios como *Circunvalante*, pero sería más propio y menos rebuscado considerarle como *Circunstancia*, circunstancia primaria y radical, en la que toda persona se encuentra al nacer, por el hecho de nacer. Dicho en términos biológicos por uno de los teólogos más contrarios a la teología natural: Dios es el Medio Ambiente último del hombre, y éste Medio Ambiente último o Entorno del Ente divino, controla por entero el medio ambiente humano, así como al ser humano mismo[15]. El Entorno o Medio Ambiente divino del que el mundo es expresión revelatoria constituye y fundamenta teológicamente la doctrina de la revelación general *para* todos y *en* todos y el punto de contacto o terreno común donde la revelación de Dios es sentida en el corazón humano. Dios llama a manifestarse a la conciencia existencial, mediante el anuncio de su Palabra, lo que ya existe en la existencia individual como anhelo y como ausencia, como inquietud y como impulso. Ahora bien, hay que reconocer que estos datos no son accesibles directamente a la razón natural sin la iluminación de la fe. Inseparable al concepto de revelación general se encuentra la *inspiración* general. En tanto en cuanto hay una revelación general abierta a toda la humanidad, tiene que haber una *inspiración general* que la fundamente. Es, en otras palabras, lo que los reformadores llamaron *gracia común*, común a la generalidad de los hombres, creyentes y no creyentes. Viene a enseñar que el Espíritu de Dios despliega en medio de la humanidad la plenitud de la revelación. Si respetamos la

---

15. C. Van Til, *The Defense of the Faith* (1955), p. 42.

CAPÍTULO VIII. La dialéctica de la personalidad

terminología escolástica reformada, a ésto se llama testimonio externo del Espíritu Santo (*testimonium Spiritus Sancti externum*). Este *testimonio externo* no garantiza la verdad, simplemente confirma las verdades centrales de la realidad que nos constituye y nos envuelve. A este testimonio externo del Espíritu, según Hepp, hay que añadirle el testimonio *general interno*, en lo que se refiere al fundamento de toda ciencia, religión, arte y moralidad. De esta manera el monopolio de la ciencia y de todo lo que es verdadero no está en manos del cristianismo únicamente. En palabras de Calvino: "Si reconocemos al Espíritu de Dios por única fuente y manantial de la verdad, no desecharemos ni menospreciaremos la verdad donde quiera que la halláremos; a no ser que queramos hacer una injuria al Espíritu de Dios, porque los dones del Espíritu no pueden ser menospreciados sin que Él mismo sea menospreciado y rebajado.

"¿Cómo podremos negar que los antiguos juristas tenían una mente esclarecida por la luz de la verdad, cuando constituyeron con tanta equidad un orden tan recto y una política tan justa? ¿Diremos que estaban ciegos los filósofos, tanto al considerar con gran diligencia los secretos de la naturaleza, como al redactarlos con tal arte? ¿Vamos a decir que los que inventaron el arte de discurrir y nos enseñaron a hablar juiciosamente, estuvieron privados de juicio? ¿Que los que inventaron la medicina fueron unos insensatos? Y de las restantes artes, ¿pensaremos que no son más que desvaríos? Por el contrario, es imposible leer los libros que sobre estas materias escribieron los antiguos, sin sentirnos maravillados y llenos de admiración. Y nos llenaremos de admiración porque nos veremos forzados a reconocer la sabiduría que en ellos se contiene. Ahora bien, ¿creeremos que existe cosa alguna excelente y digna de alabanza que no proceda de Dios? Sintamos vergüenza de cometer tamaña ingratitud, en la cual ni los poetas paganos incurrieron; pues ellos afirmaron que la filosofía, las leyes y todas las artes fueron inventadas por los dioses. Si, pues, estos hombres, que no tenían más ayuda que la luz de la naturaleza, han sido tan ingeniosos en la inteligencia de las cosas de este mundo, tales ejemplos deben enseñarnos cuántos son los dones y gracias que el Señor ha dejado a la naturaleza humana, aun después de ser despojada del verdadero sumo y bien.

"Sin embargo, no hay que olvidar que todas estas cosas son dones excelentes del Espíritu Santo, que dispensa a quien quiere, para el bien del género humano. Porque si fue necesario que el Espíritu de Dios inspirase a Bezaleel y Aholiab la inteligencia y el arte requeridos para fabricar el tabernáculo (*Exodo 31:2; 35:30-34*), no hay que maravillarse si decimos que el conocimiento de las cosas más importantes de la vida nos es comunicado por el Espíritu de Dios.

"Si alguno objeta: ¿qué tiene que ver el Espíritu de Dios con los impíos tan alejados de Dios?, respondo que, al decir que el Espíritu de Dios reside únicamente en los fieles, ha de entenderse del Espítu de santificación, por el cual somos consagrados a Dios como templos suyos. Pero entre tanto, Dios no cesa de llenar, vivificar y mover con la virtud de ese mismo Espíritu a todas sus criaturas; y ello conforme a la naturaleza que a cada una de ellos le dio al crearlos. Si, pues, Dios ha querido que los no creyentes nos sirviesen para entender la física, la dialéctica, las matemáticas y otras ciencias, sirvámonos de ellos en esto, temiendo que nuestra negligencia sea castigada si despreciamos los dones de Dios doquiera nos fueren ofrecidos.[16]"

Se dice que Kepler, luego de haber descubierto una ley científica, exclamó: "Oh Dios, nosotros pensamos tus pensamientos después de ti", que expresa una experiencia muy sentida por el investigador que descubre, a veces sin saber cómo, un conocimiento de cuyo proceso se considera mero agente[17]. Michael Farady, padre de la teoría del campo electromagnético, atribuyó a su creencia en Dios el descubrimiento de la noción de la propagación de la radiación electromagnética. Como es bien sabido Kepler era luterano, mientras Farady era calvinista.

Según Hepp, el testimonio interno general del Espíritu otorga al ser humano ciertas verdades de carácter general respeto a Dios, el hombre y el mundo. En términos generales la gran mayoría de los individuos reconocen o admiten un poder superior a ellos mismo y no dudan de la realidad interna y más allá de ellos mismos. Hay ciertas verdades de carácter general que la humanidad, debido al poder irresistible del testimonio interno

---

16. Juan Calvino, *Institución*, lib. II, Cap. 2: 15-16.

17. S.A. Cook, *op. cit.*, p. 292.

CAPÍTULO VIII. La dialéctica de la personalidad

general del Espíritu, ha de admitir por necesidad[18]. Tanto si a ésto llamamos gracia común, testimonio general interno del Espíritu, revelación general (que cada cual expresa una perspectiva diferente de la misma verdad), o cualquier otro término que se nos ocurra, lo cierto es que hay un terreno común entre cristianos y no cristianos en el orden de la creación. No es un terreno común natural ni autónomo por un lado, ni sobrenatural ni de gracia por otro, es simplemente la realidad de Dios y del mundo tal cual son.

Respecto a la redención y su aplicación al individuo creyente nos encontramos en un campo diferente de doctrinas y experiencias. Aquí no se trata de conocimiento teórico ni silogismo de la pura razón, sino conocimiento ético pasional de la razón práctica. Entonces Kar Barth está en lo cierto cuando asegura que no hay punto de contacto (*Anknüpfung*) de parte del hombre. El momento de relación es puesto *en y con* la predicación del Evangelio. *Hechos 17:23*, nos dice que el apóstol Pablo entró en debate con la pseudo-religión ateniense por medio del altar erigido al Dios desconocido. Pabló predicó a los atenienses lo que ignoraban. Era todo lo que Pablo necesitaba en aquel momento para hacerse oír en debido respeto al contexto de sus oyentes. Cierto que, como dice el profesor Berkouwer, "no hay aquí ningún indicio de un punto de contacto en el sentido de preparación para la gracia, como si los atenienses estuvieran ya en el camino del conocimiento verdadero de Dios[19]", pero eso no quita que el punto de contacto fuese buscado por el apóstol. No es cuestión de entenderlo anacrónicamente como "preparación para la gracia", que la teología posterior va a desarrollar, sino como reconocimiento de un Dios que no se ha dejado a sí mismo sin testimonio allende el pueblo elegido. ""El Dios vivo hizo el cielo y la tierra, el mar, y todo lo que en ellos hay. En las edades pasadas él ha dejado a todas las gentes andar en sus propios caminos; si bien no se dejó a sí mismo sin testimonio, haciendo bien, dándonos lluvias del cielo y tiempos fructíferos, llenando de sustento y de alegría nuestros corazones" (*Hechos 14:16-17*).

---

18. Citado por C. Van Til, *Common Grace* (1972), p. 58 y sgtes.

19. C.G. Berkouwer, *General Revelation* (1955), p. 143.

En el orden de la redención, tocante a la gracia que salva, el saber del hombre y su experiencia son insuficientes. Tiene que nacer de nuevo como condición necesaria para ver el Reino de Dios (*Juan 3:3*). Pero hay que notar que los atenienses sabían al menos que no sabían. ¡*Docta ignorancia*! Su error consistía en conformarse con ella, en aceptarla como una religión plausible. En eso Pablo no podía estar de acuerdo, tenía que llamarles a la conversión. Es la dialéctica cristiana de lo que algunos han llamado continuidad y discontinuidad en la correlación. La verdad humana que se correlaciona con la verdad revelada entra en una relación donde intuiciones extraídas de la vida y de la experiencia son confirmadas y asimiladas por la fe en aquello que tienen de positivo, y rechazadas en su vertiente negativa por lo que tienen de incompatibilidad con la verdad revelada, que es verdad de realidad, verdad total.

Ni siquiera en el orden de la gracia o de la salvación, dominio de la teología pura, está permitido exagerar *filosóficamente* las conclusiones que, en rigor, se pueden deducir de la doctrina bíblica del pecado. Los *fideístas* más convencidos suelen ser quienes más caen en la trampa de suplementar la carencia de una filosofía general con otra de apariencia bíblica, que no es sino la exageración lógica de unos cuantos puntos doctrinales relativos, elevados a principios absolutos. El lenguaje, en casos semejantes, es bíblico, pero utilizado en función de una idea o de un dogma y no de la misma enseñanza bíblica. De este modo se cierra el proceso que transforma la teología en metafísica religiosa, clausa en sí misma e ineficaz a todos los efectos. Es lo que ocurre cuando la doctrina del pecado humano se entiende en relación a una lógica que no se preocupa de la realidad en sí, sino de su propia abstracción. Autoconvencida de ser la única interpretación correcta y posible de la Escritura no se atiene a los hechos, ni se aviene a razones. Peor para los hechos y la razón si no transigen. Esta visión doctrinaria de la teología no puede estar más lejos de la misma Escritura, cuya autoridad exclusiva invoca. Hay una gran diferencia entre la teología bíblica y la teología doctrinaria. La primera parte de la Escritura para comprender su realidad y la realidad en torno en relación a Dios; la segunda parte de un concepto de la Escritura que se comprende a sí misma textualmente, según los cánones del racionalismo, que no de la razón. Sólo hay que echar una ojeada a la teología bíblica que

CAPÍTULO VIII. La dialéctica de la personalidad

inaugura la Reforma para notar la diferencia. En el texto anteriormente citado de Calvino se observa con que naturalidad parte de los hechos para recibir claridad sobre los mismos *desde* la Escritura. "¿Cómo podremos negar —se pregunta— que los antiguos juristas tenían una mente esclarecida por la luz e la verdad, cuando constituyeron con tanta equidad un orden tan recto y una política tan justa? ¿Diremos que estaban ciegos los filósofos, tanto al considerar con gran diligencia los secretos de la naturaleza, como al redactarlos con tal arte? ¿Vamos a decir que los que inventaron el arte de discurrir y nos enseñaron a hablar juiciosamente, estuvieron privados de juicio? ¿Que los que inventaron la medicina fueron unos insensatos?" Si hubiera hecho lo contrario, y en lugar de someterse al tribunal de la realidad, hubiera cedido a la tentación de la teología doctrinaria, que es pura y mala metafísica, eligiendo *a priori* algunos textos bíblicos relativos al pecado y la falsedad de la sabiduría humana, hubiera dicho contra toda evidencia que la ciencia humana es una masa de errores. La Escritura no es un chaleco de fuerza impuesto a la realidad, sino su explicitación más cabal y armoniosa, mirada desde el ángulo de la religión, o de fundamentalidad en Dios. Cuando no permanecemos en la esfera de la verdad bíblica, y vamos más allá de la misma, creyendo tener respuestas para todo, incluso para lo que los autores bíblicos no previeron, se da motivo más que justificado a los críticos del cristianismo para afirmar que la idea cristiana del pecado es mórbida y destructiva[20].

2. La lógica de la fe

El pensamiento no es neutral. El que más y el que menos parte de unos presupuestos. Los hombres de la ilustración creían que era posible partir desde cero, sin prejuicios ni preconceptos irracionales. Pensar con neutralidad, poniendo entre paréntesis el sujeto de pensamiento con sus intereses y limitaciones es un idea que se le ocurrió a Husserl con su reducción fenomenológica. Tarea ímproba, sólo Adán, como primer

---

20. Así ponía sobre aviso a la teología de su época Emil Brunner en *Man in Revolt* (1939), p. 535.

hombre, pudo partir de cero, Adán, desde entonces ya nadie estrena humanidad ni pensamiento, sino que tiene que ir haciéndolo penosamente, derribando y construyendo a la vez. Esta no es una especulación propia de la fe, pertenece a una de las conquistas más firmes del pensamiento moderno. El conocer es siempre conocer interesado, si faltara interés no habría conocimiento. El problema es descifrar los intereses y exponerlos a la luz de la razón. Aquí no cabe neutralidad posible. Sólo la honradez y la humildad de reconocer que nosotros también estamos afectados por el interés propio. La verdad no se va a hacer patente porque unos intereses controlen a los otros mediante la fuerza, sino porque unos y otros estén dispuestos a entenderse en el tribunal de cuentas de la realidad. La fe cristiana no entiende de neutralidades. La vida es demasiado encontrada para ello. El amor y el odio, la justicia y la impiedad, la misericordia y la barbaridad, la alegría y el miedo, la verdad y la mentira colocan al hombre en una situación comprometida. Neutralidad es estos pagos en complicidad. El hombre tiene que elegir. Puede suspender su elección de momento, esa es su elección; no puede no elegir. No hay neutralidad posible. El cristiano es cristiano por una elección consciente. Consciente de su maldad: "Yo sé que en mí no mora el bien, porque el querer el bien está en mí, pero no el hacerlo" (*Romanos 7:18*), entonces clama por una salida desde el fondo su humanidad angustiada por el pecado: "¡Miserable de mí! ¿quién me librará de este cuerpo de muerte?" (*v. 24*), cuya única respuesta, dada en la historia y en la experiencia, es: "Gracias doy a Dios, por Jesucristo Señor nuestro" (*v. 25*).

Quien de una manera más bien cínica niega la oposición descrita por los términos verdad-mentira, justicia-injusticia, en nombre de una relatividad absoluta, niega su propia humanidad. El hombre ha alcanzado su humanidad precisamente por la invención técnica del lenguaje. Lenguaje que no es convencionalismo sino expresión técnica de una biología determinada: la humana. El lenguaje es la técnica de la dirección, del gobierno y de la orientación. Y nada es más necesario al ser humano que orientarse, saber a qué atenerse. Al animal, con su naturaleza, se le da un repertorio de actos y respuestas; al hombre, que no es naturaleza, sino que tiene que ganársela, se le da un repertorio de problemas y de soluciones a elegir. Al hablar toma conciencia de su eticidad; no se puede usar el lenguaje de cualquier manera. Lenguaje son las señales organizadoras de

CAPÍTULO VIII. La dialéctica de la personalidad

la vida humana como tal. "Ven aquí", "presta atención", "echa a un lado esa viga", etc., son instrucciones de orientación técnica. Lo mismo que decir la verdad o la mentira. Cuando los constructores de la torre de Babel comenzaron a utilizar el lenguaje equívocamente se acabó de repente la cooperación. Cada cual tiró para un lado. "El lenguaje hay que emplearlo según una norma: la veracidad. El que no usa su lenguaje verazmente está destruyendo el lenguaje. Destruir el lenguaje es hacer imposible la cooperación humana, y por tanto estorbar el desarrollo y la organización del trabajo humano.[21]" Relativizar el lenguaje y las realidades por él descritas es un lujo no permitido por la vida, la vida biológica, que es el soporte de la vida espiritual. La primera tarea que Dios encargó a Adán fue poner nombre a los animales, llamar las cosas por su nombre, dar razón de ellas.

El lenguaje religioso es la "técnica" del *homo sapiens* para relacionarse con lo transcendente. No lo inventa. Lo articula como expresión de unas necesidades biológicas transmutadas en humanidad. Por eso la fe es siempre concreta y relativa a la experiencia humana. Es racional, tiene que serlo, en cuanto la razón es la estructura de la mente y de la realidad que se hace concreta en los procesos del ser y de la existencia. El cristianismo está obligado a exponer su credo de un modo lógico y racional, según los cánones de la existencia. Por demás está introducir aquí una contradicción insalvable entre el creyente y no creyente. O acepta la palabra de la promesa, que es palabra de gracia, o rechaza su única esperanza. El cristiano está interesado en ofrecer *su* entendimiento cristiano de la verdad, no porque es *suyo*, y que además resulta ser cristiano, sino porque es racional, conforme a la *lógica de la personalidad*. Si admitimos, como hace Frame, "que razonamos en la única dirección que Dios quiere que razonemos[22]", entonces razonamos en el único camino que nos lleva a la verdad.

---

21. Leonardo Polo, *Ética* (1996), p. 41.

22. John M. Frame, *The Doctrine of the Knowledge of God* (1987), p. 164. Cuando el mismo autor en la misma página dice que podemos "orar por el incrédulo, darle testimonio, incluso razonar con él (a nuestra manera, no a la suya), pero no podemos comprometernos con sus presupuestos", está planteando unas aporías artificiales y confundiendo el testimonio liso y llano con el diálogo racional. El presupuesto "cristiano" no está menos libre de críticas que cualquier otro presupuesto. No nos comprometemos con él por las buenas, sino porque lo encontramos verdadero.

FILOSOFÍA Y CRISTIANISMO

La razón que asiste al creyente es la misma razón para cualquiera que es capaz de oír inteligiblemente. Si decimos que razonamos como hombres la única y última razón de Dios, tenemos que ser capaces de mostrar a los hombres que esa es la razón de Dios y la única correcta para ellos. Estamos seguros de que no hay tal cosa como dos clases de razón, una para Dios y otra para el hombre. Por mucho que la razón divina, en calidad de su infinitud, trascienda la razón humana, no puede darse entre ellas una relación equívoca, sino unívoca. La teoría llamada de las "dos verdades", una para el hombre aquí y ahora, y otra para Dios en el más allá, nunca ha convencido realmente a nadie. Nosotros pensamos los pensamientos de Dios después de él *del mismo modo*, analógicamente en cuanto a su Ser, tal cual nos lo representamos, pero unívocamente en cuanto al proceso de intelección por el cual establecemos la analogía. Gran parte de las aporías del pensamiento se deben a una técnica gramatical defectuosa, que no repara lo suficiente en la elección y propiedad de sus términos.

Toda verdad es verdad de Dios, porque su misma naturaleza y fundamento último se encuentran en Dios. En razón de lo cual es imposible alcanzar en el plano de la existencia una comprensión plena de la verdad. Siempre dependerá del grado de su desarrollo histórico. Perspectivas que hoy cuentan, mañana serán superadas. Pero en medio de los cambios de la verdad tal como es aprehendida temporalmente permanecerá la verdad esencial que es madre y matriz de toda verdad: la vida, la vida en que se hayan radicadas todas cosas y nosotros entre ellas, y Dios como su fondo, fundamento y poder impelente. Veracidad, racionalidad, son términos que describen un propósito y un movimiento que para el cristiano encuentran su última razón de ser en la impulsión divina.

La razón humana, tal cual refleja la luz general de la revelación de Dios en la creación y en la conciencia, descubre que hay una unidad última de la verdad, a pesar de sus diversos elementos y la multiformidad de su presencia. "Los momentos separados y la conflictividad entre los opuestos del conocimiento, son tomados por la razón y armonizados en una unidad que parece imposible.[23]" La racionalidad se refleja tanto en lo que es

---

23. James Lindsay, *Recent Advances in Theistic Philosophy of Religion* (1897), p. 337.

CAPÍTULO VIII. La dialéctica de la personalidad

espiritual y moral como en lo que es asunto del tráfico diario, como si quisiera enseñarnos que todo es intrínsecamente racional en cuanto expresión de una realidad única que recibe su ser de un Ser transcendente y único. Desde los primeros filósofos de la tierra, los pensadores presocráticos, hasta nuestros días, la humanidad ha percibido una unidad y un orden en el mundo, llamado *cosmos*, superiores a las fuerzas del caos y del desorden. Abandonada a sus propias fuerzas, la mente humana concluiría que reina el caos y la muerte y la sinrazón, la tarea del pensador cristiano es mostrar la última y verdadera unidad de todo cuanto existe en el orden divino, cuyo cumplimiento más perfecto y paradójico se dio en la persona histórica de Cristo como el Logos, la Razón de Dios. "Dios nos reveló su designio secreto, conforme al querer y proyecto que él tenía para llevar la historia a su plenitud: hacer la unidad del universo por medio del Mesías, de lo terrestre y de lo celeste" (*Efesios 1:9-10. NBE*).

El pensador cristiano tiene aquí todo un mundo por delante. Su fe no es únicamente un elemento de la cultura occidental. Es, desde el principio hasta el final, la síntesis de la síntesis que el mundo necesita con urgencia. "Sólo con el triunfo del pensamiento cristiano podemos esperar la construcción y el aprovechamiento de un orden científico social que utilice y se alegre de los descubrimientos de la ciencia y, al mismo tiempo, trascienda la estrechez y pedantería de las meras especializaciones y técnicas de las castas intelectuales.[24]"

La *lógica* de la fe no se agota en la racionalidad, toda vez que la razón es la estructura de una mente concretada en una vida, sometida a las condiciones de existencia. Más sencillo, la razón es un atributo de la persona. La persona intelige primariamente la realidad *sintiéndola*, la razón es árbitro y guardián de sus sentidos, porque sentir sentimos muchas cosas, pero no todas tienen fundamento. Por su poder de abstracción la razón objetiviza la sensibilidad. Pero la razón no es un principio autónomo y universal en el hombre, es siempre y radicalmente *mi* razón, obedece a la *lógica de la persona*, que es siempre razón sentida y consentida. En lo que respecta a la fe, por el lado que mira a su *contenido*, es objetiva y se

---
24. J.V.L. Casserley, *The Retreat From Christianity* (1952), p. 89.

expresa formalmente en un credo, una doctrina. Por donde mira al *acto* es subjetiva y se expresa en una vivencia personalísima. La fe es *actitud* fundamental. No se halla divorciada de un contenido, sino que es suscitada por él. La fe como acto no es credulidad sin contenido, o indiferente a la fiabilidad de ese contenido. La fe como acto supone e incluye la fe en Jesucristo, contenido supremo de la fe cristiana. A san Agustín debemos la formulación clara que distingue el doble uso del verbo "creer". Por una parte distingue entre el contenido de la fe (*fides quae creditur*) y el acto de la fe (*fides qua creditur*). Esta distinción será fundamental para toda la tradición posterior. Desde luego, no debe entenderse como separación. Creer es siempre, al mismo tiempo, acto de fe y contenido de fe. El contenido sólo se tiene en la realización vital; la realización vital, a la inversa, siempre está referida al contenido, sostenida y animada por él. El acto de fe y el contenido de la fe constituyen un todo indivisible[25]. Por no haber respetado esta distinción algunos teólogos reformados se han sumido en un inmenso mar de contrariedades inútiles, embarazosas.

La fe como acto personal, subjetivo, comporta *conocimiento*, en su vertiente intelectual, y *confianza*, en su vertiente moral. Conocimiento y confianza se dan en un mismo acto; de hecho, la confianza, como disposición anímica del intelecto, puede darse primero, en la espera de un conocimiento pleno más tarde. Esto ocurre a menudo en una atmósfera de confianza implícita en la honradez y capacidad intelectual y moral del mensaje y del mensajero. No todo el que tiene fe ha verificado racional ni intelectualmente los pasos de la misma. Tampoco tiene una ideal cabal y extensa de la misma. Esto es posible sólo en la fe como acto, pues las verdades de fe son pocas y sencillas. La fe como contenido exige reflexión y suele ocupar la vida de teólogos y filósofos cristianos. La fe como acto es en primer lugar descubrimiento —gracia y sobrenatural—, luego vendrá el análisis. "La luz alumbra en las tinieblas, donde es experimentada como luz, en toda su novedad y sorpresa, en su hermosa radiación liberadora. El prejuicio cede ante un nuevo motivo de juicio, una perspectiva diferente, que es experimentada no como una verificación «antropológica», sino como

---

25. Waler Kasper, *La fe que excede todo conocimiento* (1988), cap. 4.

CAPÍTULO VIII. La dialéctica de la personalidad

una maravilla y como un don. (cf. *Isaías 64:1ss.*).[26]" Desde el punto de vista del sujeto se puede creer en Jesús sin tener demasiados motivos lógicos e históricos para hacerlo. Esto ocurre porque la fe cristiana no es una *filosofía apriorística*, es una relación de persona a persona con todas las complejidades de orden afectivo e intelectual que semejante relación supone y conlleva. Aunque el sujeto de fe no haya tenido tiempo, o le falte competencia para hacerlo, está plenamente confiado que su fe como acto de fe puede ser demostrada como verdad. llegado el caso. Una vez que la fe existe, el creyente puede comprender y desarrollar la lógica de su fe y dar razón de la misma, interna y objetivamente considerada. *Credo ut Intelligam*. El credo en el que creo es credo cognoscible, credo por el que entiendo, y entiendo porque creo y para seguir creyendo. Dios, contenido esencial del acto de fe, no defrauda la confianza puesta en Él.

En este sentido la apologética es la técnica creyente encargada de definir la *intraestructura* lógica y racional del contenido de la fe, como la teología es la encargada de cuidar su *superestructura*. Por "*intraestructura*" queremos significar la lógica interna y racional de la estructura de la creencia, como conocimiento de fe y fe de conocimiento. A partir de aquí es posible y deseable edificar un pensamiento cristiano lógico, racional y consecuente. No tiene tanto que ver con los prolegómenos de la fe como con el carácter comprehensivo de la misma. La fe, en cuanto acto y ejercicio, no puede ser nunca la conclusión de una filosofía: la fe ha de ser un acto libre y un don de Dios que acompaña la predicación de su Palabra. "El filósofo suspende su demostración en los umbrales de la fe. La fe es una opción y depende de las disposiciones de nuestro corazón.[27]"

3. Defensa de la razón en la vida

La apologética siempre ha estado presente en la Iglesia, como realidad y como actividad cristiana de larga historia no necesita defensa. Defensores

---

26. G.C. Berkouwer, *The Church* (1976), p. 248.

27. Henri Bouillard, *Lógica de la fe* (1966), pp. 224, 84.

de la fe nunca han faltado. Lo que ocurrió en tiempos modernos es que la apologética, en su deseo de ser más consistente y cristiana que nunca antes, se dejó extraviar por preocupaciones artificiales propias de la coyuntura histórica que estaba viviendo. La apologética, y esa peculiar forma de apologética, que consiste en no tenerla, se dirigen a la situación contemporánea del hombre, y como ocurre que todos somos hijos de nuestro siglo, varios tipos de apologética no han sido sino efímeras manifestaciones de la fe, alejadas de la corriente principal de la gran tradición cristiana, a la que últimamente algunos están regresando con el nombre de apologética clásica o racional. Gran parte de esa apologética de "crisis", contagiada por el espíritu antimetafísico, que dio lugar a la crítica de Brunner como "escepticismo bíblico", mostró con sobrada evidencia la desesperada necesidad, sentida por toda una época, de fundamentar la fe por encima de toda crítica racional, filosófica o científica; inmune, por decirlo de alguna manera, a la argumentación secular no creyente. La debilidad de este tipo de apologética no es tanto su precariedad intelectual como su falta de significado, excepto para aquellos preparados a aceptar de antemano la justificación de su fe en base a la autoridad de la Biblia, tal como es experimentada en sus distintas tradiciones confesionales, o convicciones personales.

Apelar a la experiencia, sea ésta el testimonio interior del Espíritu, o el sentido de la total indignidad humana, tiene, sin lugar lugar, un significado importante, pero carece de contenido si no es complementada con una apelación paralela a la razón. La experiencia como tal invita, abre la puerta a todo tipo de crítica intelectual y psicológica. ¿Qué distingue la experiencia pura de la imaginaria? ¿En qué se diferencia una experiencia de realidad de otra de fantasía? ¿Por qué la experiencia cristiana es superior a la experiencia de cualquier otro grupo pseudo-religioso o pseduo-filosófico? ¿Por qué reclamar el testimonio del Espíritu para confirmar la autoridad de la Biblia, y no hacer lo mismo con el Libro de Mormón, cuya testimonio también descansa en la automanifestación de su autoridad? Apelar a la razón es respetar la estructura de la realidad creada por Dios. Si se argumenta, como algunos hacen, que ni Dios, ni la Biblia, ni el contenido de la fe, necesitan "pruebas", se "autoevidencian" a sí mismos; ciertamente no se podrá demostrar la falsedad de las realidades a que esas pruebas

CAPÍTULO VIII. La dialéctica de la personalidad

conducen, ¡pero tampoco su veracidad! Detrás de esta manera de pensar se esconde un escepticismo racional que ha rendido la verdad de su fe antes de presentar batalla. Sustituye su falta de fe en la razón de su fe, por una entelequia de fe, perfecta en sí misma, más allá de la verdad y mentira, es decir, pura abstracción racional.

Sin embargo, este tipo de apologética de crisis ha prestado un buen servicio a la filosofía de la religión en general y a la apologética cristiana en particular. Ha hecho notar que toda apelación de fe de carácter natural es un esfuerzo inútil, incluso cuando se dirige a la razón, a menos que la razón se abra a otros significados. Podemos pasarnos horas hablando y discutiendo sobre la razón y cada cual estar pensando en una realidad distinta.

¿Qué es la razón? ¿Qué tipo de facultad es? ¿A qué o a quién pertenece? El uso impreciso de los conceptos es un defecto mental que dificulta la activiad espiritual del intelecto. Los conceptos son la técnica, los utensilios con que el *homo sapiens* domina el mundo interior. La confusión de términos y conceptos conduce a la paralización del entendimiento interindividual y propio. Crea fantasmas en forma de contradicciones y perspectivas irreconciliables. Tal fue la ironía del racionalismo ilustrado y su falta. "La Ilustración —escribió el Dr. Mackintosh—, tiene este aspecto curioso, aunque profesó querer demostrar todas las cosas mediante la razón, los racionalistas apenas si plantearon la cuestión sobre qué es la razón.[28]" Ni uno se tomó el trabajo de examinar con cuidado la naturaleza, el alcance y los límites de la razón. En cierto modo, y en sentido contrario, es el mismo error cometido por Barth y Van Til en su rechazo de la razón. La dificultad de ambos estriba en la insuficiencia del concepto de razón que tenían. ¿A qué tipo de razón nos referimos cuando hablamos de razón? Los filósofos de todos los tiempos han dado muy diversos significados del vocablo razón. Si nos limitamos a los modernos observamos que entre

---

28. H.R. Mackintosh, *Types of Modern Theology* (1937), p. 18. "Estoy constantemente asombrado de los estragos causados a nuestro pensamiento por nuestras fáciles definiciones, nuestros preconceptos y nuestras abstracciones; una buena parte del trabajo del estudiante es alcanzar la independencia de las definiciones y términos técnicos de su maestro" (T.R. Glover, *Progress in Religion* (1923), p. 7).

esos significados destacan los siguientes: a) razón como intuición; b) razón como análisis, c) razón como síntesis especulativa; d) razón histórica; e) razón vital. Jonathan Edwards, que fue un pensador cristiano genial, creativo, lógico, sereno, lejos de clamar contra la razón en nombre de la fe, se dedicó a desentrañar la razón por dentro con vistas a distinguir propiamente sus funciones y atributos. El problema para él consistía en que los librepensadores de su época recurrían a la razón de un modo ambiguo y bastante equívoco. Para ellos la razón era la regla suprema que juzga todas las cosas, incluidas las enseñanzas de la revelación cristiana, porque la razón es aquello mediante lo cual debemos juzgar la revelación misma. Si es la regla —argumentaba Edwards— de la que depende nuestro juicio de la verdad de una revelación, debe ser tal que ha de juzgar toda doctrina particular. Pero aquí se está haciendo uso de la palabra razón en dos sentidos: uno, tocante al juicio de una supuesta revelación divina, la palabra significa la facultad de razonar, entendida en toda la extensión de su ejercicio; dos, es la opinión de nuestra razón, o alguna opinión particular que nos parece racional. Aquí hay una gran diferencia, es cierto que la facultad de la razón es la que ha de juzgar todas las cosas, como si fuera el ojo por el que vemos los objetos físicos. Después de haber recibido la revelación recibimos las doctrinas particulares contenidas en ellas, incluso las más difíciles de comprender, en virtud de nuestra facultad racional. Pues mediante la razón asentamos este principio: que Dios sabe mejor que nosotros, y que cualquier cosa que Él declara ser verdad, es verdad necesariamente. Pero esto es bastante diferente de formarnos una idea, que establecemos sin ayuda de la revelación, de la razón únicamente, como una regla por la que juzgamos las doctrinas particulares de la revelación. Podríamos ilustrarlo del siguiente modo: si hay una persona a la que nos une una profunda amistad, que durante muchos años ha demostrado poseer un juicio sano y la más envidiable integridad, marcha de viaje a un lugar donde nunca hemos estado; cuando regresa nos relata algunos fenómenos extraños y sucesos asombrosos de los que ha sido testigo ocular, imposibles de creer de no ser porque confiamos en su testimonio. En este caso sería ridículo decir que es ilógico creer en él, por cuanto lo que dice no está de acuerdo a la razón (significando por razón opinión particular, independiente del testimonio ajeno), argumentando

CAPÍTULO VIII. La dialéctica de la personalidad

que la razón tiene que ser la regla superior y no el testimonio individual, porque es mediante la razón que nosotros juzgamos el testimonio y la credibilidad del hombre que testifica, significando, en este caso, la facultad de la razón. Esto sería tan irracional como decir que no se puede confiar en el mejor microscopio o telescopio, porque la imagen que nos ofrece es diferente a la del ojo desnudo, y que es el ojo la regla por la que se ve la lente y mediante la cual se juzga si está bien graduada para ofrecer representaciones auténticas de los objetos, argumentando que el ojo tiene que ser la regla más alta porque es el ojo el que determina la calidad y la suficiencia de la lente, y que por tanto no se puede dar crédito a la representación hecha por por la lente, ya que ésta es distinta del ojo, y así no se creerá que la sangre consiste parcialmente de glóbulos rojos y de glóbulos blancos, porque al ojo desnudo se le aparece como roja en su totalidad, sin prestar atención al sentido diferente con que usa la palabra ojo. En el primer caso, respecto a la valoración de la lente, ojo significa sentido visual, o el órgano mismo. En el segundo, cuando se afirma no creer la representación ofrecida por la lente, en cuanto difiere del ojo, y que éste es la regla suprema, el ojo, entonces, quiere decir la representación particular que se obtiene por el ojo, separadamente y sin lente.

Lo mismo ocurre cuando no se presta atención, es decir, no se distingue suficientemente entre razón y regla racional. La razón no es propiamente la regla suprema que todo lo juzga, pues una cosa es el juez y otra la regla por la que se juzga. Y así podríamos ir recorriendo una a una, de mano de Edwards, las distintas aporías creadas por el pensamiento cuando no se atiende a los diferentes sentidos del vocablo razón[29]. Pero como esto se sale de nuestros propósitos, lo aquí señalado es suficiente para mostrar la línea seguida por el pensamiento cristiano en su encuentro con la razón.

Hay que decir, en honor de la verdad, que a partir de Kant, con sus demoledoras críticas, el pensamiento protestante retrocedió espantado ante la vanidad de las pruebas racionales y especulativas de la existencia de Dios, creyendo descubrir en ello que habían vivido de un ídolo, el Dios

---

29. Cf. *The Works of Jonathan Edwards*, vol. II, "Observations on the Facts and Evidences of Christianity, and the Objections of Infidels". Part I, Cap. VIII. The Banner of Truth, Edimburgo 1979, 3ª ed.

de la Razón y no el de la Revelación. El movimiento teológico inaugurado por Ritschl, negó en principio cualquier apelación a la razón, tal cual venía haciendo la llamada teología natural, sancionó, aparentemente, la filosofía crítica de Kant y dejó para la "ciencia" el mundo fenoménico y racional. En su lugar asentó el fundamento de la religión en la experiencia de valor. El punto esencial era la autoverificación de las intuiciones de la fe contenidas en la Revelación y desarrolladas en el dogma. "La oposición de Ritschl al elemento racional y metafísico en teología estaba dirigida contra la apologética del idealismo absoluto que, por un tiempo, él había mantenido, e incluía un antagonismo contra las pruebas especulativas del viejo escolasticismo, tanto católico como protestante, un antagonismo que alcanzaría su culminación en la *teología de la crisis*.[30]" Ahora bien, si se nos prohíbe juzgar la revelación mediante la razón, "entonces nos quedamos sin facultad con que determinarla, y la fe se convertirá en un salto al vacío, un acto sin justificación.[31]"

Karl Barth, el representante más conspicuo de la teología de la crisis, llamada también dialéctica, neo-ortodoxa y un montón de cosas más, cree que para ser fieles a la Biblia, hay que rechazar cualquier tipo de apologética que recurra al uso de la razón natural. Conocer a Dios, dice, no depende del hombre sino de Dios mismo, que se revela en Cristo. *Dios viene de Dios* (Jungel). La única apologética permitida a la Iglesia es la predicación del Evangelio que confronta al hombre con su pecado y le llama al nuevo ser en Cristo. La Revelación, se dice, crea la propia condición de su racionalidad. Personajes tan opuestos como Barth y Van Til, militaron en este campo, a veces, incluso con las mismas palabras y terminología. La debilidad de esta teoría se esconde en un fallo inadvertido. Irónicamente, queriéndolo y sin querer, la razón se convierte en la última corte de apelación."Los que disputan por la razón deben reconciliarse también por medio de ella" (Whichcote). ¿Acaso no es la razón, tal cual es puesta por la predicación revelante, la que dicta la obediencia a Dios mediante la fe sola? ¿Qué es, si no desesperada apologética racional, la defensa del

---

30. W.M. Urban, *Humanity and Deity* (1951), p. 43.

31. E.C. Dewick,*The Gospel and Other Faiths* (1948), p. 115.

CAPÍTULO VIII. La dialéctica de la personalidad

cristianismo basada en una revelación que crea su propia respuesta? ¿Cómo sabemos que la revelación es revelación de Dios? Por el testimonio de la Escritura, ¿quién da testimonio de ese testimonio? Dios mismo. ¿Y de Dios? La revelación en la Escritura. Estamos de lleno en la espiral de un círculo vicioso, abrazado conscientemente a la desesperada por quienes defienden esta teoría. Es de temer que algunos apologistas cristianos conceden demasiado a sus "enemigos" declarados: el pensamiento crítico antimetafísico y el escepticismo de las filosofías que, como el profesor español Agustín García Calvo, renuncian a la filosofía en pro de la ciencia. "Una de las ironías de la vida más devastadoras es aquella aparente fatalidad que conduce al creyente a unirse al no creyente en el intento de demoler todo esfuerzo de la razón para justificar su creencia.[32]"

Butler señaló que mientras la revelación divina puede sobrepasar la razón humana, no se deduce de aquí, que la razón no nos haya sido dado para juzgar las doctrinas que se nos ofrecen como revelación divina. Porque si esto fuera así, equivaldría a decir que no somos capaces de juzgar nada, ya que somos incapaces de juzgar todo[33].

Con vistas a no perder la contribución de la teología de la crisis en una filosofía integradora de la fe cristiana es necesario tener en cuenta que Karl Barth somete a vigilancia la apologética racional como sospechosa de introducir elementos foráneos e impropios de la teología dogmática cuyo único fundamento es la Revelación, pero que la dogmática orientada apologéticamente, que es lo que hizo Paul Tillich, es más que saludable, es necesaria. No hay que olvidar que "al presentar la fe, también debemos esforzarnos en responder los ataques que se le dirigen.[34]" Cuando dicotomías no deseadas hacen acto de presencia en nuestro sistema doctrinal es extremadamente importante considerar los posibles sentidos reconciliadores que se ocultan tras las aparentes contradicciones.

Los cristianos son los últimos a los que está permitido denigrar el uso propio de la razón en los asuntos de la fe. Ciertamente, la razón en la

---

32. W.M. Urban, op. cit., p. 41.

33. Joseph Butler, *The Analogy of Religion* (1736). Parte III, cap. 3.

34. D.G. Bloesch, *Theology of Word & Spirit* (1992), p. 219.

condición de existencia actual, donde el pecado juega un papel tan destructivo, tiene una tarea difícil para mantenerse firme sin naufragar, pero el problema no está en la razón, sino en el pecado. De hecho la razón contribuye a mantener el pecado bajo control, pues que ha sido dada por Dios para que el hombre gobierne mediante ella la creación. La injusticia y la mentira en el mundo parten del pecado, no de la razón, ni de la filosofía o la ciencia, que son instrumentos de voluntades vivas, es decir de individuos sometidos a condiciones de existencia. No es la razón en sus diversos sentidos la preocupante, sino el hombre que la ejecuta como instrumento de verdad o de mentira, es decir, como voluntad de verdad, o como voluntad de no verdad. "Quien anula razón para dejar sitio a la revelación, se priva del beneficio de ambas, y hace algo semejante al que se arrancara los ojos pensando en recibir mejor la luz remota de una estrella invisble mediante un telescopio.[35]" Vía Locke y la filosofía escocesa del sentido común, el cristianismo se volvió radicalmente racionalista. Para Matthew Tindal, autor de la famosa *Biblia deísta*, *Christianity as Old as the Creation* (1730), cuanto más se enfatiza la razón más se exalta la revelación, pues si designio de ésta es exaltar y perfeccionar la naturaleza racional, debe ser en sí misma altamente razonable. De modo que el Espíritu Santo no puede relacionarse con el hombre, como criatura racional, sino mediante la exposición de argumentos dirigidos a convencer su entendimiento e influenciar su voluntad, de la misma manera que si fueran propuestos por otra persona. Para que la revelación no sea arbitraria tiene que fundarse en la razón.[36] "Nada que sea contrario o incompatible con los dictados de la razón, claros y evidentes, por sí mismos, tiene derecho a que se recomiende o asiente como una materia de fe sobre la que la razón no tenga nada que ver. Todo lo que es revelación divina debería regir sobre nuestras opiniones, juicios e intereses, y tiene derecho a que se le preste total asentimiento. Tal sumisión de nuestra razón a la fe no hace desaparecer los mojones de nuestro conocimiento. Si las jurisdicciones

---

35. John Locke, *An Essay on the Human Understanding* (1690), Lib. IV, cap. 19, § 4.

36. Citado por J.M. Creed y J.S. Boys Smith, eds. *Religious Thought in the Eighteenth Century*. (1934), pp. 31-34.

CAPÍTULO VIII. La dialéctica de la personalidad

de la fe y de la razón no se guardan mediante estos límites, la razón no servirá de nada en materia de religión, y no habrá por qué censurar las extravagantes opiniones y ceremonias que se hallan en ciertas religiones del mundo. A este encumbramiento de la fe por encima de la razón, creo que podemos adscribir gran parte de los absurdos que llenan casi todas las religiones que dividen a la humanidad.[37]"

Desde el punto de vista teológico, la total pecaminosidad de la naturaleza humana no consiste en el hecho de que todo lo que el hombre piensa y cree es falso, sino en el hecho de que es totalmente incapaz de distinguir entre la verdad y la mentira a la hora de relacionarse correctamente con Dios y consigo mismo. Por tanto, un individuo al que la fe de Cristo le ha llevado a la verdad, tiene la obligación de hacer distinciones, de explicar racional y significativamente el mensaje cristiano[38]. El hombre es un pecador por naturaleza, pero es a la vez una persona que constantemente recibe la luz de la revelación general y es impulsado por Dios a pensar racional y objetivamente. El cristiano dice saber qué es el pecado y qué es un pecado desde una perspectiva teológica, pero, ¿puede decir lo mismo respecto a la razón y el hombre como ser racional? Qué es la razón, preguntamos de nuevo. No es la arrogancia personificada. No es Prometeo, ni es Lucifer. Es un modesto órgano de la vida por la que ésta se comprende y se relaciona con los demás formas vida racional inteligiblemente. La razón es una breve isla flotando en el inmenso mar de la vitalidad primaria (Ortega). La razón es una función de la vida, y es a ella donde debemos acudir para entenderla. Los fracasos o los desmanes de la razón, no son nunca de la razón, sino de una cierta clase de razón, sometida a las condiciones de la existencia. Razonar *es sólo un aspecto de la actividad mental, y la actividad mental es a su vez sólo un aspecto de la actividad vital*[39]. La actividad vital es la manifestación de la vida que nos recorre y donde radi-

---

37. John Locke, *Ensayo*, lib. IV, cap. 17, § 5.

38. Emil Bruner, *The Christian Doctrine of God* (1949), p. 102.

39. D. Lamont, *Christ and the World of Thought* (1934), p. 14.

camos y radica lo que somos y proyectamos: razón, voluntad, emoción, sentimiento... tantas cosas. Ni racionalismo, ni irracionalismo, dijo Ortega, sino razón vital, y Unamuno, que no estaba tan lejos, apostilló: "Mal que pese a la razón, hay que pensar con la vida, y mal que le pese a la vida, hay que racionalizar el conocimiento.[40]" Para la fe esto significa que el acto de fe por el que decimos *yo creo*, no se puede reducir al *yo pienso*, pues que lo supera, ya que el sujeto que cree no es el pensamiento en general, sino el existente, una persona viva, un ser de carne y hueso, de alma y espíritu. El yo creo es una articulación del *yo existo*, yo vivo. La fe implica toda la vida, es pasión y razón en la medida que ésta corresponde a la vida.

4. La maravilla de la personalidad

La reflexión precedente acerca de la vitalidad primaria, la vida, como estrato radical de la persona, y más en concreto de la personalidad, nos lleva a una comprensión más certera de las condiciones que hacen posible el desarrollo del pensamiento racional en el ser humano. A esas condiciones y condicionantes las llamaremos *lógica de la personalidad total* (*logic of the whole personality*), expresión tomada del filósofo británico Knudson. Analizar la razón como la *lógica de la personalidad*, para abreviar, nos ayudará a resolver algunos problemas sin respuesta y desentrañar alguna que otra falsa antinomia.

Persona, personaliad, son términos muy apreciados por el cristianismo. De algún modo él fue su partero, quien los trajo al mundo. Con anterioridad al cristianismo la filosofía griega había vislumbrado imperfectamente la noción de *persona*, persona como sujeto propio de atribución de actos y fin en sí misma. Su realidad fue descubierta y desarrollado por el pensamiento cristiano en diferentes etapas de su historia[41]. Agustín fue el primero que dio al pensamiento en general un indicio de su significado:

---

40. Miguel de Unamuno, *op. cit.*, p. 136.

41. Cf. Charles N. Cochrane, *Cristianismo y cultura clásica* (1949), cap. XI "Nostra philosophia: el descubrimiento de la personalidad."

CAPÍTULO VIII. La dialéctica de la personalidad

abyssus humanae conscientae, las profundidades abismales de la personalidad[42].

En su acepción clásica el término "persona" deriva de "máscara", aquella que cubría el rostro de un actor cuando desempeñaba su papel en el teatro. De ahí la derivación "personaje". Se ha discutido si los griegos tuvieron o no una idea de la persona en cuanto "personalidad humana. En general se adopta una posición negativa. Se puede presumir que algunos tuvieron una intuición del hecho del hombre como personalidad, pero hay que esperar al pensamiento cristiano para obtener una elaboración explícita de la noción de persona[43]. La razón que explique esta carencia puede encontrarse en la concepción errónea que los griegos tenían de la divinidad: el politeísmo. Un estudioso del tema, como Glover, cree que el progreso del hombre hacia su personalidad, el logro máximo de la evolución humana y el valor por el que se mide la calidad espiritual de una religión, depende de la doctrina sobre de la *personalidad* de Dios. El politeísmo tiene a *personajes* por dioses, cada cual representa un papel, y en especial una tragedia. Son inmorales y desalmados. Los hombres están a su merced como juguetes. "La personalidad de Dios y la personalidad humana se mantienen o caen juntas.[44]" El apóstol Pablo, con una profunda intuición y sabiduría, muestra que la miseria del mundo, su corrupción e inhumanidad, se originan y proceden de falsos conceptos de Dios. "Porque lo que puede conocerse de Dios lo tienen a la vista, Dios mismo se lo ha puesto delante; desde que el mundo es mundo, lo invisible de Dios, es decir, su eterno poder y su divinidad, resulta visible para el que reflexiona sobre sus obras, de modo que no tienen disculpa. Porque al descubrir a Dios, en vez de tributarle la alabanza y las gracias que Dios se merecía, su razonar se dedicó a vaciedades y su mente insensata se obnubiló. Pretendiendo ser

---

42. Edwin Bevan, *Hellenism and Christianity* (1930), p. 139.

43. Para Zubiri "La metafísica griega tiene una limitación fundamental y gravísima: la ausencia completa del concepto y del vocablo mismo de *persona*. La introducción del concepto de persona en su peculiaridad ha sido una obra del pensamiento cristiano, y de la revelación a que este pensamiento se refiere" (*El hombre y Dios*, p. 323).

44. T.R. Glover, *op. cit.*, p. 14.

sabios, resultaron unos necios que cambiaron la gloria de Dios inmortal por imágenes de hombres mortales, de pájaros, cuadrúpedos y reptiles. Por eso, abandonándolos a sus deseos, los entregó Dios a la inmoralidad, con la que degradan ellos mismos sus propios cuerpos, por haber sustituido ellos al Dios verdadero por uno falso, venerando y dando culto a la criatura en vez de al Creador" (*Romanos 1:19-25. NBE*). Desde el principio al fin la Biblia da testimonio del misterio de la personalidad, tanto humana como divina, como el factor decisivo que gobierna las relaciones humanas, de persona a persona, y de persona a Dios. La enseñanza bíblica sobre la personalidad humana, reflejo de la divina, a imagen de la cual fue creada, milita contra el evolucionismo naturalista y el panteísmo en sus múltiples manifestaciones. El énfasis en la personalidad determina la concepción de Dios y del hombre.

La mitología griega, como Glover la vió, fue en sí misma el triunfo de la mente humana respecto a la personalidad. La mitología tiene la ventaja de tratar a los dioses personalmente, en lugar de tratarles como oscuras fuerzas de la naturaleza, vagas, impersonales, realmente impensables. Al repensar la divinidad la mitología dio lugar a la personalidad —por demás defectuosa— de los dioses. Este importante ascenso del pensamiento tenderá a enfatizar la personalidad humana. No se produjo de suyo sin *revelación*, pues como ya hemos asentado, vivimos en un mundo revelacional, un mundo que tiene como fundamento un Dios personal, aun cuando Dios esté más allá de lo personal, donde todo conocimiento verdadero viene de Dios. Pero como ocurre que aunque el ser humano es fuerte en percepción, es débil en la interpretación lógica de lo que percibe[45], hay que esperar a la revelación de Dios en Cristo para descubrir la maravilla de la personalidad plenamente manifestada. Lo que ocurre, trágicamente, es que la aportación evangélica en dirección a la personalidad fue malograda posteriormente cuando la teología volvió a pensar en griego y a caer en una doctrina de Dios-Idea o concepto, el ser realísimo o sumo bien.

---

45. "La gran diferencia entre el *hablar* de Dios en la revelación general y en la revelación especial, es que en la primera Dios deja al hombre discernir sus pensamientos mediante la obra de sus manos, y en la segunda es que Él, Él mismo, ofrece una explicación directa de esos pensamientos y en esta forma los presenta a la mente humana" (Herman Bavinck, *Our Reasonable Faith* (1956), p.65).

CAPÍTULO VIII. La dialéctica de la personalidad

Pensadores cristianos como Boecio, Anselmo y Aquino, definieron el sustantivo *persona* como "sustancia individual de naturaleza racional" (*Persona est naturae rationalis individua substancia*). A este concepto racionalista de la personalidad humana obedecía una pérdida de la doctrina de Dios como personalidad espiritual, limitado a ser puro intelecto. Como vimos en el capítulo V, los antiguos tenían la impresión de que el sentimiento y el afecto son notas de una personalidad limitada, por eso pintaron un Dios desafectado y una correspondiente razón insensibilizada. Con la edad moderna, a partir de la Reforma, y en el clima provisto por la misma, los pensadores comenzarán a destacar otros elementos que constituyen la persona, como el sentimiento y la voluntad.

Hoy estamos en una posición privilegiada, la de apreciar en toda su amplitud el misterio y la maravilla de la personalidad humana. Lo primero de lo que tenemos una conciencia muy clara es que *somos, existimos,* antes de que pensemos o actuemos. Existimos como entidades vivas, conscientes, que perciben y razonan, que quieren y realizan. Todas estas cosas, sensaciones, impulsos, raciocinio, que forman nuestro *yo*, no son aparatos mecánicos cada cual operando por su cuenta, sino partes vitalísimas de nuestro ser orgánicamente relacionadas entre sí[46]. La persona, el yo, es centro de actividades racionales y volitivas y emocionales. "Es la unidad de ser concreta y esencial de actos de la esencia más diversa" (Max Scheler). El yo, que es comunión con las cosas, el ser que consiste en *conser*, fundamenta todos los actos esencialmente diversos en la unidad de la persona, en la personalidad. Personalidad es un concepto espiritual, transciende la impersonalidad de las cosas, y eso en que transciende es la unidad de los actos espirituales. Como tal la personalidad, *depende* de Dios. En sí, *el hombre es un "dependiente" del universo* (Bavinck). En este caso, la lógica de la personalidad obedece a la unidad transcendental de todos los sentidos que configuran la persona humana. Se trata de tener en cuenta la relación orgánica entre ser y pensar, querer y comprender. Desmembrar el acto cognoscitivo, que se fundamenta en la persona, es matarlo. Está abierto al análisis, pero no a la separación. Según la lógica

---
46. Cf. Herman Bavinck, *op. cit.*, pp. 32-33.

de la personalidad no tiene por qué darse un enfrentamiento irreconciliable entre la fe y la razón, toda vez que son dos aspectos orgánicamente interrelacionados de la persona humana.

Hace algunos años, el profesor Frederic Greeves, de Bristol, decía tener la sospecha, aunque no podía demostrarlo, que un día iba a demostrarse que la división de la personalidad humana en razón y apetencia, o en cualquier otra dicotomía, es separar lo que Dios ha unido, de modo que, en este como en otros campos, sólo una salvación integral pueda resolver lo que es de hecho una necesidad imperiosa[47]. A nadie sorprende hoy que la personalidad humana, como expresión de una vida creada por Dios, denota una vía de acceso a la verdad por encima de antítesis y falsos dualismos de corte racional.

5. La dialéctica del corazón

Ahora sabemos un poco más qué es la razón. Pero y la fe, qué cosa es la fe. Hasta aquí se habían dado dos definiciones encontradas e insuficientes. Una, la fe como un acto puramente intelectual. Dos, la fe como un acto de confianza en sustitución del conocimiento. La fe es un acto integral de la persona, e incluye elementos racionales y emocionales[48]. En este punto no hay diferencias esenciales entre católicos y protestantes en el momento presente. Si en la fe priman los elementos emocionales sobre los racionales, se debe a la enorme porción que estos ocupan en la vida de la persona. La razón, como dijimos, es una *breve* isla flotando en el *inmenso* mar de la vitalidad primaria. Cuando la persona piensa, piensa toda. En el acto intelectivo intervienen los sentidos, la razón, la voluntad y las emociones. Todos a una. Es la lógica de la personalidad en la búsqueda del conocimiento, conocimiento personalísimo. Según el filósofo y matemático francés Poincaré, incluso en matemáticas puras, donde se supone que la razón actúa exenta y limpia de intereses personales, es muy difícil que una

---

47. Frederic Greeves, *The Meaning of Sin* (956), p. 61.

48. Stewart Lawton, *Truths that Compelled* (1968), p. 132.

CAPÍTULO VIII. La dialéctica de la personalidad

prueba satisfactoria para un matemático sea lo mismo para otro. Entre los matemáticos –la matemática es la más pura de las ciencias– el pensamiento podría dividirse en varios tipos psicológicos, de modo que lo que vale para unos no vale para otros. El carácter personal de la así llamada ciencia impersonal cobra mayor relieve en otros campos del saber humano, como es la humanística o ciencias del espíritu.

Intuición, comprensión, imaginación, lógica y otros elementos, junto a preferencias emocionales e inclinaciones del intelecto, entran a formar parte de cada juicio que emitimos sobre la realidad. "No recibimos nuestro conocimiento fabricado de antemano. Tampoco nos es transmitido por la gracia científica mediante la imposición de manos. No estamos vacunados desde el exterior. Nosotros somos, en gran medida, los creadores de aquello que conocemos y experimentamos, nuestros propósitos nos son dados por nosotros mismos, y nosotros trazamos la meta hacia la que caminamos.[49]" El mito del conocimiento objetivo es una reliquia que pertenece al pasado de un racionalismo demasiado seguro de su ser mecánico y mecanicista. Ninguna persona juiciosa puede pretender conocer sin *prejuicios*. Cada cual tiene formado de antemano un juicio sobre la realidad de cuanto le rodea y sale al paso, que juega el papel de *predisposición* a favor o en contra de cualquier nuevo asunto, antes siquiera de prestarle atención. Esto no significa que el acto intelectivo normal sea incapaz de discernir entre el bien y el mal, condenado a eternidad a la relatividad subjetivista, sino simplemente indica la estructura del pensar o acto intelectivo, previa al sujeto cognoscente y parte formal de su visión heredada del mundo. Los prejuicios son el *repertorio* de ideas y de creencias que recibimos de nuestro entorno o circunstancia. El juicio que nos formamos de las cosas es mayormente asunto de la educación recibida, apenas si requiere esfuerzo *original* de nuestra parte. Es cuestión de aprendizaje y asimilación. Cuando un juicio novedoso entra en escena los prejuicios muestran su verdadero carácter provisorio y conjetural y sólo en muy contadas ocasiones dan bienvenida cordial al intruso. La inteligencia se siente ofendida, como si se le reprochara haber pasado por alto esos

---
49. P.G.S. Hopwood, *A Testament of Faith* (1939), p. 101.

nuevos elementos. A mayor juicio mayor prejuicio. Después de muchos años dedicados profesionalmente a la investigación no es fácil hacer reajustes, volver a ser alumno, que es el alma móvil de la filosofía. No es cuestión de más o menos inteligencia, ésta es un instrumento, tan agudizado en el campo de las verdades pretéritas como en el de las futuras, es una cuestión de orgullo personal, de elementos emocionales que intervienen en el acto de conocer. No hay un uso puro de la inteligencia racional que no vaya acompañado de sentidos elementos emocionales, que funcionan tanto a nivel subconsciente como personal: reacciones irracionales de desdén.

La teología cristiana ha creído que lo importante no es tanto buscar la objetividad como ser honestos, por cuanto el ideal de la investigación neutral es más un deseo que un hecho. El investigador es siempre una persona y arrastra con él muchos elementos difíciles de demostrar racionalmente; tomas de posición previamente adoptadas que prefijan la dirección de su búsqueda y el resultado de la misma. Cualquier persona honesta consigo misma sabe de qué estamos hablando. Es una experiencia común y observable en muchos casos. Ser honesto es poseer la capacidad de ponerse en entredicho a uno mismo, de analizar de una manera fresca las ideas y creencias que regulan nuestros juicios de valor.

En otro orden de cosas, un crítico de arte que no *sienta* nada por el arte, no es una persona entregada al ideal de la objetividad, es simplemente una persona incapaz de comprender y valorar aquello en que consiste su ocupación. Ser objetivo no es ser neutral, sino estar abierto a todos los elementos que entran en juego en el juicio personal. "La música sólo es entendida por los temperamentos musicales; sólo por estos es recibida su «impresión». Y a cada clase particular de impresión corresponde una clase particular de «congenialidad», que en algún modo es afín con aquello que produce la impresión. Sólo quien es *verbo conformis* (conformado con el Verbo) —como dice Lutero una vez— entiende el Verbo.[50]"

El antiguo escolasticismo prestó mucha atención a averiguar a quién correspondía la primacía en el obrar humano, si a la voluntad respecto al

---
50. Rudolf Otto, *Lo santo. o racional y lo irracional en la idea de Dios* (1980), p. 210.

CAPÍTULO VIII. La dialéctica de la personalidad

intelecto, o al intelecto respecto a la voluntad. Era un problema que heredaron de Platón y Aristóteles. En la historia de dicha controversia Duns Escoto figura entre los *voluntaristas*, o aquellas que conceden la primacía a la voluntad sobre el intelecto. Por contra, Tomás de Aquino otorgó la *primacía de lógica* al intelecto por encima de la voluntad, aunque Aquino, siempre cauto a la hora de irse hacia los extremos, creyó que la voluntad mueve al intelecto como agente. O lo que viene a ser lo mismo, que la voluntad disfruta de una *primacía de orden*. En el pensamiento reformado Herman Dooyeweerd fue el primer filósofo que conscientemente elaboró una teoría del conocimiento centrado en el concepto bíblico de «corazón». El corazón es el punto de concentración de la existencia humana temporal, con todos sus diversos aspectos y poderes. Así como toda la creación, argumenta, está centrada en Dios como su origen integral y unificado, así Dios ha creado dentro del hombre un centro unitario, el corazón, que es la fuente de la irradian las corrientes de vida[51]. Con una implicación distinta a la de Dooyeweerd, la razón existencial, o sometida a las condiciones de existencia, toda la razón humana, incluye los aspectos físicos y biológicos de nuestro ser (*la estructura empírica*, al decir de Marías), y los aspectos emocionales y volitivos que intervienen en el acto intelectivo. La razón obedece a la lógica de la personalidad, pero a la vez la personalidad ha de reconocer el imperio de la razón y no menospreciar sus reglas.

Tanto la mente como la voluntad son instrumentos de la vida humana, del yo que despierta en la realidad y a la realidad. El cuerpo, la mente, el lugar y día de nacimiento son las circunstancias con las que el yo tiene que verse. El *yo*, en términos filosóficos, es el *corazón*, en términos religiosos, es decir, el centro unificador de la existencia. Vistas así las cosas, la alternativa no es entre fe y razón, sino entre un corazón abierto a Dios o cerrado a él. Nuestra vida racional, volitiva, social, afectiva, religiosa, toda nuestra existencia, en suma, está gobernada por ese centro unificador, ese

---

51. Cf. Herman Dooyeweerd, *La seculación de la ciencia* (Seminario Juan Calvino, México 1991); *Las raíces de la cultura occidental* (CLIE, Terrassa 1996); *Nueva crítica del pensamiento* y *El mito de la neutralidad religiosa* (en preparación CLIE).

punto de concentración que llamamos corazón o yo, que no es el yo psicológico o racional, sino la vida, la vida tal cual se da en cada cual. Yo soy mi vida, con sus cambios y transformaciones. Yo soy yo y mis circunstancias. La razón ocupa un lugar importante entre ellas, pero sin olvidar, como señaló Ortega y Gasset, que *las raíces de la cabeza están en el corazón*. "Con el corazón se cree para justicia", dice la Biblia (*Romanos 10:10*). Si creo en Dios, decía Unamuno, "o por lo menos creo creer en Él, es, ante todo, porque quiero que Dios exista, y después, porque se me revela por vía cordial, en el Evangelio y a través de Cristo y de la historia. Es cosa de corazón.[52]" La apologética, como teología, no puede ser otra que del corazón, cordial. Ya ha habido bastante tiempo para experimentar con las descalificaciones y la negación del contrario.

James H. Thornwell, que fue un teólogo cristiano real y un buen filósofo al mismo tiempo, estaba bien versado en filosofía griega, Aquino, Suarez, Kant, etc. Personalmente era seguidor de la filosofía escocesa del *sentido común* desarrollada por Hamilton, como tantos otros de su época y su país, conforme a la llamada *escuela de la experiencia*. Es decir, creía que el conocimiento siempre comienza con la experiencia. Esta escuela tiene una larga y saludable tradición filosófica. Ahora bien, Thornwell sabía que la experiencia sensible de los sentidos no incluye todo. El conocimiento empieza con la experiencia, pero debe incluir las condiciones del sujeto que hacen posible el acto intelectivo. La constitución de la *mente* tiene que adaptarse a la actividad específica por la que cree y juzga. La mente, por tanto, está sometida a las leyes de la creencia bajo las que necesariamente actúa: ciertas verdades primarias implicadas en su misma estructura. En cuanto embrionarias en la experiencia, esas leyes no existen en la forma de proposiciones o concepciones generales, sino a la manera de *tendencias* irresistibles hacia ciertos modos de creer, cuando se presenta la ocasión propicia. Cuando se desarrollan en la experiencia, y se generalizan en proposiciones abstractas, son cogniciones originales y elementales que constituyen el fundamento y el criterio del conocimiento. En cuanto las leyes de creencia cualifican al sujeto cognoscente, no pueden

---

52. Unamuno, *Mi religión* (1907), p. 12.

CAPÍTULO VIII. La dialéctica de la personalidad

darnos las cosas a ser conocidas. A las cosas llegamos por la experiencia; que aporta así no sólo la ocasión mediante la cual nuestras cogniciones primitivas se desarrollan, sino también el objeto al que nuestras facultades se relacionan[53]. Thornwell, a su manera, como antes Malenbrache, Pascal y Jonathan Edwards a la suya, se estaban aproximando al descubrimiento de la complejidad de la personalidad humana como centro cognoscitivo. La fuerza de la fe cristiana en toda la historia de su reflexión da testimonio de esa dirección tomada por la dialéctica del corazón, la lógica de la personalidad, que en todo quiere hacer justicia a los aspectos volitivos y racionales de la vida humana, la realidad radical. Cuando esta doctrina se entiende correctamente se abre ante nosotros un nuevo horizonte de posibilidades, tanto teológicas como apologéticas, o filosóficas, que hacen justicia a la creación centrada en Dios como su origen integral y unificado y al hombre centrado por Dios en su yo, *corazón*, como punto de integración.

6. Razón y obediencia

El teísmo cristiano ha creído siempre que el grado de convicción de un argumentos racional en pro del teísmo, depende del grado de disposición a la creencia teísta ya presente en el ánimo o el intelecto[54]. La causa es comprensible a la luz de todo lo que hasta aquí llevamos dicho. La razón humana opera, actúa, mediante los sentidos. Intelige en base a lo que siente. Y siente muchas cosas, no sólo objetos, cosas materiales, que en última instancia son espirituales, vaporosas como el átomo, sino emociones de simpatía y antipatía, de tal modo que el conocimiento de Dios no se alcanza propiamente sino mediante el amor. Y no sólo esto. A menos que una persona tenga algo de amor por Dios, nunca será capaz de alcanzar el conocimiento de Dios. No se trata primero de conocer a Dios y luego

---

53. B.M. Palmer, *The Life and Letters of James Henley Thornwell* ([1875] 1974, pp. 539-540.

54. H.H. Farmer, *Revelation and Religion* (1954), p. 130.

quererlo, sino de quererlo ante todo. Querer a Dios es una decisión y un compromiso de la voluntad, no una comprobación de la inteligencia, o la conclusión de un axioma. Tampoco es ir contra la razón. Querer a Dios es querer una vida abierta y capaz de valoración hasta lo infinito[55], que saque de nosotros lo mejor de nosotros mismos. También a Dios se quiere por interés. "Nadie presta fe a alguien si antes no ha tomado conciencia de que conviene creer" (San Agustín, *De praedestinatione Sanctorum*, 2,5).

En el contexto de un debate respecto a la autoridad de la enseñanza de Jesucristo, éste dijo: "El que quiera hacer la voluntad de Dios, conocerá si la doctrina es de Dios, o si yo hablo por mi propia cuenta" (*Juan 7:17*). William Temple, prelado anglicano y filósofo, tradujo este mismo pasaje del siguiente modo: "El que quiera —o se proponga— hacer la voluntad de Dios, conocerá si la doctrina es de Dios", a lo que sigue el comentario: la verdad de Dios nunca nos será evidente, y menos demostrada, mientras nos mantengamos a distancia, en desobediencia, y reclamemos "pruebas" como razones para ser obedientes. Para llegar a la verdad de Dios es preciso, necesario, que haya voluntad, intención de cumplimiento y obediencia a la palabra de la promesa que se nos comunica en el Evangelio[56]. Esto es más que decir, como hizo Manuel García Morente, que "para creer basta querer"[57], pues no toma demasiado en serio ni la realidad humana ni la divina. En términos teológicos es puro *pelagianismo*, o sea, confianza en las potencias humanas, pues no todo lo que se quiere se puede. Pero tampoco es cuestión de enfrentarse. En un sentido muy real el que quiere puede, puede ser ayudado a conseguir lo que no puede, por ejemplo. Como es sabido, Dios viene de Dios, le conocemos porque se deja conocer. En este caso para creer es necesario querer creer. "Creo, ayuda mi incredulidad", ha sido siempre la petición del alma tocada por lo divino.

---

55. Henri Berr, *El ascenso del espíritu*, p. 67.

56. William Temple, *Readings in St. John's Gospel* (1949), p. 120.

57. "Prólogo" a la obra de Juan Antonio Cabezas, *Cristo vivo*. Stvdivm, Madrid 1958 (original 1939).

CAPÍTULO VIII. La dialéctica de la personalidad

El carácter, o el *temple*, como diría Aranguren, la disposición de la persona, son elementos cognoscitivos tan importantes como el método y el rigor de la razón. La razón, isla que flota en el inmenso mar de nuestra vida, se halla suspendida por sus raíces en el corazón, de ahí que el Evangelio diga que los de limpio corazón verán a Dios (*Mateo 5:8*), o que el temor del Señor es el principio del conocimiento (*Proverbios 1:7*), pues el sentido de "la reverencia es el primer paso en el conocimiento de Dios (E.G. Selwyn). "Todo aquel ama, es nacido de Dios, y conoce a Dios. El que no ama, no ha conocido a Dios; porque Dios es amor" (*1ª Juan 4:7-8*). La ley de la simpatía gnoseológica una vez más, conforme a la lógica de la personalidad. "Cuando uno quiere aproximarse a un hombre debe acogerlo favorablemente, comprenderlo y llegar así a una compenetración, a una relación íntima con él. Sería necio exigirle esto a una piedra; pues la piedra no tiene interior con el cual poderse poner de acuerdo; lo que yo piense de la piedra, a ella le es completamente indiferente, si es que podemos hablar de indiferencia en este caso. En los hombres el caso es otro, y mucho más diferente lo es en Dios. Aproximarse, acercarse a Él únicamente puede significar: tomar tal compostura que surja una armonía, una concordancia interna con Él.[58]"

Kierkegaard había hecho notar que el pecado radica en la voluntad y no en el conocimiento. Mientras que el pensamiento griego, con Sócrates a la cabeza, quería hacer creer que el que no cumple lo que es justo es porque no lo ha comprendido, el pensamiento cristiano va más allá y dice: eso es porque *no quiere* comprenderlo, porque *no es amigo* de la justicia[59]. Por eso, la batalla entre la fe y incredulidad, o la fe salvífica y la fe idolátrica reside en la voluntad, no en el intelecto. Tanto Lutero como Melanchton y sus discípulos señalaron que la voluntad es la sede principal de la fe, y en ella intervienen elementos muy varios, como su propia esclavitud al pecado.

---

58. August Brunner, *Muchas religiones y una sola verdad* (1966), pp, 44-45.

59. Sören Kierkegaard, *La enfermedad mortal* (1984), p. 142 (original 1849).

Por sí solo el ejercicio de la facultad intelectual en la búsqueda de Dios nos conduce a un callejón sin salida, si no se toman en consideración otras facultades anímicas que intervienen en la reflexión congnoscente. La verdad religiosa, que parte de la experiencia y a ella se refiere, no comienza sólo por la razón o el intelecto, funciones cognoscitivas por las que aprehendemos la verdad como proposiciones, sino también por la voluntad y las emociones, por las que nos abrimos a la realidad toda, como pasión y sentimiento. La esencia, el fondo de la vida cristiana, consiste en la reconciliación de la *persona* humana con la *persona* divina; esta reconciliación no se da en el campo de las ideas abstractas sino en el de la acción moral. "Aun cuando una demostración filosófica llevase a la convicción a alguna persona exigente, ello no sería por la fuerza intrínseca de los argumentos, sino por haber constituido el *puente lógico* que el sujeto, deseando creer, estaba necesitando para ir más allá de sus estrechas racionalizaciones. Gracias al argumento filosófico viene a «intuir» la posibilidad altamente probable de la existencia divina, y entonces «salta» de la teoría a la práctica o plano existencial y comienza a tomar en serio aquella posibilidad intuida como efectiva y prácticamente *válida*. Mas esto ya no es filosófico, sino *existencial*.[60]"

La Biblia es bastante clara respecto a este asunto. El conocimiento de la verdad va acompañado de su práctica. Conocer la verdad de Dios consiste en disponerse a cumplirla. La verdad, según las Escrituras, es algo a practicarse y ser conocida en la práctica. El conocimiento de Dios viene por medio de la experiencia moral, que es la práctica de la verdad. La lógica y el razonamiento no son en sí mismos fuentes de conocimiento de Dios, solamente son los medios intelectuales por los que la verdad de Dios es formulada y su significado esclarecido. La Biblia es contundente respecto a la correlación entre conocer y hacer. Saber, sabemos de muchas cosas, conocer sólo de aquellas que vivimos. Sabemos de países lejanos, pero únicamente conocemos los que hemos visitado y vivido de alguna manera. Conocer la verdad de Dios sólo es posible mediante el cumplimiento práctico de la misma. La verdad, en el sentido bíblico, corre pareja de su

---

60. Luis Cencillo, *La comunicación absoluta* (1994), p. 263.

CAPÍTULO VIII. La dialéctica de la personalidad

práctica. En ese sentido Kant acertó al postular el primado de la razón práctica como medio de acceso a la divinidad. El conocimiento de Dios pasa por la experiencia moral. La fe, como el apóstol Pablo dijo, es "la obediencia de la fe". Cuando alguien responde a la Palabra de Dios realiza un acto intelectual —fe en el contenido verdadero de lo que se le predica como verdad—, y otro acto de obediencia —fe como entrega viva a la práctica de lo enunciado en la proposición de la Palabra. Tanto un acto como otro son por igual respuestas de la persona, de un yo que actúa intelectual, volitiva y emocionalmente. Un yo radicado en la realidad radical que es la vida, en la cual se encuentra y encuentra a Dios en ella, como fondo y fundamento últimos.

Los modernos se descarriaron miserablemente cuando olvidaron la verdad fundamental, patrimonio de los antiguos, de la íntima relación entre conocer y hacer. "El que quiera hacer sabrá" de Jesucristo, muestra que actuar en base al saber de la revelación prepara el camino para un conocimiento más profundo y dar el siguiente paso[61]. La unidad entre conocer y hacer se encuentra por doquier en la Escritura. Aquí el ser humano es visto como una unidad, un centro integrativo y de concentración —el corazón—, que supera en el ejercicio total de sus funciones las falsas dicotomías que el pensamiento ha ido acumulando sobre su cabeza. El cristianismo ha prestado a la humanidad un servicio incalculable al ofrecerle una visión del hombre auténticamente equilibrada donde lo subjetivo y lo objetivo se dan en la unidad de Dios, fondo y fundamento impelente del ser. "El objeto de la religión —decía Hegel— es lo verdadero, la unidad de lo subjetivo y lo objetivo.[62]" A la determinación de la práctica corresponde el alumbramiento de la verdad. Yo, subjetividad por excelencia, alcanzo la objetividad, no negando mi determinación subjetiva, no puedo saltar fuera de mi propia sombra, sino asumiéndola. La subjetividad es la verdad en cuanto función de un yo, de un centro de existencia que descubre en sí mismo, es decir, en su vida, la realidad radical.

---

61. Basil Matthews, *Supreme Encounter* (1940), p. 151.

62. G.W.F. Hegel, *Lecciones sobre la filosofía de la historia universal* (1980), p. 111.

Los griegos intuyeron algo de esto; sabían que el intelecto no puede divorciarse completamente de la voluntad ni de las emociones; los afectos, como el intelecto, intervienen en el conocimiento racional. Cuando uno contempla una obra de arte y la aprecia, obtendrá una mejor compresión que si la mira indiferente, como si se tratara de diseccionar una cadáver con la ayuda de instrumental técnico, pues las cosas sólo nos devuelven su mirada y nos revelan su íntimo secreto cuando las miramos con amor. "El amor viene primero, después el entendimiento." La pena, se quejaba Lord Eccles, es que nadie en sus días de estudiante en Cambridge, aparte de Monty Randall, había traducido esta experiencia a las categorías de la religión. "Nadie sugirió que quizás éste era también el primer paso hacia el conocimiento de Dios.[63]"

No hay razón que exista por sí, es decir, como entidad cognoscitiva independiente del sujeto cognoscente; la razón, la razón humana, es siempre razón de éste o aquél individuo, es en todo momento *razón encarnada*. Está soportada por una persona que es conciencia de realidad, racional e irracional, lógica y pasión. No es la razón abstracta la que puede probarnos la existencia de una Razón Suprema, "que tendría a su vez que sustentarse sobre lo Supremo Irracional, sobre la Conciencia Universal. Y la revelación sentimental e imaginativa, por amor, por fe, por obra de personalización, de esa Conciencia Suprema, es la que nos lleva a creer en el Dios vivo.[64]" La razón, afirma en nuestros días Antonio Escohotado, es un *distrito del sentimiento*.

7. Experiencia de Dios

Habiendo considerado todo lo anterior estamos en condiciones favorables de enfrentarnos calmada y positivamente a la contribución que han hecho a fe cristiana aquellos que enfatizan la experiencia religiosa.

---

63. Lord Eccles, *Half-Way to Faith* (1966), p. 24.

64. Miguel de Unamuno, *Del sentimiento trágico*, p. 161.

CAPÍTULO VIII. La dialéctica de la personalidad

Por experiencia religiosa entendemos el sentido de dependencia, como fundamento basal de la religión

En la Biblia encontramos hombres y mujeres en contacto directo con la divinidad. Para ellos la conciencia religiosa descansaba más en su experiencia con lo *numinoso*, por emplear un término común en este campo, que en argumentos de tipo racional. La religión hebrea se distingue por la importancia que concede a la experiencia religiosa de primera mano. El helenismo, por contra, pese a toda su religiosidad, siempre estaba tentado a terminar en ese racionalismo extremo que es inseparable del panteísmo. La tradición hebrea, por su constante referencia al contacto personal con la divinidad, con el «Dios vivo», salvó el verdadero sentido de la religión. "Una vez que el árbol de la religión es separado de sus raíces empíricas, muere pronto, o al menos queda moribundo. La experiencia religiosa, cuando se entiende correctamente, en sentido teísta, descansa en tres pilares básicos: lo empírico, lo ontológico y lo axiológico.[65]" Ninguna teología actual debería evitar su confrontación con el método experimental de Schleiermacher, esté o no de acuerdo con él. Cuando Schleiermacher definía la religión como el *sentimiento de la absoluta dependencia*, «sentimiento» significaba la conciencia inmediata de algo incondicional, en el sentido de la tradición agustiniana y franciscana. El término «sentimiento» no hacía referencia, en esta tradición, a una función psicológica, sino a la conciencia de lo que trasciende el entendimiento y la voluntad, el sujeto y el objeto. La *experiencia*, como dirá Tillich, no es la fuente de la que proceden los contenidos de la fe, sino el medio a través del cual los recibimos existencialmente. Una mirada penetrante a la condición humana destruye toda teología que haga de la experiencia una fuente independiente de la teología sistemática en lugar de un elemento mediador que depende de ella[66].

En la Escritura la creencia religiosa está fundada en el poder revelatorio de Dios, del que los creyentes tienen experiencia. Dios sale al encuentro del hombre en la zarza, o en la nube, en los ríos o en lo cotidiano de un

---

65. Lindsay Dewar, *Man and God* (1935), pp. 221, 239.

66. Paul Tillich, *Teología sistemática*, (1982) vol. I "El ser y Dios".

taller de alfarería. Israel cree en base a la intervención empírica de Dios en su historia y acontecimientos políticos y cotidianos. El Jehová hebreo no es una entidad metafísica, se trata de una fuerza personal viviente. Como tal es adorado por Israel, y así "una fe viva era posible pese a la ambigüedad y vacilación respecto a la concepción misma de la divinidad, que a nuestra manera de pensar nos parece lo más esencial.[67]" En nuestros días, y desde la reflexión filosófica, Unamuno ha vindicado este Dios vivo como lo más propio del pensamiento y de la experiencia vital religiosa. "Y este Dios vivo, tu Dios, nuestro Dios, está en mí, está en ti, vive en nosotros y nosotros vivimos, nos movemos y somos en Él. Y está en nosotros por el hambre que de Él tenemos, por el anhelo, haciéndose apetecer.[68]" Este es uno de los pilares más sólidos y fundamentales de la teología cristiana: El amor a Dios es una respuesta del amor de Dios. Le amamos, dice el apóstol Juan, porque él nos amó primero. La razón de ser de este comportamiento divino es nuestro ser radicados en él. "Dios es siempre primero, Dios tiene siempre la iniciativa, Dios es el que abre los caminos que luego el hombre anda. También los de su conocimiento. Las potencias y los actos del hombre no podrían ir tras de Dios si el ser humano todo no fuera ya un lugar de la presencia de Dios y un ámbito de su revelación.[69]"

Los niveles más profundos de la experiencia humana están abiertos al contacto con la realidad divina, que es fondo y fundamento del ser, lo transcendental humano. Otto lo denominó «lo Santo», que se revela en la experiencia. Es gracioso-soberano porque nosotros no lo encontramos, sino que él nos encuentra a nosotros; no le conocemos, pero nosotros somos conocidos por él. No le asimos, puesto que es Él quien nos persigue y alcanza. "Pues quizá no sea necesario decir que el delirio de persecución obliga a perseguir y quien lo padece no sabe, no puede discernir si persigue o es perseguido. Su conducta observada desde afuera es la de quien persigue, pero él va arrastrado, inocente de su acción. Y así, cuando el

---

67. W. Robertson Smith, *The Prophets of Israel* (1882), p. 63.

68. Unamuno, *Del sentimiento trágico*, p. 161.

69. Olegario González de Cardenal, *Meditación teológica desde España*, p. 91. Sígueme, Salamanca 1970.

CAPÍTULO VIII. La dialéctica de la personalidad

delirio culmine en la demanda "Permíteme Señor que vea tu cara", lo hará en el máximo de la exasperación, en el límite de su resistencia tras de una agotadora lucha.[70]"

La vida del hombre se mueve, consciente o inconscientemente, a instancias del problema de Dios. Si no fuera así, le sería imposible al hombre reconocer a Dios como Dios, ni siquiera en una revelación de Dios. "Dentro del ser humano habita un saber existencial de Dios bajo la forma de una cuestión que puede revestir nombres diferentes: felicidad, salvación, sentido, autenticidad. Incluso si no se obtiene el derecho a designar semejantes cuestiones como la cuestión de Dios, el fenómeno como tal constituye la relación vivencial con la revelación.[71]" Mi religión, decía Unamuno, "es buscar la verdad en la vida y la vida en la verdad, aun a sabiendas de que no he de encontrarlas mientras viva; religión es luchar incesante e incansablemente con el misterio; mi religión es luchar con Dios desde el romper del alba hasta el caer de la noche, como dicen que con Él luchó Jacob. No puedo transigir con aquello del Inconocible —o Incognoscible, como escriben los pedantes— ni con aquello otro de «de aquí no pasarás». Rechazo el eterno *ignorabimus*. Y en todo caso quiero trepar a lo inaccesible.[72]" "Creer en Dios es en primera instancia querer que haya Dios, no poder vivir sin Él.[73]" Esta parece ser la línea de pensamiento que señala el famoso dicho de Tertuliano; *credo quia imposible*, creo porque es imposible, que dicho así bruscamente y en seco hiere nuestros oídos, pero que revela un deseo y un contacto con la realidad divina que es su propia evidencia, imposible a la razón en cuanto la transciende[74].

---

70. María Zambrano, *El hombre y lo divino* (1991), p. 31. En lo más hondo de la relación del hombre con Dios anida, escribe Zambrano, la *persecución*: se está perseguido sin tregua por Él.

71. Henri Bouillard, *op. cit.*, p. 129.

72. Unamuno, *Mi religión*, p. 10.

73. Unamuno, *Del sentimiento*, p. 154.

74. Cf. 47. Edward G. Selwyn, *The Approach to Christianity* (1925), p. 78.

Dios no es objeto de visión intelectual, sino término de interés infinito que mueve constantemente la existencia a realizarse trascendiéndose. Ser cristiano demanda una respuesta integral, que incluye toda la persona. Entonces la fe deviene primordialmente *fiducia*, que es la actitud personal por excelencia, si se tiene en cuenta que el objeto esencial de la fe es la entrega a un Dios personal, no entendido como persona sino como el poder que hace que la persona sea. Quienes están en sintonía con Dios, a tono con Él, saben al momento que están en la verdad, cuyo soporte mediador es la misma experiencia por la que nos sentimos inmensamente interesados en el fundamento de nuestro ser, en su posibilidad y proyección. De este modo, Anselmo tiene razón, y con él la gran tradición que afirma que, "el orden correcto de proceder en la fe es primero creer las cosas profundas de la fe antes de discutirlas por medio de la razón.[75]" Menos que esto es negar la naturaleza personal del conocimiento. Desde otro punto de vista, podemos concluir con Tomás de Aquino que "donde hay amor, hay visión" (*Ubi amor, ibi oculus*), es decir, que conocemos amando, que amando conocemos. Mente y corazón unidos en un solo acto. Objetividad y subjetividad reconciliados en el amor divino.

---

75. Anselmo de Canterbury, *Cur Deus Homo*, Lib. I, Cap. 2.

IX

FRONTERAS DE LA FILOSOFÍA Y LA TEOLOGÍA

1. Notas finales sobre filosofía y religión

La salvación que el cristianismo proclama y en cuya esencia consiste, no es una salvación del "poder de la razón", como si ésta fuese un enemigo a vencer, sino del "poder del pecado" que anula el ejercicio libre y pleno de la razón. La relación fe/razón, filosofía/cristianismo no debe ser de enfrentamiento sino de diálogo abierto y crítico no interrumpido. Cuando una persona se convierte en nada disminuye su capacidad intelectual, al contrario, la eleva a campos de reflexión y conocimiento que antes le estaban ocultos, no en virtud de ningún esoterismo religioso, sino de su propia condición personal accesible a la relación con Dios. No es lo mismo, tanto en moral como en epistemología, amar o ignorar a Dios. Quien desprecia a una persona se condena a ignorarla para siempre, por más trato que tenga con la misma. Pero quien establece una relación de simpatía con ella, hasta el más leve roce descubre significaciones infinitas. Dios, el ser personal por excelencia, que está más allá de la persona en cuanto la sustenta, sólo se revela donde se establece esa recíproca relación afectiva que llamamos amor. "La capacidad comprensiva del amor supera la de la pura inteligencia" (José Mª Solé).

Según la teología cristiana el pecado afecta a la razón en la misma medida que afecta a la totalidad de la persona y de sus facultades ánimicas y corporales. Aunque suene demasiado duro decirlo, el mal de corrupción afecta por completo e íntegramente a la existencia personal. Dentro de este esquema no es posible decir que la razón ocupa un lugar privilegiado de inmaculada incorrupción, como si fuese "divina" por naturaleza, mientras que el resto de la personalidad se encontraría en situación de pecado. El pecado, según la Biblia, es un mal adquirido por la persona en su ser y no un defecto de su comportamiento social e individual. De ahí que la razón necesite la fe, en cuanto ésta es superación del pecado —razón salvada— en la simpatía de la existencia, que es comunión con Dios.

La razón, al ser una dote del ser humano sometida a las condiciones de la existencia, y no un principio independiente ajeno a las debilidades humanas, demasiado humanas, de su dueño, no es idéntica a lo "razonable". Lo razonable en un momento concreto puede no serlo en el momento siguiente. La fe considera que su creencia no está en contra de lo auténticamente razonable, sino en contra de lo aparentemente razonable, que suele ser el campo de batalla entre la filosofía y el cristianismo en todas las épocas.

La razón es una facultad funcional del individuo, el mecanismo por el que se abre a las ideas, al espíritu y a la realidad. La razón *pura* —caída del cielo, sin adscripción personal— es una abstracción intelectual a la que no obedece ningún hecho objetivo. La razón opera siempre en condiciones de existencia, como miembro de un sujeto vivo, que resulta ser un hombre/ mujer altamente complejo y problemático. El ideal de racionalidad es la meta a la que debe aspirar el individuo pero en la que no se encuentra de inmediato. En este sentido y en este área, salvación cristiana significa ponerse en orden uno mismo en relación al reino de Dios que nos llama al desarrollo integral de nuestra persona, y tan grave es creer que la razón es un principio autónomo e incontaminado por el pecado como pensar que la salvación del pecado supone la anulación o anestesia de la razón[1]. La fe no es irrazonable, ni la razón es increyente. La fe cristiana es optimista respecto a la verdad y su poder de alcanzar la verdad.

No hay nada más triste y lamentable para un cristiano que creer que el ejercicio de la fe supone el descuido de la razón o que el intelecto es la causa de todos los males, mientras que la salvación consiste en la negación de la racionalidad humana, condenada por Dios a sus propias fantasías.

---

1. Frederic Greeves, *The Meaning of Sin* (1956), pp. 60-61.

CAPÍTULO IX. Fronteras de la Filosofía y la Teología

Esto no puede ser. La fe no exime a nadie del ejercicio de la razón, sino todo lo contrario, lo exige. Lo que el cristianismo reclama tocante a la filosofía es una *razón más informada*, que no excluya *a priori* los postulados de la fe, frente a una *razón desinformada* que rechaza por sistema los contenidos de la fe. En este caso el conflicto no sería entre fe y razón, sino entre fe y razonabilidad, que como la lógica, puede ser la mayor enemiga de la verdad.

La relación correcta entre fe y razón, entre revelación divina y ciencia humana, entre conocimiento científico o filosófico y conocimiento religioso, es un viejo campo de batalla donde nunca se termina de hacer las paces por el carácter temporal del descubrimiento de las partes. No hace mucho que Donald Bloesch resucitó este debate con un resultado bastante pobre. No le ha ayudado para nada el estilo aforístico que usa en toda su obra. "Mantengo —escribe— que cada filosofía representa la racionalización de una falsa teología o religión, y que la verdadera teología necesariamente excluye la filosofía; no sus problemas, ni tampoco su lenguaje, sino su concepción del mundo, sus afirmaciones metafísicas. En contraposición a Tillich, creo que la teología y la filosofía no son simplemente dos caminos paralelos de entender la realidad, sino que cada una se refiere a dos realidades fundamentalmente distintas... La relación entre teología y filosofía no es de síntesis o correlación, sino de conflicto y contradicción.[2]" Nada más lejos de la verdad.

1.1. Hacia un conocimiento integrador

En los capítulos anteriores hemos procurado mostrar la irracionalidad de oponer y enfrentar la fe a la razón, creando falsas antítesis que para nada son necesarias. Es defecto común a muchos autores hablar de contradicción allí donde se muestran incapaces de ofrecer una solución que integre la verdad de ambas partes en una unidad más elevada. Repasemos brevemente los postulados iniciales de la fe para comprender mejor así sus implicaciones.

Primero tenemos en el origen a Dios como creador, centro y destino del universo. Por decirlo con dos textos bíblicos, al comienzo y al final de

---
2. D.G. Bloesch, *A Theology of Word & Spirit* (1992), p. 43.

las Escrituras. "En el principio creó Dios los cielos y la tierra" (*Génesis 1:1*). "Vi un cielo nuevo y una tierra nueva. Y Dios morará con ellos; y ellos serán su pueblo, y Dios mismo estará con ellos como su Dios" (*Apocalipsis 21:1,3*). La verdad es predicado de lo real, Dios es fundamento de la realidad, luego toda verdad es verdad de Dios. Por tanto, el mundo en que vivimos es un mundo revelacional, por más que negros nubarrones cubran su geografía en algún que otro lugar. La fe que toma en serio las implicaciones de su contenido, está obligada a desarrollar una reflexión sintética o integrativa, donde los diferentes órdenes del saber se correlacionen por la base que los une: Dios como fundamento y posibilidad de lo que hay y de cuanto puede haber. En este sentido la apologética es la filosofía de la revelación. Es decir, la exposición razonada y crítica de los fundamentos de la fe, de su contenido e implicaciones. La filosofía es un ejercicio de claridad respecto a la realidad que nos rodea, la revelación es la claridad manifestada, desvelada, respecto al origen y fundamento de toda actividad humana: su radicalidad en Dios. En Dios radicamos —tenemos nuestro ser y meta— y a Él se elevan nuestras más auténticas aspiraciones. "Dios se revela en el pensamiento y se manifiesta a la inteligencia. Todo pensamiento verdadero de Dios es en sí mismo pensamiento divino; pensamiento, es decir, aquello que no es arbitrario ni accidental, sino en lo que la mente individual rinde su estrecho individualismo para entrar en la región de la verdad absoluta y universal. Por tanto, si el conocimiento racional o especulativo es, desde un punto de vista, conocimiento humano de Dios, es, desde otro, conocimiento de Dios por Él mismo.[3]"

La doctrina de Dios, por su misma naturaleza, se relaciona con todo lo que entra en la esfera del conocimiento humano. Nuestro mundo depende de Él, por consiguiente una perspectiva sistemática de Dios conlleva una visión general del mundo *mediante* Dios. Dios es el concepto que define la realidad más universal que haya entrado en la mente humana, que provee la unidad del universo que nos rodea y de la vida que somos. Decir Dios es incluir todo y no dejar nada fuera. No se trata sólo de aquella

---

3. John Caird, *An Introduction to the Philosophy of Religion* (1880), p. 48.

CAPÍTULO IX. Fronteras de la Filosofía y la Teología

realidad suprasensible y *cuasi* literalmente personal sentada sobre un trono elevado *por encima* de toda la creación, sino del que *circunvala*, rodea el universo entero en un abrazo eterno. Toda verdad es verdad sobre Dios, en cuanto que nada cae fuera de su ser. En este sentido, aunque la fe cristiana no es una metafísica revelada, ni una revelación científica de la realidad, es, sin embargo, el punto de partida por el que la mente cristiana entiende racionalmente la verdad adquirida por fe. La fe nos atrae y nos seduce, nos lleva a Dios, pero no para perdernos en Él en una especie de experiencia mística inefable, sino que el Dios que nos atrae a su divina realidad es el mismo que nos devuelve a la realidad del mundo, limpios los ojos y el corazón con una nueva visión y más esclarecido entendimiento. "Todo lo que el hombre conoce —de Dios y del mundo— tiene que prestarse a la construcción de un todo intelectual y coherente. Todo lo que uno sabe, como cristiano, o como estudiante de ciencias naturales, históricas, antropológicas o arqueológicas, tiene que ser capaz de semejante construcción; de modo que nuestra doctrina de Dios, en lugar de ser provocativamente indiferente, suponga el principio al cual esta construcción se adecúe. Nos engañamos a nosotros mismos cuando intentamos eludir las dificultades de la tarea que tenemos por delante, negando la relación esencial que la teología ha de guardar con todos los problemas y resultados de nuestra mente y de nuestra vida.[4]"

El mundo está compuesto de una pieza, nuestra mente busca unidad. Nada hay más irritante que dividir la experiencia en compartimentos separados e incomunicados, donde el intelecto es prisionero de sus propias ideas. Cualquier persona pueda ser un excelente cristiano sin tener que ser científico o filósofo, pero desde el momento que alguien comienza a reflexionar en el contenido de su fe a la luz del intelecto y de la vasta realidad de la que forma parte, tiene que estar dispuesto a correlacionar armoniosamente en una unidad superior todos los conocimientos físicos, metafísicos y religiosos que posea. En particular tiene que mostrar la perfecta racionalidad de la ciencia, la historia, la moral referida a la idea Dios. "De la palabra «Dios» sólo se hace uso significativamente cuando

---
4. James Denny, *Studies in Theology* (1899), p. 1.

por ella se entiende aquel poder que determina todo lo que existe. A la tarea de la teología compete una comprensión de todos los existentes de cara a Dios, de manera que prescindiendo de Dios no puedan ser comprendidos. Esto es lo que constituye su universalidad.[5]"

1.2. Salvación es racionalidad integral

En un principio el movimiento cristiano, centrado en torno a la persona, vida, muerte y resurrección de Jesús, se manifestó como un movimiento espiritual, esencialmente soteriológico, que obedecía a la angustia representada por la pregunta: "¿Qué he de hacer para ser salvo?" Los salvos, los que escuchaban y creían la promesa del perdón de los pecados anunciada en el Evangelio, pasaban a formar parte de una comunidad cuyo comportamiento se diferenciaba de judíos y griegos por igual. Para muchos ésto es el todo de la experiencia cristiana primitiva: un modo de vida antes que un sistema teológico. Lo que después, y en nuestros días, se llamará "ortopraxia" frente a "ortodoxia". Sin embargo no hay motivos para vanos enfrentamientos, ni razones para levantar aquí murallas de separación. *Ser salvo* es una experiencia omnicomprensiva que supone toda una concepción radical del mundo. Se es salvo de un algo respecto a alguien, ese algo es el pecado y ese alguien es Dios. Pero no para ahí la cosa. El pecado no es este o aquel acto que uno comete maliciosamente, sino un mal profundo que afecta por entero al ser personal; Dios no es un nombre para un ser cualquiera, sino concretamente el Dios de Israel, a la luz de la nueva comprensión revelada por Cristo. La relación de perdón y justicia entre el Dios santo y el hombre pecador no es una cuestión sencilla. Supone una mediación que el hombre no puede aportar. Cuando dejamos a un lado la inmediatez de la experiencia y entramos en su formulación lógica, es ineludible hacer algunas preguntas al respecto y afanarse por la búsqueda de conceptos que sean fieles a esa experiencia y su explicitación verbal, sin falsearla ni reducirla. Por ejemplo, ¿cuál es la naturaleza exacta de la mediación entre Dios y el hombre? ¿Qué supone para un pecador ser salvo, cómo lo sabe y en qué deviene? La experiencia cristiana de

---

5. Wolfhart Pannenberg, *Cuestiones fundamentales de teología sistemática* (1976), p. 15.

CAPÍTULO IX. Fronteras de la Filosofía y la Teología

salvación implica un determinado conocimiento del hombre y de Dios que no se reduce a un saber espiritual ni se agota en el saber científico. La fe cristiana es *experiencia* de realidad, y por tanto el más complejo *sistema de pensamiento*, pues que la realidad se manifiesta al intelecto y sólo por él se deja atrapar. La fe, don divino en cuanto movimiento de adhesión a Dios por el que uno recibe la salvación, *exige* la razón y la reflexión. La razón y la reflexión son necesarias en cuanto medios para alcanzar la verdadera plenitud humana revelada en el Evangelio. La fe no substituye la reflexión, sino que por el contrario marca el comienzo del viaje real: la comprensión de Dios y del hombre. La fe, dirá Agustín, coloca al creyente en el camino verdadero, le muestra la dirección exacta, ahora, y sólo ahora, es posible crecer en el entendimiento; de modo y manera que todas las esferas de la investigación humana se hallan comprometidas en conseguir una mejor comprensión de la revelación aportada por el Evangelio y contenida en las Escrituras. La fe es la base fundamental y la fuente de todo pensamiento cristiano que, comenzando por las Escrituras, se extiende a las distintas disciplinas del intelecto humano. La fe, aunque se encuentra más allá del posible alcance del esfuerzo intelectual propio del hombre, forma parte de la *philosophia* «cristiana». "Una filosofía sin fe está condenado al error y la distorsión. La «filosofía» cristiana es un fuerzo por lograr aquello que toda filosofía, tanto cristiana como pagana, quiere lograr: «la única razón que tiene el hombre para filosofar es la de querer alcanzar la felicidad» (Agustín, *De Civ. Dei*, XIX, I.3). La filosofía, en último extremo, es la búsqueda de la beatitud por el hombre, y comprende no sólo su fe y su expansión en la plenitud de su conocimiento, sino también su voluntad y su amor.[6]" La positiva actitud de Agustín respecto a la filosofía se halla determinada por su doctrina de la creación divina por la que el ser humano ha sido dotado por Dios de razón superior a los animales. "Lejos sea de nosotros el suponer que Dios aborrece en nosotros aquello en virtud de lo cual Él nos ha hecho superiores a los animales. Lejos sea de nosotros, digo, la idea de que debiéramos creer en orden a que por ello pudiéramos rechazar la razón, o cesar en nuestra búsqueda;

---

6. A.H. Armstrong y R.A. Markus, *Fe cristiana y filosofía griega* (1964), p. 159.

puesto que ni aun creer podríamos si no poseyéramos almas racionales" (*Ep.* 120.3). En síntesis moderna podemos decir que el cristianismo no quiere desestimar el valor de la razón, al contrario, desea más bien su exaltación. "Y cree que su exaltación debe realizarse en la integridad del acto, en el cual la fe y la razón se subliman recíprocamente, porque en él la fe casi se anticipa a la razón, y la razón tiene a la fe despierta con sus interrogantes.[7]"

Cuando el cristianismo, de matriz hebrea y origen palestino, traspasa sus fronteras y emprende su carrera evangelizadora en medio del mundo helénico, se vio obligado a entenderse a sí mismo en relación a esa nueva mentalidad con vistas a hacer comprensible su fe a la mente de sus contemporáneos, impregnada de ideas provenientes de las filosofías estoica y platónica y otros elementos. Durante cinco siglos los pensadores cristianos se esforzaron en plantear en sus términos correctos la relación entre la fe y la filosofía, cuyo proceso de reconciliación nunca dejó de completarse. Sin embargo se dio un consenso unánime en presentar la fe cristiana como meta y corona de la filosofía pagana. "¿Puede —se pregunta Agustín— el paganismo, producir una filosofía mejor que nuestra filosofía cristiana, la única verdadera?" (*C. Julian.* IV, 14-72). Minucio Félix, el Cicerón cristiano del siglo II, después haber señalado algunas anticipaciones cristianas en el pensamiento griego, concluye con una frase que recuerda a Platón (*Rep.* 473D): "O bien los cristianos son ahora filósofos, o los filósofos habían sido ya cristianos" (*Oct.* 20.1). Los reformadores de formación humanística, como Zwinglio, Bucer, Oecolampadio y Calvino también, consideraban que había muchos destellos de verdad evangélica en la filosofía griega Desde los días del apóstol Pablo los cristianos han considerado lo mejor del paganismo como una anticipación de la verdad plena del cristianismo, sin que esto signifique ignorancia del abismo que los separaba. Los pensadores cristianos siempre han sido conscientes de la diferencia tan grande que hay entre la filosofía pagana y la fe cristiana, que desde un principio sonó a "locura" a aquélla. No fue una tarea fácil ni

---

7. Armando Carlini, *El dogma cristiano* (1960), p. 61.

CAPÍTULO IX. Fronteras de la Filosofía y la Teología

plácida mostrar sus coincidencias convergentes. Como alguien ha dicho, necesitaron las dotes del químico capaz de extraer de una sustancia *per se* venenosa elementos saludables y beneficiosos.

Casi durante medio milenio los pensadores cristianos persiguieron y se esforzaron en construir una síntesis de fe y razón que no puede ser menospreciada ligeramente por ninguno de nosotros. "Por muy pobre que sea nuestra valoración de la obra de los Padres helenistas, al menos tenemos que reconocer que, tocante al lugar y función que asignaron al pensamiento especulativo, ellos fueron los pioneros de la filosofía religiosa de Occidente.[8]" De hecho, según Carlini, toda la filosofía moderna es resultado de la filosofía del cristianismo; toda ella se agitará en torno al problema planteado por el cristianismo[9]. Para Hegel la importancia de los Padres de los primeros siglos de la era cristiana es mucho más importante que su contribución filosófica, alcanza la eclesiología de todos los tiempos, ya que ellos "crearon" la Iglesia al dotarla de una teología y una filosofía sistemáticas. La *crearon* en el sentido de que la *preservaron* de ser disuelta en una religión de corte metafísico y moralista al rechazar como heréticas las pretensiones gnósticas y pelagianas, verdaderas amenazas para la fe. "Crearon la Iglesia, ya que el espíritu desarrollado necesita siempre de una doctrina desarrollada.[10]" "Una religión divorciada de pensamiento riguroso y elevado se ve en el curso entero de la historia de la Iglesia que siempre ha tendido a resultar débil, árida y poco saludable; en tanto que el intelecto, privado de sus derechos dentro de la religión, ha buscado su satisfacción fuera y se ha transformado en un racionalismo secular.[11]"

---

8. George Galloway, *The Philosophy of Religion* (1914), p. 5.

9. Armando Carlini, *op. cit.*, p. 16.

10. G.W.F. Hegel, *Lecciones sobre la historia de la filosofía*, vol. III (1977), p. 91.

11. James Orr, *Concepción cristiana de Dios y el mundo* (1992), p. 30.

2. Modelos de pensamiento hebreo y griego

Intimamente relacionado con el lugar y empleo de la filosofía en la teología, se encuentra el problema de la "helenización" del cristianismo, teoría propuesta por Adolf Harnack y su escuela, según la cual, el helenismo es una intrusión ajena a la fe, tendente a desfigurarla, a desvirtuarla. Harnack dijo que la diferencia existente entre la herejía gnóstica, de orientación claramente filosófico-especulativa, y la ortodoxia cristiana, de orientación apostólica y metodología helénica, se halla en el hecho de que el gnosticismo emprendió sin tapujos la radical helenización de la cristiandad, mientras que la ortodoxia recorrió y aceptó indirectamente un proceso lento y gradual de helenización. Ortega y Gasset, muy dado a las afirmaciones magisteriales, asentó sin lugar a dudas que "el logos griego traiciona constante e inevitablemente la intuición cristiana.[12]" Algunos cristianos que dan por supuesta con demasiada facilidad la verdad de esta teoría o prejuicio, hablan apresuradamente de eliminar lo griego y recuperar lo hebreo, considerado éste como lo más propio del cristianismo, frente a la "corrupción" helénica, la impureza del pensamiento griego infiltrado en el pensamiento judeo-cristiano.

Como ocurre en tantos asuntos, aquí, una vez más, observamos ese peculiar tipo de distorsión perceptiva que afecta específicamente a aquellos más dispuestos a señalar diferencias y buscar contradicciones y demostrarlas mediante recursos literarios apelando a la antigüedad entendida desde la modernidad y no desde su realidad matriz y original, con los múltiples factores intelectuales y generacionales que intervinieron. No es fácil hacerse idea de la realidad de una época atendiendo sólo a la evolución de la ideas por vía de comparación. El tráfico e intercambio de ideas surgen de maneras insospechadas, pero, lo que es más importante, cada época tiene sus peculiares problemas y centros de interés sobre el que gravitan sus especulaciones, cuyo contagio imperceptible es difícil de explicar. A veces, el ser contemporáneos es más importante que el ser compatriotas.

---

12. José Ortega y Gasset, *En torno a Galileo*, p. 123.

CAPÍTULO IX. *Fronteras de la Filosofía y la Teología*

La llamada "helenización" del cristianismo puede considerarse desde otro ángulo, que es su opuesto: la "cristianización" del helenismo. Si lo que nos preocupa es el abuso y la deformación cristiana por parte del pensamiento griego, no es menos serio ni menos grave descristianizar la fe reduciéndola a una versión ampliada de la religión hebrea. El cristianismo no se paganiza ni se deforma mediante el recurso a la filosofía, todo lo contrario, se salva de la reducción pagana de corte tribal y mistérico. La fe cristiana es aspiración de universalidad. Su saber es un saber válido para todos los hombres de todos los tiempos y de todas las culturas. A la universalidad de su fe corresponde inevitablemente el empleo de la terminología filosófica en curso, como el medio intelectual de dar cuenta y razón de la realidad, en cuyo corazón se afinca la fe. El pensamiento filosófico tiene derecho a ser reconciliado y no ser pasado por alto. Como reclamaba Hegel, el principio cristiano tiene que corresponder al pensamiento en general[13]. El apóstol Pablo, sin irnos más lejos, construye la primera teología cristiana propiamente dicha, utilizando conceptos griegos, sin por eso desnaturalizar la fe de Cristo, al contrario, le otorga toda su dimensión universal, y en un sentido, coloca las bases sobre las que está fundamentada la cultura occidental. Pablo, el judío fariseo, convertido a la fe en Cristo, que habla y escribe griego, que utiliza los conceptos del pensamiento helénico para expresar sus nuevas vivencias religiosas, que es ciudadano romano e invoca el derecho romano, está juntando por primera vez en la historia los tres elementos sobre los que se funda Occidente: la religión judeo-cristiana, el pensamiento filósofico griego y el derecho romano[14]. Quienes buscan purificar la fe *puramente* cristiana de la contaminación filosófica helenista cometen una y otra vez el error de no entender el carácter conceptual de la fe que se encarna en el pensamiento humano existente, aunque transcendiéndolo infinitamente por la revelación. Si la teología cristiana recurrió a la razón griega y a sus métodos no lo hizo por compromiso con la sabiduría humana, sino porque segura de su transcendencia dentro de la Palabra de Dios, no está

---

13. Hegel, *op. cit.*, p. 83.

14. Julián Marías, "Filosofía y cristianismo", p. 17. *Cuenta y Razón*, nº 4. Madrid, otoño 1981.

circunscrita al uso de estos u otros métodos, sino libre de usarlos conforme a su necesidad[15]. Sin enfrentar la metafísica bíblica a la filosofía griega, podemos pensar que la transcendencia de la revelación de Dios en Cristo, que supera a ambas, recurre a una y otra según las ventajas que le ofrecen sin dejarse atar por ninguna, conforme a aquel dicho paulino: "Todo me está permitido. Sí, pero no todo aprovecha. Todo me está permitido, pero yo no me dejaré dominar por nada" (*1ª Corintios 6:12*). Cuando el cristianismo entra en contacto con un mundo cultural que hasta ese momento le es desconocido, adopta algunos elementos de ese nuevo mundo, los asimila, se los apropia, al mismo tiempo que rechaza, critica y corrige otros. "Por eso se habla de que el cristianismo, cuando se encuentra con una cultura, suele observar un principio de «conexión y oposición». Las dos cosas, entiéndase bien: conexión y oposición.[16]" Continuidad y discontinuidad, son los términos empleados por Bultmann.

La teología se distingue de la filosofía en su método y alcance. Ésta pregunta por el conjunto de la realidad sobre la base de la experiencia cotidiana y científica de esa realidad, el cristiano, en cambio, pregunta por el significado universal que a esta realidad imprime el ser de Dios y la manifestación de Cristo. La teología no tiene que inventarse su propio lenguaje, le es dado en la experiencia humana y especialmente en la conceptualización filosófica; por cuanto la teología es reflexión sobre la realidad de Dios en el mundo y su manifestación en Cristo, está obligada a transformar hasta el fondo las ideas y los conceptos filosóficos que encuentra y que está obligada a usar, "porque es así y en esa medida como, desde el acontecimiento de Cristo, el conjunto de la realidad aparece iluminado con una luz nueva.[17]" Transformar no es tergiversar, toda filosofía emplea modificándolo para sus propósitos el idioma que al reflexionar se encuentra. Si el lenguaje no pudiera adaptarse a las nuevas experiencias del hombre perdería su función de instrumento creador e intelectivo. La

---

15. Cf. M.D. Chenu, *¿Es ciencia la teología?* Casal y Vall, Andorra 1959.

16. Gisbert Greshake, *Más fuertes que la muerte*, p. 92. Sal Terrae, Sandanter 1981.

17. W. Pannenberg, *op. cit.*, p. 44.

CAPÍTULO IX. Fronteras de la Filosofía y la Teología

filosofía es, desde su principio, operación altamente transformativa y transfiguradora. La filosofía no se conforma con la contemplación interpretativa, es técnica —*techne*— que incide en el mundo para modificarlo y transformarlo. "Al mismo tiempo que el lenguaje sintetiza una interpretación del mundo, proyecta continuamente alternativas y cambios a la visión más o menos establecida.[18]" Así la teología tiene por necesidad que transformar el lenguaje que se encuentra para desarrollar la experiencia y la realidad de su nuevo ser en Cristo. En cada nueva generación el Espíritu se ve obligado a quebrar los rígidos moldes de la letra a fin de hacerse entender en las nuevas situaciones. La revelación cristiana transciende por naturaleza los sistemas y métodos de una época cualquiera. "Esto significa que tanto el proceso de asimilación como el de rechazo y crítica debe derivar de los dictámenes fundamentales de la fe y que tienen en éstos su firme punto de referencia.[19]"

El pensamiento cristiano que busca la simplicidad del pensamiento bíblico, sin aditamentos posteriores, tiene que cuidarse de caer en la trampa de una anti-metafísica más metafísica que la de sus predecesores[20]. Lo que debemos decir y tener en cuenta es que la revelación cristiana trasciende tanto su matriz hebrea como su logos griego. "Preserva al mismo tiempo los valores perennes de la religión hebrea y las intuiciones validas de la filosofía helénica, pero colocándolas en un nuevo contexto.[21]" El contexto aportado por la realidad de Cristo y su significación para la experiencia personal.

2.1. Observación histórica

Los cristianos de los primeros siglos, pletóricos de fe y celo misionero, recurrieron a la filosofía greco-romana con el deseo de ganarla mediante

---

18. Emilio Lledó, *La filosofía, hoy* (1973), p. 109.

19. Joseph Ratzinger, en *Problemas de la Iglesia de hoy*, p. 21. BAC, Madrid 1975.

20. A pesar de su reacción negativa a la filosofía Van Til fue consciente de este peligro. Cf. Cornelio Van Til, *A Christian Theory of Knowledge* (1969), p. 317.

21. D.G. Bloesch, *op. cit.*, p. 47.

la fe, no adaptando ésta a aquélla, sino transfigurando la filosofía desde el resplandor divino de la revelación. La situación es muy distinta en la época de la Ilustración, con la que se inicia la radical separación entre la fe y la razón, la razón y la fe. La situación es distinta no tanto por las barreras de tiempo y cultura que los siglos han impuesto, como la orientación y la situación radicalmente distintas a la fe cristiana que se han producido. La Ilustración no vive del entusiasmo de la fe, sino todo lo contrario, está cansada de la versión eclesial del cristianismo y lo siente como un peso muerto del que busca liberarse. Por eso la teología de la Ilustración es cada vez menos teología y más filosofía, filosofía moral. Aquí sí que se produce una desfiguración racionalista del cristianismo. Los hombres de aquella época parten de una situación de crisis de fe y en su desorientación espiritual recurren a lo único que parecía prometer seguridad: la razón, el racionalismo. La teología se somete a la filosofía, muy al contrario de la patrística y de la escolástica que se sirve de la filosofía y la somete a su imperio. Aunque todo lenguaje conlleva una filosofía de la vida, los apologistas y teólogos de los primeros siglos no buscan adaptar su fe a los conceptos reinantes de la época, sino utilizar éstos en la medida que les ayudan a esclarecer las verdades contenidas en la revelación.

La situación anímica, el temple humano, también era muy diferente. Los teólogos de la Ilustración viven la decadencia de la religión, están hartos de ella, después de haber visto los campos de Europa ensangrentados por guerras cuyo telón de fondo era la misma fe religiosa compartida por los distintos bandos contendientes. Los teólogos patrísticos y escolásticos respiran el entusiasmo de lo descubridores. Para ellos la fe les abre puertas y mundos que les permiten un acceso más amplio a la realidad. La filosofía de la Ilustración se siente fuerte y conquistadora, una vez liberada del tutelaje religioso, por cuya teología siente un mal disimulado desprecio. Por contra, la filosofía greco-latina de la decadencia romana, que los apologistas enfrentan, sufre los achaques la ancianidad y es fácil presa de caza. Mientras en un caso los filósofos son primero cristianos y después filósofos, en otro son primero filósofos y después aparentar ser lo que ya no son: cristianos.

En síntesis atrevida, por confiada, Agustín identificó filosofía y culto a Dios, conforme a la siguiente lógica creyente: la filosofía es amor a la

CAPÍTULO IX. Fronteras de la Filosofía y la Teología

sabiduría. La sabiduría es Dios. Luego la filosofía es el amor de Dios, y el culto de Dios, tal como se expresa en el vocablo griego (*eusebia*). Y como la sabiduría de Dios es Cristo, el verdadero filósofo es el cristiano auténtico, discípulo y amante de Cristo. Con esta operación Agustín no ha cristianizado sin más la filosofía griega, ni bautizó externamente el pensamiento heleno. Al contrario, "la obra de Agustín consiste más bien en la inserción de la filosofía griega en el pensar cristiano. No ha hecho descender la ciencia cristiana al nivel de la filosofía griega; hizo ascender la filosofía platónica al nivel de la teología cristiana.[22]" En una palabra, Agustín teologizó la filosofía griega y con ello indicó la dirección a las siguientes generaciones. La grandeza de una cultura, especialmente la cristiana, reside en su capacidad de dar y recibir, o sea, asimilar lo ajeno hasta hacerlo propio. Guiados por la fe los cristianos de todos los tiempos tienen que discernir y descubrir en medio de las voces de los hombres la voz de Dios que lucha por implantarse.

3. Más allá de la esclavitud y de la enemistad fe/filosofía

La filosofía como actividad reflexiva —racional— es la contrapartida y hermana gemela de la religión como asombro, como receptora de una revelación transcendente que encuentra en el corazón mismo de la vida como misterio. Tertuliano, el iconoclasta filosófico, decía que el alma humana es *naturaliter christiana* (naturalmente cristiana), y que por tanto la revelación no cae como un meteorito celeste en una tierra completamente ajeno a ella. La revelación está inserta en la raíz misma del problema de nuestra existencia. "La revelación revela el hombre a sí mismo" (Carlini). Desde su exilio del Edén el hombre se ha encontrado en el mundo como hombre solamente. Han pasado miles de años, pero el hombre se ha lamentado siempre de no encontrar en el mundo una razón plausible de su existencia. Mientras que el hombre busca la razón de su existencia en la existencia misma del mundo, no puede llegar a otra conclusión que la

---

22. Angel González Alvarez, *Manual de historia de la filosofía* (1960), p. 153.

desesperación y la náusea. "Vanidad de vanidades, dijo el Predicador; vanidad de vanidades, todo es vanidad" (*Eclesiastés 1:2*). El cristianismo dirige la atención del hombre no ya para mirar al mundo exterior, fuera de sí, sino al mundo interior, dentro de sí. "Zarandeada por las vicisitudes de la vida, la persona piensa generalmente en todo menos en sí misma; se mira y considera del mismo modo que la consideran los demás, es decir, por fuera. El hombre religioso es el que no se deja absorber por el mundo, sino que busca la soledad dentro de sí mismo, donde su Dios, espiritualidad pura, se hace sensible para él en ese germen de la pura conciencia propia que constituye su verdadera personalidad.[23]" La fe cristiana es ciertamente una verdad revelada por Dios, "pero se debe añadir y determinar que es una verdad que concierne no a algo distinto de nosotros, sino a nosotros mismos, o sea, al sentido y al valor de la existencia del hombre en el mundo, incluso también a su relación con el mundo y Dios. La revelación cristiana no es un filosofema ni un principio para resolver los enigmas de la ciencia y del mundo o de la profecía de un oráculo que nos revela algún arcano. Agustín se sintió muy dichoso cuando expresó el sentido cristiano de la verdad con las memorables palabras: *Noli foras ire: in interiore homine habitat veritas*. No en el exterior, sino en el interior habita la verdad.[24]" En un lenguaje que luego adoptará Descartes, Agustín dice: Puedo engañarme en otras cosas, pero no me engaño en la certeza de existir a mí mismo. Es la certeza aun en el error, en la duda, en el sueño. Yo existo a mí mismo. Conciencia de mí mismo que es, al mismo tiempo, amor de mí mismo, amor de mi existir y de mi saber" (*Civ. Dei*, XI, 26). La revelación cristiana es la encargada de revelar al mundo este amor existencial radicado en la existencia manifestada del amor de Dios. Repárese que este amor a la vida, a la propia existencia, no es evidente por vía racional o filosófica en grandes sectores de la humanidad que en lugar del yo, de la persona, colocan la nada y el puro pesimismo de vivir. El cristianismo, al revelarnos como personas ante Dios, nos rescata de la nada y nos revela a nosotros mismos como seres para la gloria. Esta es la

---

23. Armando Carlini, *El Yo de Cristo y el yo humano* (1961), p. 30

24. Armando Carlini, *El dogma cristiano*, p. 65.

CAPÍTULO IX. Fronteras de la Filosofía y la Teología

felicidad y la dicha a la que por naturaleza todos aspiramos. "En la existencia humana hay un *saber existentivo* sobre Dios que está vivo como pregunta por la «felicidad», por la «salvación», por el sentido del mundo y de la historia, como pregunta sobre la autenticidad del propio ser. Aunque el derecho a designar tal pregunta como pregunta sobre Dios se adquiere sólo por la fe en la revelación divina, el fenómeno como tal es la relación real a la revelación.[25]"

Como dijimos en el primer capítulo de esta obra, Dios ha renunciado al derecho de imponer su presencia en el mundo, es decir, Dios es *negable*, el ateísmo es posible psicológica e intelectualmente. Dios no se revela al hombre en el mundo, sino que se revela al mundo en el hombre. Las cosas del mundo implican a Dios, pero no lo revelan, porque "Dios, si es, es una revelación del espíritu, y sólo a través del espíritu es reencontrable", al decir del agustiniano Muñoz Alonso. Para que esta revelación acontezca es necesaria la *intención*, la *voluntad* del que busca. "Negar a Dios es *negarse* a Dios." Si el hombre no se *trasciende* a sí mismo, Dios no se revela. El hombre *intrascendente* se clausura en el ámbito cerrado de lo humano. Dios no es una explosión de la naturaleza, o el sueño dormido en ella, como tampoco un producto de la actividad inmanente del pensamiento, sino una presencialidad que adviene mediante la conversión del pensamiento en *cogitatio*[26] del hombre sobre sí mismo[27].

Si al conocimiento de Dios se accede por revelación, entonces el contenido de esa revelación es *transcendente* a cualquier sistema de pensamiento espacio temporal, goza de una *autonomía absoluta*, desde la que, sin miedos ni oportunismo, puede postular la *autonomía relativa* de los dos términos inseparables en el acto de nuestro existir a nosotros mismos: fe y razón. Autonomía *relativa*, relacionada una a la otra, porque un término siempre presupone al otro y viceversa: creo para comprender,

---

25. Rudolf Bultmann, *Creer y comprender*, vol. II (1976), p. 191.

26. *Cogitatio*, en términos del autor, es el plano primario y ontológico de la conciencia personal, en reflexión sobre un ámbito nocional o prelógico del espíritu.

27. Adolfo Muñoz Alonso, *Dios, ateísmo y fe* (1972).

comprendo para creer (*Credo ut intelligam, intelligo ut credam*). La razón y la fe, aunque estrechamente ligadas, tienen sin embargo una relativa y auténtica *autonomía* que asegura así la realidad de la distinción[28]. No es que la razón se emancipe de la fe, ni que la fe se desentienda de la razón, sino que una y otra gozan de su propia esfera de autonomía, que correctamente entendidas se mantienen en relación dinámica con la revelación divina. Una no es *sierva* de la otra, como durante un tiempo se creyó, ni tampoco su *enemiga*, como más tarde se llegó a pensar, sino aspectos diversos de una misma condición existencial. Al parecer, en el día de hoy, tanto la filosofía como la teología "se han hecho sobrias y cautas al medir sus posibilidades, ahora ambas renuncian a aquellas pretensiones sistemáticas y totalizadoras de siglos pasados. Con ello, dos autonomías cada vez más diferenciadas, atentas cada una a trabajar en el propio campo, sin crear dificultades al vecino"[29], y por otra parte, capaces de correlacionarse creativamente. Ambas están sometidas a las condiciones de la existencia y en su preocupación última por la verdad de las cosas veneran a Dios cada una a su modo.

4. Filosofía "cristiana"

¿Existe propiamente una filosofía a la que calificar de cristiana? A comienzos de los años treinta fue éste tema de actualidad en el mundo católico, con Gilson por una parte y Bréhier por otra. Se trataba de determinar hasta qué punto puede establecerse un vínculo unitario entre el carácter racional de la filosofía y el conjunto de verdades reveladas de la doctrina cristiana, de tal manera que "filosofía cristiana" fuera algo de lo que se pudiera hablar con sentido. Por lo dicho se deduce que no existe filosofía cristiana, propiamente hablando, sino actividad filosófica de raíz cristiana, como expresión del individuo que desde su fe pregunta e inquiere

---

28. Cf. Armando Carlini, *op. cit.*, p. 73.

29. Luis Martínez Gómez, *Philosophica, al filo de la historia* (1987), p. 310.

CAPÍTULO IX. Fronteras de la Filosofía y la Teología

por la inteligibilidad racional de su creencia y la comprensión de la totalidad de todo cuanto es en referencia a Dios y su revelación. "El cristianismo no es una filosofía, ni siquiera una ideología: es una religión; pero una religión que, sin embargo, lleva consigo una visión de la realidad, una interpretación de la realidad, una manera de entenderla y, todavía más, de sentirse en ella. La única significación aceptable de la expresión «filosofía cristiana» es esta: *la filosofía de los cristianos en cuanto tales*[30]" Ya Hegel había hecho notar que no existe filosofía "cristiana" como no hay zapatería cristiana, sino zapateros cristianos que hacen zapatos. "La filosofía no es cristiana ni no cristiana, es filosofía en cualquiera de sus manifestaciones, y éstas son por necesidad muchas, dadas las limitaciones del hombres que las hace y las diversas y cambiantes situaciones históricas en que la hace.[31]" Podemos decir que la fe cristiana, aunque en sí misma no es una filosofía, determina el curso del pensamiento, realizando lo que Brunner llamó una *tarea regulativa*[32]. Como Julián Marías observó, el cristianismo origina a la larga —muy a la larga— dentro del pensamiento filosófico *un cambio de perspectiva*, un nuevo punto de vista, un desplazamiento de la importancia de las cuestiones, un problema que antes no lo era. El problema del ser personal y de su radical apertura a lo absoluto que se inician con Agustín. El problema planteado por el cristianismo es más hondo y radical que el de la filosofía griega, supone un descenso al subsuelo de lo que es la filosofía griega. "Toda la filosofía helénica resulta penúltima, porque la cuestión última es precisamente pensar la realidad del ser creador, de Dios creador.[33]" Con Agustín el pensamiento cristiano llega a Dios creador partiendo de la persona, de la intimidad, del yo. Cuando a Dios se busca por el mundo, como lo intentará la apologética de corte aristotélico,

---

30. Julián Marías, *op. cit.*, p. 11.

31. Luis Martínez Gómez, *op. cit.*, p. 310.

32. "The Christian Faith itself, however, determines the course of thought, performing, we might say, a regulative rather than a constructive function" (Carta de Emil Brunner a William Temple, en F.A. Iremonger, *William Temple, Archbishop of Canterbury*, p. 531. Oxford University Press, Londres 1950, 5ª ed.).

33. Julián Marías, *op. cit.*, p. 25.

difícilmente se encuentra, pero cuando uno entra en sí mismo es cuando puede descubrir la huella de Dios en él, descubrirse como *imago Dei*, imagen de Dios. Es otra manera de decir que Dios es el fundamento y la posibilidad de ser, de ser yo, de ser una persona gracias a la suprapersonalidad divina. En Cristo el hombre entiende que su ser auténtico no tiene origen en el mundo de los fenómenos y que no encuentra allí su plenitud. En el estado de naturaleza no encuentra lo que debe ser. El animal sí es por naturaleza lo que debe ser, pero esto no ocurre con el hombre. El hombre no está insertado en la naturaleza —más bien se opone a ella—, sino en la historia. "Si en el helenismo surge la biografía como exposición de vidas individuales orientadas por el ideal, en el cristianismo aparece la autobiografía como descripción de la vida individual guiada por Dios.[34]" El ser auténtico del hombre está patente ante Dios como nuevo ser en Cristo.

Por eso venimos diciendo que a Dios se le encuentra en la vida, en la vida personal. Dios está radicado en la existencia individual, "es allí donde primariamente se lo puede encontrar, donde más se manifiesta, es decir, *en mí*. San Agustín recurre rigurosamente a su yo: *Mihi questio factus sum*, me he hecho cuestión de mí mismo (o a mí mismo). No se trata de preguntar «qué es el hombre», a lo cual se podría contestar: «animal racional», o «animal político», o «animal social», como contestaría Aristóteles. No es eso: no es «el hombre» sino «yo». *Me he hecho cuestión de mí mismo*. Y cuando san Agustín dice *Neque ego ipse capio totum quod sum*, ni yo mismo comprendo todo lo que soy, quiere decir que mi propia realidad me excede y rebasa, y no soy dueño de ella, porque me remite a algo que está más allá, y que sería necesario para su conocimiento. Este planteamiento es totalmente nuevo, nada tiene que ver con el pensamiento helénico o romano.

"Naturalmente, san Agustín, para formular ese problema, recurrirá al pensamiento griego: ¿a qué va a recurrir? Los conceptos, los recursos, serán helénicos o romanos. Pero el problema, no; la perspectiva, tampoco; la motivación, en modo alguno. Yo necesito saber quién soy, y no entiendo

---

34. Rudolf Bultmann, *op. cit.*, p. 96.

CAPÍTULO IX. Fronteras de la Filosofía y la Teología

quién soy si no comprendo *toda mi realidad*, que no es reductible a una cosa, sino que es una persona. A esto llamará san Agustín *spiritus* o *anima*, algo definido por la entrada en sí mismo, la interioridad, la intimidad, donde me descubro como *imago Dei*. Yo necesito, por consiguiente, conocer a Dios para saber quién soy, y la única manera de que conozca a Dios es profundizar en mí mismo, llevar hasta el extremo la comprensión de esa imagen, porque sólo así podré entrever o conocer de algún modo esa realidad de la cual soy imagen, y que es precisamente la divinidad, el ser creador, que sostiene en su existencia toda la realidad creada, y a mí a su imagen y según su semejanza.[35]"

Ciertamente no existe algo así como filosofía "cristiana" como tal, pero sí una peculiar visión filosófica, que al nacer al calor y al problema planteados por el cristianismo aporta una serie de ideas y perspectivas que nos llevan a aprehender la elusiva realidad desde su raíz y fundamento.

4.1. Filosofía escolástica

La filosofía que se hizo durante toda la Edad Media era una filosofía virtualmente cristiana en el sentido de estar imbrincada en la teología eclesial y participar de la creencia aceptada por la generalidad de los europeos: el cristianismo. Filósofos y teólogos participaban de los mismos problemas y respiraban el mismo clima de pensamiento. Razonaban desde el punto de vista cristiano y en virtud de sus presupuestos el resultado de su filosofía era "cristiano". A pesar de esto no nos está permitido deducir que fue un período de aburrida monotonía e insustancial uniformidad. Grabmann y Gilson se han encargado de mostrar la riqueza, variedad y complejidad de la filosofía medieval.

Los pensadores de la época enfrentaron los mismos problemas: Dios, el ser, tiempo y eternidad, inmortalidad del alma, pero desde el punto de vista radical que eran cada cual. Charles E. Curran utiliza una descripción gráfica bastante acertada: "fidelidad creativa". El ser humano es pura creatividad, todo lo que toca y hace es necesariamente original y creativo, es lo suyo, lo suyo propio, su aportación personal única e intransferible.

---

35. Julián Marías, *op. cit.*, p. 27.

La Edad Media es un período de tiempo suficientemente largo como para producir una gran variedad y riqueza filosófica. Cada generación hereda un número de respuestas y problemas, a la vez que estrena una nueva realidad en la que decide ser fiel a lo dado o tirar por otro camino. En el caso de los filósofos medievales escogieron fidelidad al conjunto de creencias cristianas en auténtico espíritu creador. No se limitaron a repetirse ni a ser meros portavoces de la ideología oficial. Se tomaron más libertades de las que podemos sospechar. Fieles creativamente, creativamente fieles. Curran llama la atención a uno de los teólogos y filósofos más grandes de la tradición católica: Tomás de Aquino. Aquino, como la mayoría sabe, no se conformó con repetir mecánicamente lo que otros habían dicho antes de él. De hecho, su método al recurrir al pensamiento de Aristóteles, supuso una verdadera revolución en las academias europeas de la época. Fue la suya una decisión originalmente creativa. "Escogió el pensamiento de una persona que nunca conoció a Jesús y que, probablemente, nunca creyó en Dios, como un medio de alcanzar un conocimiento mejor de la fe cristiana.[36]" Su ejemplo es digno de imitar en nuestros días y está en armonía con lo dicho por los grandes apologistas de todos los tiempos[37].

4.2. Metafilosofía cristiana

Desde un ángulo distinto, radicalmente tomista, Santiago Ramírez quería hacernos comprender la filosofía "cristiana" como una especie de *metafilosofía*, en la que intervienen elementos tan heterogénos y difíciles de conciliar racionalmente como la "naturaleza" y la "gracia". "La llamada filosofía cristiana no es, en realidad, el cristianismo, ni brota propiamente de él, sino junto a él y teniendo en cuenta lo que enseña y significa. Es una filosofía que no pierde su naturaleza y autonomía de tal. Por eso, dentro

---

36. Charles E. Curran, "Prólogo", en Richard Penaskovic, ed. *Theology & Authority* (1987), p. xii. Curran añade: "No es suficiente repetir lo que se dijo en el pasado, la palabra de Cristo y su obra tiene que entenderse y apropiarse a la luz de las circunstancias contemporáneas de tiempo, lugar y cultura."

37. Por ejemplo Van Til, que representa una versión apologética "única", reconoce que "uno puede emplear el lenguaje de cualquier escuela de filosofía, pero, como teólogo, ha de estar libre del control de toda filosofía" (*Apologetics* (1966), p. 31)

CAPÍTULO IX. Fronteras de la Filosofía y la Teología

de ella caben muy diversos matices. El tomismo es uno de ellos... El cristianismo no es propiamente una filosofía, sino una superfilosofía: mejor dicho, una fe y una vida sobrenatural que radican en lo divino. Mas no contradicen a la vida propiamente humana, sino que la sublima y perfecciona, divinizándola.[38]" La metafilosofía cristiana no queda falseada por los motivos sobrenaturales de fe: Dios, salvación, inmortalidad del alma, sino que conducen la filosofía al fondo de la misma, que es su *inserción* en la realidad fundante de Dios, cuando se da en fe, y *deserción* cuando se presenta en rechazo. En virtud de su transcendencia y universalidad el pensamiento cristiano es difícil de formular de una vez y para siempre conforme a métodos y argumentos peculiares de una pueblo y de una época. Mientras el cristianismo prosperó entre los pueblos mediterráneos, partícipes de la tradición helénica, habló en su idioma y empleó su lógica, pero la nueva situación de *diáspora* entre todos los pueblos de la tierra hace suponer que un día puede recurrir a la mentalidad hindú, budista o bantú para presentar a esos pueblos, incluso a la cultura europea y occidental, una versión más cabal del significado cristiano. El pensamiento cristiano no se puede cerrar ni recluir en un determinado sistema: su misma transcendencia y universalidad le obliga a mantenerse siempre alerta, abierto libremente a la luz de la revelación divina[39]. Por haber ignorado esto las misiones cristianas han sufrido gravemente en su encuentro con otras culturas y retardado su acercamiento.

En la historia de la Iglesia y de teología nos encontramos con muchos cambios de paradigma sin que el núcleo de la fe se haya visto afectado, sino todo lo contrario. El protestantismo, por ejemplo, originó en filosofía un cambio de perspectiva, un nuevo punto de vista, un desplazamiento de importancia de las cuestiones, un problema que antes no lo era, o lo era de modo diverso: el individuo, la subjetividad, la persona, la historia, la existencia, la teoría del saber, la hermenéutica, todas piezas claves del pensamiento moderno. A este nuevo paradigma corresponde en teología el concepto de *gracia viva* como experiencia del amor de Dios, "gracia

---

38. Santiago Ramírez, *La filosofía de Ortega y Gasset*, p. 363. Herder, Barcelona 1958.

39. Cf. M.D. Chenu, *op. cit.*, p. 92.

experimental", frente a los conceptos escolásticos de *gracia cosificada* como sustancia, "gracia habitual, santificante", etc. Es un cristianismo que se vive desde el interior de la realidad, el *yo* liberado para la fe, el Dios que se manifiesta en la *intimidad*, conceptos que ya descubrimos en Agustín, pero que se habían como perdido, como escamoteado. No se olvide que la protesta reformada hay que juzgarla más por sus valores positivos: restauración de la frescura original del Evangelio de Cristo, que por sus denuncias críticas de los abusos del papado y de la jerarquía romana.

Por parte de la filosofía la dificultad para el cristianismo surge cuando se quiere angostar la experiencia vital del ser humano, reduciéndola a sus elementos mundanales y finitos, como ser-para-la-muerte, lo que para la fe cristiana significa un *ser para la gloria*, en cuanto participación en la vida de Cristo y manifestación final con él en gloria (*Colosenses 3:4*). Cuando la filosofía, o un concepto de la misma, de corte positivista, se quiere hacer pasar por señora y dueña de la realidad, en nombre de una determinada visión materialista del mundo, se equivoca. Se vuelve contra sí misma. Se da de baja de la vida a favor de un concepto aislado de la misma: la razón técnica racionalizante. "El racionalismo es lo opuesto a la filosofía, por el contenido y por la forma, pues vacía el contenido, despuebla el cielo y lo degrada todo a relaciones finitas; y su forma es un razonar no libre, no un comprender" (Hegel). La razón técnica olvida su fuente en el ser que razona (razón ontológica), la cual se manifiesta en su apertura a la totalidad de lo real, su *peso de gloria*.

La experiencia religiosa es una experiencia fundacional y, al igual que la filosofía, no se contenta con una comprensión de la realidad que signifique la exclusión de alguna parcela de la misma. La filosofía del hombre reformado, del hombre evangélico, quiere aspirar a la integración rigurosa de toda verdad auténtica en la verdad de Dios. De ese modo se salva a sí misma y contribuye a la salvación de las demás. En nombre de Cristo reclama como suya toda verdad que encuentra en las diversas perspectivas de sus congéneres, no para falsificarlas ni para imponerles una intención no deseada, sino para elevarlas en un nivel superior de integración, anticipando aquel día en "que Dios sea todo en todos" (*1ª Corintios 15:28*).

CAPÍTULO IX. Fronteras de la Filosofía y la Teología

4.3. Orientación y repertorio

El pensador cristiano no tiene por qué invadir el terreno de la filosofía para entrar en debate con ella, lo que hace, desde su experiencia creyente, es aportar una orientación filosófica desconocida al filósofo, interesante en sí misma no por lo que tiene de religión, sino de experiencia de la vida. El filósofo, que además es cristiano, producirá una filosofía "cristiana" en el sentido de introducir un juego de ideas y creencias conjugadas en la experiencia de fe, que es experiencia de realidad fundamental. En el mismo sentido, el filósofo que ha optado por una visión atea del mundo, producirá una clase diferente de filosofía conforme a su experiencia de la realidad. Tanto en un caso como en otro están actuando no sólo con sus facultades intelectuales, sino anímicas también.

Lo cristiano no puede dictar a lo filosófico qué ha de hacer, cómo regular su campo de trabajo y su método, pero sí aportar un repertorio de cuestiones que, por estar radicadas en la realidad de la que la experiencia da testimonio, contribuyan a poner en claro lo que más nos interesa, lo que más al fondo nos llega: nuestro *yo*, qué es de él y cuál el sentido de su existencia y su destino final, la muerte como *cesación* o la muerte como *acceso* a otra realidad, no última y final, pues el cristianismo no especula sobre la inmortalidad del alma, sino que predica algo mucho más radical y definitivo: la resurrección del cuerpo, la perdurabilidad de la persona, la integridad eterna de su ser, cuerpo, alma y espíritu.

La peculiaridad de la visión cristiana consiste en su trascendencia, no es una verdad descubierta filosóficamente, por vía de raciocinio y silogismos, sino una verdad recibida por revelación, nunca terminada de expresar completamente, siempre abierta a nuevas posibilidades en cuanto poder de experiencia que crea nuevos niveles de comprensión. El núcleo esencial de la fe permanece fiel a sí mismo, como una fuerza directora de permanente integridad en el devenir de los siglos y el correr de los sistemas de pensamiento. A riesgo de caer en un reduccionismo inaceptable para muchos que comparten la fe cristiana, podemos decir que la perspectiva cristiana que se mantiene desde su comienzo y cuyo desarrollo comprende las múltiples y variadas teologías que conviven dentro del mismo techo credencial cristiano, se pueden resumir en tres proposiciones básicas de corte netamente religioso:

a) El hombre, la mujer, tienen por *meta* adorar al único Dios creador del cielo y de la tierra, revelado en la persona de Jesucristo. Este tener por meta viene dado por el ser de *origen*: Dios como origen y fundamento del ser, lo que nos lleva a la siguiente proposición:

b) El hombre, la mujer, están creados por y para Dios. Pueden renegar a su destino, como de hecho lo hacen, o pueden ser fieles a él con la ayuda de la gracia. No es posible que el hombre pierda la trascendencia sin que deje de ser hombre. Mientras hay hombre hay Dios, que es su realidad fundante. "El hombre puede encubrirse a sí mismo, encubrir su origen, puede olvidarse para su conciencia, puede tergiversar. Pero también puede recuperarse.[40]" O expresado en nuestra tercera proposición:

c) El hombre, la mujer, tienen derecho a optar por una nueva vida gracias al amor y el perdón divinos manifestado en la vida y obra de Cristo en la cruz y otorgado gratuitamente por el amor de Dios. La salvación como recuperación está en analogía con la creación como origen. Dios nos regala el ser por primera vez, y nos lo vuelve a regalar cuando lo perdemos. "No podemos hacer de nuestra propia transformación un fin de nuestra voluntad; por el contrario, tiene que sernos regalada siempre que vivamos de tal manera que podamos experimentar el regalo.[41]"

Como se puede observar no se trata de filosofemas sino de experiencias originarias, fundantes, del ser humano. Pero reténgase esto: el testimonio último de la fe cristiana es la experiencia, no hay ninguna verdad, ni en filosofía ni en religión, que no sea verdad de experiencia. Experiencia que hunde sus raíces en la realidad radical de cada uno, la vida, la vida propia, "el enigma fundamental de encontrase uno en el mundo con tareas, problemas y posibilidades"

---

40. Karl Jaspers, *Origen y meta de la historia* (1980), p. 282.

41. *Id.*, p. 288.

CAPÍTULO IX. Fronteras de la Filosofía y la Teología

(Jaspers). Tanto en religión como en filosofía la experiencia, que supone un alto contenido intelectual, implica el conocimiento personal-comprometido-participativo de todas la vertientes de lo real, incluso las más altas[42]. Sólo de esta manera y en este lugar, la experiencia de la vida, Dios se revela, o no se revela en absoluto.

"No salgas de ti, vuelve a entrar dentro de ti mismo. La verdad habita en el interior del hombre. Y si ves que tu naturaleza es mutable trasciéndete a ti mismo. Pero no olvides que, al remontarte por encima de tu ser, te elevas sobre tu alma, que es dotada de razón. Encamina pues tus pasos hacia el lugar donde brilla la luz misma de la razón. ¿A dónde llegará todo buen pensador si no a la verdad? La verdad no llega hasta sí misma mediante el raciocinio, sino que es más bien la meta de todo caminante de la razón, mira entonces su armonía, que es la mayor posible, y vive en conformidad con ella. Confiesa que tú no eres la Verdad, pues ella no se busca a sí misma. Tú le diste alcance, al final de tu búsqueda, no atravesando los espacios sino deseando en tu espíritu que el hombre interior se una con el huésped de su alma, no en el abrazo de una felicidad baja y carnal, sino en el más alto y espiritual de los gozos[43]."

---

42. Cf. Alfonso López Quintás, "Complejidad y alcance de la experiencia filosófica", *ARBOR* nº 360, Madrid, diciembre 1975.

43. San Agustín, *La verdadera religión*, VI, xxxix.72.

ÍNDICE DE TEXTOS BÍBLICOS

Gn., 1:1,
— 29; 3:1,

Ex. 31:2; 35:30,34,

Deut. 18:18-22,

Am. 5:4,

Sal. 19:1-4,
— 23:1,
— 36:9,
— 42:1-3,
— 69:32,
— 104:24,
— 115:2-8, 16
— 119:67
— 139:7-12,

Pr. 1:7,
— 9:7,9

Ecl., 1:2
— 1:8,
Cnt., 8:6,

Is. 40:18-26; 41:21
— 53,
— 64;1ss.,

Jer. 9:8-9,
— 28:11,
— 29:8

Hab. 1:1
— 2:4,

Mt. 5:8,
— 5:49,
— 6:10,
— 6:27,
— 7:3-4,
— 7:4,
— 8:17,
— 15:6,
— 19:23,
— 24,
— 25:41,
— 27:46,

Mr. 4:22,
— 5,
— 7:4,
— 12:34,
— 13,
— 15:34,

Lc. 1:53; 6:24,
— 11:28,
— 15:18,
— 17:21,
— 21,
— 23:9, 11,
— 23:33,

Jn. 1:9,
— 1:14, 16,
— 3:3,
— 3:16,
— 5:40, 42,
— 7:16,
— 7:17,
— 7:44,
— 8:43-44,
— 10:10,
— 10:27,
— 12:20, 23,
— 12:25,
— 12:49,
— 13:31,
— 14:6,
— 16:6ss,
— 15:1,
— 16:13,
— 17:1,

Hch. 2:22,
— 2:23, 3:14-15 y 17,
— 2:36,
— 2:37, 36,
— 9:22,
— 13:24,
— 14:16,17,
— 16:14,
— 17:2-4; 19:8-10,
— 17:16-34,
— 17:18,

— 17:23,
— 17:28,
— 26:28,

Ro. 1:14,
— 1:18,
— 1:19-21,
— 1:19-25,
— 1:21-23,
— 2:15,
— 7:18,24,25,
— 10:10,
— 12:1,
— 12:3,

1ª Co. 1,
— 1:24,
— 1:25,
— 2:4,
— 2:6-7,
— 2:11,12,
— 3:10,
— 3:11,
— 3:15,
— 4:6,
— 6:5; 15:34,
— 6:12,
— 10:26,
— 11:2,
— 12,
— 13:12,
— 15:28,
— 15:54-55,

2ª Cor. 5:17,
— 5:19,
— 10:4-5,
— 10:5,
— 13:8,
— 13:5,

ÍNDICE DE TEXTOS BÍBLICOS

Ef. 1:9-10,
— 2:1,

Col. 1:16,
— 1:17,
— 2:1-15,
— 2:15,
— 3:4,

Fil. 5:5,

1ª Ts. 2:1-12,
— 4:1ss.,

2ª Ts. 2:5,
— 3:6,

1ª Ti. 1:3-7,
— 4:7,
— 6:16,

2ª Ti. 2:15,

Heb. 1:3,
— 11:3,

Stg. 1:17,
— 1:19,
— 4:17,

1ª Pd. 3:15,

2ª Pd. 1:20,
— 3:15-16,
— 3:16,

1ª Jn. 4:1,
— 4:7-8,

Ap. 1:8,
— 5:6,
— 21:1,3,
— 22:5,
— 22:2,

GLOSARIO DE NOMBRES

ABELARDO, Pedro (1079-1142). Teólogo y filósofo francés.
ABELLAN, José Luis (1923-). Filósofo e historiador del pensamiento español.
ABRIL CASELLO, Vidal, Investigador numerario del C.S.I.C..
AGUSTÍN (354-430). Teólogo y obispo de Hipona.
ALBERTO Magno (1193-1280). Teólogo dominico alemán.
ANDERSON, Robert (1841-1918). Escritor evangélico británico.
ANSELMO (1033-1109). Teólogo y filósofo, arzobispo de Canterbury.
AQUINO, Tomás (1225-1274). Teólogo y filósofo escolástico.
ARAYA, Guillermo. Ensayista español.
ARISTÓTELES (384-322 a.C.). Filósofo griego.
AROSTETGUI, Antonio (1922-). Ensayista y filósofo español.
AYALA, Francisco (1906-). Escritor y sociólogo español.
AZORIN (1863-1967). Escritor español.

BALMES, Jaime (1810-1848). Filósofo católico catalán.
BALTHASAR, Hans Urs von (1905-1987). Teólogo católico suizo.
BAKER, Albert E. Profesor de Filosofía estadounidense.
BALLESTERO, Manuel. Filósofo español radicado en Francia.
BANKS, John S. (1835-1875). Teólogo metodista inglés.
BARTH, Karl (1886-1968). Teólogo protestante alemán.
BAVINCK, Herman (1854-1921). Teólogo reformado holandés.
BERDIAEV, Nicolás (1874-1948). Escritor y pensador ruso ortodoxo.
BERGSON, Henri (1859-1941). Filósofo vitalista francés.
BERKELEY, George (1685-1753). Clérigo espiscopal y filósofo irlandés.
BERKHOF, Hendrikus (1914-). Teólogo protestante holandés.
BERKOUWER, G.C. (1903-). Teólogo reformado holandés.
BERR, Henri (1863-1954). Historiador francés, y Director del Centro Internacional Síntesis.

FILOSOFÍA Y CRISTIANISMO

BERTALANFFY, Ludwig von (1901-1972). Biólogo austríaco.
BLOCH, Ernst (1885-1977). Filósofo marxista alemán.
BLOESCH, Donald G. (1928-). Teólogo evangélico estadounidense.
BLONDEL, Maurice (1861-1941). Filósofo católico francés.
BOCACCIO, Juan (1313-1375). Escritor italiano.
BOECIO, A.M.T. Severino (480-524). Estadista y filósofo cristiano.
BOFILL Y BOFILL, Jaime (1910-1965). Filósofo tomista catalán.
BONHOEFFER, Dietrich (1906-1945). Teólogo luterano alemán.
BOUILLARD, Henri. Teólogo católico francés.
BRÉHIER, Emile. Teólogo católico.
BROWM, Colin (1932-). Teólogo anglicano y profesor de Filosofía.
BROWM, Harold O.J. Teólogo evangélico estadounidense.
BRUCE, Alexander B. (1831-1899). Teólogo presbiteriano escocés.
BRUCE, F.F. (1910-1990). Erudito evangélico del Nuevo Testamento.
BRUNNER, August (1894-). Jesuita y filósofo católico alemán.
BRUNNER, Emil (1899-1966). Teólogo protestante suizo.
BRUNO, Giordano (1548-1600). Filósofo italiano.
BUENAVENTURA (1221-1274). Místico y teólogo escolástico.
BULLINGER, Enrique (1504-1575). Reformador suizo.
BULTMANN, Rudolf (1884-1976). Teólogo luterano alemán.
BUSHNELL, Horace (1802-1876). Teólogo congregacional estadounidense.
BUSWELLL, J. Oliver (1895-1975). Teólogo reformado estadounidense.
BUTLER, Joseph (1659-1752). Apologista anglicano.

CADOUX, C.J. Profesor de Historia de la Iglesia inglés.
CAIRD, John (1820-1898). Teólogo y filósofo escocés.
CALVINO, Juan (1509-1564). Reformador ginebrino de origen francés.
CAPANAGA, Victorino. Escritor agustino español.
CARLINI, Armando (1878-1959). Filósofo católico italiano.
CARPINTERO, Helio. Ensayista español.
CARSON, Herbert. Escritor y pastor evangélico inglés.
CARRASCO, Norberto (1934-). Periodista español.
CASSERLEY, V. Langmead Casserley (1909-). Teólogo y filósofo británico.
CASTRO, Américo (1885-1972). Ensayista e historiador español.
CATURELLY, Alberto.
CENCILLO, Luis (1923-). Jesuita, psicólogo, teólogo y filósofo español.
CERNI, Ricardo. Pastor presbiteriano español.
CHENU, M.D. Teólogo católico francés.
CLARK, Gordon H. (1902-1986). Filósofo y teólogo calvinista estadounidense.
CLARKE, William Newton (1841-1912). Teólogo bautista estadounidense.

GLOSARIO DE NOMBRES

CLAVELL, Luis. Filósofo católico español.
CLEMENTE de Alejandría (c. 150-c.215). Director de la Escuela cristiana de Alejandría.
COCHRANE, Charles N. Historiador inglés.
COIMBRA, Leonardo (1883-). Filósofo espiritualista portugués.
COLLINS, L.J. Teólogo anglicano, Subdirector de Westcott House de Cambridge.
COOK, Stanley A. Profesor de Hebreo en la Universidad de Cambridge.
CREHAN, Josehp H. Teólogo jesuita inglés.
CRISOSTOMO, Juan (347-407). Patriarca de Constantinopla.
CUDWORTH, Ralph (1617-1688). Teólogo anglicano y filósofo platonista.
CULLMANN, Oscar (1902-). Teólogo luterano y erudito del Nuevo Testamento.
CURRAN, Charles E. Profesor de Teología Moral en la Universidad Católica de América.

DABNEY, Robert L. (1820-1898). Teólogo presbiteriano estadounidense.
DANIELOU, Jean (1905-). Teólogo católico y cardenal francés.
DAWKINS, Richard. Científico británico.
DELEMEAU, Jean (1923-). Profesor de historia del Collège de Francia.
DELITZCH, Franz (1817-1890). Teólogo luterano.
DENNEY, James (1856-1917). Teólogo presbiteriano escocés.
DESCARTES, René (1596-1650). Filósofo francés.
DEWARD, Lindsay. Teólogo anglicano, canon y canciller de York.
DEWICK, E.C. Teólogo anglicano.
DÍAZ, Carlos (1944-), Filósofo personalista español.
DIBELIUS, Martin F. (1883-1947). Teólogo alemán.
DIEGO, Gerardo (1896-1987). Poeta español.
DILTHEY, Wilhelm (1833-1911). Filósofo historicista alemán.
DOSTOYEVSKI, Fedor (1821-1881). Escritor ortodoxo ruso.
DOYEWEERD, Herman (1894-1977). Profesor de Filosofía del Derecho en la Universidad Libre de Amsterdam.
DUNSTAN, J. Leslie. Teólogo protestante estadounidense.

ECCLES, John C. (1903-). Neurofisiólogo australiano.
EDWARDS, Jonathan (1703-1758). Teólogo y filósofo calvinista estadounidense.
EHRENBURG, Iliá (1891-1967). Escrior ruso.
EINSTEIN, Albert (1879-1955). Científico alemán.
EPICURO (342-270, a.C.). Filósofo griego.
ERASMO, Desiderio (c. 1469-1536). Humanista y teólogo católico holandés.
ERICKSON, Millard J. Teólogo evangélico estadounidense.
ESCOHOTADO, Antonio (1941-). Filósofo español.

ESCOTO, Duns (1266-1308). Filósofo medieval.
ESPINOZA, Baruch (1632-1677). Filósofo panteísta.

FAIRBAIRN, Aandrew Martin (1838-1912). Teólogo congregacional escocés.
FELIPE, León (1884-1968). Poéta español.
FARADAY, Michel (1791-1867). Científico inglés.
FARMER, Herbert Henry (1892-1981). Teólogo presbiteriano inglés, Professor en Westminster College y Cambridge.
FARRE, Luis (1902-). Filósofo español radicado en Argentina.
FERNANDEZ SUAREZ, Alvaro. Ensayista español.
FERRATER MORA, José (1912-1994). Filósofo catalán.
FERRE, Nels F.S. (1908-71), Teólogo americano de origen sueco.
FERRER, Urbano. Profesor universitario español.
FILÓN de Alejandría (25 a.C.-50 d.C.). Filósofo griego de origen judío.
FITCHE, J.G. (1762-1814). Filósofo alemán.
FLAUBERT, Gustave (1821-1880). Escritor francés.
FRAME, John M (1939-). Teólogo y apoligista reformado estadounidense.
FRIEDERICHSEN, Kay H. Escritor evangélico estadounidense.

GARVIE, A. E. (1861-1945). Teólogo congregacional inglés.
GALLOWAY, George (1861-1933). Profesor de Teología en la Universidad de San Andrés (Escocia).
GANIVET, Angel (1865-98). Escritor y ensayista español.
GAOS, José (1900-1969). Filósofo español, radicado en México.
GARCIA-BARO, Miguel. Profesor de Metafísica en la Universidad Complutense.
GARCIA CALVO, Agustín (1926-). Filósofo español y profesor de lenguas clásicas.
GARCIA ESCUDERO, José Mª (1916-). Jurista y periodista español.
GARCIA MATEO, R. Dr. por Tubinga, ensayista católico.
GARCIA MORENTE, Manuel (1886-1942). Filósofo español.
GARRAGORI, Paulino (1916-). Filósofo orteguiano español.
GEISLER, Norman L. (1932-). Teólogo y filósofo evangélico estadounidense.
GILSON, Etiénne H. (1884-1978). Filósofo tomista francés.
GLOVER, T.R. (1869-1943). Helenista británico.
GONZALEZ ALVAREZ, Angel (1916-). Filósofo español.
GONZALEZ DE CARDENAL, Olegario. Teólogo católico español.
GOYTISOLO, Juan (1931-). Escritor español.
GRABMANN, Martin. Historiador alemán de la filosofía de la Edad Media.
GRAU, José (1931-). Escritor y teólogo evangélico español.
GREEVES, Frederic. Profesor de Filosofía de la Religión en Didsbury College de Bristol.

GLOSARIO DE NOMBRES

GRESHAKE, Gisbert (1933-). Catedrático de teología dogmática e historia de los dogmas en la Universidad de Viena.
GUELINCX, Arnold (1624-1669). Filósofo calvinista francés.
GUITTON, Jean (1901-). Académico francés.
GUTIERREZ MARIN, Manuel (1906-1988). Teólogo protestante español.
GUZMAN, Domingo de (1170-1221). Fundador de los dominicos u Orden de Predicadores.

HARNACK, Adolf (1851-1930). Historiador eclesiástico alemán.
HEGEL, G.W.F. (1770-1831). Filósofo idealista alemán.
HEIDEGGER, Martin (1889-1976). Filósofo existencialista alemán.
HENDRIKSEN, William (1900-1982). Escritor calvinista y exégeta del Nuevo Testamento.
HERACLITO (535-475 a.C.). Filósofo griego presocrático.
HERODOTO (c. 480-c. 425 a.C.). Historiador griego.
HILDEBRANDT, Franz. Teólogo protestante alemán.
HODGE, Charles (1797-1878). Teólogo calvinista del Princeton Theological Seminary.
HODGSON, Leonard (1889-1969). Teólogo y filósofo inglés.
HOEKSEMA, Herman (1886-1965). Teólogo calvinista estadounidense.
HOOKER, Richard (1553-1600). Teólogo anglicano.
HOPWOOD, P.G.S. Teólogo congregacional inglés.
HOSPERS, John. Filósofo inglés.
HUME, David (1711-1776). Filósofo empirista escocés.
HUSSERL, Edmund (1859-1938). Filósofo alemán creador de la fenomelogía.
HUIZINGA, Juan (1872-1945). Filósofo de la Historia holandés.

IRENEO (s. II-III). Padre de la Iglesia y obispo de Lyon.

JASPERS, Karl (1883-1969). Filósofo existencial alemán.
JEREMIAS, Joachim (1900-1979). Teólogo y exégeta alemán.
JOLIVET, Regis. Teólogo católico francés.
JOSEFO, Flavio (s. I). Escritor judío romanizado.
JOVELLANOS, Gaspar M. (1744-1811). Escritor, político y sociólogo español.
JÜNGEL, Eberhard (1932-). Teólogo protestante alemán.
JUSTINO Mártir (c. 100-165). Padre de la Iglesia.

KANT, Inmanuel (1724-1804). Filósofo crítico alemán.
KASPER, Walter (1933-). Teólogo católico y obispo de Rottenburg-Stuttgart.
KEPLER, Johann (1571-1630). Astrónomo alemán.

FILOSOFÍA Y CRISTIANISMO

KIERKEGAARD, Soren (1813-1855). Filósofo cristiano-existencial danés.
KITAMORI, Kazoh (1914-). Teólogo luterano japonés.
KNUDSON, Albert Cornelius (1873-1953). Filósofo y teólogo metodista inglés.
KRAUSE, Karl C.F. (1781-1832). Filósofo panenteísta alemán.
KÜNG, Hans (1928-). Teólogo crítico-ecuménico alemán.
KUYPER, Abraham (1837-1920). Estadista, teólogo y filósofo reformado holandés.

LACROIX, Jean. Filósofo católico francés.
LAIN ENTRALGO, Pedro (1908-). Médico, académico, ensayista y filósofo español,
LAMONT, Daniel. Teólogo escocés.
LARRAÑETA, Rafael. Profesor de filosofía español.
LERTORA MENDOZA, Celina A.. Ensayista argentina.
LATOUR, Bruno. Ingeniero, sociólogo y filósofo francés.
LAWTON, Stewart. Profesor de teología inglés.
LEIBNIZ, G.W. (1646-11716). Filósofo ilustrado alemán.
LEWIS, C.S. (1898-1963). Escritor británico.
LINDSAY, James. Miembro de la Real Academia de Ciencia, Artes y Letras de Padua.
LOCKE, John (1630-1704). Filósofo ilustrado inglés.
LOPEZ ARANGUREN, José Luis (1909-1996). Filósofo católico español.
LÓPEZ QUINTÁS, Alfonso (1928-). Jesuita, pedagogo y filósofo español.
LOYOLA, Ignacio de (1491-1556). Fundador de los jesuitas, o Sociedad de Jesús.
LUTERO, Martin (1483-1546). Reformador alemán.

LLEDÓ, Emilio (1929-). Filósofo español.
LLOYD-JONES, David M. (1899-1989). Predicador evangélico inglés.

MACHADO, Antonio (1875-1939). Poeta español.
MACHEN, John G. (1881-1937). Teólogo reformado estadounidense.
MACKINTOSH, Hugh Ross (1870-1936). Teólogo presbiteriano escocés.
MACLEOD, Donald. Teólogo presbiteriano escocés.
MACMURRAY, John (1891-). Filósofo escocés, profesor de Filosofía Moral en la Universidad de Edimburgo.
MACQUARRIE, John (1919-). Teólogo y pensador anglicano escocés.
MADARIAGA, Salvador de (1886-1978). Diplomático y ensayista español.
MALENBRACHE, Nicolás (1638-1715). Filósofo francés.
MALHERBE, Abraham.
MARAÑON, Luis (1935-). Escritor y ensayista español.
MARCUSE, Herbert (1898-1979). Filósofo marxista alemán.
MARINA, José Antonio (1939-). Filósofo español.

GLOSARIO DE NOMBRES

MARÍAS, Julián (1914-). Filósofo orteguiano español.
MARITAIN, Jacques (1882-1973). Filósofo católico francés.
MARRERO, Vicente (1922-). Escritor español.
MARTIN VELASCO, J. Filósofo español.
MARTÍNEZ GÓMEZ, Luis (1911-1995). Jesuita español y profesor de Historia de la Filosofía.
MATHEWS, Basil J. (1879-1951). Ensayista y escritor metodista.
MATUTE, Ana María (1925-). Escritora catalana.
MELANCHTON, Felipe (1497-1560). Reformador alemán.
MENENDEZ Y PELAYO, Marcelino (1856-1912). Ensayista español.
MILL, John Stuart (1806-1873). Filósofo pragmatista inglés.
MILLAN-PUELLES, Antonio (1921-). Filósofo tomista español.
MOLTMANN, Jürgen (1926-). Teólogo protestante alemán.
MONTSERRAT, Javier (1943-). Jesuita y filósofo español, director de la revista *Pensamiento*.
MOORE, Peter C., apologista evangélico estadounidense.
MORE, Henry (1614-1687). Teólogo y filósofo platonista.
MORGAN, C. Campbell (1863-1945). Predicador evangélico británico.
MOSTERIN, Jesús. Profesor de Filosofía en la Universidad de Barcelona.
MOULE, H.C.G. (1841-1920). Teólogo y obispo anglicano.
MOUNIER, Emmanuel (1905-1950). Filósofo personalista francés.
MOUW, Richard. Teólogo evangélico estadounidense.
MULLINS, E.Y. (1860-1928). Teólogo bautista estadounidense.
MUÑOZ ALONSO, Adolfo (1915-1974). Filósofo agustino español.

NASH, Ronald H. Teólogo evangélico estadounidense.
NEILL, Stephen (1900-1984). Teólogo y obispo anglicano, profesor de Misiones y Filosofía y Religión.
NIEBUHR, Richard H. (1894-1962). Teólogo estadounidense.
NIETZSCHE, F.W. (1844-1900). Filósofo alemán.

OBERMAN, Heiko. Profesor alemán de historia del cristianismo.
OCKAM, Guillermo (1290-1349). Filósofo y teólogo nominalista.
O'COLLINS, Gerald. Jesuita australiano y decano de la Pontificia Universidad Gregoriana de Roma.
OLASAGASTI, Manuel (1924-). Filósofo español.
ORR, James (1844-1913). Teólogo y filósofo presbiteriano escocés.
ORTEGA Y GASSET, José (1883-1955). Filósofo español.
OTTO, Rudolf (1869-1937). Teólogo protestante alemán.

PAILIN, David A. (1936-). Pastor metodista y actual profesor de Filosofía de la Religión en la Universidad de Manchester.
PANNENBERG, Wolfhart (1928-). Teólogo luterano alemán.
PANTENO (s. II). Filósofo cristiano, fundador de la Escuela de Alejandría.
PAPINI, Giovanni (1881-1956) Ensayista y escritor italiano.
PARIS, Carlos (1925-). Filósofo español.
PASCAL, Blas (1632-1662). Filósofo y matemático francés.
PEREZ RIVAS, Marcelo (1935-). Escritor evangélico argentino.
PERICLES (499-429 a.C.). Político ateniense.
PETRARCA, Francisco (1304-1374). Poéta italiano.
PIEPER, Josef (1904-). Filósofo alemán, una de las grandes figuras de la renovación del pensamiento católico.
PITAGORAS (c. 580-500 a.C.). Filósofo y matemático griego.
PLATON (427-247 a.C.). Filósofo griego.
PLEBE, Armando. Filósofo italiano.
POLITZER, Georges (m. 1942). Filósofo materialista francés.
POLO, Leonardo (1923-). Profesor de Historia de la Filosofía en la Univerdad de Navarra.
POPPER, Karl R. (1902-). Filósofo de la Ciencia austrobritánico.
PORFIRIO MIRANDA, José. Filósofo mexicano.
PROTAGORAS (c. 480-410 a.C.). Sofista griego.
PROTON, Didier E. (1942-). Dr. en Filosofía por la Universidad de París.

RACIONERO, Lluís (1940-). Economista y ensayista catalán.
RAMÍREZ, Santiago (1891-1967). Dominico y filósofo español.
RAHNER, Karl (1904-1984). Teólogo católico alemán.
RAMM, Bernard (1916-1992). Teólogo bautista estadounidense.
RATZINGER, Joseph (1927-). Teólogo católico, arzobispo de Munich y cardenal,
RAVEN, Charles (1885-1964). Teólogo anglicano inglés.
RICHARDSON, Alan (1905-75). Teólogo anglicano inglés y profesor de Apologética.
RICOUER, Paul (1913-). Filósofo personalista francés.
RIVERO, Demetrio G..
ROBLES, Laureano. Profesor de la Universidad de Salamanca.
ROBINSON, William. Profesor de Doctrina Cristiana y Filosofía de la Religión.
RODRIGUEZ ROSADO, Juan José (1933-). Profesor de Metafísica en la Universidad de Navarra.
ROUSSEAU, Jean Jacques (1712-1778). Filósofo ilustrado suizo.
RUBERT Y CANDAU, José María (1901-). Filósofo y escritor español.
RUSSELL, Bertrand (1872-1970). Filósofo inglés.

GLOSARIO DE NOMBRES

SABATIER, Louis Auguste (1839-1901). Teólogo protestante liberal y filósofo francés.
SADABA, Javier (1940-). Filósofo español, profesor de la Universidad Autónoma de Madrid.
SANCHEZ-ALBORNOZ, Claudio (1893-). Historiador español.
SANTAYANA, George (1863-1952). Filósofo español.
SANZ DEL RIO, Julián (1814-1869). Filósofo krausista español.
SAVATER, Fernando (1947-). Filósofo español.
SCHAEFFER, Francis A. (1912-1984). Escritor y pensador evangélico.
SCHARFSTEIN, Ben-Ami. Profesor de filosofía inglés.
SCHELER, Max (1874-1928). Filósofo alemán.
SCHLEIERMACHER, F.D.E. (1768-1834). Teólogo liberal alemán.
SCHOPENHAUER, Arthur (1788-1860). Filósofo alemán.
SCHWEIZER, Eduard (1913-). Erudito neotestamentario francés.
SCIACCA, F. M. (1908-1975). Filósofo italiano.
SEGUNDO, Juan Luis (1925). Teólogo y filósofo católico de la liberación.
SELWYN, Edward Gordon (1885-1959). Ensayista inglés, editor de *Theology*,
SENECA (4-65). Escritor romano.
SMITH, John (1618-52). Teólogo y filósofo platonista.
SMITH, W. Robertson (1846-1894). Erudito escocés del Antiguo Testamento,
SOCRATES (470-399 a.C.). Filósofo ateniense.
SOLÉ, José Mª. Teólogo católico español.
SPURGEON, Charles H. (1834-1892). Predicador calvinista inglés.
STONEHOUSE, Ned B.(1902-62). Teólogo calvinista estadounidense, profesor del Westminster Theological Seminary.
STREETER, B.H. (1874-1937). Teólogo anglicano y erudito neotestamentario.
SUÁREZ, Francisco (1548-1617). Teólogo y filósofo español.

TEMPLE, William (1881-1944). Teólogo, filósofo y arzobispo anglicano.
TERESA DE JESUS (1515-1582). Mística española y Doctora de la Iglesia católica.
TERTULIANO (160-220). Padre de la Iglesia.
THIELICKE, Helmut (1908-85). Dr. en Filosofía y teólogo evangélico.
THORNWELL, James H. (1812-1862). Teólogo presbiteriano estadounidense.
THORPE, W.H. Científico británico.
TIL, Cornelius van (1875-1987). Filósofo calvinista estadounidense.
TILLICH, Paul (1886-1965). Teólogo y filósofo protestante alemán.
TINDAL, Matthew (1655-1733). Deísta inglés.
TRIAS, Eugenio (1942-). Filósofo catalán, profesor de la Universidad Autónoma de Barcelona.

TRIGO, Pedro. Profesor católico de Teología y Filosofía en Caracas.
TRUEBLOOD, D. Elton (1900-). Teólogo y filósofo cuáquero estadounidense.
TORRES QUEIRUGA, Andrés. Profesor de Teología en Santiago de Compostela.

UNAMUNO, Miguel de (1864-1936). Filósofo y escritor español,
URBAN, William M. (1873-). Psicólogo y filósofo estadounidense.

VALVERDE, José María. Ensayista español.
VIALLANEIX, Nelly (1923-). Profesora de Filosofía en la Universidad de CLeremont-Ferrand.
VIDLER, Alec Roper (1899-). Teólogo anglicano e historiador eclesiástico inglés.
VOLLENHOVEN, D.H.T. Teólogo reformado holandés.
VOLTAIRE (1694-1778). Filósofo ilustrado francés.

WARFIELD, B.B. (1851-1921). Teólogo reformado estadounidense.
WEBER, Max (1864-1920). Sociólogo alemán.
WELTE, Bernhard (1906-). Prof. de Filosofía de la Religión y pionero del diálogo entre la teología y la filosofía moderna.
WESLEY, John (1703-1791). Fundador del Metodismo.
WHEELWRIGHT, Philip (m. 1970). Profesor de Filosofía en Darmonth y California.
WHICHCOTE, Benjamin (1609-1683). Teólogo y filósofo platonista.
WHITEHEAD, Alfred North (1861-1947). Filósofo y matemático inglés.
WILES, Maurice F. (1923-). Teólogo anglicano.
WISSER, Richard. Profesor de filosofía en la Universidad de Maguncia.

XIRAU, Ramón (1924-). Filósofo mexicano de origen español.

YOUNG, Warren C. Filósofo bautista estadounidense.

ZAMBRANO, María (1904-1991). Filósofa española, discípula de Ortega y Gasset.
ZARAGÜETA, Juan (1883-1974). Filósofo católico español.
ZOHAR, Danah. Física y filósofa estadounidense.
ZUBIRI, Xavier (1898-1983). Filósofo español.

1. BIBLIOGRAFÍA GENERAL

TE: Traducción española

ABBAGNANO, Nicolás, *Historia de la filosofía*, 3 vols. Montaner y Simón, Barcelona 1955-56.
— *Introducción al existencialismo*. FCE, México 1962.
ADDINALL, Peter, *Philosophy and Biblical Interpretacion. A Study in Nineteen-Century Conflict*. Cambridge: Cambridge University Press, 1991.
ADLER, Alfred, *El sentido de la vida*. Espasa-Calpe, Madrid 1975.
ADORNO, Th. W., *Tres estudios sobre Hegel*. Taurus, Madrid 1969.
AGAZZI, Evandro, *Temas y problemas de filosofía de la física*. Herder, Barcelona 1978.
ANSELMO, *Proslogium*. Sarpe, Madrid 1985. BAC, 2 vols. Madrid.
AQUINO, Tomás, *Suma teológica*. Selección de Isamel Quilés, Espasa-Calpe, Madrid, 1979, 9ª ed.
— *Suma Contra Gentiles*. BAC, 2 vols. Madrid.
— *Suma Teológica*. BAC, 17 vols. Madrid.
— *Compendio de teología*. Traducción y notas por José Ignacio Saranyana y Jaime Restrepo Escobar. Rialp, Madrid 1986.
— *Sobre la eternidad del mundo*. Aguilar, Buenos Aires 1981, 2ª ed.
ARMSTRONG, A.H. and MARKUS, R.A., *Fe cristiana y filosofía griega*. Herder, Barcelona, 1964.

ASTRADA, Carlos, *Nietzsche y las crisis del irracionalismo*. Dédalo, Buenos Aires 1961.

AVIS, Paul, ed., *The Science of Theology. The History of Christian Theology*, vol I. Grand Rapids: Eerdmans, 1986.

AYER, A.J., *Lenguaje, Verdad y lógica*. Martínez Roca, Barcelona, 1971 / Planeta-Agostini, Barcelona, 1986.

— *Ensayos filosóficos*. Planeta-Agostini, Barcelona, 1986.

— *Parte de mi vida*. Alianza Editorial, Madrid 1982.

BAILLIE, Donald Macpheson, *Faith in God and its Christian Consummation*, 1927.

— *God Was in Christ*, 1948 (TE: La Aurora, Buenos Aires).

BAILLIE, John, *Our Knowledge of God*, 1939.

— *The Sense of the Presence of God*, 1962.

BAKER, Albert E., *Iniciación a la filosofía*. Apolo, Barcelona 1938, 6ª ed.

BAKUNIN, M., *Obras*, vol. 3: *Consideraciones filosóficas sobre el fantasma divino, sobre el mundo real y sobre el hombre*. Júcar, Madrid 1977.

BALTHASAR, Hans Urs von, *Seriedad en las cosas*. Sígueme, Salamanca 1968.

BARR, James, *Biblical Faith and Natural Theology*. Gifford Lectures for 1991. Oxford: Clarendon Press, 1993.

BARRET, Cyril, *Ética y creencia religiosa en Wittgenstein*. Alianza Editorial, Madrid 1994.

BARTH, Karl, *The Word of God and the Word of Man*. Londres: Hodder & Stoughton, 1928.

— *From Rousseau to Ritschl*. SCM Press, Londres 1959.

— *Protestant Theology in the Nineteeth Century*. Valley Forge: Judson Press, 1973.

— *Ensayos teológicos*. Herder, Barcelona 1978.

— *Introducción a la teología evangélica*. Ediciones 62, Barcelona s/f.

BARTHELEMY-MADAULE, Madeleine, *La ideología del azar y de la necesidad*. Barral, Barcelona 1974.

BAVINCK. Herman, *The Philosophy of Revelation*. Grand Rapids: Baker, 1979 (1909).

BIBLIOGRAFÍA

— *Our Reasonable Faith. A survey of Christian Doctrine.* Grand Rapids: Baker, 1984, 4ª ed.
— *The Doctrine of God.* Edinburgo: Banner of Truth, 1979, 2ª ed.
— *Los problemas de la fe.* TELL, s/f.
BENJAMIN, Walter, *Sobre el programa de la filosofía futura.* Planeta-Agostini, Barcelona, 1986.
BERDYAEV, Nicolas, *Truth and Revelation.* Geoffrey Bles, Londres 1953.
— *The Destiny of Man.* Geoffrey Bles, and Harper & Row, Londres 1935.
BERGSON, Henri, *El pensamiento y lo moviente.* Espasa-Calpe, Madrid 1976.
— *Memoria y vida.* Alianza Editorial, Madrid 1977.
— *La energía espiritual.* Espasa-Calpe, Madrid 1982.
— *La evolución creadora.* Espasa-Calpe, Madrid 1973.
BERKELEY, George, *Principios del conocimiento humano.* Sarpe, Madrid, 1985.
— *Tres diálogos entre Hilas y Filonus.* Aguilar, Buenos Aires 1982, 8ª ed.
— *Alcifron o el filósofo minucioso.* Ed.Paulinas, Madrid 1979.
BERKHOF, Hendrikus, *Two Hundred Years of Theology.* Grand Rapids, Eedrmans, 1989.
BERKHOF, Louis, *Introdución a la teología sistemática.* TELL, Grand Rapids 1982, 2ª ed.
BERKOUWER, G.C., *General Revelation.* Grand Rapids: Eerdmans, 1973, 5ª ed.
— *Man: The image of God.* Grand Rapids: Eerdmans, 1978, 6ªed.
— *Holy Scripture.* Grand Rapids: Eerdmans, 1975.
— *The Providence of God.* Grand Rapids: Eerdmans, 1972, 3ª ed.
— *Incertidumbre moderno y fe cristiana.* EEE, Barcelona, 1973.
BERNSTEIN, Richard J., *Praxis y acción. Enfoques contemporáneos de la actividad humana.* Alianza Editorial, Madrid, 1979.
BERTALANFFY, Ludwing von, *Perspectivas en la teoría general de sistemas.* Alianza Editorial, Madrid 1979.
— *Robots, hombres y mentes.* Guadarrama, Madrid 1974.
BETTEX, F., *Science and Christianity.* Nueva York: The Abingdon Press 1901.

— *La Biblia, Palabra de Dios*. CLIE, Terrassa 198
BEVANS, Stephen, *John Oman and His Doctrine of God*. Cambridge: CUP, 1993.
BEVERSLUIS, John, *C.S. Lewis and the Search for Rational Religion*. Grand Rapids: Eerdmans, 1985.
BLAIKLOCK, E.M., *Still a Christian*. Londres: Hodder & Stoughton, 1980.
BOECIO, *La consolación de la filosofía*. Espasa Calpe, Madrid 1954.
BLOESCH, Donald G., *A Theology of Word & Spirit. Authority & Method in Theology*. vol 1. Downers Grove: IVP, 1992.
BLONDEL, Maurice, *Exigencias filosóficas del cristianismo*. Herder, Barcelona, 1966.
— *The Letter on Apologetics and History and Dogma*, New York: Sheed & Ward, 1964.
BOBIO, Norberto, *El existencialismo*. FCE, México 1958.
BOMAN, Thorleif, *Hebrew Thought Compared with Greek*. Philadelphia: Westminster, 1960.
BORNKAMM, Günter, "Faith and Reason in Paul's Epistles", *Estudios sobe el NT*. Sígueme, Salamanca 1983.
BOUILLARD, Henri, *La lógica de la fe*. Taurus, Madrid, 1966).
— "Trascendncia y Dios de la fe", *Fe cristiana y sociedad moderna*. Ediciones SM, Madrid 1984.
BOWKER, John, *Los significados de la muerte*. Cambridge University Press, 1994.
— *Problems of Suffering in Religions of the World*. CUP, 1975.
BRAITHWAITE, R.B., *An Empiricist's View of the Nature of Religious Belief*. Cambridge: CUP, 1955.
BRAATEN, Carl E. / CLAYTON, Philip, editores, *The Theology of Wolfhart Pannenberg*. Minneapolis: Augsburg Publishing House, 1988.
BRENTANO, Franz, *Sobre la existencia de Dios*. Rialp, Madrid 1986.
BROWN, Colin, *Philosophy & The Christian Faith*. Downers Grove: IVP, 1968.
— *Miracles and the Critical Mind*. Grand Rapids: Eerdmans P.Co., 1984.
— *That you may Believe*. Exeter: Paternoster Press, 1985.
— *Christianity and Western Thought*, 2 vols. Nottingham: Apollos, 1989-

BIBLIOGRAFÍA

BRUCE, Alexander Baimain, *Apologetics; or Christianity Defensively Stated*. Edinburgo: T & T Clark, 1892, 3ª ed.
— *The Epistle to the Hebrews: The First Apology for Christianity*. Edinburgo: T & T Clark, 1907 2ª ed.
BRUCE. F.F., *La defensa apostólica del Evangelio*. Certeza, Buenos Aires1961.
BRÜMMER, Vincent, *Speaking of a Personal God: An Essay in Philosophical Tehology*. Cambridge: CUP, 1992.
— *The Model of Love. A Study in Philosophical Theology*. Cambridge: CUP, 1993.
BRUNNER, Emil, *Our Faith*, Londres: SCM Press, 1949 (TE: La Aurora, Buenos Aires).
— *Man in Revolt*, Londres: Lutterwoth Press, 19534th.
— *The Mediator*. Philadelphia: Westminster, 1946.
— *Revelation and Reason*. Philadelphia: Westminster, 1946.
— *The Christian Doctrine of God. Dogmatics*: Vol. I. (Londres: Lutterworth Press, 1949) Philadelphia: Westminster, 1950.
— *La verdad como encuentro*. Estela, Barcelona 1967.
BUBER, Martín, *Yo y tú*. Caparrós, Madrid 1993.
BUTLER, Joseph, *The Analogy of Religion, Natural and Revealed, to the Constitution and Course of Nature*. Londres: Bell and Daldy, 1871.
BULTMANN, Rudolf, *Creer y comprender*, 2 vols. Studivm, Madrid, 1976.
— *Teología del Nuevo Testamento*. Sígueme, Salamanca 1987, 2ª ed.
BUNGE, Mario, *La ciencia, su método y su filosofía*. Ediciones Siglo Veinte, Buenos Aires 1980.
— *La causalidad*. Eudeba, Buenos Aires 1961.
— *La investigación científica*. Ariel, Barcelona 1969.
— *Teoría y realidad*. Ariel, Barcelona 1972.

CADOUX, Cecil John, *The Case for Evangelical Modernism*. Londres: Hodder & Sthoughton, 1938.
CAIRD, John, *An Introduction to the Philosophy of Religion*. Glasgow: James Maclehose and Sons, 1901.
CARLINI, Armando, *Catolicismo y pensamiento moderno*, 2 vols. Escelier, Madrid, 1961.

CARNELL, Edward John, *A Philosophy of the Christian Religion*. Grand Rapids: Baker, 1980 (1952).
— *An introduction to Christian Apologetics*. Grand Rapids: Eerdmans, 1948.
CASSSERLEY, J.V. Langmead, *Apologetics and Evangelism*. Philadelphia: Westminster, 1962.
— *The Retreat from Christianity in the Modern World*. Londres: Longmans, 1953 2ª ed.
— *Morals and Man in the Social Sciences*. Londres: Longmans, 1952.
— *No Faith of my own*, Londres: Longmands, 1952.
CHARDIN, P. Theilard de, *El fenómeno humano*. Taurus, Madrid, 1974.
CHATELET, François, *La filosofía del mundo moderno*. Espasa-Calpe, Madrid 1976.
— *Historia de la filosofía. Ideas, doctrinas*. 4 vols. Espasa-Calpe, Madrid 1976.
CHENU, M.D., *¿Es ciencia la teología?* Casal i Val, Andorra 1959.
CHESTERTON, *Sto. Tomás de Aquino*. Espasa-Calpe, Madrid, 1973, 10ª ed.
CHRISTLIEB, T., *Modern Doubt and Christian Belief*. Edinburgo: T & T Clark, 1907.
CLARK, Gordon H., *Religion, Reason and Revelation*. Nutley: Craig Press, 1978.
— *A Christian View of Men and Things*. Grand Rapids: Baker.
— *Thales to Dewey*. Grand Rapids: Baker.
CLARK, Kelly James, *Return to Reason: A Critique of Enlightenment Evidentaliasm and a Defense of Reason and Belief in God*. Grand Rapids: Eerdmans, 1990.
CLARK, W.R., *Pascal and the Port Royalist*. Edinburgo: T & T Clark, 1906.
— *Witnesses to Christ. A Contribution to Christian Apologetics*. Edinburgo: T & T Clark, 1907.
CLARKE, W. Newton, *An Outline of Christian Theology*. Edinburgh: T & T Clark, 1907, 15ª ed.
— *What Shall we Think of Christianity?* Edinburgo: T & T Clark, 1906.
— *Can I Believe in God the Father?*. Edinburgo: T & T Clark, 1907.

BIBLIOGRAFÍA

CLAYTON, Philip, *Explanation from Physics to Theology: An Essay in Rationality and Religion*. New Haven: Yale Univ. Press, 1989.
COBB, John B., *Christian Natural Theology*. Philadelphia: Westminster, 1976.
COCHRANE, Charles N., *Cristianismo y cultura clásica*. FCE, México 1983.
COLLINS, James, *Kierkegaard*. FCE, México 1972.
COIMBRA, Leonardo, *La alegría, el dolor y la gracia*. Espasa-Calpe, Madrid 1921.
COOK, Stanley A., *The "Truth" of the Bible*. Londres: SPCK, 1938.
COPLESTON, F. C. *Aquinas*, Londres: Penguin, 1955 (TE: FCE, México, 1960).
— *Filosofía contemporánea*. Herder, Barcelona 1959.
— *Historia de la filosofía*, 6 vols. Ariel, Barcelona 1969.
CORBIN, Henry, *El hombre y su ángel*. Destino, Barcelona 1995.
COX, Harvey, *La ciudad secular*. Marova, Barcelona 1966.
— *La seducción del Espíritu*. Sal Terrae, Santander 1979.
— *La religión en la ciudad secular*. Sal Terrae, Santander 1985.
CRAIG, William L., *Apologetics: An Introduction*. Chicago: Moody Press, 1984.
CRAGG, G.R., *The Church and the Age of Reason, 1648-1789*. Londres: Pelican, 1960.
CREED, J.M. and SMITH, J.S. Boys, eds. *Religious Thought in the Eighteenth Century*. Cambridge, CUP, 1934.
CUPITT, Don, *The Time Being*. Londres: SCM Press, 1992.
— *What is a Story?*. Londres: SCM Press, 1992.
— *Creation out of Nothing*. Londres: SCM Press, 1993.
— *The Sea of Faith*. Londres: SCM Press, 1994, 2ª ed.
— *After All. Religion without Alienation*. Londres: SCM Press, 1994.
— *The Last Philosophy*. Londres: SCM Press 1995.
CUSA, Nicolás de, *La docta ignorancia*. Aguilar / Orbis, Barcelona 1985.

DANTO, Arthur C., *¿Qué es filosofía?* Alianza Editorial, Madrid, 1976.
— *Analytical Philosophy of Knowledge*. Cambridge, 1968.

DAROS, William R., *Racionalidad, ciencia y relativismo*. Ed. Apis, Rosario 1980.
DAVIES, Brian, *Introduction to the Philosophy of Religion*. Oxford, OUP, 1982.
— *Language, Meaning and God*. Londres, Chapman, 1987.
DAVIES, Charles, *God's Grace in History. The Maurice Lectures, 1966*. Londres: Collins, 1966 (TE: Desclée de Brouwer, Bilbao).
DAVIS, John Jefferson, *Foundations of Evangelical Theology*. Grand Rapids: Baker, 1984.
— "Kant and the Problem of Religious Knowledge", en *Perspectives on Evangelical Theology*, ed. Kenneth S. Kantzer and Stanley Gundry. Grand Rapids: Baker, 1979.
DELEUZE, Gilles, *Conversaciones*. Ed. Pre-Textos, Valencia 1995.
DEWAR, Lindsay, *Man and God, An Essay in the Pyschology and Philosophy of Religious Experience*. Londores: SPCK, 1935.
DEWICK, E. C., *The Gospel and Other Faiths*. London: The Canterbury Press, 1948.
DICKSON, Roger E., *El ocaso de los incrédulos*. CLIE, Terrassa 1987.
DILTHEY, Wilhelm, *Introdución a las ciencias del espíritu*. Alianza Universidad, Madrid.
— *Teoría de las concepciones del mundo*. Alianza Editorial 1988.
— *Hegel y el idealismo*. FCE, México 1956.
DOOYEWEERD, Herman, *In the Twilight of Western Thought*. Nutley: P & Reformed, 1968.
— *La secularización de la ciencia*. México: Seminario Juan Calvino 1991.
DRYNESS, William, *Apologética cristiana*. CBP, El Paso 1980.
DULLES, Avery, *The Craft of Theology: From Symbol to System*. Londres: Gill & Mcmillam, 1992.

EBRARD, J.H.A., *Apologetics*, 3 vols. Edinburgo: T & T Clark, 1905.
ECCLES, Sir John C., *Facing Reality*, Nueva York: Springer, 1970.
— *Half Way to Faith*, Londres: Geoffrey Bles, 1966.
EDWARDS, Jonathan, *Obras*, 2 vols. Edinburgo: Banner of Truth, 1979, 3ª ed.
— *Basic Writings*. Nueva York: New American Library, 1966, 3ª ed.

BIBLIOGRAFÍA

EINSTEIN, Albert, *Mis ideas y opiniones*. Antoni Bosch Ed., Barcelona 1981.

ELWELL, Walter A., ed. *Evangelical Dictionary of Theology*. Grand Rapids: Baker Book House, 1989, 6ª ed

ELWOOD, Douglas J., *The Philosophical Theology of Jonathan Edwards*. New York: Columbia University Press, 1960.

ELLUL, Jacques, *Living Faith*. San Francisco: Harper & Row, 1983.

— *What I Believe*. Grand Rapids: Eerdmans, 1989.

— *La razón de ser*. Herder, Barcelona 1989.

ERICKSON, Millard J., *Christian Theology*. Grand Rapids: Baker, 1989, 7ª ed.

EVANS, C. Stephen, *Filosofía de la religión*. EMH, El Paso, 1990.

EVANS, G.R., *Anselm and Talking about God*. Oxford: OUP, 1978.

FABRO, Cornelio, *La diálectica de Hegel*. Columba, Buenos Aires 1969.

FAIRBAIRN, A.M., *The Philosophy of the Christian Religion*. Londres: Hodder and Stoughton, 1902, 2ª ed.

— *The City of God, a Series of Discussions in Religion*. Londres: Hodder and Stoughton, 1902, 7ª ed.

FARMER, H.H., *Towards Belief in God*. Nueva York: Macmillan, 1943.

— *The World and God*. Londres: Nisbet&Co., 1939 3ª ed.

— *Revelation and Religion*. Gifford Lectures de 1951. Londres: Nisbet&Co., 1954.

— *Things not seen*. Londres: Nisbet & Co., 1938 3ª ed.

FARRER, Austin, *Finite and Infinite*. Philadelphia: Westminster Press, 1959.

— *The Glass of Vision*. Westminster: Dacre Press, 1948.

FERRE, F., *Language, Logic and God*. Londres: Eyre and Spottiswoode, 1962.

FERRE, Nels F.S., *The Christian Understanding of God*. Londres: SCM Press, 1952.

— *Making Religion Real*. Londres: Collins, 1956.

FEUERBACH, Ludwing, *La esencia del cristianismo*. Edit. Claridad, Buenos Aires, 1963.

FEYERABEND, Paul K., *Contra el método*. Ariel, Barcelona, 1974.

FITCHTE, Joham Gottlieb, *Doctrina de la ciencia nova methodo*. A.C. Natán, Valencia 1987.
— *La exhortación a la vida bienaventurada o la doctrina de la religión*. Tecnos, Madrid 1995.
FIDDES, Paul S., *The Creative Suffering of God*. Oxford: Oxford University Press, 1988.
FISCHL, Johann, *Manual de historia de la filosofía*. Herder, Barcelona 1977.
FLINT, Robert, *Philosophy of Religion*. Edinburgo: T & T Clark, 1905.
— *La filosofía de la historia en Alemania*. Ed. La España Moderna, Madrid s/f.
FORLINES, F. Leroy, Systematics. *A Study of the Christian System of Life and Thought*. Nashville: Randall House Publications, 1975 (TE: Randall House, 1993).
FOUCAULT, Michel, *Hermenéutica del sujeto*. Endymión, Madrid 1994.
— *Microfísica del poder*. Endymión, Madrid 1992, 3ª ed.
FRAME, John M., *Van Til: The Theologian*. Phillipsburg: Pilgrim Pub. Co., 1976.
— *Cornelius Van Til. An Analysis of His Thought*. Phillipsburg: P & R., 1995.
— *The Doctrine of the Knowledge of God*. Phillipsburg: P & R, 1987.
— *Apologetics to the Glory of God*. Phillipsburg: P & R, 1994.
FRANK, F.H., *System of Christian Certainty*. Edinburgo: T & T Clark, 1907.

GADAMER, Hans-Georg, *Verdad y método*, 2 vols. Sígueme, vol. I, 1991, 4ª ed, vol II, 1992.
— *Estética y hermenéutica*. Tecnos, Madrid 1996.
— *El inicio de la filosofía occidental*. Paidós, Barcelona 1996.
GALLOWAY, George, *The Philosophy of Religion*. Edinburgh: T & T Clark, 1945, 6ª ed.
— *Studies in the Philosophy of Religion*, 1908.
— *The Principles of Religious Development*, 2 vols., 1909.
— *Religion and Modern Thought*, 1922.

BIBLIOGRAFÍA

— *Faith and Reason in Religion*, 1929.
— *Religion and the Transcendent*, 1930.
GARCIA ASTRADA, Arturo, *Existencia y culpa*. Troquel, Buenos Aires 1966.
— *Tiempo y eternidad*. Gredos, Madrid 1971.
GARELICK, Herbert M., *The anti-Christianity of Kierkegaard*. The Hage: Mictinus Nijhoff, 1965.
GARAUDY, Roger, *El pensamiento de Hegel*. Seix-Barral, Barcelona 1974.
— *La reconquista de la esperanza*. Monte Avila Ed., Caracas 1972.
GARVIE, Alfred E., *A Handbook of Christian Apologetics*. Londres: Duckworth&Co., 1914.
— *The Christian Faith, A Sketch of a Constructive Theology*. Londres: Duckworth, 1936.
GEFFRÉ, Claude, *El cristianismo ante el riesgo de la interpretación*. Cristiandad, Madrid 1984.
GEISLER, Norman, *Christian Apologetics*, Grand Rapids: Baker, 1986 7ª ed.
— *Thomas Aquinas: An Evangelical Appraisal*. Grand Rapids: Baker.
— *Philosophy of Religion*. Grand Rapids: Zondervan, 1974.
— *Miracles and the Modern Mind. A Defense of Biblical Miracles*. Grand Rapids, Baker.
— con Paul Feinberg, *Introduction to Philosophy*. Grand Rapids, Baker.
— con Ronad M. Brooks, *Come, Let Us reason. An Introduction to Logical Thinking*. Grand Rapids, Baker. (TE: *Cuando los escépticos preguntan*. Unilit, Miami 1995).
— con Winfried Corduan, *Philosophy of Religion*, 2ª ed. Grand Rapids, Baker.
GESCHÉ, Adolphe, *Dios para pensar*. Vol. I. El mal. El hombre. Sígueme, Salamanca 1996.
— *Dios para pensar*. Vol. II. Dios. El Cosmos. Sígueme, Salamanca 1997.
GIBSON, Arthur, *La fe de un ateo*. Sal Terrae, Santander, 1971.
GILSON, Etienne, *From Aristotle to Darwin and Back Again*, New York: Sheed & Ward, 1984.
— *La filosofía en la Edad Media*. PEgaso, Madrid 1946.

— *El espíritu de la filosofía medieval*. Emecé, Buenos Aires 1952 / Ediciones RIALP, Madrid.
— *La unidad de la experiencia filosófica*. Rialp, Madrid 1960.
— *Elementos de filosofía cristiana*, RIALP, Madrid 1970.
— *Lingüística y filosofía. Ensayo sobre las constantes filosóficas del lenguaje*. Gredos, Madrid 1974.
GLOVER, T.R., *Progress in Religion*. London: SCM, 1923 3ª ed.
GODET, F., *Defence of the Christian Faith*. Edinburgo: T & T Clark, 1907.
GODLOVE, Terry F., *Religion, Interpretation and Diversity of Belief. The Framework Model from Kant to Davidson*. Cambridge: CUP, 1989.
GOGARTEN, Friedrich, *¿Qué es cristianismo?* Herder, Barcelona 1977.
GOLEMAN, Daniel, *La inteligencia emocional*. Kairós, Barcelona 1997.
GOLDMANN, Lucien, *El hombre y lo absoluto*, 2 vols. Planeta-De Agostini, Barcelona, 1986.
GONZALEZ, Justo, *Historia del pensamiento cristiano*, 3 vols. Caribe, Miami 1992-93.
GONZALO CASAS, Manuel, *Introducción a la filosofía*, Gredos, Madrid 1962.
— *Sciacca*. Columba, Buenos Aires 1962.
GREEVES, Frederic, *The meaning of Sin*. The Fernley-Hartley Lecture for 1956. Londres: Epworth Press, 1956.
GREY, Mary, *The Wisdom of Fools: A Theology of Revelation*. Londres: SPCK, 1993.
GRUENLER, Royce Gordon, *The Inexhaustible God: Biblical Faith and the Challenge of Process Theism*. Grand Rapids: Baker, 1983.
GUINNESS, Oss, *The Dust of Death*. Londres: IVP, 1973.
GUITTON, Jean, *Historia y destino*. Rialp, Madrid 1980.
GUNTON, Colin E., *Christ and Creation*. Grand Rapids: Eerdmans, 1993.
— *The Actuality of Atonement. A Study of Metaphor, Rationality and the Christian Tradition*. Grand Rapids: Eerdmans, 1990.

HAECKER, T., *La joroba de Kierkegaard*. Rialp, Madrid 1948.
HAMILTON, Kenneth, *Revolt Against Heaven*. Grand Rapids: Erdmans, 1965.

BIBLIOGRAFÍA

— *What's New in Religion?* Grand Rapids: Erdmans, 1968.
HARDON, John A., *Cristianismo en el siglo XX*. Sal Terrae, Santander, 1973.
HARRIS, Horton, *The Tübingen School*. Grand Rapids: Baker, 1990.
HARTNACK, Justus, *Breve historia de la filosofía*. Cátedra, Madrid 1980.
HEBBLETHWAITE, Brian, *The Ocean of Truth. A Defence of Objective Theism*. Cambridge University Press, 1988.
— *The Problems of Theology*. CUP, 1980.
— *The Incarnation: Collected Essays in Christology*. CUP, 1987.
HEGEL, G.W.F., *El concepto de religión*. FCE, México 1981.
— *El espíritu del cristianismo y su destino*. Kairós, Buenos Aires 1971.
— *Las pruebas de la existencia de Dios*. Alameda, México 1955.
— *Fenomenología del espíritu*. FCE, México 1966.
— *Historia de Jesús*. Taurus, Madrid 1976.
— *Introducción a la historia de la filosofía*. Sarpe, Madrid 1983.
— *Lecciones sobre filosofía y religión*, 3 vols. Alianza Editorial, Madrid
— *Lecciones sobre la historia de la filosofía*, 3 vols. FCE, México 1955.
— *Lecciones sobre la filosofía de la historia universal*, 2 vols. Alianza Editorial 1980.
— *Lógica*, 2 vols. Orbis, Madrid 1985.
HEIDEGGER, Martin, *El ser y el tiempo*. FCE, México 1951.
— *Conceptos fundamentales*. Alianza Editorial, Madrid 1989.
— *¿Qué es filosofía?* Bitácora, Madrid 1978.
HEIM, Karl, *The Transformation of the Scientific World View*. Londres: SCM Press, 1953.
— *Christian Faith and Natural Science*. Nueva York: Harper & Row, 1953.
— *The World: Its Creation and Consummation*. Philadelphia: Muhlenberg Press, 1962.
HEIMOSETH, Heinz, *La metafísica moderna*. Revista de Occidente, Madrid 1986.
HELM, Paul, *The Varieties of Belief*. Londres: 1973.
— *Eternal God: A Study of God without Time*. Oxford: Clarendon Press, 1988.
HEPBURN, R., *Christianity and Paradox*. Londres: Watts and Co., 1958.

HESSEN, Johannes, *Teoría del conocimiento*. Espasa-Calpe, Madrid 1991.

HICK, John, *Philosophy of Religion*. Englewood Cliffs: Prentice-Hall, 1964.

— *The Existence of God*. Nueva York: Macmillan Co., 1964.

— *Faith and Knowledge*. Ithaca: Cornell University Press, 1957.

— *Philosophy of Religion*. Englewood CLiffs: Prentice-Hall, 1962.

— *Disputed Questions*. Nueva York: Macmillan, 1993.

— *The Myth of God Incarnate*. Londres: SCM Press, 1993 2ª ed.

— *The Metaphor of God Incarnate*. Westminster / John Knox Press, 1993.

— *The Rainbow of Faiths*. Londres: SCM Press 199

HILDEBRANDT, Franz, *This is the Message, A Continental Reply to Charles Raven*. Londres: Lutterworth Press, 1944.

HIRSCHBERGER, Johannes, *Historia de la filosofía*, 2 vols. Herder, Barcelona, 1978, 8ª ed.

HOFFECKER, W. Andrew, ed. *Building a Christian World View*, 2 vols. Phillipsburhg: P & R, 1986.

HOGSON, Leonard, *Towards a Christian Philosophy*. Londres: Nisbest, 19463th.

— *Place of Reason in Christian Apologetics*. Oxford and New York, 1925.

— *The Doctrine of the Trinity*. Londres: Nisbet, 19462th.

— *And Was made Man*. Londres: Longmans, Green & Co., 1928.

HOOYKAAS, R., *Religion and the Rise of Modern Science*. Grand Rapids: Eerdmans, 1974 2ª ed.

HOPWOOD, P.G.S., *A Testament of Faith*. Nueva York: Macmillan, 1939.

HORKHEIMER, Max, *Historia, Metafísica y Escepticismo*. Madrid: Alianza Editorial, 1982.

HOSPERS, John, *Introducción al análisis filosófico*, vol 2. Alianza Editorial, Madrid, 1976.

HUME, David, *Tratado de la naturaleza humana*, 3 vols. Ed. Nacional 1981 / Orbis 1984.

— *Del conocimiento*. Aguilar, Buenos Aires 1982, 9ª ed.

BIBLIOGRAFÍA

HUSSERL, Edmund, *Investigaciones lógicas*, 2 vols. Revista de Occidente, Madrid 1967.
— *Meditaciones cartesianas*. Ed. Paulinas, Madrid 1979.

INGE, W. Ralph, "Cardinal Newman", en *Outspoken Essays*. Londres: Longmans, Green & Co., 1923, 10ª ed.
— *Faith and Knowledge*. Edinburgo: T & T Clark, 1907.
INGRAM, Arthur F. Winnington, *Why Am I a Christian?* Londres: Cassell & Co., 1929.
IVERACH, James, *Descartes, Spinoza and the New Philosophy*. Edinburgo: T & T Clark, 1907.

JAMES, William, *The Varieties of Religious Experience*. Nueva York: David Makay, 1902.
— *Pragmatismo*. Sarpe, Madrid, 1984.
JASPERS, Karl, *Origen y meta de la historia*. Alianza Editorial 1980.
— *Iniciación al método filosófico*. Espasa-Calpe, Madrid 1977.
JUNG, Carl G., *El hombre y sus símbolos*. Luis de Caralt, Barcelona 1977.
JÜNGEL, Ernest, *Dios como misterio del mundo*. Sígueme, Salamanca 1984.
— *Theological Essays*. Edinburgo: T & T Clark, 1989.

KAFTAN, Julius, *The Truth of the Christian Religion*, 2 vols. Edinburgo: T&T Clark, 1892.
KANT, Immanuel, *La religión dentro de los límites de la mera razón*. Alianza Editorial, Madrid, 1986, 2ª ed.
— *Crítica de la razón pura*, 2 vols. Losada, Buenos Aires 1970.
— *Crítica de la razón práctica*. Espasa-Calpe, Madrid 1975.
— *Los sueños de un visionario*. Alianza Editorial, Madrid 1987.
— *Principios metafísicos de la ciencia de la naturaleza*. Alianza Editorial, Madrid 1989.
— *Observaciones acerca del sentimiento de lo bello y lo sublime*. Alianza Editorial, Madrid 1991.
— *Antropología*. Alianza Editorial, Madrid 1992.

KAMPMANN, Theoderich, *Kierkegaard como educador religioso*. CSIC, Madrid 1953.

KASPER, Walter, *La fe que excede todo conocimiento*, Sal Terrae, Santander, 1988.

— *Introducción a la fe*. Sígueme, Salamanca 1987.

— *El Dios de Jesucristo*. Sígueme, Salamanca 1985.

KAUFMANN, W., *Hegel*. Alianza Editorial, Madrid 1968.

KELSEY. David H., *Between Athens and Berlin. The Theological Education Debate*. Grand Rapids, Eerdmans, 1993.

KENNY, A., *Aquinas*. Oxford: Oxford University Press, 1980.

KIERKEGAARD, Sören, *Obras y papeles*, 11 vols. Guadarrama, Madrid 1961-1975.

— *La enfermedad mortal*. Sarpe, Madrid, 1984; Santiago Rueda, Buenos Aires, 1974.

— *Concluding Unscientific Postript*. Princeton: PUP, 1944.

— *Fragmentos filosóficos*. La Aurora, Buenos Aires, 1956.

— *El concepto de la angustia*. Espasa-Calpe, Madrid 1982, 2ª ed.

— *Mi punto de vista*. Aguilar, Buenos Aires 1980, 5ª ed.

KINAST, Robert L., *If Only You Recognized God's Gift*. Grand Rapids: Eerdmans, 1993.

KIRK, Andrew, *Loosing the Chains*. Londres: Hodder and Stoughton, 1990.

KITAMORI, Kazoh, *Teología del dolor de Dios*. Sígueme, Salamanca, 1974.

KNUDSON, Albert C., *The Doctrine of God*. Abingdon Press, 1936.

— *Present Tendencies in Religious Thought*, 1924.

— *The Philosophy of Personalism*, 1927.

— *The Validity of Religious Experience*, 1937.

KOESTLER, Arthur, *The Ghost in the Machine*. Chicago: Gateway 1971.

KOJEVE, A., *La concepción de la antropología y del ateísmo en Hegel*. La Pléyade, Buenos Aires 1972.

KÖRNER, Stephan, *¿Qué es filosofía?* Ariel, Barcelona 1976.

KRINGS, Hermann, ed., *Conceptos fundamentales de filosofía*, 3 vols. Herder, Barcelona 1978.

BIBLIOGRAFÍA

KRONER, Richard, *Speculation and Revelation in the Age of Christian Philosophy*. Philadephia: The Westminster Press, 1959.
— *Speculation and Revelation in Modern Philosophy*. Philadelphia: The Westminster Press, 1961.
— *The Primacy of Faith*, 1943.
— *Between Faith and Thought*, 1966.
KUHN, Thomas S., *La estructura de las revoluciones científicas*. FCE, México 1971.
KUITERT, H.M., *I Have My Doubts*. Londres: SCM Press, 1993.
KÜNG, Hans, *¿Existe Dios?* Cristiandad, Madrid, 1987, 4ª ed..
— *Ser cristiano*. Cristiandad, Madrid, 4ª ed.
— *20 Tesis sobre ser critiano*. Cristiandad, Madrid, 2ª ed.
— *24 tesis sobre el problema de Dios*. Cristiandad, Madrid.
— *Le encarnación de Dios*. Introducción al pensamiento de Hegel. Herder, Barcelona 1974.
— *Teología para una nuevo milenio*. Alianza Editorial, Madrid 1988.
— *Grandes pensadores cristianos. Una pequeña introducción a la teología*. Trotta, Madrid 1995.
KUIPER, Abraham, *Principles of Sacred Theology* (1898). Grand Rapids: Baker, 1980.

LACROIX, Jean, *Historia y misterio*. Ed. Fontanella, Barcelona 1963.
— *El sentido del diálogo*. Fontanella, Barcelona 1965.
— *Maurice Blondel*. Taurus, Madrid 1966.
LADD, G.T., *The Philosophy of Religion*, 2 vols., 1908.
— *The Doctrine of Sacred Spriture*. Edinburgo: T&T Clark, 1906.
LAMONT, Daniel, *Christ and the World of Thought*. Edinburgh: T&T Clark, 1934.
LATOUR, Bruno, *Nunca hemos sido modernos*. Debate, Madrid 1993.
LAWTON, Stewart, *Truths that Compelled*. Londres: Hodder and Stoughton, 1968.
— *Miracles and Revelation*. Londres: Lutterworth Press, 1959.
LEE, Nigel, *Calvin on the Sciences*. Inglaterra: Soverign Grace Union, 1969.

LENIN, V. I., *Materialismo y empirio-criticismo*, 2 vols. Planeta Agostini, 2 vols. Barcelona, 1986.
LEPP, Ignace, *La filosofía cristiana de la existencia*. Carlos Lohlé, Bs.As., 1963.
LEVINAS, Emmanuel, *Totalidad e infinito*. Sígueme, Salamanca 1987, 2ª ed.
— *De Dios que viene a la idea*. Caparrós Ed., Madrid 1994.
— *Humanismo del otro hombre*. Caparrós, Madrid 1943.
LEWIS, C.S., *Cristianismo... y nada más*. Caribe, Miami 1977.
— *Los milagros*. Encuentro, Madrid 1992.
LEWIS, Edwin, *A Philosophy of the Christian Revelation*. Londres: Epworth Press, 1948.
LEWIS, Gordon R., *Testing Christianity's Truth Claims. Approaches to Christian Apologetics*. Chicago: Moody Press, 1976.
LEWIS, H.D., *The Philosophy of Religion*. Londres: English Universities Press, 1965.
— *Our Experience of God*. Londres: Allen and Unwin, 1959.
LINDSAY, James, *The Progressiveness of Modern Christian Thought*. Edinburgo: William Blackwood & Sons, 1985.
— *Recent Advances in Theistic Philosophy of Religion*. Edinburgo: Blackwood & Sons, 1897.
— *Essays, Literary and Philosophical*. Edinburgo: Blackwood & Sons, 1986.
LINTS, Richard, *The Fabric of Theology. A Prolegomenon to Evangelical Theology*. Grand Rapids: Eerdmans, 1994.
LIVINGSTONE, David N., *Darwin's Forgotten Defenders*. Grand Rapids: Eerdmans, 1987.
LLOYD-JONES, D. Martyn, *La autoridad*. Certeza, Buenos Aires, 1959.
LOCKE, John, *Ensayo sobre el entendimiento humano*. FCE, México 1956 /Aguilar, Buenos Aires, 1963.
— *La racionalidad del cristianismo*. Paulinas, Madrid 1977.
LORENZ, Konrad, *La otra cara del espejo*. Plaza & Janés, Barcelona 1980.
— *Los ocho pecados mortales de la humanidad civilizada*. Plaza & Janés, Barcelona 1975.

BIBLIOGRAFÍA

LUNDIN, Roger, *The Culture of Interpretation. A Christian Encounter with Postmodern Critical Theory.* Grand Rapids: Eerdmans, 1993.

LUTHARDT, C. Ernst, *Apologetic Lectures on the Fundamental Truths of Christianity.* Edinburgo: T&T Clark, 1909.

McCLINTOCK, Robert, *Man and His Circumstances: Ortega as Educator.* Nueva York: Columbia University, 1971.

McDOWELL, Josh, *Evidencias que demandan un veredicto.* Vida, Miami.

— *Evidencias que demandan un veredicto*, 2. Clie, Terrassa.

— *El factor resurrección.* Clie, Terrassa.

— *Escépticos que demandaban un veredicto.* Unilit, Miami 1995.

McGRATH, A.E., *Bridge Building. Effective Christian Apologetics.* IVP, 1992.

McKINNEY, Richard W.A., ed. *Creation, Christ and Culture. Essays in honour of T.F. Torrance.* Edinburo: T & T Clark.

McLEAN Stuart, *Humanity in the Thought of Karl Barth.* Edinburgo: T & T Clark, 1981.

MACGREGOR, James, *The Apology of the Christian Religion.* Edinburgo: T&T Clark, 1904.

— *The Revelation and the Record: Essays on Matters of Previous Question in the Proof of Christianity.* Edinburgo: T & T Clark, 1905.

MACGREGOR, John Geddes, *Aesthetic Experience in Religion*, 1947.

— *Christian Doubt*, 1951.

— *The Rhythm of God*, 1974.

MACHEN, John Gresham, *The Origin of Paul' Religion.* Nueva York: Macmillan, 1923.

— *What is Faith?* Nueva York: Macmillan Co., 1927.

MACINTOSH, Douglas Clyde, *The Reaction Against Metaphysics in Theology*, 1911.

— *The Problem of Knowledge*, 1915.

— *Theology as an Empirical Science*, Nueva York: Macmillan, 1919.

— *The Reasonableness of Christianity*, 1924.

— *The Pilgrimage of Faith in the World of Modern Thought*, 1931.

— *The Problem of Religious Knowledge*, 1940.

— *Personal Religion*, 1942.

— *Thinking about God*, 1942.
MACKAY, Donald M., *Where Science and Faith Meet*, 1952.
— *Freedom and Action in a Mechanistic Universe*, 1967.
— *Human Science and Human Dignity*, 1979.
— ed., *Christianity in a Mechanistic Universe and Others Essays*. IVP (TE: Certeza, Buenos Aires, 1968).
MACKIE, J.L., *El milagro del teísmo. Argumentos a favor y en contra de la existencia de Dios*. Tecnos, Madrid 1994.
MACKINSTOSH, Hugh Ross, *The Christian Experience of Forgiveness*. London: Nisbet&Co., 1941, 6ª ed.
— *Types of Modern Theology*. London: Nisbet&Co., 1937. (TE: La Aurora, Buenos Aires).
— *The Christian Apprehension of God*. London: SCM, 1936.
MACKINTOSH, R., *Hegel and Hegelianism*. Edinburgo: T&T Clark, 1907.
MACMURRAY, John, *Interpreting the Universe*. Londres: Faber and Faber, 1936.
— *The Self as Agent. Guifford Lectures de 1953*. Londres: Faber & Faber, 1957 (TE: Barral Editores, Barcelona, 1973).
— *Persons in Relation. Guifford Lectures de 1954*. Londres: Faber & Faber, 1961 (TE: Barral Editores, Barcelona, 1973).
MACQUARRIE, John, *God-Talk, análisis del lenguaje*. Londres: SCM Press, 1967 (TE: Sígueme, Salamanca).
— *An existentialist theology*. Londres: SCM Press 1960.
— *Studies in Christian Existentialism*. Londres: SCM Press, 1966.
— *El pensamiento religioso en el siglo XX*. Herder, Barcelona
— *Heidegger and Christianity. The Hensley Henson Lectures 1993-94*. Londres: SCM Press 1994.
— *Invitation to Faih*. Londres: SCM Press 1995.
MAIR, A. *Studies in the Christian Evidences*. Edinburgo: T&T Clark, 1907, 3ª ed.
MARCEL, Gabriel, *El misterio del ser*. Edhasa, Barcelona 1971.
MARCUSE, Herbert, *Ensayos sobre política y cultura*. Ariel, Barcelona 1970.

BIBLIOGRAFÍA

MARITAIN, Jacques, *An Introduction to Philosophy*, Nueva York: Sheed & Ward, 1979.
— *St. Thomas Aquinas: An Angel of the Schools*. Londres: Sheed & Ward, 1946.
— *El campesino de Garona*. DDB, Bilbao 1967.
MARTIN, A., *Scleiermacher and the Rejuvenescence of Theology*. Edinburgo: T & T Clark, 1907.
MARTIN VELASCO, Juan, *El encuentro con Dios*. Cristiandad, Madrid 1976.
— *La experiencia cristiana de Dios*. Trotta, Madrid 1995.
MASCALL, E.L., *Christian Theology and Natural Science*, 1956.
— *Theology and History*, 1962.
— *The Secularization of Christianity*, 1965.
— *Whatever Happened to the Human Mind?*, 1980.
— *The Triune God*, 1986.
MASSUH, Víctor, *Nietzsche y el fin de la religión*. Sudamericana, Buenos Aires 1976, 2ª ed.
MATSON, Wallace, *The Existence of God*. Ithaca: Cornell University Press, 1965.
MATTHEWS, W.R., *God: In Christian Thought and Experience*. Londres: Nisbet and Co., 1937, 4ª ed.
— *The Purpose of God*. Londres: Nisbet and Co., 1937, 3ª ed.
MAVRODES, George, *Belief in God*. Nueva York: Random House, 1970.
MAYERS, Ronald B., *Both/And: A Balanced Apologetic*. Chicago: Moody Press, 1984.
McGHEE, Michael, ed., *Philosophy, Religion an the Spiritual Life*. Cambridge: CUP, 1992.
MEHL, Roger, *Etica católica y ética protestante*. Herder, Barcelona, 1973.
MEEKS, Wayne A., *Los orígenes de la moralidad cristiana*. Ariel, Madrid 1994.
MERLEAU-PONTY, Maurice, *Lo visible y lo invisible*. Seix Barral, Barcelona 1970.
MESLIER, Jean, *Crítica de la religión y del estado*, Ed. Península, Barcelona, 1978.

MIGLIORE, Daniel L., *Faith Seeking Understanding*. Grand Rapids: Eerdmans, 1991.

MILL, John S., *Three Essays on Religion*. Londres: Longmans, Green & Co., 1885, 3ª ed.

MITCHELL, Basil, *How To Play Theological Ping Pong. Essays on Faith and Reason*. The C.S. Lewis Centre Library. Londres: Hodder and Stoughton, 1990.

MOLTMANN, Jürgen, *Teología de esperanza*. Sígueme, Salamanca 1966.

— *El Dios crucificado*. Sígueme, Salamanca 1977, 2ª ed.

— *La dignidad humana*. Sígueme, Salamanca 1983.

— *Dios en la creación*. Sígueme, Salamanca 1987.

— *Trinidad y reino de Dios*. Sígueme, Salamanca 1986.

— *El camino de Jesucristo*. Sígueme, Salamanca 1993.

MONDEN, Louis, *¿Puede el hombre creer todavía hoy?* Sal Terrae, Santander 1972.

MONTGOMERY, John Warwick, *Faith Founded on Fact*. Nashville: Thomas Nelson, 1978.

— *History and Christianity*. Downers Grove: IVP, 1971.

MOORE, George Edward, *Defensa del sentido común y otros ensayos*. Orbis, Barcelona, 1983.

MOORE, Peter C., *Disarming the Secular Gods*. Downers Grove: IVP, 1989.

MORELAND, James Porter, *Scaling the Secular City. A Defense of Christianity*. Grand Rapids: Baker, 1992 7ª ed.

— *Christianity and the Nature of Science. A Philosophical Investigation*. Grand Rapids: Baker, 1992 3ª ed.

MORRIS, Thomas V., *Making Sense of it All. Pascal and the Meaning of Life*. Grand Rapids: Eerdmans, 1993.

MOULE, C.F.D., *The Phenomenon of the New Testament. An inquiry into the implication of certain features of the New Testament*. Londres: SCM Press, 1968 (ST: Desclé de Brouwer, Bilbao, 1971).

MOULE, H.C.G, *Outlines of Christian Doctrine*. Londres: Hodder and Stoughton, 1907 (TE: Clie, Tarrasa).

MOURANT, J.A., *Readings in the Philosophy of Religion*. Nueva York: Crowell-Collier & Macmillan, 1954.

BIBLIOGRAFÍA

MUCK, Otto, *Doctrina filosófica de Dios.* Herder, Barcelona 1974.
MULLINS, E.Y., *La religión cristiana en su expresión doctrinal.* CBP, El Paso, 1980 4ª ed.
— *Manual de evidencias cristianas.* Clie, Terrassa 1987.
MUNZ, Peter, *Problems of Religious Knowledge.* Londres: SCM Press, 1959.
MURRAY, A. Victor, *Personal Experience and the Historic Faith.* Londres: Epworth Press 1954, 2ªed.

NASH, Ronald H., *The Philosophy of Gordon H. Clark.* Philadelphia: P & R, 1968.
— *Christianity and the Hellenistic World.* Grand Rapids: Zondervan, 1984.
NEWBIGIN, Leslie, *Religión auténtica para el hombre secular.* Razón y Fe, Madrid 1968.
NEWMAN, John Henry, *El asentimiento religioso.* Herder, Barcelona 1960.
— *La fe y la razón.* Encuentro, Madrid 1993.
NEWPORT, John P., *Life's Ultimate Questions: A Contemporary Philosophy of Religion.* Dallas: Word Publishing, 1989.
NIETZSCHE, Friedrich, *El crepúsculo de los ídolos.* Alianza Editorial, Madrid 1973.
— *Así habló Zarathustra.* Planeta, Barcelona 1992.
— *La gaya ciencia.* M.E. Editores, Madrid 1994.
NICHOLS, Aiden, *The Antropological Character of Theology.* CUP, 1990.
NOTARO, Thom, *Van Til and the Use of Evidence.* Phillipsburg: P & R, 1980.

O'HANLON, Gerard F., *The Immutability of God in the Theology of Jans Urs von Balthasar.* Cambridge University Press, 1990.
O'LEARY, Joseph S., *Questioning Back: The Overcoming of Metaphysics in Christian Tradition.* New York: Seabury-Winston, 1985.
OMAN, John, *Grace and Personality.* Cambridge: C. University Press, 1925, 3ª ed.

— *Vision and Authority*. Londres: Hodder and Stoughton, 1929, 4ª ed.
ORR, James, *Hume and his Influence on Philosophy and Theology*. Edinburgo: T & T Clark, 1907.
— *Concepción cristiana de Dios y el mundo*. CLIE, Terrasa 1992 (original 1893).
— *El progreso del dogma*. CLIE, Terrassa 1988 (original 1901).
OTTO, Rudolf, *Lo santo*. Alianza Editorial, Madrid 1980.
OVERMAN, Ralph T., *¿Quién soy? La fe de un científico*. CBP, El Paso 1975.

PADOVANO, Anthony T., *The Stranged God*. Nueva York: Sheed and Ward, 1966 (ST: Sal Terrae, Santander, 1968).
PAILIN, David A., *El carácter antropológico de la teología*. Sígueme, Salamanca 1995.
PANNENBERG, Wolfhart, *Metaphysics and the Idea of God*. Grand Rapids: Eerdmans; Edinburgh: T&T Clark, 1990.
— *Cuestiones fundamentales de teología sistemática*. Sígueme, Salamanca 1976.
— *Etica y eclesiología*. Sígueme, Salamanca, 1986.
— *Teoría de la ciencia y teología*. Cristiandad, Madrid 1981.
PASCAL, Blaise, *Pensamientos*. Orbis, Barcelona, 1987, 2ª ed.
PEERMAN, Dean, ed. *Frontline Theology*. Londres: SCM Press, 1967.
PEACOCKE, Arthur R., *Theology for a Scientific Age*. Londres: SCM Press, 1993 2ª ed.
PEREZ RIVAS, Marcelo, *Estímulo y respuesta*. La Aurora, Bs. As. 1969.
PESCH, Otto Hermann, *Tomás de Aquino. Límite y grandeza de una teología medieval*. Herder, Barcelona 1994.
PIEPER, Josef, *Defensa de la filosofía*. Herder, Barcelona 1970.
— *Filosofía medieval y mundo moderno*. Rialp, Madrid 1973.
— *El descubrimiento de la realidad*. Rialp, Madrid 1974.
PIKE, Kenneth L., *With Heart and Mind*. Grand Rapids: Eerdmans, 1967.
PIKE, Nelson, *God and Evil: Readings on the Theological Problem of Evil*. Englewood Cliffs: Prentice-Hall, 1964.
PINNOCK, Clark H., *Tracking The Maze*. San Francisco: Harper & Row, 1990.

BIBLIOGRAFÍA

PLANTINGA, Alvin & N. WOLTERSTORFF, *Faith and Rationality*. Notre Dame: UNDP, 1991, 3ª ed.
— *God and Other Minds*. Ithaca: Cornell University Press, 1967.
POLITEZ, Georges, *Principios elementales y fundamentales de filosofía*. Alba, Madrid 1987.
POLKINGHORNE, John. *Science and Creation. The Search for Understanding*. Londres: SPCK, 1988.
— *Reason and Reality. The Relationship between Science and Theology*. Londres: SPCK, 1991.
— *Serious Talk. Science and Religion in Dialogue*. Lodnres: SMC Press 1996.
POPPER, Karl R., *La sociedad abierta y sus enemigos*, 2 vols. Paidós, Buenos Aires 1985.
— *En busca de un mundo mejor*. Paidós, Barcelona 1994.
POUPARD, Paul, *Iglesia y culturas*. Edicep, Valencia 1988.
PROZESKY, Martin, *A New Guide to the Debate about God*. Londres, SCM Press, 1992.
PÜNJER, Bernhard, *History of the Christian Philosophy of Religion from the Reformation to Kant*. Edinburgo: T&T Clark, 1904.

RAHNER, Karl, *Espíritu en el mundo*. Herder, Barcelona 1963.
— *Oyente de la palabra*. Herder, Barcelona 1967.
— *Escritos de teología*, 6 vols. Taurus, Madrid 1969.
RAMM, Bernard, *After Fundamentalism*. San Francisco: Harper & Row, 1983.
— *Varieties of Christian Apologetics*. Grand Rapids: Baker.
— *The Christian View of Science and Scripture*. Grand Rapids: Eerdmans, 1954 (TE: Certeza, Buenos Aires).
RAMSEY, Ian T., *Religious Lenguage*. Londres: SCM Press, 1957.
RATZINGER, Joseph, *Dios como problema*. Cristiandad, Madrid 1972.
RAVEN, Charles E., *Christianity and Science*. Londres: United Society for Christian Literature, l960 5ª ed.
REARDON, B.M.G., *Religious Thought in the Nineteenth*. Cambridge: CUP, 1966.
REYMON, Robert, *The Justification of Knowledge*. Nutley: P & R, 1976.

RICHARDSON, Alan, *Christian Apologetics.* Londres: SCM Press, 1947.
— *The Bible in the Age of Science.* Philadelphia: Westminster Press, 1961 (TE: Barcelona).
— *Debate contemporáneo sobre la religión.* Ed. Razón y Fe, Madrid 1968.
RICHMOND, James, *Faith and Philosophy.* Londres: Hodder and Stoughton, 1966.
RICOEUR, Paul, *Finitud y culpabilidad.* Taurus, Madrid 1969.
— *Amor y justicia.* Caparrós Ed., Madrid 1993.
RINTELEN, Fritz J. von, *Values in European Thought.* EUNSA, Pamplona 1972.
ROBINSON, John A.T., *Honest to God.* Londres: SCM, 1963.
— *New Reformation?* Londres: SCM, 1965.
ROBINSON, William, *Whither Theology? Some Essential Biblical Patterns.* Londres: Lutterworth Press, 1947.
ROMERO, Francisco, *¿Qué es filosofía?* Columba, Buenos Aires 1962, 5ª ed.
ROSSET, Clement, *Lógica de lo peor.* Barral, Barcelona 1976.
ROUSSEAU, Jean-Jacques, *Escritos religiosos.* Ed. Paulinas, Madrid 1979.
RUSSELL, Bertrand, *History of Western Philosophy.* Londres: George Allen & Unwin, 1946 (TE: Siglo XXI, Madrid).
— *El conocimiento humano. Su alcance y sus límites.* Taurus, Madrid 1977.
— *¿Por qué no soy cristiano?* Edhasa, Barcelona 1979, 3ª ed.
— *Escritos básicos.* Planeta-Agostini, Barcelona 1985.
— *Respuestas.* Península, Barcelona 1977.

SABATIER, Auguste, *Outlines of a Philosophy of Religion.* Londres: Hodder and Stoughton, 1897.
— *The Religions of Authority and the Religion of the Spirit.* Londres: Williams&Norgate (Nueva York: McClure, Phillips&Co.), 1910.
SARTRE, Jean-Paul, *El ser y la nada.* Losada, Buenos Aires 1966 / Alianza Editorial, Madrid.
SCHARFSTEIN, Ben-Ami, *Los filósofos y sus vidas.* Catédra, Madrid 1984.

BIBLIOGRAFÍA

SCHELER, Max, *La idea del hombre y la historia*. La Pléyade, Buenos Aires 1978.
— *El resentimiento en la moral*. Caparrós Ed., Madrid 1993.
SCHILLEBEECKX, E., *Dios, futuro del hombre*. Sígueme, Salamanca 1971.
— *Los hombres, relato de Dios*. Sígueme, Salamanca 1994.
SCHLESINGER, G., *Religion and Scientific Method*. Dordrecht y Boston: D. Reidel P.Co., 1977.
SCHMITZ, Josef, *Filosofía de la religión*. Herder, Barcelona 1976.
— *La revelación*. Herder, Barcelona 1981.
SCHRAG, Oswald O., *Existence, Existenz, and Transcendence. An Introduction to the Philosophy of Karl Jaspers*. Pittsburg: Duquesne University Press, 1971.
SCIACCA, Michele Federico, *Historia de la filosofía*. Miracle, Barcelona 1950.
— *Dios y la religión en la filosofía actual*. Miracle, Barcelona 1952.
— *Mi itinerario a Cristo*. Taurus, Madrid 1957.
— *La existencia de Dios*. Richardet, Tucumán 1955.
— *La interioridad objetiva*. Aula, Murcia 1955.
— *En espíritu y verdad*. Escelicer, Madrid 1955.
— *La filosofía y el concepto de la filosofía*. Torquel, Buenos Airs 1959, 2ª ed.
— *Muerte e inmortalidad*. Miracle, Barcelona 1958.
— *Sísifo sobre el calvario*. Miracle, Barcelona 1964.
SCOTO, Duns, *Tratado del primer principio*. Sarpe, Madrid, 1985. BAC, 2 vols. Madrid 1968.
SEGUNDO, Juan Luis, *¿Qué mundo? ¿Qué hombre? ¿Qué Dios?* Sal Terrae, Sanander 1993.
SELL, Alan P.F., *The Philosophy of Religion 1875-1980*. Londres: Croom Helm, 1988.
SELMAN, Francis, *St. Thomas Aquinas. Teacher of Truth*. Edinburgo: T & T Clark, 1994.
SELWYN, Edward Gordon, *The Approach to Christianity*. Londres: Longmans, Green and Co., 1925.

SERTILLANGES, A.D., *El cristianismo y las filosofías*, 2 vols. Gredos, Madrid 1966.
SEVERINO, Emanuele, *Esencia del nihilismo*. Taurus, Madrid 1991.
— *El parricidio fallido*. Destino, Barcelona 1991.
— *La tendencia fundamental de nuestro tiempo*. Pamiela, Pamplona 1991.
SILVER, Philip W., *Ortega as Phenomenologist: The Genesis of "Meditations on Quixote"*. Bass Harbor, 1976 (TE: *Fenomenología y razón vital*. Alianza Editorial, Madrid 1978).
SMART, Ninian, CLAYTON, John, SHERRY, Patrick and KATZ, Steven T., *Nineteenth Century Religious Thought in the West*, 3 vols. Cambridge: CUP, 1988.
— *Philosophrs and Religious Truth*. Londres: SCM Press 1964.
SOKOLOWSKI, Robert, *The God of Faith and Reason: Foundations of Christian Theology*. University of Notre Dame Press, 1982.
SPIER, J.M., *An Introduction to Christian Philosophy*. Philadelphia: P&R, 1954.
SPINOZA, Baruch, *Tratado teológico-político*. Alianza Editorial 1986.
SPRANGER, Eduardo, *Formas de Vida*. Revista de Occidente, Madrid 1972, 7ª ed.
SPROUL, R.C., y otros, *Classical Apologetics*. Grand Rapids: Zondervan, 1984.
STACE, W.T., *Religion and the Modern Mind*. Filadelfia: J.B. Lippicontt, 1952.
— *Time and Eternity*. Princeton: PUP, 1952.
STIRLING, J. Hutchison, *Philosophy and Theology*. Edinburgo: T&T Clark, 1906.
— *Darwinianism: Workmen and Work*. Edinburgo: T & T Clark, 1906.
— *What is Thought?*. Edinburgo: T & T Clark, 1907.
STORIG, Hans Joachim, *Historia universal de la filosofía*. Tecnos, Madrid 1994.
SWINBURNE, Richard, *The Coherence of Theism*. Oxford: Oxford University Press, 1984.
— *The Evolution of Soul*, OUP, 1986.
— *The Existence of God*, OUP, 1979.

BIBLIOGRAFÍA

— *Faith and Reason*, OUP, 1981.
— *Revelation: From Metaphor to Analogy*, OUP, 1992.
SYKES, Stephen, *Christian Theology Today*. Londres: Mowbray, 1983 2ª ed.

TEILHARD DE CHARDIN, Pierre, *El medio divino*. Alianza Editorial, Madrid 1979, 2ª ed.
TEMPLE, William, *Nature, Man and God*, (Londres, 1934) Nueva York: St. Martin's Press, 1964.
TENNANT, F.R., *Philosophical Theology*, 2 vols. Cambridge: University Press, 1956 (1928,1930).
— *The Nature of Belief*, 1943.
THIELICKE, Helmut, *Esencia del hombre*. Herder, Barcelona, 1985.
— *Vivir con la muerte*. Herder, Barcelona 1984.
— *Si Dios existiera...* DDB, Bilbao 1971.
— *Modern Faith and Thought*. Grand Rapids: Eerdmans 1990.
THOMAS, J.D., *Fe, ciencia y razón*. Irmayol, Madrid, 1972.
THORPE, W.H., *Naturaleza animal y humana*. Alianza Universidad, Madrid, 1980.
— *Biology and the Nature of Man*. Oxford: OUP, 1962.
TILLICH, Paul, *Perspectives on 19th and 20th Century Protestant Theology*. London: SCM Press, 1967.
— *Se conmueven los cimientos de la tierra*. Ariel, Barcelona 1968.
— *En la frontera*, Stvdivm, Madrid.
— *La dinámica de la fe*, Ariel, Barcelona.
— *Amor, poder y justicia*. Libros del Nopal, Barcelona 1970.
— *El coraje de existir*. Laia, Barcelona 1973.
— *Teología de la cultura y otros ensayos*. Amorrortu, Buenos Aires 1974.
— *El nuevo ser*. Ariel, Barcelona 1973.
— *El futuro de las religiones*. Aurora, Buenos Aires 1976.
— *Teología sistemática*, 3 vols. Sígueme, Salamanca 1981-84.
TILMANN, Klemens, *Cómo dialogar sobre la fe*. Herder, Barcelona 1969.
TOULMIN, Stephen E., *La comprensión humana*, vo. I.: El uso colectivo y la evolución de los conceptos. Alianza Editorial, Madrid 1977.

— *El puesto de la razón en la ética.* Alianza Editorial, Madrid 1979.
TORRANCE, Thomas F., *God and Rationality.* Nueva York: Oxford University Press, 1971.
— *Reality and Evangelical Theology.* Philadelphia: Westminster Press, 1982.
— *Transformation and Convergence in the Frame of Knowledge.* Grand Rapids: Eerdmans, 1984.
— *Space, Time and Resurrection.* Grand Rapids: Eerdmans, 1976.
— *Trinitarian Perspectives. Toward Doctrinal Agreement.* Edinburgo: T & T Clark, 1994.
TRIGO, Pedro, *Creación e historia en el proceso de liberación.* Paulinas, Madrid 1988.
TRUEBLOOD, Elton. *The Knowledge of God.* Nueva York: Harper & Row, 1939.
— *The Logic of Belief.* Nueva York: Harper & Row, 1942.
— *Philosophy of Religion.* Nueva York: Harper & Row, 1957.
— *General Philosophy.* Nueva York: Harper & Row, 1964.
— *A Place to Stand.* Nueva York: Harper & Row, 1969.
— *The Future of the Christian.* Nueva York: Harper & Row, 1970.

URBAN, Wilbur Marshall, *Humanity and Deity.* Londres: George Allen & Unwin, 1951.
— *Beyond Realism and Idealism.* Londres: George Allen & Unvim, 1950.
— *Language and Reality* (TE: FCE. México).

VANHOOZER, Kevin J., *Biblical Narrative in the Philosophy of Paul Ricoeur.* CUP, 1990.
VAN TIL, Cornelius, *A Christian Theory of Knowledge.* Phillipsburg: Presbyterian and Reformed Pub., 1969.
— *Defense of the Faith.* Phillipsburg: P & R, 1967.
— *Apologetics.* Phillipsburg: P & R, 1966, 2ª ed.
— *Common Grace.* Nutley: P & R, 19772th.
— *The God of Hope,* Phillipsburg: P & R, 1878.
— *Paul At Athens,* Phillipsburg: P & R, s/f
VARONE, François, *El Dios ausente.* Sal Terrae, Santander 19087; 2ª ed.

BIBLIOGRAFÍA

VÁSQUEZ, Guillermo, *Una mirada al existencialismo*. CBP, El Paso 1970.

VERNEAUX, Roger, *Epistemología general o crítica del conocimiento*. Herder, Barcelona 1981, 6ª ed.

— *Crítica de la "Crítica de la razón pura"*. Rialp, Madrid 1978.

VIDLER, Alec R., *20th Century Defenders of the Faith*. Londres, SCM Press, 1965.

— *God's Demand and Man's Response*. Londres: Geoffrey Bles, 1946 2ª ed.

— *The Church in an Age of Revolution*. Londres: Pelican, 1961.

VORGRIMLER, Hubert, *Doctrina teológica de Dios*. Herder, Barcelona 1976.

VOS, Arvin, *Aquinas, Calvin and Contemporary Protestant Thought*. Grand Rapids: Erdmans.

VROOM, Hendrik M., *Religions and the Truth. Philosophical Reflections and Perspectives*. Grand Rapids: Eerdmans, 1990.

WALDEFENS, Bernhard, *De Husserl a Derrida*. Paidós, Barcelona 1977.

WALDENFELS, Hans, *Dios. El fundamento de la vida*. Sígueme, Salamanca 1997.

WALKER, W.L., *The Spirit and the Incarnation*. Edinburgo: T & T Clark, 1909, 2ª ed.

— *Christian Theism and a Spiritual Monism*. Edinburgo: T & T Clark, 1908.

— *What about the New Theology*. Edinburgo: T & T Clark, 1909.

WALLRAFF, Charles Frederick, *Karl Jaspers, An Introduction to his Philosophy*. Princeton: P. University Press, 1970.

WALTON, Robert C., *The Roots of Experience*. Londres: SCM Press, 1965.

WARD, Keith, *The Turn of the Tide. Christian Belief in Britain Today*. Londres: BBC Pub., 1986.

— *Rational Theology and the Creativity of God*. Londres: Blackwell, 1982.

— *The Concept of God*. Londres: Blackwell, 1974.

— *Holding Fast to God*. Londres: SPCK, 1982.

— *The Living God*. Londres: SPCK, 1984.
— *The Divine Image*. Londres: SPCK, 1976.
— *The Battle for the Soul*. Londres: Hodder & Stoughton, 1985.
— *Images of Eternity*. Londres: Darton, Longman & Todd, 1987.
— *Divine Action*. Londres: Collins, 1990.
— *A Vision to Pursue*. Londres: SCM, 1991.
— *Religion and Revelation: A Theology of Revelation in the World's Religions*. Oxford: Clarendon 1994.
WARFIELD, Benjamin B., *The Right of Systematic Theology*. Edinburgo: T & T Clark, 1909.
— *Augustine and Calvin,* Philadephia: P & R, 1980.
— *Tertullian and Augustine,* New York and Oxford: OUP, 1930.
WATHERHOUSE, Eric S., *The Philosophical Approach to Religion*. Londres: Epworth Press, 1947.
WEBB, C.C.J., *Studies in the History of Natural Theology*. Oxford: OUP, 1915.
— *Problems in the Relation of God and Man*. Londres: Nisbet, 1911.
— *God and Personality. Gifford Lectures de 1918*. Londres: 1918.
— *Divine Personality and Human Life*. Londres: 1920.
WEBSTER, J.B., *Eberhard Jüngel. An Introduction to his Theology*. Cambridge: CUP, 1993.
WEGER, Karl-Heinz (editor), *La crítica religiosa en los tres últimos siglos*. Herder, Barcelona 1986.
WEIL, Simone, *A la espera de Dios*. Trotta, Madrid 1993.
— *La gravedad y la gracia*. Trotta, Madrid 1994.
WEIZSÄCHER, Carl Friedrich von, *The Relevance of Science. Creation and Cosmogony* (Guifford Lectures 1959-60). Londres: Collins, 1964.
— *El hombre en el cosmos*. Galaxia Gutenberg, Barcelona, 1993.
WELCH, A.C., *Anselm and His Work*. Edinburgo: T & T Clark, 1907.
WELTE, Bernhard, *Filosofía de la religión*. Herder, Barcelona 1982.
WENHAM, John W., *Christ and the Bible*. Downer's Grove: IVP, 1972.
— *The Goodness of God*. Downers Grove: IVP, 1974.
WENLEY, R.M., *Contemporary Theology and Theism*. Edinburgo: T&T Clark, 1909.
— *Kant and his Philosophical Revolution*. Edinburgo: T&T Clark, 1907.

BIBLIOGRAFÍA

WESTPHAL, Merold, *Suspicion and Faith. The Religious Uses of Modern Atheism*. Grand Rapids: Eerdmans, 1993.

WHEELWRIGHT, Philip, *Metáfora y realidad*. Espasa-Calpe, Madrid, 1979.

WHITE, Stephen Ross, *Don Cupitt and the Future of Christian Doctrine*. Londres: SCM Press, 1994.

WHITEHEAD, Alfred Noth, *The Function of Reason*. Boston: Beacon Press, 1958 (1929).

— *Science and The Modern World*.. Nueva York: MacMillan, 1925.

— *Process and Reality,* Nueva York: MacMillan, 1936.

— *El concepto de naturaleza*. Gredos, Madrid 1971.

WILDEN, Anthony, *Sistema y estructura*. Alianza Editorial, Madrid 1979.

WILLIAMS, Clifford, *Singleness of Heart. Restoring the Divided Soul*. Grand Rapids: Eerdmans, 1994.

WILLIAMS, Daniel Day, *Interpreting Theology 1918-1952* (EEUU: *What Present-Day Theologians are Thinking* , Harper & Bros.), Londres: SCM Press, 1953.

WISSER, Richard, *Responsabilidad y cambio social*, Ed. Sudamericana, Buenos Aires, 1970.

WITTGENSTEIN, Ludwing, *Tratactus Logico-Philosophicus*. Alianza Universidad, Madrid, 1973.

— *Lecciones y conversaciones sobre estética, psicología y creencia religiosa*. Paidós, Barcelona 1996.

WOLTERSTORFF, Nicholas, *Reason Within the Bound of Religion*. Grand Rapids: Eerdmans, 1976.

YOUNG, Warren C., *Un enfoque cristiano de la filosofía*, CBP, El Paso, 1965, 2 ed.

ZIRKER, Hans, *Crítica de la religión*. Herder, Barcelona 1976.

ZOHAR, Danah, *La conciencia cuántica*. Plaza & Janés, Barcelona 1991, 2ª ed.

2. BIBLIOGRAFÍA ESPECIAL*

ABELLAN, José Luis, *Panorama de la filosofía española actual*. Espasa-Calpe, Madrid 1978.
— *Historia crítica del pensamiento español*, 8 vols. Espasa-Calpe, Madrid.
— *De la guerra civil al exilio republicano (1936-1977)*. Ed. Mezquita, Madrid 1988.
— *Historia del pensamiento español*. Espasa-Calpe, Madrid 1996.

CARRERAS ARTAU, Tomás, *Médicos-filósofos españoles del siglo XIX*. CSIC, Barcelona 1952.

DIAZ, Elías, *Pensamiento español 1939-1973*. Edicusa, Madrid 1974.
DIAZ Y DIAZ, Gonzalo, *Hombres y documentos de la filosofía española*,
  I: A-B. CSIC, Madrid 1980.
— II: C-D. CSIC, Madrid 1983.
— III: E-G. CSIC, Madrid 1988.
— IV: H-LL. CSIC, Madrid 1991.
— y SANTOS ESCUDERO, C., *Bibliografía filosófica hispánica (1901-1970)*. CSIC, Madrid 1982.

FERNANDEZ DE LA MORA, Gonzalo, *El pensamiento español*, 7 vols. Rialp, Madrid 1963-69.
  I: De "Azorín" a Zubiri. II: De Unamuno a d'Ors. III: De Ortega a Nicoll. IV: De Marañon a López-Ibor.
  V: De Castro a Millán-Puelles. VI: De Amor Ruibal a Zaragüeta. VII: De Sanz del Río a Morente.

— *Ortega y el 98*. Rialp, Madrid 1977.
— *Filósofos españoles del siglo XX*. Planeta, Barcelona 1987.
FRAILE, Guillermo, *Historia de la filosofía española. Desde la Ilustración*. BAC, Madrid 1972.

GARAGORRI, Paulino, *La filosofía española en el siglo XX. Unamuno, Ortega, Zubiri*. Alianza Editorial, Madrid.
GARCIA SANCHEZ, Javier, *Conversaciones con la joven filosofía española*. Península, Barcelona 1980.
GUY, Alain, *Historia de la filosofía española*. Anthropos, Barcelona 1985.
— *Ortega y Gasset, crítico de Aristóteles*. Espasa-Calpe, Madrid 1968.

LOPEZ QUINTAS, Alfonso, *Filosofía española contemporánea*. BAC, Madrid 1970.
Julián MARIAS, *Filosofía española actual. Unamuno, Ortega, Morente, Zubiri*. Espasa-Calpe, Madrid 1973, 5ª ed.

MARTINEZ GOMEZ, Luis, "Presentación y síntesis de historia de la filosofía española", *Historia de la filosofia*, vol. II, J. Hirschberger, Herder 1979, 9ª ed.
— *Bibliofrafía filosófica española e hispanoamericana, 1940-1958*. Juan Flors, Barcelona 1961.

MERMALL, Thomas, *La retórica del humanismo. La cultura española después de Ortega*. Taurus, Madrid 1978.

NUÑEZ RUIZ, Diego, *La mentalidad positiva en España*. Ediciones de la Unversidad Autónoma de Madrid, 1987, 2ª ed.

ROCAMORA, Pedro, *Pensadores españoles contemporáneos*. CSIC, Madrid 1975.

* En estas obras se encuentra abundante y detallada bibliografía de la filosofía española a la que remitimos.

3. BIBLIOGRAFÍA DE AUTORES ESPAÑOLES

AGUILERA PEDROSA, Antonio, *Hombre y cultura*. Trotta, Madrid 1995.
ALFARO, Juan, *De la cuestión del hombre a la cuestión de Dios*. Sígueme, Salamanca 1989, 2ª ed.
— *Revelación cristiana, fe y teología*. Sígueme, Salamanca 1985.
ALONSO-FUEYO, Sabino, *Existencialismo y existencialistas*. Ed. Guerri, Valencia 1949.
— *Filosofía de la persona*. SFUV, Valencia 1950.
— *La filosofía y sus problemas*. SFUV, Valencia 1950.
ALVAREZ TURIENZO, Saturnino, *El hombre y su soledad. Una introducción a la ética*. Sígueme, Salamanca 1983.
ALVIRA, Rafael, *La noción de finalidad*. EUNSA, Pamplona 1978.
AMOR RUIBAL, Angel, *Los problemas fundamentales de la filosofía y del dogma*, 2 vols. CSIC, Madrid 1972-74.
AMORÓS, Celia, *Hacia una crítica de la razón patriarcal*. Anthropos, Barcelona 1991.
— *Mujeres y hombres en la formación del pensamiento occidental*. Universidad Autónoma, Barcelona 1989.
ARANGUREN, José Luis L., *La filosofía de Eugenio D'Ors*. Espasa-Calpe, Madrid 1981.
— *Moral y sociedad*. Edicusa, Madrid 1974.
— *El marxismo como moral*. Alianza, Madrid 1980.
— *Catolicismo y protestantismo como formas de existencia*. Alianza Editorial, Madrid 1980.
— *La crisis del catolicismo*. Alianza Editorial, Madrid 1980, 3ª ed.
— *El protestantismo y la moral*. Península, Barcelona 1995.

AROSTEGUI, Antonio, *Historia de la filosofía*. Marsiega, Madrid 1983.
— *La lucha filosófica*. Marsiega, Madrid 1975.
— *Curso de concienciación filosófica*. Marsiega, Madrid 1977.
ARREGUI, Jorge Vicente, *Acción y sentido en Wittgenstein*. EUNSA, Pamplona 1984.
ARTIGAS, José *Descartes y la formación del hombre moderno*. CSIC, Madrid 1951.
— *Séneca. La filosofía como forjación del hombre*. CSIC, Madrid 1952.

BALMES, Jaime, *Filosofía elemental*. Editorial Araluce, Barcelona, 1943. / BAC, Madrid.
— *El criterio*. BAC, Madrid 1965.
— *Filosofía fundamental*. BAC, Madrid 1980.
— *El protestantismo comparado con el catolicismo*. BAC, Madrid 1967.
BALLESTERO PRIETO, Manuel, *Marx o la crítica como fundamento*. Ciencia Nueva, Madrid 1967.
— *La revolución del Espíritu*. Siglo XXI, Madrid 1970.
BAYÓN, Julio, *Razón vital y dialéctica en Ortega*. Revista de Occidente, Madrid 1972.
BENAVENTE BARRERA, J.M., *Hartmann y el problema del conocimiento*. CSIC, Madrid 1973.
BERMUDO, José Manuel, *La filosofía moderna y su proyección contemporánea*. Barcanova, Barcelona 1983.
— *J.J. Rousseau. La profesión de fe del filósofo*. Montesinos Ed., Barcelona 1984.
BUENO, Gustavo, *Ensayo sobre las categorías de la economía política*. La Gaya Ciencia, Barcelona 1972.
— *Ensayos materialistas*. Taurus, Madrid 1972.
— *Cuestiones cuodlibetales sobre Dios y la religión*. Mondadori, Madrid 1989.

CABADA CASTRO, Manuel, *Querer o no querer vivir. El debate entre Schopenhauer, Feuerbach, Wagner y Nietzsche*. Herder, Barcelona 1994.

BIBLIOGRAFÍA

CAMPS, Victoria, *Ética, retórica y política*. Alianza Editorial, Madrid 1990.
— *La imaginación ética*. Ariel, Barcelona 1991.
— *Paradojas del individualismo*. Crítica. Barcelona 1993.
— *Virtudes públicas*. Espasa-Calpe, Madrid 1991.
CASCIARO, J.M., *El diálogo teológico de Santo Tomás con musulmanes y judíos. El tema de la Profecía y la Revelación*. CSIC, Madrid 1969.
CENCILLO, Luis, *Libido, terapia y ética*. Verbo Divino, Estella 1974.
— *El hombre, noción científica*. Pirámide, Madrid 1978.
— *Interacción y conocimiento*, 2 vols. Amoru, Madrid 1988.
— *La comunicación absoluta*. San Pablo, Madrid 1994.
— *Psicología y fe*. Sígueme, Salamanca 1997.
CHOZAS, Jacinto, *Conciencia y afectividad (Aristóteles, Nietzsche, Freud)*. EUNSA, Pamplona 1978.
CLAVELL, Luis, *El nombre propio de Dios*. EUNSA, Pamplona 1980.
Juan Manuel COBO SUERO, *Educación ética* Endymion, Madrid 1993.
— *Contribución a la Crítica de la Política Social*. PUC, Madrid 1993.
COLOM COSTA, Enrique, *Dios y el obrar humano*. EUNSA, Pamplona 1976.
COLOMER, Eusebi, *El pensamiento alemán de Kant a Heidegger*, 3 vols. Herder, Barcelona.
COLLADO, Jesús Antonio, *Fundamentos de lingüística general*. Gredos, Madrid 1986.
— *Naturaleza y moralidad*. Pomares-Corredor, Madrid 1992.
CORTINA, Adela, *Dios en la filosofía transcendental de Kant*. Univ. Pontificia, Salamanca 1981.
— *Crítica y utopía: la Escuela de Francfort*. Cincel, Madrid 1985.
— *La ética en la sociedad civil*. Anaya, Madrid 1995.
— *Ética mínima*. Tecnos, Madrid 1992.
— *Ética sin moral*. Tecnos, Madrid 1990.
— *La moral del camaleón*. Espasa-Calpe, Madrid 1991.
CRUZ, Manuel, *El historicismo*. Montesinos, Barcelona 1981.
— *Del pensar y sus objetos*. Tecnos, Madrid 1988.

DIAZ, Carlos, *Sabiduría y locura. El cristianismo como lúcida ingenuidad*.. Sal Terrae, Santander 1982
— *El sujeto ético*. Narcea, Madrid 1983.
— *La última filosofía española: una crisis críticamente expuesta*. Cincel, Madrid 1985.
— *Preguntarse por Dios es razonable*. Ed. Encuentro, Madrid 1989.
— *Ilustración y religión*. Ed. Encuentro, Madrid 1991.
— *Cuando la razón se hace palabra*. Ed. Madre Tierra, Móstoles 1992.
— *De la razón dialógica a la razón profética*. Ed. Madre Tierra, Móstoles 1991.
— *La buena aventura del comunicarse*. Ed. Madre Tierra, Móstoles 1995.
— *En el jardín del Edén*. Ed. San Esteban, Salamanca 1991.
— *El sueño hegeliano del estado ético*. Ed. San Esteban, Salamanca 1990.
— *Yo quiero*. Ed. San Esteban, Salamanca 1990
— *Manifiesto para los humildes*. Edim, Valencia 1993.
— *Para ser persona*. Ed. Instituto E. Mounier, Las Palmas de Gran Canaria 1993.
— *Diez miradas sobre el rostro del otro*. Ed. Caparrós, Madrid 1994.
DIAZ MURUGARREN, José, *La religión y los maestros de la sospecha*. Ed. San Esteban, Salamanca.

ECHARRI, Jaime, *Humanismo científico y humanismo natural*. PUD, Bilbao 1979.
ECHEVARRÍA, Javier, *Cosmopolitas domésticos*. Anagrama, Barcelona 1995.
— *Filosofía de la ciencia*. Akal, Madrid 1995.
— *Límites de la conciencia y del anatema* (con V. Gómez Pin). Taurus, Madrid 1983.
ELLACURÍA, Ignacio, *Filosofía de la realidad histórica*. Trotta, Madrid 1991.
ESCOHOTADO, Antonio, *El espíritu de la comedia*. Anagrama, Barcelona 1991.
— *Realidad y substancia*. Taurus, Madrid 1986.
ESTRADA, Juan Antonio, *Dios en las tradiciones filosóficas I*:

BIBLIOGRAFÍA

Aporías y problemas de la teología natural. Trotta, Madrid 1994.
— *Dios en las tradiciones filosóficas II: De la muerte de Dios a la crisis del sujeto*. Trotta, Madrid 1996.
ESTRADA HERREROS, David, *Estética*. Herder, Barcelona 1988.

FARRE, Luis, *Teoría de los valores y Filosofía antigua; cincuenta años de filosofía en Argentina;*
— *Estética;*
— *Vida y pensamiento de Jorge Santayana;*
— *Espíritu de la Filosofía inglesa;*
— *Lucrecio, filósofo y poeta;*
— *Filosofía cristiana patrística y medieval;*
—*Tomás de Aquino y el neoplatonismo;*
— *Categorías estéticas;*
— *Antropología filosófica.*
— *El hombre y sus problemas;*
— *Filosofía de la Religión;*
— *Unamuno, James y Kierkegaard y otros ensayos*. La Aurora, Buenos Aires 1967.
— *Aislamiento y comunicación*. La Aurora, Buenos Aires 1970.
FERRATER MORA, José, *Diccionario de filosofía*, 4 vols. Alianza Editorial, Madrid 1982, 4ª ed.
— *Obras selectas*, 2 vols. Revista de Occidente, Madrid 1967.
— *La filosofía actual*. Alianza Editorial, Madrid 1969.
FERRER, Urbano, *Filosofía*. EUNSA, Pamplona 1984.
FLÓREZ MIGUEL, Cirilio, *Kant, de la ilustración al socialismo*. Salamanca 1976.
FLOREZ, Ramiro, *Libertad y liberación*. Monte Casino, Zamora 1975.
— *El Dios de Hegel*. 1967.
— *El Dios dialéctico*. 1970.
— *La dialéctica de la historia en Hegel*. Gredos, Madrid 1983.
FRAIJÓ, Manuel, editor, *Filosofía de la religión. Estudios y textos*. Trotta, Madrid 1994.
FULLAT, Octavi, *Radiografía del ateismo*. Nova Terra, Barcelona 1973.
FUSTER, Joan, *Contra Unamuno y los demás*. Península, Barcelona 1975.

GARCIA BACCA, Juan David, *Metafísica natural estabilizada y problemática metafísica espontánea*. FCE, México 1965.
— *Antropología y ciencia contemporánea*. Anthropos, Barcelona 1983.
GARCÍA-BARÓ, Miguel, *La verdad y el tiempo*. Sígueme, Salamanca 1993.
— *Ensayos sobre lo absoluto*. Caparrós Ed., Madrid 1993.
GARCÍA CALVO, Agustín, *Historia contra tradición. Tradición contra historia*. Lucina, Madrid 1983.
— *Contra el tiempo*. Lucina, Zamora 1993.
— *Análisis de la sociedad del bienestar*. Lucina, Zamora 1994.
GARCIA-JUNCEDA, J. Antonio, *La Edad Media y la Filosofía*. 1969.
— *Lengua y conocimiento en la Edad Media*. 1981.
— *La cultura cristiana y san Agustín*. Cincel, Madrid 1986.
GARCIA LOPEZ, J., *Nuestra sabiduría racional de Dios*. CSIC, Madrid 1950.
— *Estudios de metafísica tomista*. EUNSA, Pamplona 1976.
GARCIA MORENTE, Manuel, *La filosofía de Henri Bergson*. Espasa-Calpe, Madrid 1972.
— *La filosofía de Kant*. Espasa-Calpe, Madrid 1975.
— *Lecciones preliminares de filosofía*. Porrúa, México 1974.
GARCIA RAMOS, Manuel, *Historia de la filosofía*. Alhambra, Madrid 1979.
GARCÍA VENTURINI, Jorge L., *Filosofía de la historia*. Gredos, Madrid 1972.
GARAGORRI, Paulino, *Ortega, una reforma de la filosofía*. Revista de Occidente, Madrid 1958.
— *La paradoja del filósofo*. Revista de Occidente, Madrid 1959.
— *Del pasado al porvenir*. Edhasa, Barcelona 1965.
— *Relecciones y disputciones orteguianas*. Taurus, Madrid 1965.
— *Introducción a Ortega*. Alianza Editorial, Madrid 1970.
GÓMEZ CAFFARENA, J., *La audacia de creer*. Razón y Fe, Madrid 1969.
— *Metafísica fundamental*. Cristiandad, Madrid 1983, 2ª ed.
— *¿Cristianos hoy?* Cristiandad, Madrid 1979, 2ª ed.

BIBLIOGRAFÍA

— Con José María MARDONES, *Cuestiones epistemológicas. Materiales para una filosofía de la religión. I.* CSIC, Barcelona 1992.
— *La tradición analítica. Materiales para una filosofía de la religión.* II. CSIC, Barcelona 1992.
GÓMEZ PIN, Víctor, *Ciencia de la lógica y lógica del sueño.* Taurus, Madrid 1978.
— *La dignidad, lamento de la razón repudiada.* Paidós, Barcelona 1995.
— *Filosofía.* Anagrama, Barcelona 1989.
— *El infinito: en los confines de lo pensable.* Temas de Hoy, Barcelona 1990.
— *El orden aristotélico.* Ariel, Barcelona 1984.
GONZALES ALVAREZ, Angel, *Tratado de metafísica.* Vol. I: *Ontología.* Vol. II: *Teología natural.* Gredos, Madrid 1968 2ª ed.
— *Manual de historia de la filosofía.* Madrid 1960.
— *Introducción a la filosofía.* E.P.E., Madrid 1953.
GRANELL, Manuel, *La vecindad humana.* Revista de Occidente, Madrid 1969.
GUISÁN, Esperanza, *La ética mira a la izquierda.* Tecnos, Madrid 1992.
— *Ética sin religión.* Alianza Editorial, Madrid 1993.
— *Introducción a la ética.* Cátedra, Madrid 1995.
— *Razón y pasión de la ética: los dilemas de la ética contemporánea.* Anthropos, Barcelona 1990.
GURMENDEZ, Carlos, *Crítica de la pasión pura,* 2 vols. FCE, Madrid 1992-93.
GUTIERREZ MARIN, Manuel, *Dios ha hablado.* Buenos Aires, 1950.
— *Dios aquí y ahora.* CUPSA, México 1966.
— *Fe y acción. Etica cristiana existencial.* Irmayol, Madrid 1965.

INNERARITY, Daniel, *Praxis e intersubjetividad. La teoría crítica de Jürgen Habermas.* EUNSA, Pamplona 1985.
INSTITUTO FE Y SECULARIDAD, *Convicción de fe y crítica racional.* Sígueme, Salamanca 1973.

LAIN ENTRALGO, Pedro, *Antropología de la esperanza*. Guadarrama, Madrid 1978.
— *Esperanza en tiempo de crisis*. Galaxia Gutenberg, Barcelona 1993.
LARRAÑETA, Rafael, *La preocupación ética*. San Esteban, Salamanca 1986.
— *Una moral de felicidad*. San Esteban, Salamanca.
— *La interioridad apasionada. Verdad y amor en Kierkegaard*. Ed. San Esteban, Salamanca 1990.
LOPEZ QUINTAS, Alfonso, *Metodología de lo suprasensible*, 2 vols.:
— *I: Descubrimiento de lo superobjetivo y crisis del objetivismo*. Ed. Nacional, Madrid 1963.
— *II: El triángulo hermenéutico*. Ed. Nacional, Madrid 1971.
— *Hacia un estilo integral de pensar*, 2 vols. Ed. Nacional 1967.
— *Pensadores cristianos contemporáneos*. BAC, Madrid 1968.
— *El pensamiento filosófico de Ortega y D'Ors*. Guadarrama, Madrid 1972.
— *Silencio de Dios y libertad del hombre*. Narcea, Madrid 1981.

LLEDÓ, Emilio, *Filosofía y lenguaje*. Ariel, Barcelona 1995.
— *Memoria de la ética*. Taurus, Madrid 1995.
— *La memoria del logos*. Taurus, Madrid 1992.
— *El surco del tiempo*. Crítica, Barcelona 1992.

MACEIRAS FAFIAN, Manuel, *¿Qué es filosofía? El hombre y su mundo*. Cincel, Madrid 1985.
— *Schopenhauer y Kierkegaard: Sentimiento y pasión*. Cincel, Madrid 1987.
MADARIAGA, Salvador de, *Retrato de un hombre de pie*. Espasa-Calpe, Madrid 1979.
— *Dios y los españoles*. Planeta, Barcelona 1981.
MARIAS, Julián, *Historia de la filosofía*. Revista de Occidente, Madrid 1981, 33ª ed.
— *Nuevos ensayos de filosofía*. Revista de Occidente, Madrid 1968, 2ª ed.
— *Ensayos de teoría*. Revista de Occidente, Madrid 1966, 3ª ed.

BIBLIOGRAFÍA

— *La imagen de la vida humana*. Revista de Occidente, Madrid 1971.
— *Antropología metafísica*. Revista de Occidente, Madrid 1973.
— *Innovación y arcaísmo*. Revista de Occidente, Madrid 1973.
— *El tema del hombre*. Espasa-Calpe, Madrid 1977, 6ª ed.
— *Biografía de la filosofía*. Alianza Editorial, Madrid 1980.
— *Introducción a la filosofía*. Alianza Editorial, Madrid (1947), 1985, 3ª ed.
— *Razón de la filosofía*. Alianza Editorial, Madrid 1993.
— *Mapa del mundo personal*. Alianza Editorial, Madrid 1993.
— *Tratado de lo mejor*. Alianza Editorial, Madrid 1995.
MARINA, José Antonio, *Elogio y refutación del ingenio*. Anagrama, Barcelona 1995.
— *Teoría de la inteligencia creadora*. Anagrama, Barcelona 1993.
— *Ética para náufragos*. Anagrama, Barcelona 1995.
— *El laberinto sentimental*. Anagrama, Barcelona 1996.
MARTIN VELASCO, Juan, *El encuentro con Dios*. Cristiandad, Madrid 1976 / Caparrós, Madrid 1995.
— *Introducción a la fenomenología de la religión*. Cristiandad, Madrid 1982.
— *El malestar religioso de nuestra cultura*. San Pablo, Madrid 1993.
— *La experiencia cristiana de Dios*. Trotta, Madrid 1995.
MARTINEZ GOMEZ, Luis, *Philosophica, al filo de la historia*. Univ. Pont. Comillas, Madrid 1987.
MENENDEZ UREÑA, Enrique, *La crítica kantiana de la sociedad y de la religión*. Tecnos, Madrid 1979.
MILLAN PUELLES, Antonio, *El problema del ente ideal*. CSIC, Madrid 1947.
— *Fundamentos de filosofía*. Rialp, Madrid 1966, 4ª ed.
— *Ontología de la existencia histórica*. Rialp, Madrid 1955, 2ª ed.
— *Persona humana y justicia social*. Rialp, Madrid 1973, 2ª ed.
— *Economía y libertad*. CECA, Madrid 1974.
MONTSERRAT, Javier, *Nuestra fe. Introducción al cristiaismo*. BAC, Madrid 1974.
— *Existencia, mundanidad, cristianismo*. CSIC, Madrid 1974.
— *Epistemología evolutiva y teoría de la ciencia*. Univ. Pont. Comillas, Madrid 1984.

MORENO VILA, Mariano, *El hombre como persona*. Caparrós Editores, Madrid 1995.

MOREY, Miguel, *Lectura de Foucault*. Taurus, Madrid 1983.

— *Los presocráticos. Del mito al logos*. Montesinos. Barcelona 1984.

— *El hombre como argumento*. Anthropos. Barcelona 1987.

— *Friedrich Nietzsche, una biografía*. Archipiélago. Barcelona 1993.

MOSTERIN, Jesús, *Racionalidad y acción humana*. Alianza Ed., Madrid 1978.

MUGA, Jesús, *El Dios de Jaspers*. Razón y Fe, Madrid 1966.

MUGUERZA, Javier, *Desde la perplejidad: ensayos sobre la ética, la razón y el diálogo*. FCE, México 1990.

— *El fundamento de los derechos humanos*. Debate, Madrid 1989.

— *Razón sin esperanza*. Taurus, Madrid 1986.

OLASAGASTI, Manuel, *Introducción a Heidegger*. Revista de Occidente, Madrid 1967.

— *Estado de la cuestión de Dios*. Espasa-Calpe, Madrid 1976.

ORTEGA Y GASSET, José, *Obras completas*, 6 vols. Revista de Occidente, Madrid 1955, 3ª ed. / Alianza Editorial, Madrid.

— *La idea de principio en Leibniz*. Alianza Editorial, Madrid 1979.

— *El sentimiento estético de la vida*. Tecnos, Madrid 1995.

ORTIZ-OSES, Andrés, *Mundo, hombre y lenguaje crítico. Estudios de filosofía hermenéutica*. Sígueme, Salamanca 1976.

PARDO, José Luis, *Deleuze. Violentar el pensamiento*. Cincel, Madrid 1990.

— *La metafísica*. Montesinos, Barcelona 1989.

PARIS, Carlos, *Mundo técnico y existencia auténtica*. Revista de Occidente, Madrid 1973.

— *Hombre y naturaleza*. Tecnos, Madrid 1970.

— *El rapto de la cultura*. Laia, Barcelona 1983.

— *El animal cultural*. Crítica, Barcelona 1995.

PÉREZ TAPIAS, José Antonio, *Filosofía y crítica de la cultura*. Trotta, Madrid 1995.

BIBLIOGRAFÍA

PINTOR RAMOS, Antonio, *El humanismo de Max Scheler. Estudio de su antropología filosófica*. BAC, Madrid 1978.
PLAZA, Saturnino, *El pensamiento religioso de E. Fromm*. Paulinas, Madrid 1993.
POLO BARRENA, Leonardo, *¿Quién es el hombre?* Rialp, Madrid 1991.
— *Presente y futuro del hombre*. Rialp, Madrid 1993.
— *Etica. Hacia una versión moderna de los temas clásicos*. Unión Editorial, Madrid 1996.
— *La voluntad y sus actos*. EUNSA, Pamplona 1996.
PUENTE OJEA, Gonzalo, *Ideología e historia. La formación del cristianismo como fenómeno ideológico*. Siglo XXI, Madrid 1991, 5ª ed.
— *Fe cristiana, Iglesia, poder*. Siglo XXI, Madrid 1991.
— *Apología del ateísmo*. Siglo XXI, Madrid 1995.

QUILES, Ismael, *Filosofía de la religión*. Espasa-Calpe, Madrid 1973, 3ª ed.
— *Heidegger: el existencialismo de la angustia*. Espasa-Calpe, Buenos Aires 1948.
— *Más allá del existencialismo*. Miracle, Barcelona 1958.
— *Tres lecciones de metafísica in-sistencial*. Balmes, Barcelona 1961.
Miguel A. QUINTANILLA, *A favor de la razón*. Taurus, Madrid 1981.

RÁBADE OBRADÓ, Ana Isabel, *Conciencia y dolor. Schopenhauer y la crisis de la modernidad*. Trotta, Madrid 1995.
RÁBADE ROMERO, Sergio, *Estructura del conocer humano*. G. del Toro, Madrid 1969.
— *Experiencia, cuerpo y conocimiento*. CSIC, Madrid 1985.
RAMÍREZ, Santiago, *El concepto de filosofía*. Ed.León, Madrid 1954.
— *La filosofía de Ortega y Gasset*. Herder, Barcelona 1958.
REGUERA, Isidoro, *El feliz absurdo de la ética. El Wittgenstein místico*. Tecnos, Madrid 1994.
RIEZU, Jorge, *Religión y sociedad*. San Esteban, Salamanca 1989.
RIPALDA, Mª José *Fin del clasicismo. A vueltas con Hegel*. Trotta, Madrid 1992.
ROBLES, Laureano, *La filosofía en la Edad Media*. Ed. Rubio Esteban, Valencia 1983.

RODRIGUEZ, Ramón, *Hermenéutica y subjetividad. Ensayos sobre Heidegger*. Trotta, Madrid 1993.
RODRIGUEZ HUESCAR, Antonio, *Perspectiva y verdad*. Revista de Occidente, Madrid 1966, 2ª ed.
— *Semblanza de Ortega*. Anthropos, Barcelona 1994.
RODRIGUEZ ROSADO, Juan José, *La aventura de vivir*. EUNSA, Pamplona 1976.
— *Finito e infinito en Kant*. Madrid 1960.
— *El problema del continuo y la gnoseología*. El Escorial 1965.
ROF CARBALLO, Juan, *El hombre como encuentro*. Alfaguara, Madrid 1973.
ROLDAN, Alejandro, *Metafísica del sentimiento*. CSIC, Madrid 1956.
ROMERALES, Enrique, *Creencia y racionalidad. Lecturas de filosofía de la religión*. CSIC, Barcelona 1992.
ROYO MARIN, Antonio, *Dios y su obra*. BAC, Madrid 1963.
RUBERT Y CANDAU, José Mª, *La realidad de la filosofía*, 2 vols. CSIC, Madrid 1970.
RUIZ DE LA PEÑA, Juan L., *Crisis y apología de la fe. Evangelio y nuevo milenio*. Sal Terrae, Santander 1995.

SÁDABA, Javier, *El amor contra la moral*. Arnao, Madrid 1988.
— *Dios y sus máscaras*. Temas de Hoy, Madrid 1993.
— *Saber vivir*. Libertarias, Madrid 1992.
— *Saber morir*. Libertarias, Madrid 1991.
— *Lecciones de filosofía de la religión*. Mondadori, Madrid 1989.
SAHAGUN LUCAS, Juan de, *Dios, horizonte del hombre*. BAC, Madrid 1994.
— *Interpretación del hecho religioso. Filosofía y Fenomenología de la religión*. Sígueme, Salamanca 1990, 2ª ed.
— *Las dimensiones del hombre*. Sígueme, Salamanca 1996.
SALADO, Domingo, *La religiosidad mágica*. San Esteban, Salamanca 1979.
SANTAYANA, George, *La idea de Cristo en los evangelios*. Ed. Sudamericana, Buenos Aires 1966.
— *Diálogos en el limbo*. Losada, Buenos Aires 1960 / Tecnos, Madrid 1996.
— *Reason in Religión*. Nueva York: Charles Scribner's Sons, 1905.
SAVATER, Fernando, *Invitación a la ética*. Anagrama, Barcelona 1991.
— *El contenido de la felicidad*. Aguilar, Madrid 1994.

BIBLIOGRAFÍA

— *Diccionario filosófico.* Planeta, Barcelona 1995.
— *Ensayo sobre Cioran.* Espasa-Calpe, Madrid 1992.
— *La escuela de Platón.* Anagrama, Barcelona 1991.
— *Ética como amor propio.* Mondadori, Barcelona 1988.
— *Libre mente.* Espasa-Calpe, 1995.
— *Sobre vivir.* Ariel, Barcelona 1994.
SUAREZ, Francisco, *Introducción a la metafísica.* Espasa-Calpe, Madrid 1966, 3ª ed.
SUBIRATS, Eduardo, *Después de la lluvia.* Temas de Hoy, Madrid 1993.
— *La ilustración insuficiente.* Taurus, Madrid 1981.
— *Metamorfosis de la cultura moderna.* Anthropos, Barcelona 1991.

TORRES QUEIRUGA, Andrés, *Creo en Dios Padre.* Sal Terrae, Santander 1992, 3ª ed.
— *La revelación de Dios en la realización del hombre.* Cristiandad, Madrid 1987.
TREVIJANO ETCHEVERRIA, Manuel, *Fe y ciencia. Antropología.* Sígueme, Salamanca 1997.
TRÍAS, Eugenio, *La aventura filosófica.* Mondadori, Barcelona 1988.
— *Lo bello y lo siniestro.* Ariel, Barcelona 1992.
— *La dispersión.* Taurus, Madrid 1971.
— *Drama e identidad.* Ariel, Barcelona 1984.
— *Filosofía del futuro.* Ariel, Barcelona 1993.
— *La filosofía y su sombra.* Seix Barral, Barcelona 1983.
— *El lenguaje del perdón.* Anagrama, Barcelona 1981.
— *Los límites del mundo.* Ariel, Barcelona 1985.
— *La lógica del límite.* Destino, Barcelona 1991.
— *Meditación sobre el poder.* Anagrama, Barcelona 1993.
— *Tratado de la pasión.* Mondadori 1988.
— *La edad del espíritu.* Destino, Barcelona 1995.
— *Diccionario del espíritu.* Planeta, Barcelona 1996.

UNAMUNO, Miguel de, *Del sentimiento trágico de la vida.* Espasa-Calpe, Madrid 1976.

FILOSOFÍA Y CRISTIANISMO

— *Mi religión y otros ensayos breves.* Espasa-Calpe, Madrid 1978, 7ª ed.
— *Contra esto y aquello.* Espasa-Calpe, Madrid 1969, 6ª ed.
— *Monodiálogos.* Espasa-Calpe, Madrid 1972.
— *La agonía del cristanismo.* Alianza Editorial, Madrid 1986.

VALVERDE, José María, *Historia del pensamiento.* Editorial Planeta, Barcelona 1974.
— *Nietzsche, de filólogo a Anticristo.* Planeta, Barcelona 1994.
VERGÉS, Salvador, *Dimensión transcendente de la persona.* Herder, Barcelona 1977.
VILA VENTURA, Samuel, *A Dios por el átomo,* CLIE, Terrassa 1970. 6ªed.
— *Fe y razón.* CLIE, Terrassa, 1970. 3ªed.
— *Pruebas tangibles de la existencia de Dios.* CLIE, Id.
— *La nada o las estrellas.* Id.
— *La religión al alcance del pueblo.* Id.
— *Manual de Apologética.* Id.
VILANOVA, Evangelista, *Historia de la teología cristiana,* 3 vols. Herder, Barcelona 1987-1992.

XIRAU, Ramón, *El desarrollo y las crisis de las filosofía occidental.* Alianza Editorial, Madrid 1975.

ZAMBRANO, María, *Notas de un método.* Mondadori, Madrid 1989.
— *Delirio y destino,* Mondadori, Madrid 1989.
— *Los bienaventurados.* Siruela, Madrid 1990.
— *El hombre y lo divino.* Siruela, Madrid 1991 (original FCE, México 1955).
— *Los sueños y el tiempo.* Siruela, Madrid 1992.
ZARAGÜETA Y BENGOECHEA, Juan, *Una introducción moderna a la filosofía escolástica.* CSIC, Madrid 1947.
— *Los veinte temas que he cultivado en los ciencuenta años de mi labor filosófica.* CSIC, Madrid 1958.
— *Filosofía y vida,* 3 vols. CSIC, Madrid 1962.
— *Estudios filosóficos.* CSIC, Madrid 1963.

BIBLIOGRAFÍA

ZUBIRI, Xavier, *Naturaleza, Historia, Dios*. Editora Nacional, Madrid 1978, 7ª ed. / Alianza Editorial.
— *Inteligencia sentiente*. Alianza Editorial, Madrid 1980.
— *Inteligencia y logos*. Alianza Editorial, Madrid 1982.
— *Inteligencia y razón*. Alianza Editorial, Madrid 1983.
— *El hombre y Dios*. Alianza Editorial, Madrid 1984.
— *El problema filosófico de la historia de las religiones*. Alianza Editorial, Madrid 1992.
— *Cinco lecciones de filosofía*. Alianza Editorial, Madrid 1988, 3ª ed.

www.ingramcontent.com/pod-product-compliance
Lightning Source LLC
Chambersburg PA
CBHW050417170426
43201CB00008B/439

FE Y RAZÓN, FILOSOFÍA Y CRISTIANISMO...
¿SON COMPATIBLES?

Tras siglos de batalla, la relación entre teólogos y filósofos se ha transformado desde la antigua beligerancia a la indiferencia actual. Pese a todo, Teología y Filosofía han progresado mucho gracias a su largo enfrentamiento, ya que sus objetivos coinciden más de lo que parece en un principio.

Este libro trata temas tan interesantes como: El poder de la debilidad de Dios; Economía, pobreza y consumo; Donde la fe y la razón se besaron; La lógica de la fe; ¿Es necesario defender la fe?...

El filósofo y el cristiano -nos dice Alfonso Ropero- son almas gemelas. Han entendido que el misterio de la vida consiste en ser fiel a la verdad. El filósofo reflexiona para encontrar su experiencia, en cambio el creyente ensancha su experiencia reflexionando. Por eso es necesario y conveniente que ambos se conozcan mejor. Este es el objetivo del presente libro.

Alfonso Ropero, pastor evangélico, escritor y ensayista español, es autor de Los hombres de Princeton; Historia, fe y Dios; Nueva era de intolerancia y Renovación de la fe; entre otras, así como de más de un centenar de artículos publicados en distintas revistas nacionales, sobre temas de Teología, Historia y Pensamiento. Director de la revista Pasos (1982-85), impartió clases de «Historia del cristianismo y de las doctrinas» en el Colegio Bíblico de la Gracia. Mientras estudiaba en la School of Evangelism de Welwyn (Inglaterra, 1985-86), descubre la obra de Cornelius Van Til, por un lado, y de Alan Richardson, por otro. A partir de ellos y desde la perspectiva de la filosofía de Ortega y Gasset, desarrollará una visión integradora de la verdad cristiana que concilia los falsos antagonismos que dividen al pensamiento moderno. Fruto de este largo trabajo es la presente obra.

La **COLECCIÓN PENSAMIENTO CRISTIANO** está compuesta por libros que presentan la fe cristiana desde una perspectiva profunda y actualizada.

ISBN 978-84-8267-506-0

- CLASIFÍQUESE: 65 TEOLOGÍA -
FILOSOFÍA Y CRISTIANISMO
- CTC 01-01-0065-01 • REF 224631 •